선악의 저편

미래 철학의 서곡

* 이 연구는 2017년도 서울대학교 인문대학 교수 장기해외연수 지원금으로 연구되었음.

대우고전총서

Daewoo Classical Library

046

선악의 저편

미래 철학의 서곡

··

Jenseits von Gut und Böse

··

프리드리히 니체 | 박찬국 옮김

아카넷

* 이 책에서 ( ) 안의 주는 니체에 의한 것이며 [ ] 안의 주는 독자들의 이해를 돕기 위해서 역자가 삽입한 것이다.

【차례】

옮긴이 서문

『선악의 저편』은 1886년에 출간되었다. 이 책에는 '미래 철학의 서곡'이라는 부제가 붙어 있다. 제목과 부제가 시사하듯이 이 책에서 니체는 선악 이분법에 사로잡혀 있는 전통적인 철학을 넘어서 새로운 미래 철학을 개척하고 있다.

니체는 서양의 예술과 철학 그리고 종교 등 서양인들의 사고와 행동을 규정하고 있는 문화는 형이상학적 · 인간학적 · 윤리학적 이원론에 근거하고 있다고 본다. 형이상학적 이원론은 세계를 영원불변의 초감성적인 실재 세계와 끊임없이 생성 소멸하는 감성적인 현상 세계로 구별하거나 초감성적인 근원적인 일자와 감성적인 다양한 개체들로 나눈다. 인간학적 이원론은 인간의 영혼을 순수정신과 이기적이고 저열한 본능적인 욕망으로 나눈다. 윤리학적 이원론은 선과 악을 서로 절대적으로 대립하는 것으로 본다.

『선악의 저편』은 이와 같이 서양의 전통문화를 규정해온 모든 종류의 이원론적인 사고방식을 비판함으로써 새로운 문화를 구축하려는 혁명적인 책이다. 『선악의 저편』이라는 책이 가지고 있는 이러한 전복적인 성격과 예리하면서도 정치한 논리 때문에 이 책은 철학을 비롯한 인문학뿐 아니라 사회과학 그리고 문학을 비롯한 예술에서도 지속적으로 큰 영향을 미쳐왔다. 그 결과 이 책은 니체의 저작들 중에서 『차라투스트라는 이렇게 말했다』 못지않게 고전으로서의 지위를 차지하고 있다.

이러한 사실을 입증하듯이 우리나라에서도 이미 『선악의 저편』에 대한 6종의 번역본이 출간되었다. 이 책은 강두식에 의해서 1969년에 휘문출판사에서, 박준택에 의해서 1974년에 박영사에서, 1975년에는 송영택에 의해서 정음사에서, 최현에 의해서 2000년에 민성사에서 『선악의 피안』이란 제목으로 번역 출간되었으며, 김훈에 의해서 1982년에 청하출판사에서 『선악을 넘어서』라는 제목으로 번역 출간되었고, 김정현에 의해서 2002년에 책세상에서 『선악의 저편』이라는 제목으로 번역 출간되었다. 이렇게 6종의 번역본이 존재함에도 불구하고 본인이 다시 번역서를 내는 것은 기존의 번역본에 대해서 만족하지 못했기 때문이다.

독일어를 해독하지 못하던 시절에 나는 독일의 철학서들을 번역한 책들을 읽으면서 좌절한 경우가 많다. 그 책들은 문장 하나하나의 의미가 모호했고 문장들 간의 맥락도 분명하지 않았다. 처음 한 두 페이지 읽어나가기도 힘들었고, 끝까지 다 읽었다고 하더라도 과연 제대로 이해했는지 확신할 수 없었다. 아마 이런 느낌은 나만의 경험은 아닐 것이다. 독일어를 해독하지 못했을 당시에는 철학에 대한 나의 공부가 깊지 못해서 그 책들을 이해하지 못한다고 생각하면서 스스로를 탓하곤 했다. 그러나 독일어를 해독하게 된 후부터는 나보다 번역자에게 책임이 있다는 사실을 알게 되었다.

독일철학은 난해하고 모호하다는 견해가 일반적으로 많이 퍼져 있다. 헤겔이나 하이데거의 철학이 대표적인 예이겠지만 독일철학에 난해하고 모호한 면이 있는 것은 사실이다. 그러나 헤겔이나 하이데거도 번역서의 수준에 따라서 난해함과 모호함에 큰 차이가 있다. 동일한 책이라도 어떤 번역서는 저자가 말하려고 하는 바를 정확하면서도 자연스럽게 읽히는 문장으로 번역하고 있는 반면에, 어떤 번역서는 모호하면서도 부자연스런 문장들로 점철되어 있다.

니체는 헤겔이나 하이데거에 비하면 자신의 사상을 극히 명료하게 개진한 철학자다. 니체는 심오한 사상이란 모호한 사상이 아니라 오히려 명료한 사상이라고 말한 적이 있지만, 이 말은 무엇보다도 니체 자신에게 가장 잘 적용되는 말이라 할 수 있다. 따라서 나는 니체의 저서들은 서로 맥락이 결여되어 있는 짧은 잠언들을 제외하고서는 그 의미가 명료하게 드러나도록 번역할 수 있다고 생각한다. 이러한 생각에 따라 나는 독자들이 니체의 원전과 대조하지 않고서도 니체가 말하려고 하는 바를 분명하면서도 자연스럽게 이해할 수 있도록 번역하려고 했다. 따라서 설령 원전에서 니체가 말하는 바가 모호한 점이 있더라도 나는 최대한 그 의미를 분명하게 전달하려고 했다.

이러한 과정에서 나의 무리한 해석이 개입될 수도 있었을 것이다. 역주 역시 마찬가지다. 니체의 말 중에서 모호한 부분이나 니체 사상에 대한 전반적인 이해가 필요한 부분에 대해서는 역주의 형태로 상세한 해설을 덧붙였지만, 이러한 해설 역시 니체의 본의를 왜곡한 나만의 자의적인 해석일 수 있다. 그러나 번역도 역주도 니체가 말하려는 바를 최대한 분명하게 전달할 경우에만 니체 전문가들을 비롯한 독자들이 내 해석을 비판하면서 보다 나은 제안을 할 수 있을 것이다. 이런 과정을 통해 한국에서의 니체 번역이 완성되어갈 것이라고 생각한다. 모호하게 번역하거나 역주를 붙이게 되면 니체 번역은 발전할 여지가 없다.

이러한 원칙은 내가 번역에서뿐 아니라 철학적인 글을 집필할 때도 따르는 원칙이다. 예를 들어 하이데거는 난해하고 모호한 점이 많은 철학자이지만 나는 하이데거가 말하려는 바를 최대한 명료한 형태로 제시하려고 한다. 이렇게 명료하게 제시할 경우에만 다른 사람들이 나의 해석을 비판하면서 보다 나은 수정안을 제시할 수 있고, 이를 통해 하이데거 연구에서도 발전이 있을 것이기 때문이다. 어떻든 역주는 물론이고 번역에도 나의 해석이 깊이 개입되어 있으니 니체 전문가들을 비롯한 독자 제현의 아낌없는 가르침을 부탁한다.

　기존의 번역본들 중에서는 아래 책들을 주로 참고했다.

『선악을 넘어서』, 김훈 옮김, 청하, 1982.

『선악의 저편』, 김정현 옮김, 책세상, 2002.

　번역뿐 아니라 역주와 관련해서도 이 책들에서 많은 도움을 받았다. 이 자리를 빌려서 위 역자들에게 깊은 감사를 드린다. 다만 번역서라는 성격상 일일이 출처 표기를 하지는 않았다.

　나는 이미 니체의 『비극의 탄생』, 『우상의 황혼』, 『안티크리스트』도 상세한 역주와 해제를 덧붙여서 번역하여 아카넷 출판사에서 출간한 바 있다. 이 번역서들에 대해 많은 독자들의 호의적인 평가가 있었다. 이번에 출간되는 번역서 『선악의 저편』에 대해서도 많은 관심이 있기 바란다. 지금까지 번역한 책들 외에도 앞으로 시간과 본인의 힘이 허락하는 한, 니체의 저작들에 대한 번역을 계속할 예정이다. 끝으로 출판계의 어려운 사정에도 불구하고 계속해서 좋은 고전들을 출간하는 아카넷 출판사의 임직원 여러분께 깊은 감사를 드린다.

2018년 11월 15일

박찬국

저자 서문

진리를 여자라고 가정한다면,[1] 어떻게 될까? 모든 철학자가 독단
론자인 한 그들은 여자를 제대로 다루지 못했을 것이라는 의심은
근거 없는 것일까? 이제까지 그들이 진리에 접근할 때 흔히 쓰던
방식, 즉 소름 끼칠 정도로 진지하고 어설플 정도로 집요하게 매
달리는 방식은 여자의 마음을 사로잡기에는 서투르고 무례한 것
이었다는 의심은 근거 없는 것일까? 그녀의 마음을 사로잡지 못했
던 것은 당연한 일이다. 따라서 오늘날 모든 종류의 독단론은 우울
하고 의기소침한 태도로 서 있다.[2] 그러나 그것이 과연 아직 버티

---

1) 여기서 여자라는 말은 자신도 자신의 마음을 정확히 모를 정도로 종잡을 수 없
    는 존재라는 의미로 사용되고 있다고 할 수 있다. 따라서 니체가 진리를 여자
    라고 본다는 것은, 우리가 그것에 제대로 접근하지 않으면 여성의 마음과 마찬
    가지로 쉽게 붙잡을 수 없는 것으로 보고 있다는 점을 시사한다.
2) 여기서 독단론은 플라톤적이고 그리스도교적인 이원론을 계승하고 있는 모든

고 서 있는지조차도 **의심스럽다.** 이는 모든 독단론이 무너졌고 탈진 상태에 있으며 더 나아가 단말마(斷末魔)의 숨을 헐떡이고 있다고 주장하면서 조소하는 사람들이 있기 때문이다. 진지하게 말하자면, 모든 철학적 독단론은 아주 엄숙하고 단정적이고 최종적인 것 같은 냄새를 풍겨왔지만 실은 고상한 어린아이 장난이거나 초보적인 미숙함에 불과한 것이라고 말할 수 있는 근거는 충분하다. 독단론자들이 이제까지 구축해온 숭고한 절대적인 철학적 건물들이 **얼마나 빈약한** 기초를 가진 것이었는지를 사람들이 분명하게 파

철학을 가리킨다고 볼 수 있다. 이러한 철학은 세계를 실재계와 현상계로 나누고 인간을 이성과 본능으로 구성되어 있다고 보면서, 실재계와 이성에서는 진리가 지배하는 반면에 현상계와 본능에서는 가상과 거짓이 지배한다고 본다. 니체는 전통 형이상학을 독단론으로 비판하고 있는 칸트의 철학조차 결국 세계를 현상계와 물자체(예지계)로 나누고 있다는 점에서 전통적인 이원론을 계승한다고 보고 있으며, 이 점에서 칸트의 철학도 독단론에 속한다고 본다. 이러한 이원론 외에 다양한 사물들로 이루어진 현상계의 이면에 근원적인 일자가 존재하고 이러한 일자가 현상계에서 자신을 표현한다고 보는 스피노자나 헤겔 그리고 쇼펜하우어의 철학이나 베단타 철학과 같은 것도 니체는 독단론으로 본다. 이러한 철학들 역시 이원론적 형이상학과 마찬가지로 생성 소멸하는 현상계를 넘어서 초감각적인 실체를 상정하고 있기 때문이다. 스피노자는 현상계인 소산(所産)적 자연 이외에 능산(能産)적 자연을, 헤겔은 절대정신을, 쇼펜하우어는 근원적인 우주적인 의지를, 베단타 철학은 브라만이라는 초감각적인 일자를 상정하고 있는 것이다. 다만 이들은 이러한 근원적인 일자가 현상계에서 독립하여 따로 존재하지 않고 현상계의 다양하고 생성 소멸하는 사물들을 통해서 자신을 표현하고 있다고 믿는다는 점에서만 이원론적인 형이상학과 다를 뿐이다.

악하게 될 때가 아주 가까이 온 것 같다. 그것이 기초로 삼아왔던 것은 기껏해야 태곳적부터 내려온 통속적 미신(영혼에 관한 미신이 그 예로서, 그것은 주관과 자아가 존재한다고 믿는 미신의 형태로 아직까지도 여전히 말썽을 빚고 있다)이나,[3] 문법에서 비롯되는 현혹,[4] 혹은 매우 협소하고 매우 개인적이며 인간적인 너무나 인간적인 사실들을[5] 터무니없이 일반화한 것이다. 독단론자들의 철학은 아무리 좋게 봐준다 해도 기껏해야 과거의 점성술처럼 수천 년에 걸친 약속

---

3) 사람들은 통상적으로 '영원하고 단일한 실체로서의 자아나 주관 혹은 영혼'이 있다고 믿는다. 이에 반해 니체는 '영원하고 단일한 실체로서의 자아나 주관 혹은 영혼'의 존재를 부정한다. 니체에서 영혼은 복수의 상이한 충동과 본능들로 이루어져 있으며, 영혼의 '통일'이란 어느 한 충동이나 본능이 다른 것들을 제압한 상태를 가리킬 뿐이다.

4) 인도유럽어에서 모든 문장은 주어와 술어로 이루어져 있다. 사람들은 이러한 문장구조에 현혹되어 모든 생각과 행위를 일으키는 주체로서의 '나'가 존재한다고 믿는다. 『우상의 황혼』「철학에 있어서의 이성」 5절을 참조할 것.

5) '인간적인 너무나 인간적인'이라는 말에서 인간은 안락함만을 추구하는 범속한 인간들을 가리킨다고 할 수 있다. 이러한 인간들은 보통 고통과 고난 그리고 투쟁과 갈등이 전혀 존재하지 않는 천국이나 유토피아를 꿈꾼다. 이런 의미에서 니체는 천국과 같은 내세를 추구하는 이원론적인 전통 형이상학이나 그리스도교 그리고 공산주의와 같은 유토피아를 추구하는 마르크스주의도 '인간적인 너무나 인간적인 욕망'에서 유래하고 있다고 본다. 니체는 『차라투스트라는 이렇게 말했다』에서 안락만을 추구하는 인간들을 '초인'과는 반대되는 '말세인'이라고 부르고 있다. 악을 우리의 삶에 해가 될 뿐이라고 보는 말세인들의 생각에 반해서 니체는 오히려 악과 고통 그리고 투쟁과 갈등이 인간의 성장과 고양을 가능하게 하는 발판이 될 수 있다고 본다.

에 불과한 것이다.[6] 이제까지 아마도 어떤 참된 학문보다 점성술에 더 많은 노력과 돈과 예지와 인내가 낭비되었을 것이다. 아시아와 이집트의 거대한 건축 양식은 점성술과 그것의 '초지상적인' 요구 덕분에 생겨났다. 모든 거창한 것은 인간의 마음속에 자신을 영원한 요구와 함께 새겨 넣기 위해 우선 거대하고 공포를 불러일으키는 흉측한 얼굴을 하고 지상에서 방황하지 않으면 안 되는 모양이다. 독단적 철학, 예를 들면 아시아의 베단타 철학과 유럽의 플라톤주의가 이런 흉측한 얼굴을 가지고 있었다. 이제까지의 모든 오류 가운데서도 가장 나쁘고 가장 지속적이고 가장 위험한 오류는 한 독단론자의 과오, 즉 순수정신과 선(善) 자체를 날조해낸 플라톤의 오류였다는 점을 우리는 확실히 인정해야 하지만, 그렇다고 해서 그것의 은혜를 잊지는 말자. 이제 그 오류가 극복되었고 유럽이 악몽에서 깨어나 안도의 숨을 내쉬면서 최소한 보다 더 건강한 잠을 즐길 수 있게 된 지금, 우리는 그러한 오류와 투쟁하면서 육성된 모든 힘을 상속받은 것이다. 이제 우리의 과제는 오로지 깨어 있는 정신을 유지하는 것이다. 플라톤처럼 선과 정신에 대해 이

---

6) 점성술이 완벽하게 예언할 수 있는 이론체계를 만들겠다고 수천 년에 걸쳐서 약속만 했을 뿐 실제적인 성과를 내지는 못했던 것과 마찬가지로, 독단론적 철학도 진리를 발견하겠다고 수천 년에 걸쳐서 헛된 약속만 해왔을 뿐이라는 것이다. 니체는 점성술과 마찬가지로 독단론적 철학에도 수많은 노력과 돈 그리고 재능이 소모되었을 뿐이라고 본다.

야기하는 것은 분명 진리를 전도(顚倒)하고 모든 생의 근본 조건인 **관점주의적인 것**[7]을 부인하는 것을 의미했다. 우리는 의사로서 이렇게 물을 수 있을 것이다. "고대의 가장 아름다운 산물인 플라톤이 어디서 그런 병을 얻었을까? 사악한 소크라테스가 그를 타락시켰을까? 소크라테스야말로 청년을 타락시키는 자가 아니었을까? 그리고 그 때문에 독배를 받을 만했던 것은 아닐까? 그러나 플라톤에 대한 투쟁, 또는 '민중'을 위해 좀 더 알기 쉽게 말하자면, 수천 년 동안 지속된 그리스도교와 교회의 압력에 대한 투쟁─그리스도교는 '민중'을 위한 플라톤주의이므로─으로 인해[8] 유럽에서는 지상에서 일찍이 존재한 적이 없었던 훌륭한 정신적 긴장이 조성되었다. 이제 우리는 이처럼 팽팽한 활로 아무리 멀리 떨어진 표적이라도 맞힐 수 있게 되었다. 물론 유럽인들은 이러한 긴장을 위기로 느끼고 있다. 이에 따라 이미 두 번씩이나 활줄을 늦추려는

---

7) '관점주의'는 우리가 세계를 그 자체로서 파악하는 것이 아니라 우리 자신과 우리가 속한 종족의 생존과 강화라는 관점에서 세계를 해석한다고 보는 입장을 가리킨다. 니체는 이런 관점주의가 생의 근본적인 조건이라고 주장하면서, 인간의 생존과 강화를 겨냥하는 어떠한 관점에도 서지 않는 순수정신과 같은 것은 존재하지 않는다고 본다.

8) 그리스도교는 플라톤이 철학적으로 어렵게 말하고 있는 것을 민중들이 이해할 수 있는 신화적인 언어로 이야기하고 있다는 점에서, 니체는 그리스도교를 '민중을 위한 플라톤주의'라고 부르고 있다. 예를 들어 플라톤은 최고의 이데아를 선의 이데아라고 부르고 있는데, 그리스도교는 이것을 세상을 창조한 인격신으로 해석한다.

시도가 대규모로 행해졌다. 첫 번째는 예수회(Jesuitismus)[9]에 의해서 그리고 두 번째는 민주주의적인 계몽주의에 의해서였다. 민주주의는 출판의 자유와 신문 구독 덕택에 사실상 정신은 자신이 '위기 상황'에 처해 있다고 더 이상 쉽게 느끼지 않게 되었다! (독일인들은 화약을 발명했다. 그 점에 대해서는 경의를 표해 마지않는다. 그러나 그들은 그 업적을 무효로 만들어버렸다. 그들은 신문을 발명했던 것이다.)[10] 그러나 우리는 예수회원도 민주주의자도 아니고 완전한 독일인도 아니다. 우리는 다만 **훌륭한 유럽인**[11]이고 자유로운, 극히 자유로운 정신이다. 우리는 아직도 정신의 전체적인 위기와 정신의 활의 팽팽한 긴장을 느끼고 있다! 그리고 아마도 화살과 과제

---

9) 니체는 예수회가 그리스도교의 환상적인 신앙을 통해서 인류를 행복감에 젖게 하는 방식으로 인류를 지배하려고 한다고 보았다. 니체는 그리스도교뿐 아니라 예수회도 인간들이 행복을 위해서 진리를 희생하게 한다고 보았다.

10) 민주주의는 다수 대중의 지배를 의미하는바, 민주주의에서 언론은 대중의 의견에 영합하면서 이러한 의견을 강화시키는 경향이 있다. 니체 당시의 유럽만 해도 아직은 그리스도교 정신이 지배하고 있었는데, 니체는 언론이 그리스도교적 정신에 영합함으로써 그리스도교를 비롯한 독단론적 철학의 몰락을 지연시키고 있다고 보고 있는 것이다.

11) 니체는 이 용어를 『인간적인, 너무나 인간적인』에서 처음으로 사용했다. 이 용어와 '우리는 […] 완전한 독일인도 아니다'라는 구절에서 알 수 있듯이 니체는 유럽의 통일을 지향했다. 초기 니체는 실로 독일 민족주의 내지 독일 국수주의에 사로잡혀 있었다. 그러나 나중에 니체는 나폴레옹이 유럽을 통일하지 못한 것을 아쉬워했을 정도로, 민족이나 인종에 상관없이 탁월한 인간들이 다스리는 통일된 유럽을 지향했다.

그리고—누가 알까만은—**목표**까지도 감지하고 있다.

오버엥가딘의 실스 마리아에서

1885년 6월

철학자들의 편견에 대하여

1.

우리로 하여금 여전히 많은 모험을 하도록 유혹하는 진리에의 의지, 모든 철학자가 이제까지 경의를 표하면서 언급해온 저 유명한 진실성, 이 같은 진리에의 의지는 어떤 문제들을 제기해왔던가! 그 기묘하고 곤혹스럽고 미심쩍은 문제들을![1] 이 문제들은 이미 오

---

1) 이 부분에서 니체가 말하려고 하는 것은, 진리에의 의지는 결국은 우리로 하여금 과연 진리 자체가 존재하는가라는 질문, 즉 우리가 진리라고 생각하는 것은 사실은 우리 자신이나 종족의 생존이나 강화를 위해서 만들어낸 허구가 아닌가라는 곤혹스런 질문을 제기하게 한다는 것이다. 니체의 이 말을, 우리는 '그리스도교가 신 앞에서 인간이 정직하고 진실해야 한다고 가르치면서 정직성과 진실성의 덕을 육성한 결과 유럽인들이 결국에는 오히려 그리스도교가 과연 진리인지에 대해서 회의를 갖게 되었다'는 니체의 말과 동일한 맥락에서 이해할 수 있다.

래전에 논의되었어야 하지만, 이것들에 대한 논의는 거의 시작조차 하지 않은 것처럼 보인다. 우리가 [진리에의 의지에 대해서] 마침내 의심을 품게 되고 인내심을 잃고 성급하게 등을 돌린다고 해도, 이 스핑크스[2]로부터 우리가 나름대로 질문하는 법을 배운다고 해도 이상할 것은 전혀 없다! 여기에서 우리에게 물음들을 제기하는 자는 정녕 누구인가? 우리 안의 **무엇이** '진리'를 원하는가? 사실 우리는 오랫동안 멈춰 서서 이러한 [진리에의] 의지의 원인에 대해서 물었다. 이와 함께 우리는 마침내 훨씬 근본적인 물음에 직면하게 되었다. 우리는 이러한 의지가 갖는 **가치**에 대해서 묻게 된 것이다. 우리가 진리를 원한다고 인정하더라도, 왜 우리는 **차라리** 허위를, 불확실성을, 무지를 **원하지 않는가?** 진리의 가치라는 문제가 우리 앞에 다가왔다. 아니면 우리가 그 문제 앞으로 다가간 것일까? 여기서 우리 중의 누가 오이디푸스인가? 누가 스핑크스인가?[3] 물

---

2) 여기서 스핑크스는 진리에의 의지를 가리킨다고 볼 수 있다. '아침에는 네 발로, 오후에는 두 발로, 저녁에는 세 발로 걷는 존재는 무엇이냐'는 자신의 물음에 제대로 답변을 못하는 사람들을 죽였던 스핑크스는 오이디푸스로부터 바른 답변을 들었을 때 절벽에서 몸을 던져 자살했다. 이처럼 진리에의 의지는 우리에게 진리 자체와 진리에의 의지를 부정할 수도 있는 위험하고 모험적인 물음, 즉 진리와 진리에의 의지는 무슨 가치가 있는가와 같은 물음을 던지게 한다는 것이다.

3) 진리와 진리에의 의지가 어떤 가치와 필요성을 갖는지에 대해서 묻는 것은 오이디푸스다. 그러나 그러한 질문을 하게 하는 것도 결국은 스핑크스가 대변하고 있는 진리에의 의지다. 따라서 여기서 누가 오이디푸스고 스핑크스인지가

음들과 물음표들이 떼로 몰려오는 것 같다. 믿을 수 없는 일이지만, 이제까지 그러한 문제는 제기된 적이 한 번도 없었으며 우리야말로 그 문제를 처음으로 발견하고 주목하고 **감히** 문제를 제기한 사람들인 것 같다. 그도 그럴 것이 그 문제를 제기하는 것은 하나의 모험이며, 그것보다 더 큰 모험은 아마도 없을 것이기 때문이다.

2.

"어떤 것이 **어떻게 해서** 자신과 반대되는 것에서 생겨날 수 있는가? 예를 들어 오류에서 진리가, 기만에의 의지에서 진리에의 의지가, 이기심에서 사심 없는 행위가, 욕정에서 현인(賢人)의 순수하고 태양처럼 밝은 관조가 생겨날 수 있는가? 그것은 불가능하다. 그런 것을 꿈꾸는 자는 바보이거나 바보보다 못한 자일 것이다. 최고의 가치를 지닌 것이라면 무언가 다른 **독자적인** 기원을 가지고 있음에 틀림없다. 그것은 이렇듯 덧없고 현혹하고 기만적인 하찮은 세계, 망상과 욕정이 이렇게 뒤얽혀 있는 혼란한 세계에서는 생겨날 수 없다! 오히려 그것의 근거는 존재[4]의 품속이나 불변적인 것

분명하게 구분될 수 없다는 것이다.
4) 이 경우 존재는 생성변화하는 현상들의 근거로서 영원히 존재하는 것을 가리킨다고 할 수 있다.

속에, 혹은 숨어 있는 신과 '물자체(物自體)'[5] 속에 존재하며 그 외의 다른 곳에 존재할 수 없다!" 이러한 판단방식이 모든 시대의 형이상학자들이 사로잡혀 있는 전형적인 편견을 형성한다. 이런 식의 가치판단이 그들의 모든 논리적 추론의 배후에 존재한다. 이러한 '믿음'에 입각하여 그들은 '지식', 즉 결국은 엄숙하게 '진리'라고 명명되는 것을 얻으려고 노력한다. 형이상학자들의 근본적인 믿음은 **가치들의 대립에 대한 믿음**이다. 그들 가운데 가장 신중한 사람들조차 그들은 '모든 것을 의심하겠다(de omnibus dubitandum)'[6]고 결심했음에도 불구하고 의심하는 것이 가장 의심해야 할 필요가 있었던 편견들을 의심하는 것은 생각하지도 못했다. 그러나 우리는 다음 두 가지 점에 대해서 의심해볼 수 있다. 첫째로, 상반된 것들이라는 것이 과연 존재하는지.[7] 둘째로, 형이상학자들이 보증했던 저 민중적인 가치평가와 가치 대립은 아마도 단지 피상적인 판단이나 단지 임시적인 관점은 아닌지, 아니면 화가들이 쓰는 표현을 빌리자면 개구리의 관점, 즉 어떤 한 각도로부터, 아마도 밑에서부

---

5) 칸트가 『순수이성비판』에서 사용하고 있는 용어로, 감각적인 지각의 대상이 될 수 없는 실재 자체를 가리킨다.

6) 여기서 니체는 데카르트를 염두에 두고 있다고 할 수 있다. 데카르트는 절대적으로 확실한 진리에 도달하기 위해서 모든 것을 의심하는 사고 실험을 행했다.

7) 흔히 전쟁영웅은 찬사를 받고 살인자는 비난을 받지만, 둘 다 살인을 했다는 점에서는 다르지 않다. 이러한 점을 고려할 때 일반적으로 덕으로 여겨지는 것과 악덕으로 여겨지는 것이 완전히 대립되는지에 관해 의문을 품을 수 있다.

터 올려다보는 식의 관점에서 비롯된 것은 아닌지.[8] 참된 것, 진실된 것, 사심 없는 것이 가질 수 있는 모든 가치에도 불구하고,[9] 기만하려는 의지와 이기심과 욕정이 인생에서 보다 높고 근본적인 가치를 가질 수도 있다.[10] 더 나아가 저 훌륭하고 존중할 만한 것

---

8) 개구리의 관점, 즉 아래에서 위로 올려다보는 관점은 올려다보이는 대상을 실제보다 크게 보이게 한다. 이는 말을 탄 사람이 밑에서 보는 사람에게는 실제보다 크게 보이기 때문에 옛날에 왕이나 귀족들이 말을 타고 다녔던 것과 마찬가지다. 이와 마찬가지로 이원론적 형이상학은 차안이나 본능 그리고 거짓에의 의지 등을 보잘것없는 가상으로 보면서, 자신이 올려다보는 피안이나 이성, 진리에의 의지는 아름답고 훌륭한 실재로 보고 있다는 것이다.

9) 니체는 흔히 진실과 성실, 사심 없는 행위와 같은 덕들이 갖는 가치를 부정한 사람으로 오해되곤 한다. 그러나 이 문장을 고려할 때 우리는 니체가 그러한 덕들이 갖는 가치를 전적으로 부정하는 것은 아니라는 사실을 분명하게 알 수 있다. 니체는 모든 살아 있는 것의 관계는 투쟁 관계라고 보았다. 그런데 이러한 투쟁은 많은 경우 집단들 사이에서 행해지는데, 이 경우 하나의 집단에 속하는 구성원들 사이에서는 사심 없는 협력과 희생 그리고 진실함과 믿음과 같은 덕이 필요하다고 니체는 보았다.

10) 니체는 『우상의 황혼』에서 플라톤의 철학도 정욕의 산물이라고 본다. 플라톤이 자신의 철학을 형성하는 데에는 아름다운 청년들의 관심을 끌고 매료시키려고 하는 성적인 관심이 작용하고 있었다는 것이다.

"플라톤은 보다 멀리 나아간다. 그는 그리스인만이 가질 수 있고 '그리스도 교인'은 도저히 가질 수 없는 무구함과 함께 이렇게 말하고 있다. 아테네에 그토록 아름다운 청년들이 없었더라면 플라톤 철학은 있을 수 없었을 것이라고." (『우상의 황혼』 「어느 반시대적 인간의 편력」 23절)

또한 니체는 프랑스의 고상한 문화를 높게 평가했는데, 이 프랑스 문화에도 성

들을 가치 있게 만드는 것은, 바로 그것들이 저 겉보기에는 그것들과 대립되는 이른바 사악한 사물들과 위험할 정도로 유사하면서 이것들과 긴밀하게 결부되어 있고 단단히 얽혀 있다는 것일 수 있다. 심지어 그 둘은 서로 본질적으로 동일할지도 모른다. 아마도 그럴 것이다! 그러나 누가 그런 위험한 '아마도'에 관심을 가지려 하겠는가? 이를 위해서 우리는 새로운 유형의 철학자들, 즉 이제까지의 철학자들과는 정반대의 취미와 성향을 갖는 철학자들의 도래를 기다려야만 한다. 이들이야말로 모든 의미에서 위험스런 '아마도'의 철학자이다. 극히 진지하게 말하지만, 나는 그러한 새로운 철학자들이 출현하는 것을 목격하고 있다.

3.

철학자들이 쓴 글의 행간을 오랫동안 충분히 읽고 그들을 면밀

적인 관심이 크게 작용하고 있다고 본다. 니체는 고상하게 여겨지는 문화들이 사실은 그 문화처럼 고상한 것으로 평가받지 않는 성욕과 같은 생리적 충동에서 비롯된다고 주장하는 것이다. 니체는 프랑스 문화에 대해서 이렇게 말하고 있다.

"고전적 프랑스의 모든 고급문화와 문학도 성적 관심을 토대로 하여 성장했다는 사실을. 그것에서 우리는 여성들에 대한 친절과 정중한 예의, 관능, 성적 경쟁, '여자'를 어디에서든 발견할 수 있다. 찾아보면 헛수고는 아닐 것이다." (『우상의 황혼』「어느 반시대적 인간의 편력」 23절)

히 관찰한 결과, 나는 다음과 같은 결론, 즉 우리는 심지어 철학적 사고까지 포함하여 의식적 사고의 대부분을 본능의 활동으로 간주해야만 한다는 결론에 도달하게 되었다. 유전과 '타고난 것'에 대해서 새롭게 배웠던 것처럼 이 점에 대해서도 새롭게 배워야만 한다. 분만이라는 일이 유전(遺傳)이 진행되고 계속되는 것에 문제가 되지 않는 것처럼, '의식'은 본능적인 것과 어떠한 결정적인 의미에서도 대립되지 않는다.[11] 철학자의 의식적 사고의 대부분은 그의 본능에 의해 은밀하게 인도되고 특정한 궤도를 따라서 움직이게 된다. 모든 논리와 외관상으로는 독립적인 그것의 운동의 배후에 가치평가, 보다 분명하게 말해서, 특정한 종류의 생명을 유지하기 위한 요구가 도사리고 있다. 명확하게 규정된 것이 모호한 것보다 더 가치가 있고 가상은 '진리'보다 가치가 없다는 평가를 예로 들어보자. 그러한 평가가 우리를 아무리 크게 규정한다고 하더라도 그것은 실은 단지 피상적인 것에 불과하거나 우리 같은 존재를 유지하기 위해서 필요한 일종의 어리석음(niaiserie) 같은 것일 수 있다. 즉

---

11) 이원론적인 전통 형이상학에서는 의식과 본능을 서로 대립되는 것으로 보았지만, 사실은 의식이 본능의 지배를 받고 있다는 것이다. 예를 들어 니체는 생성 소멸하는 세계를 가상으로 격하하면서 영원한 피안 세계를 진정한 실재로 보는 플라톤이나 그리스도교의 이원론을 삶에 지친 병든 의지의 산물로 본다. 이러한 병든 의지는 무의식의 차원에 속하면서도 플라톤주의나 그리스도교를 신봉하는 이원론자들로 하여금 이원론적으로 사유할 수밖에 없게 만드는 것이다.

인간이 '만물의 척도'[12]가 아니라고 한다면 말이다.

4.

어떤 판단이 잘못되었다고 해서 그것을 반드시 거부할 필요는
없다. 이런 주장을 내세우는 우리의 새로운 언어는 아주 이상하게
들릴지도 모른다. 그러나 중요한 것은 그러한 판단이 얼마나 생명
을 촉진하고 보존하며, 얼마나 종을 보존할 뿐 아니라 육성하느냐
하는 것이다. 우리는 궁극적으로 이렇게 주장하고 싶다. 즉 가장
잘못된 판단들(선험적 종합판단[13]이 여기에 속한다)이 우리에게 결코

---

12) 여기서 니체는 '인간은 만물의 척도다'는 프로타고라스의 말이 틀렸다고 보고
    있다. 그러나 전후의 맥락을 살펴볼 때 니체가 실질적으로 부정하고 있는 것은
    '흔히 인간에게만 존재한다고 간주되는 이성적·의식적 사유가 만물의 척도다'
    라는 견해라고 볼 수 있다.
13) 선험적 종합판단이란 감각적 경험에 입각한 판단이 아니라 감각적 경험에 앞
    서면서 대상에 대한 감각적 경험을 가능하게 하는 판단을 가리킨다. 선험적 종
    합판단의 가장 대표적인 예는 '모든 사건에는 원인이 있다'는 인과율이다. 이러
    한 판단에 입각하여 우리는 어떤 사건에 접하든 그것에는 원인이 있다고 생각
    하면서 원인을 찾아 나서게 된다. 다시 말해서 우리는 이러한 인과율에 따라서
    우리에게 주어지는 감각자료들을 원인과 결과의 관계에 있는 것으로 보게 되
    는 것이다. 선험적 종합판단의 예로서 또한 2+2=4와 같은 수학적 판단들을 들
    수 있다. 니체는 선험적 종합판단이 실재 자체를 반영하는 것이 아니라 우리에
    게 몰려드는 무수한 감각자료들을 정리하고 구성하기 위해서 우리가 고안해낸
    것이라고 보며, 이 점에서 그것을 진리가 아니라 오류 내지 잘못된 판단이라고
    부르고 있다.

없어서는 안 되는 판단들이며, 논리적 허구를 용인하고 절대자·자기 동일자라는 전적으로 고안된 세계를 기준으로 하여 현실을 평가하면서 수(數)에 의해서 세계를 지속적으로 왜곡하지 않고서는 인간은 살아갈 수 없을 것이라고.[14] 또한 잘못된 판단을 포기하는 것은 생을 포기하고 생을 부정하는 것이 될 것이라고. 거짓을 삶의 한 조건으로 인정하는 것은 물론 통상적인 가치 감정에 위험한 방식으로 저항하는 것을 의미한다. 그러한 저항을 감행하는 철학은 그것만으로도 이미 선악의 저편에 있다.

5.

모든 철학자를 바라볼 때 우리는 반쯤은 불신으로, 반쯤은 조소의 눈초리로 바라보게 된다. 그러나 이는 우리가 항상 그들이 얼마나 순진하고, 얼마나 자주 그리고 얼마나 쉽게 잘못 파악하고 오류를 저지르는지를 간파하기 때문은 아니다. 간단히 말해서 그들의 철없음과 유치함을 간파하기 때문은 아닌 것이다. 오히려 그들이 별로 솔직하지 않기 때문이다. 그러면서도 그들은 모두 진리라는 문제가 조금만 언급되어도 엄청난 도덕적 소란을 피운다. 그들

---

14) 논리적인 법칙들, 절대자라든가 불변적인 자기 동일자와 같은 개념, 그리고 수와 같은 것들도 모든 것이 끊임없이 생성 소멸하는 세계에서 우리 자신의 유지와 강화를 위해서 우리가 만들어낸 허구라는 것이다.

은 모두 자신이 품고 있는 의견을 냉정하고 순수하며 신적으로 초연한 변증법이 스스로를 전개함으로써 발견하고 획득한 것처럼 꾸며댄다. (그들은 그들보다 더 정직하고 우둔하며 '영감'을 받았다고 말하는 모든 종류의 신비주의자와 다르다.) 그러나 실은 우선 선입견에 가득 찬 명제, 착상, '영감'—이것들은 대부분 그들의 마음속 소망이 추상적으로 변형되고 여과된 것에 지나지 않는 것인데—이 나중에 찾은 근거들에 의해서 정당화되고 있는 것이다. 그들 모두는 [선입견에 가득 찬 영감의] 변호인에 지나지 않으면서도 그렇게 불리기를 원하지 않는다. 더 나아가 그들은 대부분의 경우 자신들이 '진리'라고 부르는 자신들의 편견에 대한 교활한 대변인이기조차 하다. 그리고 바로 이런 사실을 고백할 수 있는 양심의 용기를 전혀 갖지 않고 있으며, 적이나 친구에게 경고하기 위해서든 오만함에서든, 혹은 자기 자신을 조소하기 위해서든 이런 사실을 공표할 정도의 양심의 용기를 전혀 갖지 않고 있다. 늙은 칸트는 뻣뻣하고 점잖은 위선과 함께 변증법적 샛길로 우리를 유인하면서 결국에는 그의 '정언명법'[15]으로 이끈다(führen). 보다 정확하게 말하자면 우리

---

15) 정언명법은 우리의 행위가 무조건적으로 따라야 할 도덕적인 명령이다. 정언명법은 가언명법과 대립된다. 예를 들어 가언명법은 '너에게 이익이 된다면 약속을 지키라'는 명령의 형태를 띠는 반면에, 정언명법은 '약속을 지키는 것은 옳은 것이기 때문에 너는 무조건적으로 약속을 지켜야 한다'는 형태를 띤다. 니체는, 칸트가 말하는 정언명령은 그리스도교에서 말하는 신적인 계율의 세

를 유혹한다(verführen). 이런 연극은 낡은 도덕주의자(Moralist)들[16]
과 도덕설교자들의 교활한 술책을 간파하는 일에서 적잖은 즐거움
을 발견하는 우리같이 까다로운 자들의 미소를 자아낸다. 또는 스
피노자가 자신의 철학에—'자신의 철학'이란 이 말을 올바르고 합
당하게 번역한다면 결국 '그 자신의 지혜에 대한 사랑'[17]이 되겠지
만—마치 청동갑옷을 입히고 청동가면을 씌운 것 같은 저 수학적
형식의 요술을 상기해보라. 이와 함께 그는 이 정복할 수 없는 처
녀 신 팔라스 아테네[18]에 감히 눈길을 던지려고 하는 공격자의 용
기를 처음부터 꺾으려고 했던 것이다. 이 병든 은둔자가 쓰고 있는

속적인 표현일 뿐이라고 보며, 도덕은 사실은 인간이 자신의 힘을 유지하고 강
화하기 만들어낸 가언명법일 뿐이라고 본다. 따라서 니체는 어떠한 도덕이든
인간의 힘을 유지하거나 강화하는 데 도움이 되지 않으면 얼마든지 폐기될 수
있다고 본다. 니체는 칸트의 정언명법이 어떠한 상황에서도 타당한 불변적인
도덕법칙에 의지하고 싶어 하는 소망에서 비롯된 것일 뿐이며, 그러한 정언명
법과 같은 것은 존재하지 않는다고 보는 것이다.

16) 도덕주의자는 그리스도적이고 민주주의적이며 공리주의적인 전통 도덕에 사
로잡혀 있으면서 그러한 도덕을 철학적으로 정당화하려는 자들을 가리킨다.

17) philosophy(철학)라는 말은 '지혜에 대한 사랑'을 의미하는 그리스어
philosophia에 어원을 두고 있다.

18) 팔라스(Pallas)는 여신 아테네에 대한 존칭이다. 아테네는 지혜의 여신으로서
여기에서는 진리를 상징한다. 니체는 수학적인 연역체계로 이루어져 있는 스
피노자의 철학을 소심한 스피노자가 자신의 소심함을 감추기 위해서 만들어낸
것이라고 본다. 니체는 거창한 외관을 갖고 있는 스피노자의 철학체계야말로
진정으로 진리를 파악하려는 사람들을 위압하면서 이들이 진리를 추구하는 것
을 방해한다는 것이다.

가면은 그가 얼마나 많이 소심하고 상처받기 쉬운 자인지를 폭로한다!

6.

지금까지의 모든 위대한 철학의 정체가 나에게 점차 분명하게 되었다. 즉 그것은 각 철학을 창시한 자들의 일종의 자기 고백이자 의도하지도 않았고 자신도 모르게 쓴 일종의 회고록이다. 다시 말해서 모든 철학에 존재하는 도덕적(혹은 비도덕적) 의도가 본래의 생명의 싹을 형성하며, 이러한 싹에서 항상 그 식물 전체가 자라난다는 것이다. 실제로, 어떤 철학자가 어떻게 해서 가장 부자연스러운 형이상학적인 주장을 하게 되었는지를 분명히 파악하려면, 우선 다음과 같은 물음을 제기해보는 것이 좋다(그리고 그런 물음을 제기해보는 것이 현명한 처사다). 즉 그 철학은(그 철학자는) 어떤 도덕을 지향하고 있는가? 따라서 나는 '인식에의 충동'이 철학의 아버지라고 믿지 않으며, 다른 경우들과 마찬가지로 철학에서도 인식(더구나 잘못된 인식!)을 단지 하나의 도구로서 이용했을 뿐이라고 믿는다. 그러나 인간의 기본충동들이 철학에서 그야말로 영감을 불어넣는 수호신(또는 악마나 마귀)으로서 얼마나 크게 작용했는지를 고찰해볼 경우, 우리는 이러한 기본충동들 모두가 이미 한 번은 철학을 수행해왔으며, 그 기본충동들 하나하나가 바로 자신을 기꺼이 존재의 궁극목표이자 나머지 모든 충동 위에 군림하는 정당한 주인으로 내세우고 싶어 한다는 사실을 알게 될 것이다. 왜냐하면 모든 충동은 지배욕으로 가득 차 있고 **지배자로서** 철학적 사고를 하려고 하기 때문이다. 물론 학자들[19]의 경우에는, 즉 참으로 학문을 하는 인간들의 경우에는 사정이 다를 수 있다. 원한다면 그들의 경우에는 '사정이 더 좋다'고 해도 좋을 것이다. 왜냐하면 그들에게는 실제로 인식충동과 같은 어떤 것이 있을 수 있기 때문이다. 그것은 잘 감아주면 활발하게 잘 돌아가는 조그만 독립적인 시계장치 같은 것이어서, 학자의 다른 모든 충동은 본질적으로 그것에 영향을 미치지 **않는다.** 따라서 학자의 본래 '관심'은 보통은 전혀 다른 곳에, 즉 가족이나 돈벌이, 정치 같은 것에 있다. 사실, 학자라는 작은 기계가 어느 학문을 하는지, 그리고 '전도유망한' 젊은 연구자가 훌륭한 문헌학자 또는 곰팡이 연구가 또는 화학자가 되는지는 아무래도 좋은 일이다. 그가 이것이나 저것이 되는 것은 그의 특성을 **보여주는** 것이 아니다. 이와 반대로 철학자의 경우에는 비개인적인 것이 전혀 존재하지 않는다.[20] 특히 그의 도덕은 **그가 어떤 자인지**

---

19) 이 경우 학자들은 철학자들이 아니라 물리학자나 생물학자, 문헌학자와 같이 어떤 특정한 경험 영역을 연구하는 사람들을 가리킨다.

20) 니체는 여기서 철학에는 개인의 성향이 반영될 수밖에 없다고 본다. 그 이유는 철학이 전체를 파악하려 하기 때문이라고 할 수 있다. 니체에 의하면 인간은 전체나 세계를 객관적으로 파악하고 평가할 수 없다. 왜냐하면 인간은 이미 전체나 세계 안에 포함되어 있어 세계를 객관화시킬 수 없기 때문이다. 따라서 전체에 대한 판단은 주관적인 판단이나 개인적인 성향의 표현이라고 할 수 있

에 대한, 즉 그의 본성의 가장 내밀한 본능들이 어떠한 위계질서를 갖는지를 보여주는 분명하면서도 결정적인 증거가 된다.

7.

철학자들은 얼마나 악의적일 수 있는가! 내가 알고 있는 가장 독설적인 야유는 에피쿠로스가 플라톤과 플라톤주의자들에게 퍼부었던 것이다. 그는 그들을 디오니시오콜라케스(Dionysiokolakes)라고 불렀다. 이 말의 문자 그대로의 의미는, 즉 표면적으로는 '디오니소스[21]의 아첨꾼', 즉 폭군의 부속물, 폭군의 침을 핥는 자를 가리킨다. 그러나 그 말에는 더 나아가 "그들은 모두 **배우**다. 그들에게는 진정한 것이 하나도 없다"(왜냐하면 디오니시오콜락스(Dionysiokolax)[22]는 배우에 대한 속칭(俗稱)이었기 때문이다)라는 의미

―――――――――

다. 철학자들은 자신들이 순수한 진리를 추구한다고 생각하지만, 사실 그들이 말하는 진리는 자신들의 본능과 충동에 의해서 규정된 자기 고백에 불과하다.

21) 여기서 디오니소스는 Dionysos 2세(기원전 396-337)로서 플라톤을 고문으로 초빙했던 시라쿠스섬의 폭군이다. 에피쿠로스는 플라톤이 디오니소스 2세의 고문으로 일했던 사실을 두고 플라톤이 폭군에게 아첨했다고 야유하는 것이다. 플라톤은 디오니소스 2세를 통해서 자신이 생각하는 이상국가를 실현하려고 하다가 실패했다.

22) 디오니시오콜락스라는 말은 폭군 디오니소스 2세의 궁전에서 일하면서 디오니소스 2세에게 아첨했던 예인(藝人)들을 가리키는 경멸적인 용어였다. 이들은 디오니스소스 2세가 플라톤 철학에 호의적인 태도를 보이던 시기에는 플라톤 철학에 관심을 갖는 척했다.

도 있다.[23] 플라톤에 대한 에피쿠로스의 독설적인 야유가 염두에 두었던 것은 바로 이 나중의 의미다. 에피쿠로스는 플라톤과 그의 제자들은 능숙하게 꾸며낼 수 있었지만 자신은 꾸며낼 수 없었던 장중한 태도와 연출에 역겨움을 느꼈던 것이다.[24] 사모스의 늙은 교사인 그가 아테네에 있는 자신의 정원에 은거하면서 300권의 책을 쓴 것도 플라톤에 대한 분노와 명예욕 때문이 아니었을까?[25] 이 정원의 신 에피쿠로스가 어떤 자인지를 그리스인들이 알아차리기까지 100년이 필요했다. 그런데 그리스인들은 과연 정말로 알아차렸을까?

---

23) Arrighetti(편), *Epikur*, 단편 93, 18-19쪽. 이러한 이중적 의미를 갖게 된 것은 Dionysius가, 플라톤이 여러 해 동안 자신의 철학을 주입시키려고 했던 시실리의 참주의 이름이었다는 사실에서 비롯된다.

24) 에피쿠로스가 플라톤과 플라톤학파에 대해 배우라고 부른 것은 그들이 초감각적인 이데아와 같이 거창한 개념을 끌어들이면서 현실세계를 넘어선 고상한 것을 지향하는 양 과시한다고 생각했기 때문인 것 같다. 에피쿠로스는 플라톤과 달리 존재자들의 생성 소멸을 원자들의 이합집산으로 본 유물론자였다. 그는 존재하는 모든 것은 원자들의 운동에 따라 생성 소멸하기 때문에 우리는 초감각적 세계에 대해서 생각하거나 신과 같은 초지상적인 힘들을 두려워할 필요가 없다고 보았다.

25) 여기서 니체는 에피쿠로스가 300여 권의 책을 쓴 것을 플라톤에 대한 분노와 반감, 다시 말해서 플라톤을 압도하려는 힘에의 의지에 의한 것으로 보고 있다.

8.

모든 철학에는 철학자의 '확신'이 무대에 등장하게 되는 시점이 있다.[26] 고대 신비극의 말을 빌려서 말하자면

아름답고 가장 힘이 센
당나귀가 출현했다.[27]

9.

오, 고상한 스토아 철학자들이여, 그대들은 '자연에 따라서' 살기 원하는가?[28] 그러나 '자연에 따라서' 산다는 것은 얼마나 기만적인 말인가! 자연을 있는 그대로 생각해보라. 그것은 한없이 낭비적이고 아무런 관심도 의도도 없으며, 정의감도 배려도 자비도 없

---

26) 여기서 '확신'은 철학자들이 가지고 있는 본능적 · 생리적 차원의 확신을 가리킨다. 철학자들은 이러한 확신을 개념적으로 정당화하면서 철학적 체계를 건립하지만, 니체는 이런 철학자들을 아름답고 강하게 자신을 꾸민 당나귀에 비유하고 있는 것이다. 당나귀를 가리키는 독일어 Esel은 바보를 의미하기도 한다.

27) adventativ asinus, pulcher et fortissimus, G. Chr. Lichtenberg, *Vermischte Schriften V*(Göttingen, 1867), 327쪽. 고대 신비극에서는 십자가의 수난을 받기 위해서 예수가 당나귀를 타고서 예루살렘에 입성하는 사건을 연출했던 것 같다.

28) 스토아 철학자들은 자연법을 주창하면서 자연의 이법에 따라서 살 것을 주장했다. 이 경우 그들은 자연을 이성적인 절도와 조화에 의해서 지배되는 것으로 보았으며, 부분들이 전체를 위해서 기능하는 이상적인 유기체로 보았다.

고, 풍요로운가 하면 황량하고 동시에 불확실하다. 자연의 무관심 자체가 동시에 힘이라는 사실을 생각해보라.[29] 그대들이 어떻게 이렇게 무관심하게 살 수 있겠는가? 삶은 이러한 자연과는 다르게 존재하고 싶어 하는 것 아닌가? 삶은 평가하고 선택하며 불공정하고 제한된 것이고 관심을 가지려고 하는 것 아닌가? 만약 '자연에 따라서' 산다는 그대들의 명법(命法)이 근본적으로 '삶에 따라서 산다'는 것과 같은 것을 의미한다면, 그대들은 삶에 따라서 살 수밖에 없는 것 아닌가? 그대들은 어째서 그대들 자신이 이미 그렇게 살고 있고 그대들 자신이 그렇게 존재할 수밖에 없다는 것을 새삼스럽게 삶이 구현해야 할 하나의 원칙으로 내세우는가? 사실은 사정이 완전히 다르다. 그대들은 [자연의 모습에] 황홀해 하면서 자연에서 그대들의 법칙을 읽는 척하지만 사실은 정반대의 것을 꾀하고 있다. 그대들은 얼마나 기묘한 배우이자 자신을 기만하는 자인가! 그대들의 자만심은 그대들의 도덕과 이상을 자연에게—심지어 자연에게조차—강요하면서 체현하게 만들려고 한다. 그대들은 자연이 '스토아 철학에 따르는' 자연으로 존재할 것을 요구하며, 모든 존재를 오직 그대들 자신의 모습에 따라서 존재하게 하고 싶어 한다.

---

29) 관심을 갖는다는 것은 어떤 특정한 존재자들에 관심을 갖는다는 것이며, 이는 자신을 그 특정한 존재자에 구속시킨다는 것을 의미한다. 자연이 인간을 비롯하여 어떠한 특정한 존재자들에 대해서 관심을 갖지 않는다는 것은 그것이 어떤 특정한 존재자에 매이지 않고 무한한 힘을 갖는다는 의미다.

이것은 스토아주의를 영원히 거창하게 찬미하면서 보편화하는 것이다! 진리에 대한 사랑으로 가득 차서 그대들은 아주 오랫동안 집요하면서도 최면에 걸린 것처럼 경직되게 자연을 **그릇된 방식으로,** 즉 스토아적으로 보도록 스스로를 강제한 나머지 결국에는 자연을 더 이상 달리 볼 수 없게 되었다. 그리고 어떤 한없는 교만이 그대들로 하여금 궁극적으로 광적인 희망에 사로잡히게 했다. 그러한 희망이란 그대들이 그대들 자신에게 폭압(暴壓)을 가하는 법을 알기 **때문에**—스토아주의는 자신에 대한 폭압이다—자연도 폭압을 당할 수 있을 것이라는 희망이다. 그러나 스토아주의자들도 자연의 일부에 불과한 것이 아닌가?[30] 그러나 이러한 사태는 이미 오래전부터 영원히 되풀이되고 있는 것이다. 과거에 스토아주의자들에게 일어났던 일은, 어떤 철학이 자기 자신을 믿기 시작하자마자 오늘날에도 다시 일어난다. 철학은 항상 자신의 모습에 따라 세계를 창조한다. 철학은 그렇게 할 수밖에 없다. 철학은 이러한 전제적인 충동 자체이며, 힘에 대한 가장 정신적인 의지이며, '세계를 창조하고' 자신이 제1원인이 되려는 가장 정신적인 의지다.[31]

---

30) 스토아 철학자들은 금욕주의적인 태도를 취하면서 인간의 자연스런 욕망을 억압하는 경향을 보인다. 그런데 스토아 철학자들도 자연의 일부인 한, 자신들의 자연스런 욕망을 억압하는 것은 불가능하다.

31) 니체는 종교와 철학은 사람들의 정신을 수천 년에 걸쳐서 지배할 수 있기 때문에 가장 강력한 힘에의 의지라고 보았다.

10.

오늘날 유럽 어디에서나 '실재 세계와 가상 세계'의 문제가 논란이 되고 있다.[32] 사람들이 이러한 논란에서 보이는 열성과 섬세함—나는 심지어 교활하다고까지 하고 싶다—은 우리로 하여금 숙고하게 만들고 경청하게 할 만한 것을 가지고 있다. 그러나 그러한 논란의 배후에서 오직 '진리에의 의지'만을 듣고 그 외의 아무것도 듣지 못하는 사람들은 분명히 예리한 귀를 가지고 있다고는 할 수 없다.[33] 소수의 드문 경우에는 실제로 그 같은 진리에의 의지와 자유분방하고 대담한 용기 그리고 상실해버린 지위를 회복하려는 형이상학자의 명예욕이 작용하고 있을 수 있다. 그러나 이러한 형이상학자도 결국은 아름다운 가능성들로 가득 찬 수레보다 한 줌에 지나지 않는 '확실성'을 여전히 선호한다. 심지어 불확실한 어떤 것보다는 차라리 확실한 무를 위해서 죽으려고 하는 양심적인 청교도적인 광신자[34]도 있을 수 있다. 그러나 이러한 미덕의 태도가 아무리 용기 있게 보일지라도 그것은 니힐리즘이며 절망에 빠

---

32) 여기서 '실재 세계와 가상 세계'는 이원론적인 전통 형이상학에서 말하는 초감각적인 피안 세계와 감각적인 차안 세계를 가리킨다고 할 수 있다.

33) 피안을 실재로 보면서 생성변화하는 현실을 가상으로 폄하하는 것에는 진리에의 의지보다는 사후에 영생을 얻고 싶어 하는 소망이 더 작용하고 있다.

34) 양심적인 광신자를 의미하는 Fanatiker des Gewissens는 '확실성'을 의미하는 Gewissheit라는 단어를 가지고 유희를 한 것이라고 할 수 있다.

져 있고 빈사상태에 이를 정도로 지쳐 있는 영혼의 징후다.[35] 그러
나 아직 생을 갈망하는 보다 강하고 생명력으로 가득 차 있는 사상
가들의 경우에는[36] 사정이 다르게 나타난다. 그들은 가상을 적대시

---

35) 여기서 니체는 쇼펜하우어와 같은 사람을 염두에 두고 있다고 볼 수 있다. 니
   체는 『반시대적 고찰』의 「교육자로서의 쇼펜하우어」에서 쇼펜하우어를 지적인
   양심과 대담함과 용기를 갖춘 이상적인 교육자로 평가하고 있다. 쇼펜하우어
   는 교회나 국가에 아부하지 않고 어디까지나 진리에의 의지에 충실했다고 보
   는 것이다. 쇼펜하우어는 모든 생물이 생존욕과 종족번식욕에 사로잡혀 자신
   과 종족의 생존을 위해서 맹목적으로 애쓰다가 덧없이 죽는 것이 삶의 본질이
   라고 보았다. 니체가 여기서 "아름다운 가능성들로 가득 찬 수레보다 한 줌에
   지나지 않는 '확실성'을 여전히 선호한다"고 할 경우 니체는, 쇼펜하우어가 이
   데아 세계나 천국과 같은 아름다운 가능성들로 가득 찬 수레보다는 가장 확실
   한 삶의 사실, 즉 '모든 생물이 생존욕과 종족번식욕에 사로잡혀 자신과 종족
   의 생존을 위해서 맹목적으로 애쓰다가 덧없이 죽는' 현실을 인정하고 있는 것
   을 염두에 두고 있다고 할 수 있다. "심지어 불확실한 어떤 것보다는 차라리
   확실한 무를 위해서 죽으려고 하는 양심적이고 청교도적인 광신자도 있을 수
   있다"는 것 역시 쇼펜하우어가 천국과 같은 불확실한 것에서 구원을 찾기보다
   는 삶을 부정하는 것, 다시 말해서 생존욕망을 부정하는 금욕주의에서 구원을
   찾고 있는 것을 염두에 두고 있다고 할 수 있다.
36) 여기서 니체는 동시대의 철학자 구스타프 타이히뮐러(Gustav Teichmüller,
   1832 – 1888)와 그의 책 『실재 세계와 가상 세계. 형이상학의 새로운 정초 Die
   wirkliche Welt und die scheinbare Welt. Neue Grundlegung der Metaphysik』
   (1882)를 염두에 두고 있는 것 같다. 그는 칸트와 헤겔의 철학을 비롯한 전통
   적인 철학들을 세계에 대한 철학자 나름대로의 관점적 해석으로 보면서 그리
   스도교가 그러한 관점적 세계 해석을 떠나서 신과 영혼의 실상을 보여주었다
   고 주장했다. 니체는 타이히뮐러가 당시의 실증주의를 비판한 것을 옳았다고
   보지만 신이나 불멸의 영혼과 같은 과거의 이념들로 되돌아가는 것은 잘못되
   었다고 본다. 타이히뮐러는 '관점주의적'이라는 표현을 쓰고 있지만 이 경우 그

하면서 '관점주의적'이라는 말을 이미 긍지를 갖고 채택함으로써,[37] 그리고 '지구는 정지해 있다'는 것과 같은 시각적 증거를 믿지 않는 것과 마찬가지로 자신의 육체를 믿지 않음으로써, 외관상으로는 기꺼이 자신의 가장 확실한 소유물까지도 포기한다(오늘날 사람들이 자신의 신체보다 더 확실한 것으로 믿는 것이 무엇이 있겠는가?). 하지만 누가 알겠는가? 그들이 내심으로는 과거에 사람들이 보다 확실하게 소유했던 것을 되찾으려 하는 것은 아닌지를. 이를테면 옛

는 니체와 다른 의미로 쓴다고 볼 수 있다. 니체에게 '관점주의적'이라는 말은, 우리가 보는 세계가 사실은 우리 자신의 힘을 유지하고 강화한다는 관점에서 보이는 세계라는 것을 의미한다. 니체는 세계를 감각적인 증거에 입각해서가 아니라 우리의 힘을 강화하고 고양시킨다는 관점에서 보아야 한다고 주장하는 것이다.

37) 니체는 과거로 되돌아가려는 타이히뮐러식의 태도도 부정하지만 타이히뮐러가 실증주의를 비판한 것은 정당하다고 본다. 이런 맥락에서 우리는 니체가 영혼이나 신과 같은 개념들도 우리의 삶을 활기 있게 하기 때문에 실증주의처럼 그러한 개념들을 단순히 부정할 것이 아니라 오히려 재해석하는 방식으로 존속시켜야 한다고 보고 있다고 해석할 수 있을 것이다. 실로 니체는 영혼을 불멸의 단일한 실체로 보는 전통 철학의 영혼 개념은 부정한다. 그러나 영혼이라는 개념 자체는 아래 12절에서 보듯이 '사멸하는 영혼', '주체─복합체(Subjekts-Vielheit)로서의 영혼' 및 '충동들과 감정들의 사회적 구조로서의 영혼'으로 재해석하는 방식으로 보존해야 한다고 보는 것이다. 아울러 니체는 신이라는 개념도 디오니소스 신이라는 개념에 의해서 재해석하고 있다. 이 경우 디오니소스 신은 지칠 줄 모르고 생성과 소멸, 창조와 파괴를 거듭하는 세계의 충일한 힘을 상징한다. 니체는 우리 인간이 고통과 고난 그리고 갈등과 투쟁 속에서 생성과 소멸을 반복하는 이러한 세계를 흔쾌하게 긍정하는 방식으로 이러한 신을 닮아야 한다고 본다.

신앙의 오랜 근본재산에 속하는 어떤 것, 즉 아마도 '불멸의 영혼'
이나 '옛 신'과 같은 것, 간단히 말해 '현대의 이념들'[38]보다도 사람
들을 더 잘 그리고 더 힘차고 명랑하게 살아가게 할 수 있는 이념
들을 말이다. 그들의 그러한 태도에는 이러한 현대적 이념들에 대
한 **불신**, 어제와 오늘에 세워진 그 모든 것에 대한 **불신**이 도사리고
있다. 그리고 오늘날 이른바 실증주의가 시장에서 팔고 있는 극히
상이한 기원을 갖는 개념들의 잡동사니를 더 이상 참지 못하는 가
벼운 싫증과 조소도 그 속에 섞여 있다. 또한 그들의 태도에는 사
실을 중시하는 이 모든 사이비 철학자들의 시골장터풍의 잡다함과
자질구레함—이것들에는 이러한 잡다함을 **빼고** 나면 새롭거나 참
된 어떤 것도 없다—을 즐기는 괴팍한 취미에 대한 구토가 도사리
고 있다. 이 점에서 나는 우리가 오늘날의 회의주의적인 반(反)사실
주의자들과 인식의 현미경주의자들[39]이 갖는 정당성을 인정해야만
한다고 생각한다. **현대의 현실**로부터 등을 돌리도록 몰아대는 그들
의 본능은 반박될 수 없는 것이다. 뒤로 되돌아가는 그들의 사잇길

---

38) 여기에서 현대적 이념들은 신이나 영혼과 같은 개념을 부정하는 유물론이나
   실증주의와 같은 이념들을 가리킨다고 볼 수 있다.
39) 현미경은 눈으로 보이지 않는 것을 보는 기구인바, 여기서 인식의 현미경주의
   자들은 우리의 감각기관을 통해서 직접적으로 지각될 수 있는 것만을 현실의
   전부로 보지 않고 지각될 수 없는 것을 찾는 자라고 할 수 있다.

이 우리에게 무슨 의미가 있겠는가![40] 문제가 되는 것은 그들이 '회귀'하려는 것이 아니라 [현대의 현실로부터] 떠나려고 한다는 것이다. 힘과 날아오름, 용기, 예술적 재능과 같은 것을 조금만 더 갖게 된다면, 그들은 뒤로 되돌아가지 않고 비상하려고 할 것이다.

11.

칸트가 독일철학에 끼쳐온 현실적인 영향에서 벗어나려고 하면서 특히 그가 자신에게 인정했던 가치를 교묘하게 묵살하려는 시도가 오늘날 도처에서 행해지고 있는 것 같다. 칸트는 무엇보다도 자신의 범주표[41]에 큰 자부심을 가지고 있었다. 그는 손에 이 표를 쥐고서 "이것이야말로 일찍이 형이상학을 위해서 시도될 수 있었던 가장 어려운 일이었다"라고 말했다. 어떻든 이 '될 수 있었던'이라는 말을 이해하는 것이 중요하다! 칸트는 인간에게서 새로운 능력, 즉 선험적 종합판단의 능력을 발견했다[42]는 사실에 대해서 긍

---

40) 타이히뮐러와 같은 사람들처럼 그리스도교로 되돌아가려고 하는 것은 니체에게는 아무런 흥미를 일으키지 않는다는 것이다.

41) 범주란 사물들이 지닌 가장 보편적인 규정성을 가리킨다. 칸트의 범주표는 양(하나, 여럿, 모두), 질(실재성, 부정성, 제한성(~이지는 않음)), 관계(실체와 속성, 원인과 결과, 상호작용), 양태(가능, 현존, 필연)와 같은 12개의 범주로 이루어져 있다.

42) 칸트는 인간에게 원래부터 존재하는 선험적 종합판단의 능력을 '발견했고' 이러한 능력 때문에 선험적 종합판단이 가능하다고 보지만, 니체는 칸트의 이러

지를 가지고 있었다. 이 점과 관련하여 그가 자신을 기만했다는 사실을 인정하더라도, 독일철학의 발전과 빠른 개화는 이러한 긍지와 가능한 한 보다 자랑스러운 것—아무튼 '새로운 능력들'!—을 발견하려는 모든 젊은이의 경쟁심에 달려 있다. 그러나 이제 성찰이 필요한 시점에 이르렀다. 칸트는 선험적 종합판단이 어떻게 가능한가라고 자신에게 물었다. 그는 본래 어떻게 답했는가? **어떤 능력에 의해서**(Vermöge eines Vermögens)라는 것이 그의 답변이었다.[43] 그러나 유감스럽게도 그는 이 세 마디로 말하지 않고 번거롭고 근엄하게 그리고 독일식의 심오하고 화려한 표현을 사용하여 말했기 때문에, 사람들은 그러한 답변 속에 숨어 있는 우스꽝스럽기 짝이 없는 독일적 어리석음을 전혀 알아채지 못했다. 사람들은 오히려 이 새로운 능력에 대한 기쁨으로 흥분했으며, 칸트가 한 걸

한 견해는 일종의 동어반복에 지나지 않는다고 본다. 즉 '어떻게 해서 선험적 종합판단이 가능한가?'라는 물음에 대해서 칸트는 '인간에게는 원래 선험적 종합판단을 할 수 있는 능력이 있기 때문에'라는 식으로 답하고 있다는 것이다. 칸트의 이러한 견해에 반(反)해서 니체는 선험적 종합판단의 능력이 인간에게 원래 갖추어져 있어서 선험적 종합판단이 가능한 것이 아니라 선험적 종합판단이 생존에 필요했기 때문에 인간이 만들어낸 것이라고 본다.

43) '순수한 종합판단이 가능한 것은 순수한 종합판단을 할 수 있는 능력에 의해서'라고 칸트가 대답했다는 말이다. 칸트의 대답은 '아편이 사람들을 잠들게 할 수 있는 것은 아편에 원래 잠들게 할 수 있는 힘이 존재하기 때문'이라는 말과 마찬가지로 동어반복적이며 아무런 새로운 정보를 주지 않는다는 것을 의미한다.

음 더 나아가 인간에게서 도덕적 능력을 발견했을 때 환호성은 절정에 달했다. 왜냐하면 당시의 독일인들은 아직 도덕적이었고 '현실정치'[44]에 전혀 물들지 않았기 때문이었다. 이렇게 해서 독일철학의 밀월기가 도래했다. 튀빙겐 신학교의 젊은 신학자들[45]은 모두 '능력'을 찾으러 숲속으로 들어갔다. 그 시대는 바로 독일 정신이 순진무구하고 풍요롭고 아직은 젊었던 시대였고 낭만주의라는 심술궂은 요정이 피리를 불고 노래를 불러주던 시대였으며 '발견'과 '발명'의 차이도 아직 구별하지 못하던 시대였으니, 사람들이 무엇을 발견하지 못했겠는가? 무엇보다도 '초감각적인 것'을 인식하는 능력이 발견되었다. 셸링은 그것을 지적 직관이라고 불렀고 이를 통해 원래부터 경건한 성향을 지녔던 독일인들의 열렬한 종교적 갈망을 충족시켜주었다.[46] 뻔뻔스럽게도 회색의 노쇠한 개념들

---

44) 여기서 현실정치(Realpolitik)는 도덕적 이상을 추구하기보다는 현실의 이해관계를 더 중시하는 정치를 가리키며, 무엇보다도 니체 당대의 비스마르크식 군국주의 정치를 가리킨다고 할 수 있다.

45) 튀빙겐 대학 신학부를 다녔던 횔덜린, 셸링, 헤겔을 가리킨다고 할 수 있다.

46) 칸트는 지적 직관이 인간에게 불가능하다고 보았지만 셸링은 가능하다고 보았다. 칸트는 인간에게 가능한 것은 감각적 직관, 즉 감각기관에 주어지는 대상에 대한 직관만이 가능하다고 보았다. 이에 반해 셸링은 주체와 객체의 근저에 있는 근원적인 일자는 감각기관에 주어지지 않지만, 그럼에도 불구하고 그에 대한 직관이 가능하다고 보았다. 그러나 니체가 보기에 셸링의 이러한 주장은 발견이 아니라 발명에 지나지 않는다. 니체는 칸트는 인간에게 원래부터 도덕적 능력이 있는 것처럼 꾸며내어 독일인들의 내심에 도사린 도덕적 욕망을

제1장 철학자들의 편견에 대하여 **45**

로 자신을 위장하고는 있었지만 활력과 열광에 넘치는 젊은 운동이었던 이 운동을 진지하게 받아들이거나 도덕적으로 분개하면서 취급하는 것만큼 잘못된 일은 없다. 어쨌든 사람들은 늙어갔고 꿈은 사라져버렸다. 사람들이 머리를 싸매고 깊이 생각할 때가 온 것이다. 사람들은 오늘날까지도 그렇게 깊이 생각하고 있다. 사람들은 꿈에 빠져 있었던 것이며 그중에서 가장 깊이 빠진 사람은 노(老) 칸트였다. '어떤 능력에 의해서'라고 그는 말했거나 적어도 그렇게 말하려고 했다. 그러나 도대체 그것이 답변이, 설명이 될 수 있는가? 오히려 그것은 단지 질문의 반복에 불과한 것은 아닌가? 어떻게 해서 아편은 잠들게 만드는가? '하나의 능력에 의해서', 즉 잠들게 하는 힘에 의해서라고 몰리에르[47]의 작품에 나오는 의사는 대답했다.

왜냐하면 그것에는 잠들게 하는 힘이 있기 때문이다.

충족시켰고, 셸링은 인간에게 원래부터 지적 직관의 능력이 있는 것처럼 꾸며내어 독일인들의 종교적 갈망을 충족시켰다고 보고 있다. 니체가 볼 때, 칸트가 말하는 도덕적 능력이나 셸링이 말하는 지적 직관의 능력은 감각적 현실을 완전히 무시해버리고 가상의 세계인 초감각적인 세계로 도피하는 것에 지나지 않는다. 따라서 니체는 그것들을 "잠들게 하는 힘", 즉 "감각을 잠재우는 힘"에 비유하고 있다.

47) Molière(1622-1673)는 프랑스의 희극작가.

그것에는 감각을 잠재우는 성질이 있다.[48]

그러나 이런 식의 답변은 코미디에 불과하다. 이제 '선험적 종합
판단은 어떻게 해서 가능한가?'라는 칸트의 물음을 '그러한 판단에
대한 믿음이 왜 **필요한가?**'라는 물음으로 바꿔야 할 때가 왔다. 다
시 말해서 그러한 판단이 **거짓된** 판단일 수 있지만 인간이라는 종
의 유지를 위해서는 그러한 판단이 진리로 **믿어져야**만 한다는 사
실을 이해해야 할 때가 온 것이다! 또는 좀 더 분명하게 그리고 노
골적이면서도 근저까지 파고들어 가서 말하자면, 선험적 종합판단
이란 '가능한 것'일 수가 전혀 없으며, 그러한 판단에 대한 권리를
갖지 못할 뿐 아니라 우리 식으로 말하자면 완전히 거짓된 판단이
다. 물론 삶의 관점주의적 시각에 속하는 그럴듯한 믿음이나 사태
의 겉모습(Augenschein)으로서 그것을 진리라고 믿는 것은 필요하
다.[49] 마지막으로 '독일철학'—이 철학은 이렇게 강조표시를 요구
할 권리를 갖는다는 사실을 이해하길 바란다—이 유럽 전역에 미
친 엄청난 영향을 생각해볼 때, 그것에 어떤 '잠들게 하는 힘'이 있
다는 사실을 의심할 수 없다. 모든 나라의 상류 유한계급, 도덕주

---

48) quia est in eo virtus dormitiva,

　　cujus est natura sensus assoupiire.

　　이 말은 몰리에르의 희곡 『상상병 환자 Le Malade imaginaire』에 나온다.

49) 그러한 판단이 인간의 생존에 도움이 되기 때문에 믿을 필요가 있다는 말이다.

의자, 신비주의자, 예술가, 4분의 3 정도의 그리스도 교인, 전 세계의 정치적으로 몽매한 인간들은 독일철학 덕분에 감각주의에 대항할 해독제를, 즉 간단히 말해서 '감각을 잠재우는' 것을 갖게 되어 기쁨을 주체할 수 없었다. 감각주의는 지난 세기로부터 이 세기로 넘쳐 들어와 여전히 강력한 영향력을 갖고 있었던 것이다.

12.

유물론적 원자론에 대해서 말하자면, 그것은 지금까지 존재했던 모든 이론 중 가장 잘 반박된 것 중 하나다. 오늘날 유럽의 학자 중 어느 누구도 편리한 일상적인 용법(즉 하나의 간단한 표현수단)이라는 것을 인정하는 것 외에 그것에 진지한 의미를 부여할 정도로 무식한 사람은 없다. 이는 무엇보다도 폴란드 출신의 보스코비치[50] 덕분이며, 그는 역시 폴란드 출신인 코페르니쿠스와 함께 지금까지 사태가 우리 감각에 나타나는 외관에 맞서 싸우면서 가장 큰 승리를 거둔 자였다. 코페르니쿠스는 우리의 모든 감각에 반해서 지

---

50) Ruggiero Giuseppe Boscovich(1711~1787)는 물리학자, 수학자, 천문학자, 철학자, 신학자, 시인이었다. 니체는 여기서 보스코비치가 폴란드 출신이라고 말하지만 그는 폴란드 출신이 아니라 오늘날의 크로아티아에 해당하는 라구사(Ragusa) 공화국 출신이었다. 그는 원자를 힘을 포함하고 있는 물질 덩어리가 아니라 힘의 중심으로 보았다. R. G. Boscovich, *Philosophie naturalis Theoria redacta ad unicam legem virium in natura existentium*(viennae, 1769).

구는 정지해 있지 않다고 믿도록 설득한 반면에, 보스코비치는 지상에서 마지막으로 남아 있는 '고정불변한' 것에 대한 신앙, 즉 '질료'와 '물질', 대지의 잔류물이며 작은 덩어리인 원자에 대한 믿음을 버릴 것을 가르쳤다. 이것이야말로 감각에 대해서 지금까지 지상에서 이루어진 최대의 승리였다. 그러나 우리는 한 걸음 더 나아가서 '원자론적 요구'에 대해서도 전쟁을 선포하여 가차 없는 혈투를 벌여야 한다. 이러한 '원자론적 요구'는 저 유명한 '형이상학적 요구들'과 마찬가지로 아무도 눈치채지 못하는 영역에서 아직도 명맥을 유지하고 있는 위험물이다. 우리는 무엇보다도 그리스도교 세계가 가장 교묘하면서도 가장 오랫동안 가르쳐온 보다 해로운 또 다른 원자론인 **영혼의 원자론**(Seelen-Atomistik)에 최후의 일격을 가해야 한다. 영혼의 원자론이란 영혼을 영원하며 분할할 수 없는 불멸의 단자(單子, Monade)나 원자로 믿는 신앙을 가리킨다. **이러한 신앙이야말로 학문에서 추방되어야 한다!** 우리 사이에서만 하는 말이지만, 그렇다고 해서 '영혼' 자체를 제거함으로써 가장 오래되고 가장 소중한 가설 중 하나를 포기할 필요는 전혀 없다. 흔히 미숙한 자연주의자들[51]은 '영혼'이라는 문제를 건드리자마자 영혼을

---

51) 감각적으로 지각될 수 있는 것만을 존재한다고 보는 실증주의자들 또는 기계적인 인과법칙에 따르는 물질만이 존재한다고 보는 기계론적 유물론자들을 가리킨다고 할 수 있다.

잃어버리곤 한다.[52] 그러나 영혼에 대한 새롭고 보다 세련된 가설을 세울 수 있는 길은 열려 있다. '사멸하는 영혼', '주체의 다수성(Subjekts-Vielheit)으로서의 영혼' 및 '충동들과 감정들의 사회적 구조로서의 영혼'과 같은 개념들은 앞으로 학문에서 시민권을 가져야 할 것이다. 새로운 심리학자가 이제까지 영혼이란 관념을 둘러싸고 거의 열대 우림의 식물처럼 무성하게 자라왔던 미신을 제거할 때, 그는 물론 자신을 새로운 사막과 새로운 회의 속으로 내던진 셈이다.[53] 아마도 과거의 심리학자들은 더 안락하고 더 유쾌하게 지냈을 것이다.[54] 그러나 결국 새로운 심리학자는 바로 그러한 처지로 인해서 자신이 **발명할** 운명에 처해 있다는 사실을 알고 있다. 하지만 누가 알랴? 그가 아마도 **발견할** 운명에 처해 있는지를.[55]

---

52) 여기서 영혼을 잃어버린다는 것은 영혼의 존재를 부정한다는 것을 가리킨다고 할 수 있다.

53) 여기서 니체는 근대인이 처한 니힐리즘의 상황을 암시한다고 할 수 있다. 근대에 들어와 전통적으로 삶에 의미와 방향을 제시해주면서 삶에 활기를 불어넣어 주던 불멸의 단일한 실체로서의 영혼이나 인격신과 같은 미신이 제거되었다. 그러나 이와 함께 인간은 삶의 의미와 방향을 상실한 채 황량한 생의 사막에 던져지고 인생의 의미와 가치에 대한 회의에 사로잡히게 되는 니힐리즘에 빠지게 된다.

54) 과거의 심리학자들은 인간을 고통에서 구원해줄 신이나 불멸의 영혼이 존재한다고 믿으면서 유쾌하고 안락하게 살아왔다는 말이다.

55) 인간의 삶에 의미와 방향을 제시하던 과거의 신앙들이 사라졌기 때문에 오늘날의 심리학자들은 새로운 삶의 의미와 방향을 발명할 필요가 있다는 것이다. 그러나 이러한 발명은 단일한 불멸의 영혼이 존재하는 것이 아니라 다수의 힘

13.

생리학자들은 자기 보존 충동을 유기체의 근본적인 충동으로 설정하기 전에 심사숙고해야만 한다. 살아 있는 것은 무엇보다도 자신의 힘을 **발산**하고 싶어 한다. 생명 자체는 힘에의 의지다. 자기 보존은 이러한 의지의 간접적이고 가장 자주 나타나는 **결과들** 중 하나에 불과하다. 요컨대 다른 모든 경우에서처럼 여기서도 **쓸모없는 목적론적 원리**가 개입하지 못하게 조심하자. 자기 보존 충동이란 원리(이것은 스피노자의 논리적인 비일관성에서 생긴 것이다)도 그러한 원리다.[56] 방법이란 본질적으로 원리들의 절약을 의미하는데, 이것이 그와 같은 것[쓸모없는 목적론적 원리가 개입하는 것을 금하는 것]을 요구하는 것이다.[57]

에의 의지가 서로 갈등하면서 우위를 차지하려고 하는 마음의 실상에 대한 발견에 입각해야 한다는 것이다.

56) 니체는 여기서 자기 보존 충동이란 원리도 일종의 목적론적 원리로 보고 있다. 원래 살아 있는 것들은 자신의 힘을 발산하고 싶어 할 뿐이고 자기 보존은 그러한 힘의 발산에서 생기는 간접적인 결과일 뿐인데, 스피노자나 쇼펜하우어 같은 사람은 살아 있는 것들이 자기 보존을 목적으로 하여 살고 있다고 본다는 것이다. 이런 의미에서 니체는 스피노자가 자기 보존 충동을 살아 있는 것들의 근본충동으로 상정한 것은 논리적 불철저에 의한 것으로 보고 있다. 이는 원래 스피노자가 목적론을 거부하면서 모든 것이 자연의 필연성에 따라서 일어난다고 주장했으면서도, 자기 보존 충동을 살아 있는 것들의 근본충동으로 상정함으로써 목적론적 원리를 도입하고 있기 때문이다.

57) 니체는 『도덕의 계보학』 두 번째 에세이 12절에서 목적론에 반대하는 자신의 입장을 아래와 같이 개진하고 있다.

14.

물리학도 ([물리학에 대한] 실례를 무릅쓰고 우리의 견해를 말하자면!) 단지 하나의 세계를 해석하고 짜 맞추는 것에 지나지 않으며 세계를 [있는 그대로] 설명하는 것은 **아니**라는 사실이 이제 대여섯 명의 두뇌 속에서 어렴풋이 떠오르고 있다. 그러나 물리학이 감각에 대한 믿음에 입각해 있는 한, 그것은 해석 이상의 것으로 인정될 것이며 앞으로도 오랫동안 그렇게, 즉 [사태 자체에 대한] 설명으로 인정될 것임에 틀림없다. 물리학은 눈과 손가락 그리고 시각적 증거와 촉각을 자신을 뒷받침하는 것으로 가지고 있다. 그것은 근본적으로 천민의 취향이 지배하는 시대에 사람들을 매혹하고 설득하며 **확신시키는** 힘을 가지고 있다. 실로 물리학은 영원히 통속적인 것일 수밖에 없는 감각주의가 내세우는 진리 규준에 본능적으로 따

"그리고 어떤 '사물'의 역사 전체도 이와 같이 항상 새로운 해석과 조정의 계속되는 기호의 연쇄일 수 있다. 그러한 해석과 조정의 원인들 사이에는 서로 연관이 있을 필요는 없다. 오히려 사정에 따라서 그러한 원인들은 우연히 잇달아 생기고 교체될 뿐이다. 그러므로 어떤 사물, 어떤 관습, 어떤 기관의 '발전'이란 어떤 목적을 향한 진보는 결코 아니며, 최소한의 힘과 비용으로 최단 경로를 통해서 도달되는 진보는 더욱더 아니다. 그것은 오히려 다소간 심화되어 가고 다소간 서로 독립적인 채로 그 자체에서 일어나는 제압 과정의 연속일 뿐 아니라 그러한 제압에 반해서 행해지는 저항들이며 방어와 반작용을 목적으로 하는 형식 변화의 시도들이고 성공적인 반대활동의 성과들이기도 하다. 형식은 유동적이며 '의미'는 더욱더 유동적이다."

르고 있다. 물리학에서는 무엇이 명료한 것이고 무엇이 '설명되는' 것인가? 그것은 보고 만질 수 있는 범위의 것에 지나지 않는다. [물리학에 따르면] 우리는 모든 문제를 이 정도까지만 탐구해야 한다. 이와는 반대로, **고귀한** 사유방식이었던 플라톤적인 사유방식이 갖는 매력은 바로 명백한 감각적 증거에 **저항**하는 데에 있었다. 이러한 고귀한 사유방식은 현대인들의 감각보다 더 강하면서도 더 까다로운 감각을 향유하면서도 이러한 감각을 지배하는 것을 보다 높은 승리라고 보았던 사람들이 가졌던 것이다. 감각에 대한 지배는 플라톤이 천민적인 감각이라고 불렀던[58] 다채로운 감각의 소용돌이 위에 창백하고 차가운 회색의 개념망을 던지는 것에 의해서 이루어졌다. 이와 같은 플라톤식의 세계 극복과 세계 해석에는 오늘날의 물리학자들이 우리에게 제공하는 것과는 다른 종류의 즐거움이 존재하며, 또한 '최소한의 노력'[59]과 '최대한의 어리석음'이라는 원리를 내세우는 생리학자들 가운데 다윈주의자이자 반목적론자들이 제공하는 것과도 다른 종류의 **즐거움**이 존재한다. "인간이 보고 붙잡을 수 있는 어떤 것이 존재하지 않는 곳에는 탐구할 것도 없다"는 명제가 플라톤의 명제와 다르다는 것은 물론이다. 그러나

---

58) Platon, *Nomoi*. 689 a–b. 플라톤은 아테네의 대중들이 이성과 법에 따르지 않고 천박한 감각에 따라 살고 있다고 비판한다.

59) 개별 유기체 내에서의 극히 작은 변화도 장기적으로는 그것이 속한 종에게 매우 큰 변화를 야기한다는 다윈의 자연선택이론을 염두에 둔 말이다.

그 명제는 오로지 거친 노동만을 해야 하는 미래의 기계 노동자와 토목 노동자와 같은 조야하고 근면한 종족에게는 가장 타당한 명제일 것이다.[60]

15.

깨끗한 양심을 가지고 생리학을 연구하기 위해서는, 감각기관이 관념론적 철학[61]이 의미하는 현상은 **아니라는** 사실을 명심해야만 한다. 그러한 현상으로서는 감각기관 자체는 어떠한 원인도 될 수 없을 것이다![62] 따라서 감각주의[63]는 발견의 원리라고는 할 수 없

---

60) 여기서 니체가 미래의 기계 노동자와 토목 노동자들에 대해서 말할 때 '미래'라는 말로 니체는 자기 나름의 이상사회를 염두에 두고 있다. 이러한 '미래'에서 노동자는 정치에 참여하지 않고 노동에 전념할 뿐이다.

61) 여기서 관념론적 철학은 외부세계를 감각의 산물로 보는 버클리식의 주관적 관념론을 가리키고 있다. 버클리는 "존재는 지각됨이다(esse est percipi)"라고 말한다.

62) 생리학에서 감각기관은 감각기관에 의해서 산출된 현상이 아니라 실재이며, 따라서 원인으로, 예를 들어 인식의 원인으로 작용할 수 있다.

63) 여기서 감각주의는 우리의 감각기관이 지각하는 것이 실재 자체를 반영한다고 보는 철학적 입장을 가리킨다고 보아야 할 것 같다. 니체는 우리가 지각하는 현상 자체가 이미 실재라고는 보지 않기 때문에 이러한 감각주의를 비판하고 있다. 그러나 사태 자체를 발견하려고 할 때 우리는 감각에서 출발할 수밖에 없기 때문에, 니체는 감각주의는 사태 자체를 발견하기 위한 원리가 아니라 사태 자체를 발견하려고 할 때 우리가 존중해야만 하는 규제적 원리로 간주되어야만 한다고 본다. 니체의 『우상의 황혼』「철학에서의 '이성'」 3절에서 다음 구절을 참조할 것.

어도 최소한 규제적인 가설이라고 할 수는 있다. 왜 그런가? 다른 사람들은 심지어 외부세계가 우리 감각기관의 산물이라고까지 말한다. 그렇다면 우리의 신체도 외부세계의 일부이므로 감각기관의 산물이 될 것이다! 그러나 그렇다면 또한 우리의 감각기관 자체도 감각기관의 산물이 될 것이다. 자기 원인이라는 개념이 근본적으로 모순적인 것이라면,[64] 그러한 주장은 나에게는 근본적으로 모순적인 주장으로 보인다. 따라서 외부세계는 우리 감관의 산물이 아니다—?[65]

16.

자신을 관찰하는 사람들 중에는 '직접적인 확실성', 예를 들면

"그런데 우리의 감각이란 얼마나 정교한 관찰의 도구인가! 예를 들어 이 코는 어떠한 철학자도 그것에 대해서 아직 존경과 고마움을 보여준 적이 없지만, 코야말로 우리가 마음대로 사용할 수 있는 도구 중에서 가장 섬세한 도구다. 그것은 분광기(分光器)조차도 확인할 수 없는 미세한 움직임의 차이까지도 분간해낼 수 있다. 우리는 오늘날 우리가 감각의 증언을 수용하기로 결심한—즉 우리가 감각을 더 예리하게 하고 무장시키고 끝까지 사유하는 것을 배우는—바로 그 정도로만 과학을 소유하고 있다."

[64] 자기 원인은 자기가 자기를 산출한다는 것을 의미하지만, 이는 자기 이전에 이미 자기가 있어야 한다는 모순을 내포한다.

[65] 니체는 이 문장을 의문부호로 끝내고 있지만, 외부세계가 우리의 감각기관의 산물이라고 볼 경우에는 우리의 신체에 속하는 감각기관도 결국 감각기관의 산물이라는 모순에 빠지게 되므로 외부세계는 우리의 감각기관의 산물이 아니라고 결론짓고 있다.

'나는 생각한다'[66]라든가 쇼펜하우어[67]처럼 '나는 의지한다'와 같은 '직접적인 확실성'이 존재한다는 미신을 믿는 순진한 사람들이 아직까지도 존재한다. 이들은 우리의 인식이 주체 측에서나 객체 측에서 어떠한 왜곡도 범하지 않고 대상을 '물자체'로서 있는 그대로 순수하게 인식할 수 있는 것처럼 생각한다. 그러나 백 번이라도 반복하겠지만, '직접적 확실성'이라는 말은 '절대적 인식'과 '물자체'라는 말과 마찬가지로 자체 내에 형용모순(eine contradictio in adjecto)을 포함하고 있다. 우리는 이제 그런 말의 미혹으로부터 벗어나야만 한다. 비록 대중은 인식(Erkenntnis)[68]이란 사물을 완전하게 알게 되는 것이라고 믿을지라도 철학자는 자신에게 이렇게 말해야만 한다. "'나는 생각한다'라는 명제 속에 표현되어 있는 사고 과정을 분석해보면, 거기에는 논증하기 어렵고 아마도 불가능한 일련의 대담한 주장들이 포함되어 있다고. 예를 들면 생각하는 어떤 것이 나라는 것, 생각하는 어떤 것이 필연적으로 존재해야만 한다는

---

66) 데카르트는 '생각의 주체로서의 나라는 것이 존재한다'는 사실을 우리에게 직접적으로 확실한 사실이라고 보았다.

67) 쇼펜하우어는, 예를 들어 우리가 팔을 올릴 때 '내가 팔을 올리고 싶어 한다'는 의지가 작용한다는 것은 직접적으로 확실하다고 보았다. 그러나 니체는 쇼펜하우어의 이러한 생각을 의지의 주체를 상정하는 미신이라고 본다.

68) 독일어에서 'Er-'라는 전치사는 어떤 행위의 완성을 의미한다. 따라서 Erkenntnis는 똑같이 '알고 있다'를 의미하는 Kenntnis에 비하여 완전한 인식을 의미한다.

것, 생각이란 그것의 원인으로 간주되는 어떤 존재의 활동이며 작용이라는 것, 하나의 '나'라는 것이 존재한다는 것, 마지막으로 생각한다는 것의 의미가 이미 확정되어 있다는 것, 다시 말해서 생각한다는 것이 무엇인지를 내가 **알고 있다**는 것이다. 만일 생각한다는 것이 무엇인지에 대해서 내가 이미 결정을 내리지 않았다면, 방금 일어난 일이 아마도 '의지'나 '감정'은 아닐 것이라는 것을 어떤 기준에 의해서 결정할 수 있겠는가? 요컨대 '나는 생각한다'는 자신의 현재 상태가 무엇인지를 확정하기 위해서[즉 생각하고 있는 상태라고 확정하기 위해서] 자신의 현재 상태를 자신이 알고 있는 자신의 다른 상태들과 **비교한다는** 것을 전제하고 있다. 이와 같이 '나는 생각한다'는 상태는 다른 '지식'에 소급적으로 연관되어 있기 때문에, 그것은 어쨌든 어떠한 직접적 확실성을 갖지 못한다. 따라서 철학자는 어떤 일정한 경우에 대중이 믿을지도 모르는 저 '직접적 확실성' 대신에 다음과 같은 일련의 형이상학적 물음들을 제기할 수밖에 없게 된다. 이러한 물음들이야말로 지성이 제기하는 진정으로 양심적인 물음들이다. "나는 '사유한다'는 개념을 우리는 어디에서 얻게 되는가? 우리는 왜 원인과 결과라는 개념을 믿는가? 무엇을 근거로 하여 우리는 자아, 심지어 원인으로서의 자아, 그리고 최종적으로 사유의 원인으로서의 자아에 대해서 말하는가?" "나는 생각한다. 그리고 이것만은 최소한 참되고 현실적이며 확실하다는 것을 알고 있다"라고 말하는 사람처럼 일종의 **직관적** 인식에 호소하면서 감히 위의 형이상학적 물음들에 대해서 즉각적으로 답하려고 하는 사람이 있는데, 오늘날의 철학자는 그에게 미소로 답하거나 두 개의 의문부호를 제기할 것이다. 철학자는 아마도 이 사람에게 이렇게 말할 것이다. "당신이 오류를 범하지 않고 있다는 것은 불확실하오. 그런데 왜 전적으로 진리라고 고집하지요?"

17.

앞에서 언급된 논리학자들의 미신과 관련해서 나는 이러한 미신을 믿는 자들이 인정하려고 하지 않는 사소하면서도 간단한 사실 하나를 거듭해서 강조하고 싶다. 그 사실이란 어떤 생각은 '내'가 원할 때가 아니라 그 생각 자체가 떠오르기를 원할 때 떠오른다는 것이다.[69] 따라서 '나'라는 주어가 '생각한다'는 술어의 조건이라고 말하는 것은 사실을 왜곡하는 것이 된다. 그 무엇이 생각한다(Es denkt)라고 할 때의 '그 무엇'이 저 오래되고 유명한 '자아'라는 주장은 완곡하게 표현해서 단지 하나의 가정이거나 주장일 뿐 '직접적으로 확실한 사실'이 결코 아니다. 결국 이러한 '그 무엇이 생각한다'고 말하는 것만으로도 이미 너무나 많은 것이 주장되고 있다.

---

69) J.-J. Rousseau, 『고백록 *Confessions*』, 4권의 다음 문장을 참조할 것.

"생각은 자신이 원할 때 오는 것이지 내가 원할 때 오는 것이 아니다."

이러한 '그 무엇'에는 사고 과정에 대한 하나의 해석이 포함되어 있으며, '그 무엇'은 사고 과정 자체에는 속하지 않는다. 이 경우 사람들은 문법상의 관습에 따라서 "사고라는 것은 하나의 활동이며 모든 활동에는 활동하는 주체가 있다. 따라서 사고하는 주체가 있다"라고 추론하고 있는 것이다. 거의 동일한 도식에 따르면서 옛 원자론은 작용하는 힘 외에 저 물질 덩어리, 즉 그 안에 힘이 존재하고 그것으로부터 힘이 비롯되는 원자를 상정했다. 그러나 보다 엄밀한 두뇌의 소유자는 결국 이 '대지의 잔여물'을 상정하지 않고서도 아무런 문제없이 자연을 설명할 수 있게 되었다. 그리고 논리학자까지 포함하여 우리가 언젠가는 아마도 그 사소한 '그 무엇'(저 오래되고 유명한 '자아'가 이 '그 무엇'으로 도피한 것이다)을 상정하지 않고서도 아무런 문제없이 사고하는 데 익숙해질 것이다.

18.

어떤 이론에서 그것이 반박될 수 있다는 것은 진실로 적지 않은 매력이다. 그 이론이 반박될 수 있다는 바로 그 이유 때문에 보다 치밀한 두뇌들이 그 이론에 끌리게 되는 것이다. '자유의지' 이론이 수백 번이나 반박되었으면서도 여전히 명맥을 이어가고 있는 것은 오직 이런 매력 때문인 것 같다. 항상 거듭해서 새로운 사람들이 나타나 그 이론을 반박함으로써 자신들의 힘을 확인하는 것이다.

19.

철학자들은 의지에 대해서 말할 때 의지가 흡사 세상에서 가장 잘 알려진 것인 것처럼 말하는 버릇이 있다. 사실 쇼펜하우어도 의지만이 우리에게 본래 알려져 있는 것이며, 지나치지도 부족하지도 않게 우리에게 완전히 알려져 있는 것이라고 주장했다. 그러나 나에게는 항상 이런 생각이 든다. 쇼펜하우어는 그가 항상 그랬던 것처럼 이 경우에도 철학자들이 통상적으로 해오던 일을 했을 뿐이라고. 즉 그는 대중의 선입견을 수용하면서 과장했을 뿐이라고. 의지란 나에게는 무엇보다도 **복합적인** 것이며, 단어로서만 단일체(Einheit)일 뿐이다.[70] 바로 이 한 단어에 대중의 선입견이 둥지를 틀고 있으며, 이러한 선입견이 항상 철학자들로 하여금 주의를 소홀히 하게 만들었다. 따라서 우리는 좀 더 주의하여 '철학적이 되지 않도록' 하자. 우리는 이렇게 말해야 할 것이다. 즉 모든 의지에는 첫째로 다수의 감정이 있다고. 다시 말해서 어떤 상태로부터 **벗어나려는** 감정[어떤 상태를 싫어하는 감정], 어떤 상태로 **향하려는** 감정[어떤 상태를 좋아하는 감정], 또한 이렇게 '벗어나려고 하고' '향하려는' 감정에 대한 감정이 있다. 그리고 그 다음에는 팔다리를 움

---

70) 의지는 여러 충동들의 복합체일 뿐인데 이것을 가리키는 단어가 Wille라는 단일체로서 나타나기 때문에, 사람들은 흡사 단일한 의지가 있는 것처럼 생각한다는 것이다.

직이지 않고서도 우리가 '의욕'하자마자 일종의 습관에 의해서 움직이기 시작하는 부수적인 근육감정이 있다. 따라서 감정뿐 아니라 다양한 감정이 의지의 구성요소로서 인정되어야 하는 것처럼, 두 번째로 사유도 의지의 구성요소로 인정되어야 한다. 모든 의지작용에는 명령하는 하나의 사상이 존재하는 것이다. 우리는 이 사상을 '의지'로부터 분리할 수 있다고 생각하면서 그것을 의지로부터 제거한 후에도 의지가 여전히 남아 있는 것처럼 믿어서는 안 된다! 셋째로 의지는 감정과 사유의 복합체일 뿐 아니라 무엇보다도 하나의 **정념**(情念, Affekt)이다. 그리고 그것은 명령의 정념이다. '의지의 자유'라고 불리는 것은 본질적으로는, 사람들이 자신의 명령에 순종해야만 하는 것에 대해서 갖는 우월감이다. 즉 "나는 자유롭다. '그'는 복종해야 한다"는 의식이 모든 의지 속에 도사리고 있다. 마찬가지로 모든 의지 속에는 저 주의집중, 오로지 하나의 목표에만 똑바로 고정된 시선, '지금 이것 이외의 다른 것은 전적으로 불필요하다'는 저 무조건적인 가치평가, 복종시킬 수 있다는 내적인 확신, 그리고 명령하는 자의 상태에 속하는 그 모든 것이 도사리고 있다. **의욕하는** 인간은 복종하거나 복종하리라고 믿는 자기 내부의 어떤 것에 대해서 명령을 내린다. 그러면 이제 우리는 대중이 단 한 단어로 표현하는 이 복합적인 것, 즉 의지가 갖는 가장 기묘한 면에 대해서 살펴보기로 하자. 일정한 상황 아래서 우리는 명령하는 자이기도 하면서 동시에 복종하는 자이기도 하다. 그리고 복종하는 자로서의 우리는 강제, 강요, 억압, 저항, 무리하게 움직여진다는 감정을 갖게 되며, 이러한 감정들은 의지의 발동에 뒤이어 거의 동시에 일어나는 경향이 있다. 다른 한편으로 우리는 '자아'라는 종합개념에 의해서 이 이중성을 무시하면서 이러한 이중성은 존재하지 않는다고 기만적으로 사고하는 습관을 가지고 있다. 이 때문에 이제까지의 일련의 모든 그릇된 추리 및 이러한 추리의 결과 우리가 갖게 되는 의지 자체에 대한 그릇된 가치평가가 의지작용에 끼어들게 되었고, 의지하는 자는 행동을 유발하는 데는 의지만으로 충분하다고 굳게 믿게 되는 것이다. 그리고 대부분의 경우에는 명령의 결과를 기대할 수 있을 때만, 즉 복종과 행위를 기대할 수 있을 때만 의지가 작용해왔기 때문에, 그 외관만을 보고서 마치 그런 결과의 필연성이 존재하는 것처럼 사람들은 느끼게 된 것이다. 요컨대 의욕하는 인간은 상당한 확신을 가지고 의지와 행위가 하나라고 믿는 것이다. 그는 성공을, 즉 의지의 실현을 의지 자체의 공으로 돌림으로써 모든 성공에 따라오게 마련인 기분, 즉 힘이 증대되었다는 기분을 즐긴다. '의지의 자유', 이것은 의지하는 자가 느끼는 기쁨의 복합적인 상태를 표현하는 말이다. 그는 명령을 내리면서 동시에 자신을 그 명령의 수행자와 동일시한다. 이와 함께 그는 저항을 극복하는 기쁨을 맛본다. 그러나 그는 그 저항을 본래 극복한 것은 자신의 의지 자체라고 생각한다. 이와 같이 의지하는 자는 명령하는 자로서의 자신의 쾌감에다가, 성공적으로 실행하는 집행 도구들, 즉 종속적인 '하위의 의지들'이나 '하위의 혼들'—사실 우리의 몸은 많은 혼들의 집합체일 뿐이다—의 쾌감을 덧붙인다. 그 결과야말로 나인 것이다(L'effet c'est moi).[71] 잘 형성되고 행복한 모든 공동체에서 일어나는 일이 여기에서도 일어난다. 즉 지배계급은 사회공동체가 성취하는 것과 자신을 동일시한다. 모든 의지에서 단적으로 문제가 되는 것은 앞에서 말한 것처럼 많은 '혼들'의 집합체를 바탕으로 한 명령과 복종이다. 따라서 철학자는 도덕의 영역에 그러한 의미의 의지를 포함시킬 권리를 주장해야 한다. 이 경우의 도덕이란 [많은 혼들 사이의] 지배관계에 관한 학설을 의미한다. 그러한 지배관계로부터 '생'이라는 현상이 유래하는 것이다.

20.

개개의 철학적 개념들은 제멋대로 생기지도 독자적으로 성장하지도 않으며 상호 간의 친밀한 관계 속에서 성장한다. 그것들은 겉보기에는 사유의 역사에서 갑자기 제멋대로 출현한 것처럼 보일지라도, 어떤 대륙의 동물군에 속하는 모든 동물과 마찬가지로 하나의 체계에 속한다. 이러한 사실은 [어떤 언어권이나 인종에서] 전적

---

71) "L'etat, c'est moi(내가 국가다)"라는 루이 14세(1638–1715)의 말에 빗대어 니체가 만든 조어다.

으로 입장을 달리하는 철학자들도 [그 언어권이나 인종에서] **나타날** 수 있는 철학들의 일정한 근본도식을 항상 거듭해서 확실하게 따르고 있다는 점에서도 드러난다. 그들은 보이지 않는 마력에 사로잡혀 항상 또다시 동일한 궤도를 달린다. 그들은 각자가 비판적이거나 체계적인 의지를 갖고서 서로에 대해서 독립적으로 존재한다고 느낄지도 모르지만, 그들 내부의 어떤 것, 즉 개념들의 저 타고난 체계와 친족성이 그들을 일정한 순서로 차례로 몰아댄다. 그들의 사고는 사실 새로운 발견이라기보다는 재인식이자 재기억이며, 그 개념들이 원래 유래했던 영혼의 아득한 태곳적 공유재산으로의 회귀이며 귀향이다. 이런 점에서, 철학한다는 것은 일종의 최고급의 격세유전(隔世遺傳)이다.[72] 인도, 그리스, 독일의 모든 철학적 사고에 존재하는 놀랄 정도의 가족 유사성은 극히 간단하게 설명될 수 있다. 언어상의 친족성이 존재하는 곳에서는 공통된 문법 철학으로 인해—즉 동일한 문법적 기능에 의해 무의식적으로 지배되고 인도됨으로써—처음부터 철학체계들이 동일한 방식과 순서로 전개될 수 있는 모든 소지가 처음부터 마련되어 있다는 것은 피할 수 없다. 이와 마찬가지로 또한 세계를 다르게 해석할 수 있는 길이 애초부터 막혀 있다는 것도 피할 수 없다. 우랄 알타이어권(이곳에

---

72) 격세유전은 조부모 또는 수 세대 전의 선조의 형질(形質)이 유전되는 것을 말한다.

서는 주어 개념이 거의 발달하지 않았다) 내의 철학자들이 인도게르만 족이나 회교도와는 다르게 세계를 바라보고 다른 길을 걷고 있다는 것은 충분히 있을 법한 일이다. 일정한 문법적 기능에 속박되는 것은 궁극적으로는 **생리적** 가치판단과 인종적인 조건에 속박되는 것이기도 하다. 이상은 관념의 기원에 대한 로크의 천박한 견해[73]를 반박하기 위해서 서술된 것이다.

21.

자기 원인(causa sui)이란 개념은 이제까지 고안된 것 가운데 최대의 자기모순이자 일종의 논리적 폭행이며 자연에 거슬리는 것이다. 그런데 인간은 지나친 자만심으로 말미암아 바로 그런 어처구니없는 개념에 끔찍할 정도로 깊숙이 휘말리게 되었다. 최고의 형이상학적 의미에서의 '의지의 자유'에 대한 열망은 유감스럽게도 설익은 교양인의 머리를 지배하고 있다. 자신의 행위에 대해서 스스로가 철저하게 책임을 지면서, 신, 세계, 선조들, 우연, 사

---

73) 로크는 『인간지성론 *Essay Concerning Human Understanding*』(1690)에서 언어는 그것을 사용하는 사람의 의식 속에 있는 관념을 표현하기 때문에 실재 자체에 대한 파악을 방해한다고 말하고 있다. 또한 로크는 인간의 의식을 백지로 보면서 외부에서 주어지는 감각자료를 관념의 기원으로 간주하고 있다. 그러나 니체가 보기에 언어는 우리의 의식 속에 있는 관념을 표현하는 것이 아니라 오히려 우리의 관념을 규정하며, 우리의 의식은 백지가 아니라 어떤 인종의 생리적인 조건이나 언어구조에 의해서 규정되어 있다.

회에 책임을 돌리지 않으려는 열망은 바로 저 자기 원인으로 존재하려는 열망 이외의 아무것도 아니다. 그것은 뮌히하우젠[74]을 능가하는 무모함으로 자신의 머리채를 잡아 올림으로써 자신을 무(無)의 수렁으로부터 존재로 끌어올리려고 하는 것과 같다. 그러므로 누군가가 자유의지라는 이 유명한 개념의 우직한 단순함을 꿰뚫어보고 그것을 자신의 머리에서 지워버릴 수 있다면, 나는 그에게 그가 자신의 '계몽적 태도'를 한 걸음 더 발전시켜서 '자유의지'라는 이 터무니없는 개념과 상반되는 것마저 그의 머리에서 지워버릴 것을 간청하고 싶다. 그 상반된 것으로 내가 염두에 두고 있는 것은 인과개념을 남용한 데서 비롯된 '자유롭지 못한 의지'라는 것이다. 자연과학자들이 그러듯이(그리고 그들과 마찬가지로 사고가 자연과학적으로 되고 있는 오늘날의 인간이 그러듯이) 결과가 나올 때까지 원인을 압박하고 자극하는 오늘날 지배하고 있는 어리석은 기계론적인 사고방식에 따라 '원인'과 '결과'를 그릇되게 **사물화해서는** 안 된다. '원인'과 '결과'라는 개념들을 단지 순수한 개념들, 다시 말해 기술하고 이해하기 위한 인습적인 허구로서 이용해야지 사실 자체를 설명하기 위한 것으로 사용해서는 안 된다. '[현실] 그 자체'에는

---

74) Karl Friedrich Hieronymus von Münchhausen(1720-1797)은 독일 태생으로 터키와 러시아 전쟁에 참여했다. 그는 자신의 경험담을 사람들에게 과장하여 들려주었다.

어떠한 '인과적 결합'도 '필연성'도 '심리적인 부자유'도 존재하지 않는다. 또한 원인이 있으면 결과가 반드시 따라오지도 않으며 어떠한 법칙도 지배하고 있지 않다. 원인, 잇달아 일어남, 상호성, 상대성, 강제, 수, 법칙, 자유, 근거, 목적 등을 만들어낸 것은 바로 우리들이다. 우리가 이러한 기호세계를 현실 자체로서 사물들 속에 투사하고 투입한다면, 우리는 항시 그래왔듯이 또다시 **신화적으로** 사고하는 셈이 된다. 따라서 '자유롭지 못한 의지'라는 개념은 하나의 신화에 불과하다. 실제의 삶에 존재하는 것은 단지 **강한** 의지와 **약한** 의지뿐이다. 어떤 사상가가 '인과 결합'과 '심리적 필연성'이란 말을 들을 때마다 강제적이고 필연적인 어떤 것, 복종해야 할 강박감, 압박감, 부자유 같은 것을 느낀다면 그것은 항시 그의 내부에 무엇인가가 결핍되었다는 징후이다. 그 같은 느낌들을 갖는다는 것은 수상쩍은 일이며 자신도 모르게 본심을 드러내는 셈이다. 내 관찰이 틀리지 않았다면 일반적으로 '의지의 부자유'는 두 개의 전혀 상반된 관점의 문제이며 또한 항상 지극히 **사적인** 사고방식의 문제인 것으로 보인다. 어떤 이들은 '책임'과 **자신**에 대한 믿음을 포기하지 않으려 하며 어떠한 희생을 치르더라도 **자신**에 대한 긍지를 지켜나가려 한다. '허영심이 강한 부류들이 여기에 속한다.' 그 반면에 어떤 이들은 책임지려 하지도 않고 비난받고 싶어 하지도 않으며 은밀한 자기 경멸로 인해 책임을 다른 것에 **전가하려** 한다. 오늘날 후자와 같은 사람들이 책을 쓰게 되면 그들은 자연적으로 범죄자의 편을 들게 된다. 그들이 내세우는 일종의 사회주의적 동정은 가장 매력적인 도피처다. 사실상 의지박약자의 숙명론은 '인간 고통의 종교'[75]라는 탈을 쓰고 나올 때가 가장 그럴듯하게 보인다. 그 종교는 그의 '고상한 취미'다.

22.

문헌학자로 오래 살다 보니 서투른 해석 기술(技術)을 보면 꼭 짚고 넘어가야만 하는 고약한 취미를 버리지 못하는 나를 용서해주기 바란다. 그러나 그대 자연과학자들이 흡사 실재를 반영하는 것처럼 그렇게 자랑스럽게 말하는 '자연법칙'이라는 것은 단지 그대들의 해석과 서투른 '문헌학' 덕분에 성립하는 것에 지나지 않는다. 자연법칙은 사실도 '원전(原典)'도 아니고 오히려 순진한 인도주의 취향에 입각하여 [혼돈스런] 세계를 정돈한 것이며 [실제의] 의미를 왜곡한 것일 뿐이다. 그대들은 자연법칙이라는 것으로 오늘날의 정신을 규정하는 민주주의적 본능에 영합하고 있을 뿐이다! "법 앞에서는 일체가 평등하다는 점에서 자연은 우리와 다르지 않고 우

---

75) '인간 고통의 종교(la religion de la souffrance humaine)'라는 말은 폴 부르제 (Paul Bourget)의 소설 『사랑의 범죄 Un crime d'amour』에 나오는 말이다. 여기서 니체는 이 말로 인생을 고통으로 가득 차 있는 것으로 보면서 고통받는 자들에 대한 동정과 연민을 가장 중요한 덕으로 설파하는 쇼펜하우어식의 종교를 가리키는 것 같다.

리보다 나을 것이 없다"[76)]라는 생각은 점잖은 것으로 보이지만, 그 배후에 특권적이고 탁월한 모든 것에 대한 천민의 적의와 또 다른 형태의 보다 세련된 무신론이 숨어 있다. "신도 아니고 지배자도 아닌 것", 그대들은 그것을 원한다. 따라서 "자연법칙 만세!"라는 것이다. 그렇지 않은가? 그러나 앞에서 말했듯이, 자연법칙이라는 것은 해석이지 원전이 아니다. 따라서 대립된 의도와 해석 기술을 갖는 누군가가 나타나, 동일한 자연으로부터 그리고 동일한 현상들로부터 권력욕의 포학하고 무자비하며 가차 없는 관철(貫徹)을 읽어낼 수도 있을 것이다. 이러한 해석가는 어떤 말로도 표현하기 불가능하거나 '포학'이라는 말조차도 약하고 부드러운 비유로—너무나 인간적인 것으로—나타날 정도로 '힘에의 의지'가 모든 곳에서 어떠한 예외도 없고 어떠한 조건에 제약되지 않은 채로 자신을 전개하는 것을 눈앞에 생생하게 보여줄 것이다. 그럼에도 불구하고 그는 이 세계에 대해서 그대들이 주장하는 것과 동일한 것을 주장하는 것으로 끝을 맺을 것이다. 즉 이 세계는 '필연적이고' '계산 가능한' 과정에 따른다는 것이다. 그러나 이는 그대들이 주장하는 것처럼 세계에 법칙이 지배하고 있기 때문이 아니라, 법칙이 완전히 **결여되어 있고** 모든 힘이 매 순간 자신의 궁극적 귀결을 끌어내고 있기 때문이다. 이러한 주장 역시 하나의 해석에 불과할 뿐이라

---

76) 자연법에 따르면 모든 인간이 평등하다는 말.

고 할 경우, 그대들은 그것에 대한 질시(嫉視)로 가득 차서 그것을 반박하고 싶은가? 그렇다면 더 좋다.

23.

심리학은 이제까지 도덕적인 편견과 공포에 사로잡혀 있었기 때문에 더 깊은 곳으로까지 파고들어 갈 엄두를 내지 못했다. 아직 그 누구도 내가 했던 것처럼 심리학을 **힘에의 의지의 형태론과 발달 이론**으로 파악할 생각조차도 하지 않았다. 이제까지 쓰인 것 속에서 이제까지 침묵되어왔던 것의 징후를 인식하는 것이 허용된다면 그렇다는 말이다. 도덕적 편견의 폭력은 가장 정신적인 세계, 즉 겉보기에는 가장 냉정하고 무전제적인 세계에 깊숙이 침입했다. 그리고 자명한 이치이지만, 그 세계를 손상시키고 방해하고 현혹하고 왜곡하고 있다. 진정한 생리심리학(Physio-Psychologie)은 탐구자의 심정(Herz) 속에 존재하는 무의식적인 저항과 싸워야만 한다. 즉 그것은 '심정'을 자신의 적으로 갖는다. '선한' 충동과 '악한' 충동이 서로를 조건 짓는다는 설(設)조차도 세련된 비도덕성으로 간주되면서, 강력하고 진실된 양심에게조차 당혹감과 혐오감을 불러일으키고 있다. 모든 선한 충동이 악한 충동에서 비롯된다는 설에 대해서는 더 말할 나위도 없다. 만일 누군가가 증오, 시기, 소유욕, 지배욕과 같은 정념을 생명에 필수적인 정념으로 볼 뿐 아니라 생명의 전체 경제에서 근본적이고 본질적으로 존재해야만 하는 어떤 것으로 보면서 생명이 상승하려면 그러한 정념도 상승해야 한다고 설한다면, 그는 자신의 판단이 그런 방향을 취하는 것으로 인해 뱃멀미를 하듯 괴로움을 겪게 될 것이다. 그러나 이러한 가설조차도 위험스런 인식들로 이루어진 이 거대하고 아직은 새로운 대륙에서는 별로 고통스런 것도 낯선 것도 되지 못한다. 그 대륙에 접근할 수 있는 사람들도 모두 수백 개의 그럴듯한 이유를 내세우면서 그 대륙으로부터 등을 돌린다! 그러나 다른 한편으로 일단 배가 떠밀려 그 대륙에 가게 되면, 좋다! 잘됐다! 이제 이를 악물자! 눈을 크게 뜨자! 손으로 키를 단단히 잡자! 우리는 곧장 도덕을 넘어서 나아간다. 우리는 그 대륙을 향해 항해를 감행함으로써 우리에게 존재하는 도덕의 잔재를 짓누르고 분쇄할 것이다. [그 도덕이 분쇄되더라도] 우리에게 무슨 상관이 있겠는가! 아무리 대담한 여행가, 모험가에게도 이보다 깊은 통찰의 세계가 열린 적은 이제까지한 번도 없었다. 그와 같은 방식으로 '희생을 치르는'—이것은 지성을 희생하는 것[77]은 아니고 오히려 그 반대다!—심리학자는 그에 대한 보상으로 적어도 심리학이 다시 한 번 여러 학문의 여왕[78]

---

77) sacrifizio dell'intelletto(지성의 희생)는 예수회 교도들이 지킬 것을 선서하는 서약의 하나다. 그러나 이성 내지 지성을 포기하고 신앙을 맹목적으로 받아들여야 한다는 것은 예수회뿐 아니라 그전에 많은 가톨릭 교부(敎父)들이 주창했던 교설이다.

78) 니체는 물리학이나 생물학뿐 아니라 모든 학문이 궁극적으로는 힘에의 의지론

으로 인정받게 될 것을 요구해도 된다. 이때 다른 학문들은 심리학에 봉사하고 그것을 준비하는 것이 된다. 왜냐하면 심리학은 이제 다시 근본문제에 이르는 길이 되었기 때문이다.

의 형태론과 발달이론이라는 의미의 심리학에 입각해야 한다고 본다.

제2장
자유정신

24.

오, 성스러운 단순함이여!¹⁾ 인간이 단순화하고 왜곡하면서 살고 있는 것은 얼마나 기묘한가! 일단 이러한 경이로운 사실에 눈을 뜨게 되면 놀라움을 금할 수 없게 된다! 그동안 우리는 얼마나 우리 주위의 모든 것을 밝고 자유롭고 경쾌하고 단순한 것으로 만들어 왔는가! 얼마나 우리는 우리의 감각에 일체의 피상적인 것에 사로잡힐 수 있는 면허장을 부여하고, 우리의 사고에 경솔하게 비약하면서 그릇되게 추론하고 싶어 하는 신적인 욕망을 부여해왔던가!

---

1) O sancta simplicitus! 체코의 종교개혁가인 얀 후스가 1415년 콘스탄츠 공의회(公議會)에서 화형을 당할 때 장작더미에 땔감을 던져 넣던 한 노파를 보면서 한 말이다.

우리가 처음부터 우리의 무지 상태를 존속하게 하려고 애썼던 것은 상상도 못할 자유, 무분별, 경솔함, 왕성함, 삶의 명랑함을 즐기기 위해서, 즉 삶을 즐기기 위해서였다! 이제까지 무지라는 이 견고한 지반 위에서 비로소 학문이 자라날 수 있었고, 앎에의 의지는 그것보다 훨씬 더 강력한 무지, 몽매함, 허위에의 의지를 기반으로 해서 자라날 수 있었다. 앎은 무지와 대립되는 것이 아니라 무지가 세련된 것이었다! 다른 경우에서와 마찬가지로 이 경우에도 언어는 조야함을 벗어나지 못하고 단지 정도 차이나 여러 미묘한 단계가 존재할 뿐인데도 계속해서 [앎과 무지의] 대립에 대해서 말하고 있다. 이와 마찬가지로 이제는 극복할 수 없을 정도로 우리의 '살과 피'가 되어버린 도덕적 위선이 우리들 깨어 있는 자들의 말까지도 왜곡할 수 있다. 여기저기서 우리는 이러한 사실을 간파하고 있으며, 최상의 학문이야말로 이렇게 **단순화되고** 철저하게 인위적이고 적당히 꾸며지고 적당히 왜곡된 세계에 우리를 붙잡아 두려고 한다는 사실에 실소를 금할 수 없다. 최상의 학문은 원하든 원하지 않든 오류를 사랑한다. 왜냐하면 학문도 하나의 살아 있는 것으로서 삶을 사랑하기 때문이다!

25.

이렇게 즐겁게 말을 시작했으니 가장 진지한 사람들을 향한 다음의 진지한 말 한마디를 건성으로 듣지 않기를 바란다. 그대 철학자들이여, 인식의 친구들이여, 경계하라. 순교하지 않도록 조심하라! '진리를 위하여' 고난을 당하지 않도록 조심하라! 자신을 방어하는 것조차도 조심하라! 그러한 태도는 그대의 양심이 갖는 모든 무구함과 섬세한 중립성을 훼손하며, 그대들로 하여금 이의와 붉은 천[2]에 대해서 완강하게 저항하게 만든다. 그대들이 위험, 중상, 혐의, 배척과 싸우고 적의에서 비롯된 보다 악성의 결과들과 싸우고 마침내는 지상에서 진리의 수호자로 행세해야만 할 때, 그러한 태도는 그대들을 우둔하게 만들고 짐승처럼 만들며 황소처럼 만든다. '진리'는 보호자를, 즉 가장 슬픈 표정을 하고 있는 기사[3]이자 빈둥거리며 시간을 보내는 자들이며 정신의 거미줄을 치는 자들인 그대들을 필요로 할 정도로 순진하고 무능한 것이 아니다! 결국 그대들도 충분히 잘 알고 있듯이, 그대들의 주장이 옳은지 그른지는 중요하지 않다. 또한 그대들은 다음 사실도 충분히 잘 알고 있다. 이제까지 어떠한 철학자의 주장도 옳지 않았으며, 보다 찬양할 만한 진실은 그대들에 대한 고발자와 법정 앞에서 엄숙한 몸짓을 하거나 유리한 카드를 내놓는 데 있는 것이 아니라 그대들이

---

2) 붉은 천은 투우 경기에서 소를 흥분시키기 위해서 사용되는 천을 가리키지만, 여기서는 다른 사람들의 이의가 인식의 친구들의 분노를 일으키는 것을 가리킨다고 할 수 있다.
3) '가장 슬픈 표정을 하고 있는 기사'는 세르반테스의 소설 『돈키호테』에서 돈키호테의 시종인 산초가 돈키호테에게 붙인 별명이다.

그대들의 좌우명과 그대들이 좋아하는 이론(때로는 그대들 자신) 뒤에 붙이는 조그마한 물음표에 있다는 사실을![4] 차라리 옆길로 피해 가라! 사람들의 눈에 띄지 않는 곳으로 도망쳐라! 마스크를 쓰고 계략을 써서 남들이 몰라보게 하거나 아니면 약간 두려움을 갖게 만들라! 정원을, 황금의 격자 울타리로 된 정원을 잊지 말라! 정원과 같은 사람들, 아니면 하루가 이미 추억이 되는 저녁 무렵에 물 위에 흐르는 음악과 같은 사람들이 그대 주위에 있게 하라. 어떠한 의미에서든 그대에게 훌륭하게 존재할 권리조차 부여하는 멋진 고독, 자유롭고 흥겨우며 경쾌한 고독을 선택하라! 공공연한 폭력에 의해서 수행될 수 없는 모든 긴 전쟁이 사람들을 얼마나 악랄하고 교활하며 못되게 만드는가! 현재의 적과 앞으로 있을 수 있는 적들에 대한 오랜 경계심과 오랜 두려움은 사람들을 얼마나 편협하게 만드는가! 이렇게 사회에서 추방된 자들, 오랜 동안 박해받고 심하게 쫓겨다닌 자들—스피노자나 지오르다노 브루노[5]처럼 은둔

---

4) 니체는 1880년대의 한 메모에서 이렇게 말하고 있다.

"자신의 확신에 대해 용기를 갖는다는 것, 그것은 차라리 자신의 확신을 공격할 만한 용기를 가졌느냐의 문제라 할 수 있다!"(Werke, Musarion edition, Munich, 1920-29, XVI, 318쪽).

5) Giordno Bruno(1548-1600)는 이탈리아의 철학자, 수학자, 천문학자, 신비가로 지동설을 받아들였을 뿐 아니라 우주는 무한하고 태양계와 실질적으로 유사한 수많은 세계로 이루어져 있으며, 궁극적인 선이란 우주적 생명과의 신비

을 강요받은 자들 역시—은 가장 정신적인 가면을 쓰고 있을지라
도 자기 자신도 모르는 사이에 결국에는 교묘하게 복수를 추구하
는 자, 독살자가 되고 만다. (스피노자의 윤리학과 신학의 근저를 파헤
쳐보라!) 그들의 어리석은 도덕적 분노에 대해서는 말할 필요도 없
으며, 철학자가 도덕적 분노를 갖는다는 것은 철학적 유머 감각을
상실했다는 확실한 증거다. 철학자의 순교와 '진리를 위한 희생'을
통해서 철학자 안에 숨어 있던 선동가적인 기질과 배우적인 기질
이 백일하에 폭로된다. 사람들이 이제까지 철학자를 단지 예술적
호기심을 가지고 보았다고 한다면, 많은 철학자의 타락한 모습('순
교자'로, 무대와 연단에서 외치는 자로 타락한 모습)을 보려는 위험한
욕구도 쉽게 이해될 수 있다. 다만 이러한 욕구와 함께 사람들이
무엇을 보게 될지에 대해서는 확실하게 알고 있어야만 한다. 즉 사
람들은 단지 하나의 익살극(Satyrspiel), 에필로그에서 행해지는 소
극(笑劇)을 보게 될 것이며, 모든 철학이 그것의 기원에서는 긴 비
극이었다고 전제한다면, 오랜 참된 비극이 **종언을 고했다**는 사실에
대한 일련의 증거만을 보게 될 것이다.

적 합일에 존재한다고 주장했다. 이단으로 간주되어 7년 동안 옥고를 치른 뒤,
화형을 당했다.

26.

선택된 모든 인간은 본능적으로 자신이 숨을 수 있는 성과 은밀한 장소를 찾는다. 그곳에서 그는 군중, 다수, 대중으로부터 **구원**되고 '인간 [일반]'이라는 규준을 잊게 되며 그러한 규준이 적용되지 않는 예외가 된다. 단 한 가지의 예외는 위대하고 예외적인 의미의 인식하는 자로서 훨씬 더 강한 본능으로부터 ['인간' 일반이라는] 이러한 규준에 정면으로 충돌할 때다. 인간들과 접촉하면서 때때로 구토, 염증, 동정, 우울, 고독 때문에 녹색이나 회색으로, 즉 모든 신고(辛苦)의 색깔로 변하지 않는 사람은 분명 더 높은 취미를 가진 사람은 아니다. 그러나 그가 이 모든 짐과 불쾌함을 기꺼이 받아들이지 않고 이런 것들을 항상 피해오다가, 앞에서 말한 것처럼 조용히 긍지를 지니고 자신의 성 안에 숨어버린다면 그에 관해서 다음 한 가지 사실은 확실히 말할 수 있다. 즉 그는 인식을 위해서 태어난 자가 아니며 인식을 추구하기에 부적합한 자라는 것이다. 왜냐하면 그가 인식하는 자라면 어느 날 자신에게 이렇게 말할 수밖에 없기 때문이다. "내 훌륭한 취향 따위는 악마가 가져가 버려라! 규칙이 예외보다—예외인 나 자신보다—더 흥미롭다." 그러고서 그는 **아래로** 내려갈 것이며 무엇보다도 [대중] '속으로' 들어갈 것이다. **평균적인** 인간을 오랜 동안 진지하게 연구하는 것, 이를 위한 많은 가장(假裝)과 자기 극복, 친밀함, 저급한 교제(동등한 상대와의 교제를 제외한 모든 교제는 저급한 것이다)는 모든 철학자의 전기(傳記)

에 반드시 포함되어 있는 부분이며, 아마도 그들의 전기에서 가장 불쾌하고 악취가 나며 환멸로 가득 찬 부분일 것이다. 그러나 만일 그가 인식의 총아(寵兒)에 어울리는 행운을 지녔다면 그는 자신의 과제를 단축시키고 경감시켜줄 자들을 만나게 된다. 이러한 자들로 내가 염두에 두고 있는 사람들은 이른바 냉소주의자들이다. 그들은 동물성과 비속함, '규준'을 있는 그대로 단순하게 인정하며 이때 자신과 아울러 자신과 동일한 인간들에 대해서 **증인들 앞에서** 말하듯이 말할 수 있을 정도의 정신성과 욕망을 가진 자들이다. 때로 그들은 자신들의 분뇨 위에서 뒹굴 듯 책들 속에서 뒹군다. 냉소주의는 비속한 영혼이 진실에 접하는 유일한 방식이다. 보다 높은 인간은 보다 조야한 것이든 보다 섬세한 것이든 모든 냉소주의에 귀를 열어야 하며, 자신 앞에서 파렴치한 어릿광대나 학문적인 호색한이 떠드는 소리를 들을 때마다 자신의 행운에 기뻐해야만 한다. 심지어 혐오와 매력이 뒤섞이는 경우가 있다. 이를테면 자연의 변덕으로 인해 분별없는 숫염소와 원숭이 같은 성질에 천재성이 결부되어 있는 경우인데, 당대의 가장 깊이 있고 가장 예리한 인간이면서 아마도 가장 추악한 인간이기도 했을 아베 갈리아니[6]가 바로 여기에 해당된다. 그는 볼테르보다 훨씬 더 깊이가 있었고, 따라서

---

6) Abeé Ferdinand Galiani(1728~1787)는 이탈리아의 경제학자이자 성직자로서 이탈리아 계몽주의를 주도한 인물이었다.

많은 경우 볼테르보다 한층 더 과묵했다. 앞에서 암시한 것처럼 원숭이의 몸체에 학문적인 머리가 얹혀 있고, 섬세하고 예외적인 지성이 저열한 영혼에 깃든 경우도 자주 일어난다. 이는 특히 의사들과 도덕–생리학자들 가운데서 드문 일이 아니다. 누군가가 격분하지 않고 오히려 담담하게 인간은 두 가지 욕망[식욕과 성욕]을 지닌 배와 한 가지 욕망[명예욕]을 지닌 머리로 되어 있다고 말할 때, 또한 인간 행위의 유일하고도 참된 동기로서 도처에서 식욕, 성욕, 허영심만을 보고 구하고 발견하려고 할 때, 간단히 말해서 인간에 대해서 '나쁘게'—악의 때문은 아니다—말할 때, 인식을 사랑하는 사람은 그 말에 세심하게 열심히 귀를 기울여야만 한다. 그는 분노가 담기지 않은 말이라면 어떤 말에도 귀를 기울여야 한다. 왜냐하면 분노에 찬 인간[7]은, 자신의 이빨로 자기 자신을(또는 그 대신에 세계, 신, 사회를) 물어뜯고 찢어발기는 인간은 웃으면서 자신에 만족하는 호색한보다 도덕적으로는 보다 높은 위치에 있을지 몰라도, 그 밖의 모든 면에서는 보다 평범하고 냉담하며 완고한 인간이기 때문이다. 분노에 찬 인간만큼 거짓말을 잘하는 인간도 없다.

---

7) 분노에 찬 인간들로 니체는 무엇보다도 현실사회와 종교에 대해서 적대적인 무신론적인 사회주의자들이나 무정부주의자들을 염두에 두고 있다고 할 수 있다.

27.

남들의 이해를 얻기란 쉬운 일이 아니다. 다르게 생각하고 다르게 살아가는 소란스런 사람들, 즉 거북이 걸음으로 걷거나 (kurmagati)[8] 기껏해야 '개구리 걸음으로 걷는(mandeikagati)'[9] 사람들 사이에서 갠지스강처럼(gangasrotogati)[10] 생각하고 사는 사람의 경우에는 특히 그렇다. 나는 자신을 이해하기 어렵게 만들기 위해서 온갖 수단을 다 쓰고 있다! 따라서 우리는 섬세하게 해석하려는 좋은 의도를 가진 사람에 대해서는 진심으로 감사해야 한다. 그러나 언제나 [이해하는 데] 너무나 안이하고 친구로서 안이할 수 있는 권리를 갖는다고 믿는 '친한 친구'들의 경우에는 애초부터 그들에게 오해할 수 있는 공간과 놀이터를 허용해주는 것이 좋다. 그럼으

---

8) 산스크리트어 쿠르마(kūrmá)는 거북이를 의미하고 가티(gati)는 움직이는 모습을 의미한다. 따라서 이들의 합성어인 쿠르마가티 kūrmágati는 거북이처럼 느리게 움직이는 것을 가리킨다. 니체의 텍스트에서는 kūrmágati가 kurmagati로 잘못 표기되어 있다.

9) 산스크리트어 만두카(maṇḍūka)는 개구리를 의미하며 가티(gati)는 움직이는 모습을 의미한다. 따라서 이들의 합성어인 만두카가티(maṇḍūkagati)는 개구리처럼 움직이는 것을 의미한다. 니체의 텍스트에는 maṇḍūkagati가 mandeikagati로 잘못 표기되어 있다.

10) 산스크리트어 강가(gáṅgá)는 갠지스강을, 스로타(srota)는 강의 흐름을, 가티(gati)는 움직이는 모습을 의미한다. 따라서 이들의 합성어인 gáṅgásrotagati는 갠지스강이 흘러가는 것을 의미한다. 니체의 텍스트에는 gangasrotogati로 잘못 표기되어 있다.

로써 우리는 여전히 웃을 수 있거나 이 친한 친구들에게서 완전히 벗어날 수도 있다. 그리고 다시 한 번 웃을 수도 있다!

28.

한 언어를 다른 언어로 번역할 때 가장 옮기기 어려운 것은 문체의 템포다. 문체의 템포는 민족의 특성에, 생리학적으로 말해서 그 민족의 '신진대사'의 평균 속도에 근거한다. 충실한 번역이기는 하지만 원문의 대담하고 경쾌한 템포를 옮길 수 없었기 때문에 거의 오역에 가까운 것도 있다. 그러한 대담하고 경쾌한 템포는 사물과 언어 속에 내재된 모든 위험한 것을 뛰어넘고 뛰어넘을 수 있도록 도와준다. 독일인은 자신의 언어로 프레스토를 거의 표현할 수 없다. 따라서 우리는 독일어로는 자유로운 사상과 자유정신의 가장 발랄하고 대담한 많은 뉘앙스를 표현할 수 없다고 당연히 추론할 수 있다. 독일인에게는 육체적으로나 정신적으로나 부포(Buffo)[11]와 사티로스[12]가 낯선 존재인 것처럼 아리스토파네스나 페트로니우스[13]도 독일어로 거의 번역될 수 없다. 독일인들은 모든 종류의

---

11) 부포는 희가극에서 광대 역할을 하는 가수.
12) 사티로스는 디오니소스 신의 시종으로 반인반수(半人半獸)의 모습을 한 숲의 신이다. 사티로스극은 그리스의 익살극으로서 많은 사티로스들이 나와서 합창을 한다.
13) Petronius Arbiter(기원후 66년 사망)는 1세기경에 살았던 로마의 작가로 당시

장중하고 끈끈하고 엄숙하지만 답답하고 느리고 지루한 문체를 풍부하고 다양하게 발전시켰다. 딱딱함과 우아함이 혼합되어 있는 괴테의 산문조차도 여기서 예외가 아니라는 사실을 지적하는 것을 양해해주기 바란다. 그의 산문은 그것이 속하는 '옛날의 좋았던 시절'의 반영이며 아직까지 '독일적인 취미', 즉 양식과 기교 면에서 아직 로코코적인 취미가 존재하던 시절의 독일적 취미를 표현하고 있다. 레싱[14]만은 많은 것을 이해했고 많은 것에 능숙했던 그의 배우적인 천성 덕분에 예외가 되었다. 그가 베일[15]을 번역할 수 있었던 데에는 그럴만한 이유가 있었으며 그는 디드로와 볼테르 가까이로, 더 나아가 로마의 희극작가들에게로 도망치고 싶어 했다. 문체의 템포 면에서도 레싱은 자유정신을 사랑했으며 독일에서 벗어나고 싶어 했다. 그러나 레싱의 산문에서조차 독일어가 마키아벨리의 템포를 어떻게 따라갈 수 있겠는가? 마키아벨리는 플로렌스의 건조하고 맑은 공기를 상기시키는 자신의 『군주론』에서 가장 심

로마의 부패상을 묘사했다.

14) Gotthold Ephraim Lessing(1729-1781)은 독일의 계몽주의자로서 극작가이자 문예비평가였다.

15) Pierre Bayle(1647-1706)은 철학자로서 그의 저서 『역사적·비판적 사전 Dictionnaire historique et critique』(1697)은 당시 카톨릭 교회의 비난을 받았다. 니체는 레싱을 베일의 책의 번역자로 보고 있지만, 베일의 책을 번역한 사람은 Johann Christoph Gottsched였다.

각한 문제를 거침없는 알레그리시모(allegrissimo)[16]로 서술할 수밖에 없었다. 거기에는 심술궂은 예술가의 대비 감각, 즉 장황하고 어렵고 냉혹하고 위험한 사상을 전력 질주하는 템포와 변덕스럽기 짝이 없는 기분의 템포로 표현하는 감각이 적지 않게 작용하고 있다. 결국 누가 페트로니우스를 독일어로 감히 옮길 수 있겠는가? 그는 창의와 발상 그리고 언어의 빠른 템포에 있어 지금까지의 위대한 어떤 음악가도 미치지 못할 정도의 대가였다. 우리가 그처럼 바람의 발을 갖고 있고, 모든 것을 달리게 함으로써 건강하게 만드는 한 줄기 바람과 같은 템포와 숨결을 갖고 그러한 바람처럼 해방시키는 방식으로 조소할 수 있다면, 병들고 사악한 세계의 늪이나 '고대 세계'의 늪이 무슨 문제가 되겠는가! 저 신성하게 변용시키면서 풍요롭게 하는 정신인 아리스토파네스[17]에 대해서 말하자면, 그의 존재로 인해 우리는 과거에 있었던 그리스적인 모든 것을 **용서하게** 된다. 단, 그리스적인 것에서 용서와 성스러운 변용을 필요로 하는 모든 것을 우리가 매우 깊이 있게 이해했다고 전제한다면 말이다. 이 때문에 융케도 지금까지 전해져 내려온 한 가지 사실만큼 나로 하여금 **플라톤**의 숨겨진 점과 그의 수수께끼 같은 본성에 대해서 다시 생각하게 한 것은 없었다. 그러한 사실이란 플라톤의 임

---

16) 경쾌하고 힘찬 스타일.

17) Aristophanes(기원전 약 445-388)는 그리스의 희극작가.

종 시에 그의 베개 밑에서 발견된 것은 '성서'도 이집트의 책도 피타고라스의 책도 플라톤 자신의 책도 아니고 아리스토파네스의 책이었다는 사실이다. 아리스토파네스가 없었더라면 플라톤조차도 삶을—그가 부정했던 그리스적인 삶을—견딜 수 없었을 것이다!

29.

독립적으로 존재한다는 것은 극소수의 인간에게만 가능하다. 그것은 강한 자들의 특권이다.[18] 독립적으로 존재할 필요가 없으면

---

18) 니체는 『안티크리스트』 머리말에서 이렇게 말하고 있다.

"이 책은 극소수의 사람들만을 위한 책이지만, 이들 중 어느 누구도 아직 이 세상에 태어나지 않았을지 모른다. [중략] 나를 이해하려는 사람들은 특별한 조건들을 갖춰야 한다. 그런 조건들을 갖춘 사람이라면 나를 이해하지 않을 수 없다. 그러한 조건들을 나는 너무나 정확하게 알고 있다. 나의 진지함과 나의 열정만이라도 견뎌내려면 정신적인 문제에 대해서 사람들은 냉혹할 정도로 정직해야만 한다. 산 위에 사는 일에 익숙해 있어야 하고 정치와 민족적 에고이즘의 가련한 시대적인 수다를 자신의 발아래로 내려다보는 일에 익숙해 있어야 한다. 진리가 유용한 것인지 아니면 자신에게 재앙이 될 것인지에 대해서 무관심해야 하며 그런 의문을 품어서도 안 된다. … 오늘날 어느 누구도 감히 제기할 용기를 갖지 못하고 있는 문제들을 사랑하는 강함, 금단(禁斷)의 것을 지향하는 용기, 미궁에 이르도록 처음부터 예정되어 있는 운명. 일곱 가지 고독으로부터 얻는 한 가지 경험. 새로운 음악을 들을 수 있는 새로운 귀. 가장 멀리까지 볼 수 있는 새로운 눈. 지금까지 침묵하고 있던 진리를 향하는 새로운 양심. 그리고 위대한 양식의 경제(經濟)를 지향하는 의지. 즉 자신의 힘과 자신의 열정을 모아서 간직하려는 의지. … 자신에 대한 경외. 자신에 대한 사랑. 그리

서도 그것을 시도하는 사람은, 비록 그럴만한 충분한 자격을 갖는다 해도 그러한 시도와 함께 자신이 강할 뿐 아니라 자유분방할 정도로 대담하다는 사실을 입증한다. 그는 미궁 속으로 들어가며 인생 자체에 이미 수반되는 위험을 천배나 증대시킨다.[19] 그가 어디에서 어떻게 길을 잃어버리고 고독에 빠져 양심이라는 괴물(Minotaurus)[20]에 의해 갈기갈기 찢기는 것을 아무도 보지 않는다는 것은 결코 작은 위험이 아니다. 그러한 인간이 그 같은 재앙에 빠졌다고 한다면, 그는 누구도 그것을 느끼지도 동정할 수도 없을 정도로 사람들의 이해 범위에서 멀리 떨어져 나간 셈이다. 그는 더 이상 되돌아올 수 없으며 사람들의 동정을 받을 수도 없게 된다!

고 자신에 대한 절대적 자유. … ”

19) 미궁이란 말과 관련해서는 『안티크리스트』 57절의 다음 구절을 참조할 것.

"가장 강한 자로서 가장 정신적인 사람들은 다른 사람들이 파멸하는 곳에서 행복을 발견한다. 즉 그들은 미궁에서, 자신과 아울러 다른 사람들에 가해지는 혹독함 속에서, 시험 속에서 행복을 발견한다. 그들의 기쁨은 극기다. 그들에게는 금욕이 천성이며, 욕구이고, 본능이다. 그들은 어려운 과제를 하나의 특권으로 생각하고 다른 사람들이라면 짓눌려서 죽을 수 있는 짐을 가지고 유희하는 것을 하나의 기분전환으로 생각한다."

20) 미노타우루스는 그리스 신화에 나오는 괴물로 인간의 몸에 거대한 수소의 머리를 지니고 있었다. 크레타섬의 미노스왕은 이 괴물을 미궁 속에 집어넣고 아테네의 소년 소녀를 먹이로 주고 있었다. 이러한 사실을 알게 된 아테네의 왕자 테세우스가 괴물을 퇴치했다.

30.

우리의 최고의 통찰을 들을 만한 자질이 없거나 들을 수 있도록 미리 정해져 있지 않은 사람들이 허용되지도 않았는데도 듣게 되면, 그들은 그것을 어리석은 소리로 듣거나 경우에 따라서는 범죄적인 소리로 들을 것임에 틀림없다. 또한 [우리의 최고의 통찰은 그들에게는] 그렇게 들려야만 한다! 인도, 그리스, 페르시아, 이슬람교 지역의 철학자들, 간단히 말해서 위계질서를 신봉하고 평등과 평등한 권리를 신봉하지 **않았던** 지역의 철학자들이 일찍이 구분했던 것과 같은 통속적인 것과 비교적(秘敎的)인 것은 통속적인 인간이 사물을 내부로부터가 아니라 외부로부터 보고 평가하고 측정하고 판단하는 것에 의해 구분되지 않는다. 그것들은 통속적인 인간이 사물을 아래에서 올려다보는 데 반해 비교적인 인간은 **위에서 내려다본**다는 것에 의해 구별되는 것이다! 높은 영혼에게는 비극조차도 전혀 비극적인 것으로 나타나지 않는다. 사람들이 세상의 모든 고통을 한눈에 조감할 수 있을 경우, 세상의 그런 모습으로 인해 사람들의 마음이 흔들려서 필연적으로 모든 사람이 동정심을 갖게 되고 이와 함께 고통이 배가될 **수밖에 없을** 것이라고 누가 감히 단정할 수 있겠는가?[21] 높은 수준의 인간에게는 자양분이나 청

---

21) 독일어에서 동정을 의미하는 단어인 Mitleid는 고통을 함께한다는 의미를 갖고 있다. 니체는 동정이 고통받는 인간의 고통을 함께 느끼는 것이기 때문에 고통

량제가 되는 것도 이들과 매우 다른 저급한 인간에게는 거의 독이 될 것임에 틀림없다. 범속한 인간의 미덕이 철학자에게는 아마도 악덕과 약점을 의미할 수도 있다. 고귀한 자질을 갖는 인간이 퇴락하고 전락하게 될 경우, 이를 통해서 비로소 그는 다음과 같은 성질들, 즉 자신이 전락하게 된 하층의 인간들로부터 성자처럼 숭배되는 데 필요로 하는 성질들을 소유하게 될 수도 있다. 저급한 정신과 빈약한 생명력을 가진 인간이 읽느냐 아니면 높은 정신과 강력한 생명력을 가진 인간이 읽느냐에 따라서 영혼과 건강과 관련하여 정반대되는 가치를 갖게 되는 책들이 존재한다. 즉 저급한 정신과 빈약한 생명력을 가진 인간에게 이 책들은 파괴하고 분열시키는 위험한 것이 된다. 그러나 높은 정신과 강력한 생명력을 가진 용감한 자들에게는 **그들의** 용기를 발휘하게 하는 전령의 외침이 된다. 만인을 위한 책은 항상 악취를 풍긴다. 그것에는 소인배의 냄새가 배어 있다. 대중이 먹고 마시는 곳은 물론이고 심지어 그들이 숭배하는 곳에서조차 악취가 나곤 한다. 순수한 공기를 마시고 싶은 사람은 교회에 가서는 안 된다.

을 불필요하게 배가시킨다고 말한다. 이 절에서 니체는 다른 사람의 고통을 보는 것과 함께 모든 사람이 동정을 느끼면서 불필요하게 고통을 배가시키는 것은 아니라고 말한다. 니체는 힘에의 의지가 연약한 자들만이 동정을 느낀다고 본다.

31.

젊은 시절에 사람들은 인생의 가장 훌륭한 수확물인 뉘앙스의 기교를 알지 못하고 [인간이나 사물을 무조건적으로] 존경하거나 경멸한다. 그리고 이런 방식으로 인간과 사물을 긍정과 부정으로 공격한 것에 대해서 당연히 톡톡히 값을 치러야 한다. 인간이 자신의 감정에 어느 정도의 기교를 부여하는 것을 배우고 인생의 대가(大家)들처럼 기교적인 것을 시험 삼아 감행하는 것을 배울 때까지는, 모든 취미 가운데 최악의 취미인 무조건적인 것에 대한 취미로 인해 처참하게 조롱을 받고 학대를 받아야 한다. 청년 특유의 분노와 숭배의 태도는 인간과 사물을 그러한 감정을 발산할 수 있는 출구로 이용함으로써 인간과 사물을 왜곡시키기 전에는 결코 진정되지 않는다. 젊음은 그 자체로 이미 왜곡하고 기만하는 것이다. 나중에 수많은 환멸에 시달린 젊은 영혼이 마침내 자기 자신에 대해서도 의혹을 품게 되고 난폭하고 열렬한 의혹과 양심의 가책에 시달리게 될 때, 그는 이제 자신에 대해 분노하게 된다! 그는 초조해 하면서 자신을 난도질하고 흡사 자신이 자신의 뜻에 따라 맹목적으로 굴었던 것처럼 자신의 오랜 자기기만에 대해서 복수한다! 이러한 이행 과정에서 그는 자신의 감정을 불신하는 것과 함께 스스로를 처벌하고, 자신의 열정을 의심하는 것과 함께 자신을 고문한다. 더 나아가 그는 깨끗한 양심조차도 하나의 위험으로서, 즉 섬세한 정직성이 자신을 은폐하고 피로하게 된 것으로 느끼게 된다. 그리고 무엇보다도 모두가 일치단결하여 '젊음'을 원칙적으로 **부정한다**. 십 년이 지난 뒤 사람들은 이 모든 것조차 여전히 젊음에서 비롯된 것이었다는 사실을 깨닫는다![22]

32.

인류 역사의 가장 긴 시기—이 시대는 선사시대라 불린다—에 어떤 행위의 가치와 무가치는 그것의 결과에 의해서 결정되었다. 이때 행위 자체는 그것의 유래와 마찬가지로 고려되지 않았다. 이러한 사태는 중국에서 명예나 치욕이 자식에게서 부모에게로 소급해서 적용되었던 것과 거의 동일하다.[23] 어떤 행위를 좋게 볼 것인지 나쁘게 볼 것인지를 결정해주는 것은 어떤 행위의 성공이나 실패가 소급해서 미치는 힘인 것이다. 이러한 시대를 인류의 도덕 이

---

22) 니체가 여기서 말하는 청춘의 정신 상태는 『차라투스트라는 이렇게 말했다』「정신의 세 가지 변화에 대하여」에서 서술되고 있는 낙타의 정신과 사자의 정신에 상응하는 것이라고 할 수 있다. 낙타의 정신은 기존의 도덕과 가치에 무조건적으로 맹종하는 정신이며, 사자의 정신은 기존의 도덕과 가치에 철저하게 반항하는 정신이다. 젊음이 전통적인 도덕과 가치를 무조건적으로 긍정할 때 그것은 낙타의 정신에 유사하며, 또한 그것들이 허구인 것을 깨닫고 그것들을 철저하게 부정하면서 그것들에 예속되어 있던 자신에 대해서 분노할 때 그것은 사자의 정신에 유사하다고 할 수 있다.

23) 자식이 높은 관직에 오를 때 부모에게 그 공을 돌려서 부모에게도 관직을 주는 것과 같은 관습을 예로서 들 수 있다. 이 경우 결과가 유래까지도 결정한다고 할 수 있다.

전의 시대라고 부르기로 하자. 이 시대에는 '너 자신을 알라!'는 명법이 아직 알려져 있지 않았다. 이에 반해 일만 년 전부터 지구상의 몇몇 큰 지역에서 인류는 행위의 가치를 결정하는 것이 결과가 아니라 유래라는 관점에 점차로 도달하게 되었다. 이것은 전체적으로 볼 때 하나의 위대한 사건이었고, 인류의 관점과 척도가 현저하게 세련되어졌다는 것을 의미했다. 그것은 귀족적 가치들과 '유래'에 대한 믿음의 지배의 무의식적인 영향으로부터 비롯된 것이며 보다 좁은 의미에서 **도덕적인** 시대라고 부를 수 있는 시대가 도래했다는 것을 알리는 징후였다. 이와 함께 자기 인식을 위한 최초의 시도가 행해졌다. 결과 대신에 유래를 중시한다는 것은 관점의 엄청난 전환이었다! 분명히 그것은 오랜 투쟁과 동요를 거친 후에야 비로소 성취된 전환이었다. 물론 그것과 함께 하나의 불길한 새로운 미신, 기이할 정도로 편협한 하나의 해석이 지배하게 되었다. 사람들은 행위의 유래를 극히 한정된 의미에서 **의도**로부터 유래한 것으로서 해석하게 되었다. 사람들은 하나같이 어떤 행위의 가치는 그것의 의도가 갖는 가치에 있다고 믿게 되었다. 의도가 어떤 행위의 유래와 전사(前史)의 전체라는 이러한 편견 아래서 거의 최근에 이르기까지 지상에서는 도덕적인 찬양과 비난 그리고 심판이 이루어지고 철학적인 연구조차 행해져 왔다. 그러나 오늘날 우리는 인간에 대한 또 한 번의 자기 성찰과 심화된 이해 덕분에 다시 한 번 가치들의 전환과 근본적인 변혁을 결심해야만 하는 필연적인 상황에 처하게 된 것은 아닐까? 우리는 부정적으로 우선은 도덕 외적인 시대라고 불릴 수 있는 시대의 문턱에 서 있는 것은 아닐까? 오늘날 최소한 우리 비도덕주의자들 사이에서는 어떤 행위의 결정적인 가치는 그 행위에서 의도되지 않은 바로 그것에 존재하는 것은 아닐까 하는 의혹이, 그리고 행위에서 모든 의도적인 것, 행위에 의해서 보이고 알려지고 '의식'될 수 있는 모든 것은 행위의 표면이나 피부에 속하는 것이 아닐까 하는 의혹이 일어나고 있다. 그것은 모든 피부와 마찬가지로 어떤 것을 드러내기는 하지만 훨씬 더 많은 것을 숨기는 피부가 아닐까? 간단히 말해서 우리는 의도란 해석을 필요로 하는 기호나 징후일 뿐이며, 더 나아가 그것은 너무나 많은 것을 의미하며, 따라서 그것만으로는 거의 아무것도 의미하지 않는 기호에 불과하다고 믿는다. 그리고 이제까지의 의미에서의 도덕, 즉 의도를 중시하는 도덕이란 하나의 편견이고, 경솔하고 일시적인 것이며, 점성술과 연금술 수준의 것이고, 반드시 극복되어야만 하는 어떤 것이다. 도덕의 극복, 어떤 의미에서는 심지어 도덕의 자기 극복이라고 할 수 있는 것, 이것이야말로 오늘날 영혼의 살아 있는 시금석인 가장 섬세하고 정직하며 또한 악의적이기도 한 양심에 맡겨져 있는 저 은밀하면서도 장기적인 작업을 가리키는 명칭이라고 할 수 있다.

33.

이웃을 위한 헌신과 희생의 감정. 이러한 자기 포기의 도덕 전체를 무자비하게 심문하고 재판에 회부하는 것 외에는 다른 도리가 없다. '일체의 사심 없는 직관(interesselose Anschauung)'의 미학[24]도 마찬가지다. 이러한 미학의 이름으로 오늘날 예술을 거세하는 작업이 행해지고 있으며 정직한 양심을 유혹하면서 끌어들이려고 하고 있다. '자기 자신을 위하는 것이 아니고', '타인을 위한다'는 저 감정은 너무나 많은 달콤한 매력을 갖고 있기 때문에 우리는 오히려 두 배로 불신을 품게 되며 '그러한 감정은 아마도 **유혹**이 아닌가?'라고 묻지 않을 수 없다. **그러한 감정이 기분을 좋게 한다는 사실**은 그러한 감정을 갖고 있는 사람에게도 그것의 열매를 즐기는 사람에게도 그리고 단순한 구경꾼에게도 그러한 감정을 **정당화하는** 논거가 되는 것이 아니라 오히려 경계할 것을 요구한다. 그러므로 우리도 조심하자.

34.

오늘날 어떠한 철학적 입장에 서더라도 그리고 어떠한 측면에서 보더라도 우리가 살고 있는 이 세계가 **오류라는 것**[25]은 우리의 눈

---

24) 아름다움에 대한 인식은 사심 없는 미적 직관에 의거한다고 보았던 칸트와 쇼펜하우어식의 미학을 가리킨다.

이 확인할 수 있는 가장 확실하면서도 확고한 사실이다. 우리는 이러한 사실의 근거의 근거까지 찾아내지만, 이로 인해 '사물들의 본질'에 어떤 기만적인 원리가 내포되어 있다는 가설로 끌려 들어가기 쉽다. 그러나 세계가 오류라는 것에 대해 우리의 사유, 즉 '정신'에 책임이 있다고 보는—이는 의식적으로나 무의식적으로 신을 변호하는 자들[26]이 택하는 명예로운 출구다—사람들이나, 공간·시간·형태·운동과 함께 이 세계가 잘못 **개시되었다**고 보는 사람들은 적어도 모든 사고 자체를 종국적으로 불신하는 것을 배울 수 있는 좋은 기회를 갖게 되는 셈이다.[27] 사고는 이제까지 우리를 가장 크게 속이지 않았던가? 그것이 항상 해오던 일을 더 이상 하지 않으리라는 보장이 어디에 있는가? 아주 진지하게 하는 말이지만, 사상가들의 순진함은 사람들을 감동시키고 외경심을 불러일으킨다. 그러한 순진함으로 인해 오늘날에도 사상가들은 의식 앞에 서

---

25) 우리는 보통 우리가 살고 있는 이 세계가 실재 자체라고 생각하지만 사실은 하나의 관점에 의해서 보인 세계에 불과하며 이 점에서 오류라는 것이다.

26) advocatus dei. 악마를 변호하는 자를 의미하는 advocatus diaboli라는 말에 빗대어 니체가 만든 조어.

27) 우리가 살고 있는 세계가 오류인 것은 사물의 본질 자체에 기만적인 속성이 있어서가 아니라 우리의 사유 자체가 힘에의 의지를 유지하고 강화한다는 관점에 따라서 혼돈스런 세계를 구성하는 데 존재한다는 것이다. 이 점에서 니체는 칸트 이래로 우리가 경험하는 세계가 우리의 사고가 구성한 것이라는 것을 인류가 깨닫게 된 것을 하나의 진보라고 보고 있다.

서 자신에게 가장 정직한 답변을 해줄 것을 간청하고 있다. 예를 들어 의식이 '실재'하는 것인지,[28] 또한 도대체 왜 의식은 외부세계를 그렇게 단호하게 배척하는지와 같은 종류의 여러 물음에 대해서 정직한 답변을 해줄 것을 간청하고 있는 것이다. '직접적 확실성'을 믿는 것은 도덕적인 면에서 순진하다는 것을 의미하며, 이러한 도덕적 순진함은 우리 철학자들에게는 명예가 되는 일이다. 그러나 우리는 이제 결코 '단순히 도덕적인' 인간으로만 머물러서는 안 된다. 도덕을 떠나서 생각하면, 직접적 확실성을 믿는 것이야말로 우리[철학자]에게는 어떠한 명예도 되지 못하는 어리석음에 지나지 않는다! 시민생활에서는 모든 것을 불신하는 태도는 '나쁜 성격'에서 비롯되는 것으로 간주되며, 따라서 어리석은 것에 지나지 않는다. 그러나 시민사회와 그것의 평가기준을 떠나서 우리들끼리 말하자면, 어리석다고 한들 무슨 상관이며, 이제까지 지상에서 항상 기껏해야 우롱만 받아온 존재인 철학자가 '나쁜 성격'을 가질 권리가 있다고 말한다고 해서 누가 뭐라 할 수 있겠는가. 오늘날 철학자는 불신해야 할 의무가 있으며 의심의 심연으로부터 언제나 가장 악의적인 시선으로 바라볼 의무가 있다. 이렇게 음울한 찌푸린

---

28) 니체는 우리의 내적인 의식 세계도 힘에의 의지를 유지하고 강화한다는 관점에서 구성된 것이라고 본다. 그러나 아직까지도 데카르트와 같이 순진한 사상가들은 의식은 실재한다고 보며 의식하는 자아가 존재한다는 사실이야말로 가장 직접적으로 확실하다고 믿는다.

얼굴과 어조로 농담을 한 것을 용서하기 바란다. 왜냐하면 나 자신은 일찍부터 기만하거나 기만당하는 것에 대해서 달리 생각하고 달리 평가하는 법을 배워왔으며 기만당하는 것에 대해서 맹목적으로 분노하면서 저항하는 철학자들의 옆구리를 쥐어박을 준비가 되어 있기 때문이다. 그렇게 **못할** 이유가 있는가? 진리가 가상보다도 더 가치가 있다는 것은 도덕적 편견에 지나지 않는다. 그것은 심지어 세상에서 가장 큰 오류로 증명된 가정이다. 관점적인 평가와 가상에 근거하지 않는 한 삶은 결코 존립할 수 없다는 것, 그리고 도덕적인 열광에 사로잡혀 있는 어리석은 많은 철학자들처럼 '가상의 세계'를 완전히 제거해버리려고 할 때 설령 이러한 것이 가능하다고 하더라도 그대들의 '진리'에서 남는 것은 아무것도 없을 것이라는 것, 적어도 이 두 가지 사실만은 인정하자! 정녕 도대체 무엇 때문에 우리는 '참'과 '거짓'이라는 본질적인 대립이 존재한다고 가정하는가? 가상성의 단계가 있다고 가정하는 것으로, 그리고 가상의 좀 더 밝고 어두운 음영과 전체적인 색조—화가들의 용어를 빌리자면 '명암'의 차이를—를 가정하는 것으로 충분하지 않은가? 어째서 우리가 관계하는 세계가 허구여서는 안 되는가? "그러나 허구에는 창작자가 있지 않은가?"라고 묻는 사람이 있다면 '왜 있어야만 하는가?'라고 간단히 대답해도 될 것이다. 이 '[창작자가] 있다'는 것 역시 아마도 허구에 속하는 것은 아닌가? 술어와 목적어와 마찬가지로 주어도 부정해도 되는 것 아닐까? 철학자라면 문법에 대한 믿음을 넘어서야 하는 것 아닐까?[29] 여자 가정교사들에게 우리는 경의를 표하지 않으면 안 된다. 그럼에도 불구하고 철학은 이제 여자 가정교사들의 믿음을 거부할 때가 되지 않았는가?

35.

오 볼테르여! 오 인류애여! 오 어리석음이여! 인류애는 '진리'와 진리의 추구와 관련이 있다. 그러나 인간이 진리를 너무 인간적으로 추구한다면—'선을 행하기 위해서만 진리를 추구한다'면—단언 컨대 인간은 어떠한 진리도 발견하지 못한다![30]

36.

우리의 욕망과 열정의 세계 이외의 다른 아무것도 실재로서 '주어져 있지' 않고 우리가 우리의 충동이라는 실재 외에 다른 어떤 '실재'로 올라가거나 내려갈 수도 없다면—왜냐하면 사유란 이런 충동들 상호 간의 연관에 불과하기 때문이다—시험적으로 다음과 같은 질문을 던지는 것이 허용되지 않을까? 즉 이 '주어져 있는 것' 만으로도 이른바 기계적(또는 '물질적인') 세계까지도 이해하기에 충

---

29) 문법에 대한 믿음이란 문장이 주어와 술어로 이루어져 있기 때문에 실제로도 술어로 표현되는 생각이나 행동의 주체가 있다고 믿는 것을 가리킨다.

30) 예를 들어 니체는 인간들 사이의 불평등이 진리라고 보며, 이러한 진리는 이른바 인간애 내지 인도주의에 의해서 무시되어서는 안 된다고 본다.

분하지 않은가? 이 경우 기계적 세계는 (버클리나 쇼펜하우어적인 의미에서의) 착각이나 '가상', '표상'을 의미하지 않고 오히려 우리의 정념 자체가 갖고 있는 것과 동일한 정도의 실재성을 갖는 것으로서 이해된다. 즉 그것은 유기체적인 과정 속에서 분화되고 전개되어나가기(당연한 일이지만 약하게 되기) 이전에 모든 것이 강력한 통일체 속에 통합되어 있는 정념 세계의 보다 원초적인 형태를 의미한다. 그것은 일종의 충동적 생이며, 그것에서는 모든 유기적 기능이 자기 제어와 동화, 영양 섭취, 배설, 신진대사와 종합적으로 결합되어 있다. 기계적 세계를 이러한 생명의 **초기형태**로서 이해해 볼 수 있지 않을까? 궁극적으로 이러한 [사유] 실험을 하는 것이 허용될 뿐 아니라 **방법상의** 양심으로부터도 요구된다. 단 하나의 인과관계로 해결하려는 시도가 그것의 극한에 이르기까지는(굳이 말하자면 불합리한 상태에 이르기까지는)—이것은 오늘날 우리가 무시해서는 안 되는 방법상의 도덕이다—여러 종류의 인과관계를 가정해서는 안 된다. 그것은 수학자들이 말하듯이 '정의(定義)로부터' 귀결되는 것이다. 문제는 결국 우리가 의지를 **작용하는 것으로서** 정말로 인정하는가, 다시 말해 우리가 의지의 인과관계를 믿는가이다. 우리가 그렇게 인정하고 믿는다면—우리가 의지의 인과관계를 믿는다는 것은 근본적으로 인과관계 자체를 믿는다는 것과 다름없다—우리는 의지의 인과관계를 유일무이한 인과관계로서 가정하지 **않으면 안 된다.** '의지'는 물론 오직 '의지'에만 작용할 수 있고

'물질'(예를 들면 '신경')에는 작용할 수 없다. 간단히 말해서 작용이 인정되는 곳에서는 어디서나 의지가 의지에 작용을 가한다는 가설과, 따라서 모든 기계적인 사건은 그 속에서 어떤 힘이 작용하는 한 의지의 힘이며 의지의 작용이라는 가설을 실험해보아야만 한다. 마지막으로 우리가 우리의 충동적인 생 전체를 의지의 유일한 근본형태—나의 명제에 따르면 힘에의 의지—의 분화와 전개로서 설명할 수 있다면, 또한 모든 유기적 기능을 이러한 힘에의 의지로 환원할 수 있고 이러한 힘에의 의지에 의해서 생식과 영양 섭취 문제—이것은 하나의 문제이다—를 해결할 수 있다면, 작용하는 모든 힘을 '힘에의 의지'로서 분명하게 규정하는 것은 정당성을 얻게 될 것이다. 내부로부터 관찰된 세계, 그것이 갖는 '예지적 성격'에 의해서 규정되고 정의된 세계는 '힘에의 의지' 이외의 것이 아니다.

37.

"뭐라고? 속되게 이야기해서 그러면 신은 부정되었지만 악마는 부정되지 않았다는 것이 아닌가?" 그 반대다! 반대라네, 나의 친구들이여! 빌어먹을, 누가 그대들에게 속되게 말하도록 강요하는가!

38.

프랑스 혁명은 전율할 만한 익살극이었으며 가까이서 고찰하면 쓸데없는 사건이었다. 그러나 유럽 전역의 고상하고 열광적인 관객들은 그 사건을 멀리서 바라보면서 자신의 분노와 열광을 아주 오랜 동안 열정적으로 그 익살극 속으로 투사하여 해석해왔다. 그 결과 원전은 해석 아래서 사라져버렸다.[31] 근대의 밝은 빛 속에서 프랑스 혁명에서 마침내 일어났던 것처럼, 고상한 후대는 과거 전체를 오해할 수 있으며 이와 함께 아마도 과거의 모습을 비로소 참을 수 있는 것으로 만들 수 있을 것이다. 아니면 이러한 사태는 이미 일어난 것이 아닌가? 우리 자신이 바로 이 '고상한 후대'가 아닌가? 그리고 우리가 이러한 사실을 파악하고 있는 바로 이 시점에서는 그 '고상한 후대'는 이미 끝나버린 것이 아닐까?

39.

어떤 학설이 사람들을 행복하게 만들거나 유덕하게 만든다는 단순한 이유 때문에 그것을 진리라고 말할 정도로 안이하게 생각하는 사람은 없을 것이다. 그러나 진선미에 대해서 열광하면서 자신의 연못 속에 모든 종류의 다채롭고 우둔하고 선량한 소망들을 서로 뒤엉킨 채로 허우적거리게 만드는 사랑스런 '이상주의자들'은 아마도 예외라고 할 수 있다. 행복이나 덕은 [어떤 학설을 뒷받침하는] 아무런 논거도 되지 못한다. 그러나 사려 깊은 사람들조차도

---

31) 헤겔과 마르크스와 같이 프랑스 혁명에 의해서 인류의 진보가 일어났다고 보는 해석에 의해서 프랑스 혁명의 실상이라는 원전은 사라져 버렸다는 말이다.

불행하고 악하게 만든다는 것이 [어떤 학설의 거짓됨을 입증하는] 반대논거가 되지 못한다는 사실을 잊어버리고 싶어 한다. 어떤 것은 극도로 해롭고 위험한 것일지라도 진리가 될 수 있다. 더 나아가 사람들이 완전한 인식으로 인해서 파멸한다는 것 자체가 삶의 근본성질에 속할 수 있다. 따라서 어떤 정신의 강함은 얼마나 '진리'를 견뎌낼 수 있는가에 따라서 측정될 수 있으며, 보다 분명하게 말하자면 그가 어느 정도까지 진리를 희석시키고 은폐하며 감미롭게 만들며 둔화시키고 왜곡시킬 **필요**가 있느냐에 따라서 측정될 수 있다. 그러나 진리의 어떤 **부분들**을 발견하기 위해서는 악한 자들과 불행한 자들이 보다 유리하며 보다 큰 성공 가능성을 갖는다는 사실은 의심할 여지가 없다. 도덕주의자들이 묵살하는 종족인 행복한 악인들에 대해서는 말할 필요도 없다. 아마도 혹독함과 교활함은, 사람들이 학자의 자질로서 올바르게 평가하고 있는 저 부드럽고 섬세하고 양보하는 선량함과 만사를 안이하게 받아들이는 기술보다도 강하고 독립적인 정신과 철학자의 탄생에 보다 유리한 조건이 된다. 다만 여기서 말하는 '철학자'라는 개념이 책을 쓰는—또는 **자신의** 철학을 책으로 펴내는!—철학자들에게만 한정된 것은 아니라는 사실을 전제로 한다. 자유정신을 지닌 철학자의 마지막 특징을 보여준 사람은 스탕달[32]이다. 그는 독일적인 취미에

---

32) Stendhal은 프랑스의 소설가인 Henri Beyle(1783–1842)의 필명이다.

반(反)하기 때문에 독일 정신을 위해서 여기에서 그의 말을 강조하지 않을 수 없다. 이 최후의 위대한 심리학자는 이렇게 말하고 있다. "훌륭한 철학자가 되기 위해서는 냉정하고 명석해야 하며 아무런 환상도 가져서는 안 된다. 제법 재산을 모은 은행가는 철학적인 발견을 위해서 필요한 성격 중 일부를 가지고 있다. 그것은 사물을 있는 그대로 명료하게 보는 것이다."[33]

40.

깊이 있는 모든 것은 가면을 사랑한다. 가장 깊이 있는 것은 형상과 비유조차도 증오한다. 신의 **대립물**이야말로 신의 수치를 가릴 적절한 가장(假裝)은 아닐까?[34] 이러한 질문은 물을 만한 가치가 있는 질문이다. 만일 어떤 신비주의자든 그러한 가장을 감행해보지 않았다면, 이는 기이한 일일 것이다. 부드럽게 행해지는 일도 그것을 감추고 알지 못하게 하기 위해서 자신을 거칠게 가장하는 것이 좋은 경우가 있다. 사랑과 도를 넘는 관용을 베푼 다음에 몽둥이를 들고 목격자를 호되게 두들겨 패는 것이 현명한 경우가 있다. 이를 통해서 사람들은 그의 기억을 흐리게 한다. 많은 사람은 자신

---

33) Stendhal, *Corréspondence inédite*(Paris, 1855)에서 인용.
34) 그리스도교의 신은 무한한 존재이면서도 유한한 인간의 모습으로 가장하는 방식으로 자신을 은폐한다.

의 기억을 흐리게 하고 학대함으로써 이 유일한 목격자[기억]에게 복수하는 법을 알고 있다. 수치심은 창조적인 것이다. 사람들이 가장 수치스러워하는 것은 자신이 행한 것 가운데 가장 나쁜 행위가 아니다. 가면 뒤에는 단지 교활함만이 있는 것은 아니다. 간계에는 교활함 못지않게 호의(好意)가 존재한다. 귀중하고 손상되기 쉬운 어떤 것을 지켜야만 하는 사람이 무거운 쇠테가 둘리고 파랗게 이끼가 낀 낡은 포두주통처럼 평생을 이리저리 거칠게 굴러다니는 경우를 생각해볼 수 있다. 그는 자신의 섬세한 수치심 때문에 그렇게 하고 싶어 한다. 수치심에 깊이를 갖는 사람은 대부분의 사람들이 거의 도달하지 못하는 길목에서 가장 가깝고 친한 사람들조차도 알아서는 안 되는 그 자신의 운명과 부드러운 결단에 마주치게 된다. 그들의 눈에는 그의 생명이 위험하다는 사실이 보이지 않으며 또한 그가 다시 생명의 안정을 회복했다는 사실도 보이지 않는다. 본능적으로 침묵하면서 비밀로 하기 위해서 말을 사용하면서 끈질기게 의사소통을 피하는 이 감춰진 인간[35]은 자기 대신에 자신의 가면이 친구들의 가슴과 머릿속에서 떠돌기를 **바라며** 또한 그렇게 되도록 애쓴다. 그가 그렇게 하기를 바라지 않는다고 해도, 그

---

35) 이 책 169절에서도 니체는 이렇게 말하고 있다.

"자신에 관해서 많은 말을 늘어놓는 것은 자신을 숨기는 방편이 될 수도 있다."

는 어느 날 그들 속에는 자신의 가면이 있으며 또한 그 편이 차라리 좋다는 사실을 알게 될 것이다. 모든 깊은 정신은 가면을 필요로 한다. 더 나아가, 그의 모든 말, 모든 발걸음, 모든 생의 표현이 끊임없이 잘못 해석되기 때문에, 즉 **천박하게** 해석되기 때문에, 그를 가리는 가면은 끊임없이 두터워진다.

41.

인간은 자신이 독립적으로 존재할 수 있고 명령할 수 있도록 정해져 있는지를 알기 위해서 적절한 때에 자신을 시험해보아야 한다. 그 시험이 사람들이 할 수 있는 게임 중 아마도 가장 위험한 게임일지라도 그리고 궁극적으로 우리 자신 외의 어느 누구도 증인이 되고 재판관이 될 수 없는 그런 시험일지라도 그것을 회피해서는 안 된다. 어떤 사람에 매여서는 안 된다. 설령 그 사람이 자신이 가장 사랑하는 사람일지라도. 모든 사람은 감옥이며 밀실이기조차 하다. 조국에 매여서는 안 된다. 조국이 가장 고난을 받고 있고 절실하게 도움을 필요로 할지라도. 승승장구하는 조국에서 자신의 마음을 떼어놓는 것은 그리 어려운 일이 아니다. 연민에 매여서는 안 된다. 우연히 고귀한 인간이 보기 드문 고통과 절망적인 상태에 처해 있는 것을 보았을지라도. 학문에 매여서는 안 된다. 비록 그것이 겉보기에는 **우리를** 위해서 특별히 남겨진 것 같은 가장 귀중한 발견물로 우리를 유혹할지라도.[36] 자기 자신의 해방에 집착해서는 안 된다. 더 많은 것을 자기 아래로 내려다보기 위해서 항상 보다 더 높이 비상하려는 새처럼 먼 곳과 낯선 곳을 탐욕스럽게 집착해서는 안 된다. 그것은 비상하는 자의 위험이다. 우리 자신의 덕에 집착해서는 안 되며, 예를 들어 '손님을 융숭하게 대접하는 덕'과 같은 어떤 개별적인 덕 때문에 자신의 전체를 희생해서는 안 된다. 고귀한 품성과 풍요로운 영혼을 지닌 사람은 낭비하듯이 자기 자신을 거의 돌보지 않고 관용의 덕을 악덕에 가깝게 베푸는데 이것이야말로 가장 위험한 것이다. 인간은 **자신을 보존할 줄** 알아야만 한다. 이것이야말로 우리가 독립적인 존재가 되기 위해서 통과해야만 하는 가장 어려운 시험이다.

42.

새로운 유형의 철학자들이 출현하고 있다. 나는 그들을 위험이 없지 않은 이름으로 부르려고 한다. 내가 그들의 정체를 헤아린다면 그리고 그들이 자신들의 정체를 헤아리는 것을 허용한다면—왜냐하면 어떤 면에서 수수께끼로 남아 있으려고 **하는 것이** 그들의 특성이기 때문이다—이 미래의 철학자들은 **유혹자**라는 이름으로 불릴 만한 권리를 혹은 부당한 권리를 가질 수 있다. 이러한 명칭

---

36) 여기서 우리는 니체가 자신의 철학을 전개하기 위해서 고전문헌학이란 학문을 포기했다는 사실을 떠올릴 수 있다.

자체도 결국은 단지 하나의 시도일 뿐이며 사람들이 원한다면 그렇게 부르고 싶은 유혹에서 나온 것일 뿐이다.[37]

43.

"이 미래의 철학자들은 '진리'의 새로운 친구들인가? 아마도 그럴 것이다. 왜냐하면 이제까지 모든 철학자는 자신의 진리를 사랑했기 때문이다. 그러나 그들은 단연코 독단주의자들은 아니다. 그들의 진리가 모든 사람을 위한 진리가 된다면—이것은 모든 독단주의자가 은밀하게 바라고 의도했던 것이었다—이러한 사태는 틀림없이 그들의 긍지뿐 아니라 취미에도 반하는 것임에 틀림없다. "나의 판단은 나 자신의 판단이다. 다른 사람들이 그러한 판단을 할 권리를 갖기는 쉽지 않다." 아마도 미래의 철학자는 그렇게 말할 것이다. 다수와 의견을 함께하려는 나쁜 취미를 버려야만 한다.

---

37) 이 부분의 원문은 다음과 같다. "Dieser Name selbst ist zuletzt nur ein Versuch, und, wenn man will, eine Versuchung." 니체는 다가오는 새로운 유형의 철학자들을 '유혹자들(Versucher)'이라 명명하지만, 독일어 "versuchen"은 '유혹하다'는 의미 외에 '실험하다'라는 의미를 갖고 있다. 니체도 여기서 Versucher라는 말을 전통적인 가치를 넘어서는 새로운 가치를 "실험하는 자"라는 의미로 사용하는 동시에 사람들이 전통적인 가치에서 탈선하도록 "유혹하는 자"라는 의미로도 사용하고 있다. 또한 니체는 이러한 명명을 통하여 이전 철학자들의 독단적 확신을 비판하면서 자신의 주장은 하나의 실험이라는 입장을 드러낸다.

'선'은 이웃들의 입에서 회자될 때 더 이상 선이 아니다. '공동선'이란 것이 어떻게 존재할 수 있겠는가! 그 용어는 자기모순적인 것이다. 공동의 것이 될 수 있는 것은 항상 보잘것없는 가치밖에 갖지 못한다. 결국 지금도 있는 그대로 그리고 항상 그래 왔던 그대로, 앞으로도 그렇게 있지 않으면 안 된다. 즉 위대한 것은 위대한 인간을 위해, 심연은 깊이 있는 인간을 위해, 미묘함과 전율은 섬세한 인간을 위해 존재한다. 간단히 요약한다면, 모든 귀한 것은 귀한 인간을 위해 존재한다."

44.

이 모든 것에 덧붙여, 이 미래의 철학자들은 자유로운, 극히 자유로운 정신들—물론 그들은 단순히 자유로운 정신일 뿐 아니라 오히려 그 이상의 보다 높고 보다 위대하며 근본적으로 다른 존재일 것이며 그 외의 다른 존재로 오인되고 그것과 혼동되기를 원하지 않을 것이 분명하지만—일 것이라는 사실을 특별히 말할 필요가 있을까? 그러나 이렇게 말하면서도 나는 '자유정신'이라는 개념을 너무나 오랜 동안 안개처럼 가려온 과거의 어리석은 편견과 오해를 우리 자신으로부터 일소해야 할 의무를—그들[미래의 철학자들]에 대해서뿐 아니라 그들의 전령이자 선구자인 우리 자유로운 정신의 소유자들에 대해서도—느낀다. 오늘날 유럽의 모든 나라뿐 아니라 미국에서도 매우 편협하고 편견에 사로잡혀 있으며 쇠

사슬에 묶여 있으면서도 자유정신이라는 명칭을 남용하는 정신의 소유자들이 존재하는데, 이들은 우리의 의도와 본능 속에 존재하는 것과는 거의 정반대되는 것을 원하고 있다. 이들이 저 도래하고 있는 새로운 철학자들에 대해서 닫힌 창문과 잠긴 문으로 존재할 것임에 틀림없다는 사실은 말할 나위도 없다. 간단히 그리고 나쁘게 말하면, 그릇되게 '자유로운 정신의 소유자'라고 불리는 이 자들은 평준화시키는 자들(Nivellierer)이다. 그들은 민주주의적 취미와 그것의 '현대적 이념들'을 웅변과 달필로 옹호하는 노예들이며 하나같이 고독을 모르고 자신의 고독을 갖지 못한 인간들이며 우둔하고 선량한 젊은이들이다. 그들이 용기와 존경할 만한 예의를 갖추고 있는 것은 사실이지만, 무엇보다도 인간의 모든 불행과 실패의 책임을 이제까지의 낡은 사회형태에 돌리려는 근본성향을 지니고 있다는 점에서 그들은 자유롭지 못하고 우스울 정도로 피상적이다. 이 경우 진리는 안이하게 전도된다! 그들이 전력을 다해서 획득하려고 하는 것은 푸른 초원을 노니는 가축들의 행복, 즉 모든 사람이 안전과 평온과 쾌적함과 안락함을 누리는 상태다. 그들이 가장 자주 부르는 두 가지 노래와 교의는 '권리의 평등'과 '고통받는 모든 자에 대한 동정'이다. 그들은 고통 자체를 반드시 근절되어야만 하는 것으로 간주한다. '인간'이란 식물이 이제까지 어디에서 그리고 어떻게 가장 힘차게 높이 성장했는가 하는 문제에 눈과 양심을 열어두어 왔던 우리는 그들과는 정반대로 이렇게 생각한다.

이러한 성장은 안락한 조건과는 정반대의 조건에서만 항상 일어났으며, 그러한 성장이 일어나기 위해서는 우선 인간이 처한 상황의 위험성이 극한에 이를 정도로 증대되어야 하며, 그의 창의력과 기만할 수 있는 능력(그의 '정신')이 오랜 압박과 강제로 인해 정교하고 대담한 것으로 발전해야 하며, 그의 생명 의지는 무조건적인 힘 의지로까지 고양되어야만 했다고. 우리의 생각에 따르면, 혹독함, 폭력, 노예화, 길거리와 마음속에서의 위험, 스토아주의[금욕주의], 모든 종류의 유혹술과 악마적인 행위, 인간에게 존재하는 모든 악과 가공할 만한 성질과 포학한 성질, 맹수와 뱀 같은 성질은 그것과 반대되는 것 못지않게 '인간'이란 종의 향상에 기여한다. 앞에서 우리는 많은 것을 말한 것 같지만 아직 결코 충분히 말하지 못했다. 어떻든 우리가 말을 하든, 침묵을 하든, 우리는 모든 현대의 이데올로기와 가축 떼들의 소망과는 다른 극에 존재한다. 아마도 그것들의 대척자로 존재하는 것은 아닌가? 우리 같은 '자유정신의 소유자들'이 대화를 즐기는 사람들은 아니라는 것, 그리고 정신이 무엇으로부터 자신을 해방시킬 수 있고 그 다음에 어디로 이끌리게 되는지를 우리가 누설하기를 원하지 않는다고 해서 무엇이 이상한가? 그리고 '선악의 저편'이라는 위험한 정식(定式)이 의도하는 것이 잘못 해석되는 것을 조금이라도 막기 위해서 말하자면, 우리는 자유사상가(libres-penseurs, liberi pensatori, Freidenker)와는 다른 존재이며, '현대적 이념'의 주창자라고 자칭하기를 좋아하는 이 모든 얌전한 인간과도 다르다. 우리는 정신의 여러 나라에서 거주한 적이 있으며 적어도 손님으로 머문 적이 있었다. 우리는 편애와 편협한 증오, 젊음, 출신, 우연히 접하게 되는 인간들과 책들 또는 방랑의 피로 등이 우리를 가두어두는 것 같았던 곰팡내 나는 편안한 밀실에서 항상 다시 빠져나왔다. 우리는 명예나 돈, 관직이나 관능의 도취 속에 숨어 있는 [사람들을] 종속시키는 유혹에 대한 증오로 가득 차 있다. 우리는 심지어 궁핍이나 변덕스러운 병에 대해서도 감사한다. 왜냐하면 그것들은 우리를 항상 어떤 규칙이나 이것의 '편견'으로부터 해방시켰기 때문이다. 우리는 우리 안에 존재하는 신, 악마, 잠과 벌레에 대해서 감사한다. 사악할 정도로 호기심이 많고 잔인할 정도로 탐구적이며, 포착할 수 없는 것에 대해서도 주저없이 붙잡으려 하고, 가장 소화하기 어려운 것도 소화해내는 이빨과 위장을 가지고 있다. 우리는 날카로운 통찰력과 예민한 감각을 요구하는 어떠한 수공업적인 작업도 할 용의가 있으며, 넘치는 '자유의지' 덕분에 어떠한 모험이라도 불사할 준비가 되어 있다. 어느 누구도 쉽게 그 궁극적 의도를 간파하지 못하는 표면에 나타난 영혼과 배후에 숨어 있는 영혼을 가지고 있으며, 그 누구의 발도 끝까지 답파(踏破)할 수 없는 전경(前景)과 후경(後景)을 가지고 있다. 빛의 외투 속에 숨어 있는 은둔자이고, 유산을 상속한 자이자 낭비하는 자처럼 보여도 실은 정복하는 자이며, 아침부터 저녁까지 정리하고 수집하는 자이고, 서랍 가득히 부를 채운 구두쇠이며, 배우는 것과 잊어버리는 것에 절도가 있고, 도식을 발명하는 재능이 있으며, 때로는 범주표를 자랑하고 때로는 현학자가 되기도 하고 때로는 밝은 대낮에도 일하는 밤 부엉이가 되기도 한다. 아니, 필요하다면 허수아비까지도 된다. 오늘날 이와 같은 것은 반드시 필요하다. 이는 우리가 고독에 대해서 태어날 때부터 충성을 맹세한 질투심 많은 **고독의 친구들**이며, 우리 자신의 가장 깊고 가장 어둡고 가장 밝은 고독의 친구들이기 때문이다. 그러한 종류의 인간들이 바로 우리다. 우리, 자유정신의 소유자들이여! 아마 **그대들** 또한 그러한 종류의 인간인가? 그대 다가오는 자들이여! **새로운 철학자들**이여!

제3장
종교적인 것

45.

인간의 영혼과 그 한계, 이제까지 도달된 인간의 내적 경험의 범위와 높이 그리고 그러한 경험의 깊이와 먼 거리(die Fernen), 영혼이 겪은 **이제까지의** 역사 전체와 아직 다 고갈되지 않은 영혼의 가능성, 이것이야말로 타고난 심리학자이자 '위대한 사냥'을 즐기는 자를 위해 마련되어 있는 사냥터다. 그러나 그는 자주 절망하면서 이렇게 부르짖지 않을 수 없다. "나는 혼자다! 아, 나 혼자뿐이구나! 그런데 이 숲, 이 원시림은 얼마나 광대한가!" 그래서 그는 인간 영혼의 역사 속으로 데려가 거기에서 **자신의** 사냥감을 함께 쫓을 수 있는 수백의 몰이꾼과 잘 훈련받은 사냥개를 원하게 된다. 그러나 이는 헛된 소망에 지나지 않는다. 그는 자신의 호기심을 자극하는 모든 것을 자신과 함께 추적할 몰이꾼과 사냥개를 발견하는 것이 얼마나 어려운지를 항상 거듭해서 쓰라리게 실감하게 된다. 용기와 영리함 그리고 섬세함이 절대적으로 필요한 새롭고 위험한 사냥터에 학자들을 보내는 것이 곤란한 이유는, '위대한 사냥'이 시작되고 이와 함께 위대한 위험도 시작되는 바로 그 지점에서 그들은 더 이상 쓸모가 없게 돼버리기 때문이다. 바로 그 지점에서 그들은 추적할 수 있는 시각과 후각을 잃어버리는 것이다. 예를 들어 지식과 양심의 문제가 종교적 인간의 영혼에서 어떤 종류의 역사를 거쳐왔는지를 추측하고 확인하려는 사람은 파스칼의 지적인 양심이 그랬던 것처럼 깊고 상처받고 거대하지 않으면 안 된다. 더 나아가 혼란스럽게 뒤얽혀 있는 위험하고 고통스런 체험들을 위로부터 조망하면서 정리하고 정식화하기 위해서는 드넓게 펼쳐진 저 하늘처럼 밝으면서도 악의적인 정신이 필요할 것이다. 그러나 누가 나를 위해 이런 일을 해주겠는가! 또한 그렇게 도와줄 사람을 기다릴 시간이 어디에 있겠는가! 그런 사람들은 분명 너무 드물게 생겨나며 어떤 시대에도 있을 것 같지 않다! 결국 몇 가지 것들을 알기 위해서 스스로 모든 것을 다 해내야만 한다! 다시 말하면 내가 할 일이 많은 것이다! 그러나 내가 가진 것과 같은 호기심은 모든 악덕 중에서 가장 기분 좋은 악덕이다. 이렇게 말하는 것을 용서하기 바란다! 나는 진리에 대한 사랑은 그 보상을 천국에서 받지만 이미 지상에서도 받는다고 말하고 싶었다.

46.

원시 그리스도교가 요구하고 있고 또한 드물지 않게 성취했던 신앙은 회의주의적인 자유정신이 지배했던 남유럽 세계에서 나타났다. 이는 이 세계가 여러 철학 학파 사이의 몇백 년 동안에 걸친 싸움을 그 이전과 아울러 당시에 경험했으며, 더 나아가 로마제국이 베풀었던 관용의 교육까지 받았기 때문이다. 그러한 신앙은 예를 들면 루터나 크롬웰, 혹은 북유럽의 정신적 야만인이 자신들의 신과 그리스도교에 매달렸던 종류의 순진하고 거친 종복(從僕)의 신앙이 아니다. 그것은 오히려 파스칼의 신앙과 같은데, 파스칼의 신앙은 이성─강인하고 끈질겨서 단번에 일격(一擊)으로는 죽일 수 없는 벌레 같은 이성─의 지속적인 자살과 끔찍할 정도로 유사하다.[1] 그리스도교적 신앙은 그것이 시작할 때부터 희생이었다. 모든 자유, 모든 긍지, 정신이 갖는 모든 자기 확신의 희생이었고 동시에 노예가 되고 자신을 조소하며 자신을 불구로 만드는 것이었다. 이러한 신앙에는 잔인함과 종교적 페니키아주의[2]가 깃들어

---

1) 파스칼(1623-1662)은 16세에 쓴 『원추곡선론』으로 일찍부터 이름을 떨치면서 수학과 과학에서 뛰어난 업적을 성취했지만, 이러한 업적을 허망한 것으로 보면서 신앙생활에 헌신했다.

2) 여기서 페니키아주의는 자기 파괴를 가리킨다고 할 수 있다. 고대 페니키아인들은 잔인한 희생 예식을 행했다고 한다. 니체는 이 책 229번에서 페니키아인들의 종교적 예식에는 자신을 부정하고 훼손하는 것이 속한다고 말하고 있다.

있으며, 그러한 신앙은 지나치게 성숙하여 복잡하면서도 매우 문약하게 된 양심에 요구되는 신앙이다. 그러한 신앙은, 정신[3]의 굴종을 최대의 **고통으로 여기고** 그러한 정신에 이 신앙은 극도의 부조리로서 나타나기 때문에 그러한 정신의 과거와 습관 전체가 그러한 부조리에 반항하는 [로마의 정신적] 분위기 아래서 생겨났다. 그리스도교의 모든 용어에 대해서 현대인은 무감각해져 있기 때문에, '십자가에 못 박힌 신'[4]이라는 역설적인 표현을 접했을 때 고대적인 취미가 경험했던 극도의 전율을 더 이상 느끼지 못한다. 이제까지 어디에서도 이러한 표현만큼 가공할 만하고 의문스럽고 미심쩍은 것도, 이만큼 대담한 전도(顚倒)도 없었다. 즉 그것은 모든 고대적 가치의 전환[5]을 약속하는 것이었다. 로마에 대해서, 로마의

---

3) 여기서 정신은 로마인들의 자유롭고 긍지에 찬 정신이다. 이러한 정신에는 그리스도교가 정신의 고통스런 굴종을 요구하는 것으로 느껴졌다.

4) '십자가에 [무력하게] 못 박힌 신'이라는 개념은 신을 강력한 힘과 생명력을 갖는 존재로 보았던 그리스인들이나 로마인들에게는 생각할 수도 없는 부조리한 개념이었다.

5) 로마인들은 신을 강력한 힘과 충일한 생명력을 갖춘 존재로 간주하면서 강력한 힘과 생명력을 이상적인 가치로 숭배했지만, 그리스도교는 신을 무력하고 고통받는 자로 간주하면서 무력하게 고통받는 것을 이상적인 가치로 숭배하게 되었다. 이러한 가치관에 입각하여 노예계급 출신이었던 그리스도 교인들은 로마의 귀족계급이 강력하고 부유하며 지상의 삶을 즐기고 맹신을 거부하고 회의적인 태도를 견지하며 오만하게 보일 정도로 자신에 대해서 강한 긍지를 갖는다는 이유로 악하다고 평가하게 되었다. 로마의 귀족계급에 반해서 그리스도 교인들은 겸손과 절대적인 맹신, 고통받는 자들에 대한 연민을 인간이

고귀하지만 경솔했던 관용에 대해서, 신앙상에서의 로마적인 '가톨릭주의'[6]에 대해서 이러한 방식으로 복수를 한 것은 동방, 심원한 동방이었고 동방의 노예였다. 이러한 노예들이 주인에 대해서 분노하면서 반항했던 이유는 항상 [주인이 가졌던] 신앙 때문이 아니라 [주인이 보여주었던] 신앙으로부터 자유로운 태도, 진지한 신앙에 대한 반쯤은 스토아적이고 반쯤은 냉소적인 저 무관심 때문이었다. '계몽적인 태도'는 분노를 일으킨다. 이를테면 노예는 절대적인 것을 바라면서 전제적인 것만을 이해할 뿐이며 이는 도덕에서도 마찬가지다. 그는 사랑할 때나 미워할 때나 아무런 [세련된] 뉘앙스도 없이 우직하게 마음 깊은 곳에 이르기까지, 고통스러울 정도로 그리고 병이 날 정도로 철저하다. 그의 수많은 **숨은** 고통은 그러한 고통을 **부정하는** 것처럼 보이는 고귀한 취미에 대해서 분노한다. 고통에 대한 회의적인 태도는 근본적으로는 귀족적인 도덕의 한 태도에 불과하지만, 그것은 프랑스 혁명과 함께 시작된 최근의 노예 대반란의 발생에도 적지 않은 역할을 했다.[7]

구현해야 할 가치로 본다. 이 점에서 니체는 그리스도교에서 고대적인 가치의 전환이 일어났다고 보는 것이며, 그리스도교를 노예반란으로 보고 있다.

6) 이 경우 가톨릭주의는 자신들이 정복한 지역들의 종교를 허용했던 로마인들의 관대함을 가리킨다고 할 수 있다.

7) 여기서 고통을 부정하는 태도나 고통에 대한 회의적인 태도는 다른 사람들의 고통에 대해서 연민과 동정을 느끼지 않고 남들의 고통뿐 아니라 자신의 고통도 대수롭지 않게 여기는 태도를 가리킨다고 볼 수 있다. 여기서 니체는 하층

47.

지상에서 이제까지 종교적 노이로제가 출현했던 곳이 어디든 우리는 그것이 고독, 단식, 성적 금욕이라는 세 가지 위험한 섭생 규정과 결부되어 있다는 사실을 발견한다. 그러나 이 경우 무엇이 원인이고 무엇이 결과인지 그리고 [종교적 노이로제와 세 가지 섭생 규정 사이에] 도대체 일정한 인과관계가 있는지 여부에 대해서는 확실하게 단정할 수 없다. 야만적인 민족이나 온순한 민족들의 경우 관능적인 쾌락에 갑자기 지나치게 탐닉했다가 이내 다시 갑자기 미친 듯이 참회하고 세계와 의지를 부정하는 태도—이 두 가지 증상은 아마도 은폐된 간질병으로 해석될 수 있지 않을까?—로 돌아선다는 것이 종교적 노이로제의 일반적인 증상에 속한다는 사실을 고려해볼 때, 종교적 노이로제와 세 가지 섭생요법 사이에 인과관계가 개재되어 있지 않은가 하는 의심은 정당한 것이라고 할 수 있다. 그러나 그 어느 곳에서도 우리는 다음과 같은 해석을 피할 수 없다. 즉 이제까지 그러한 유형만큼 무성한 불합리와 미신으로 둘러싸인 것은 없었으며, 어떠한 유형도 그것만큼 인간들의 관심을 끌고, 심지어 철학자들의 관심을 끈 것은 없었다는 것이다. 지금은 약간 냉정해지고 신중함을 배워야 할 때이며, —보다 바람직한 것

민들의 고통에 대한 귀족들의 무관심이 프랑스 대혁명이 일어난 중요한 원인 중 하나였다고 보고 있다.

이지만—그러한 유형을 무시하고 **떠나야** 할 때이다. 최근에 나타난 철학인 쇼펜하우어의 철학의 배후에도 종교적 위기와 깨달음이라는 이 전율할 만한 의문부호가 거의 문제 자체로서 존재한다. 의지의 부정은 어떻게 해서 가능한가? 성자(聖者)가 되는 것은 어떻게 해서 가능한가? 바로 이러한 물음들이 쇼펜하우어 철학의 출발점이 되었고 쇼펜하우어로 하여금 철학자가 되게 했던 물음들이었던 것 같다. 따라서 쇼펜하우어의 가장 열렬한 숭배자(아마도 독일에서는 그의 마지막 숭배자였을 것이다)인 리하르트 바그너가 바로 이 물음들에 초점을 맞추어 자신의 필생의 작품을 완성하고 결국은 저 가공할 만한 영원한 인간 유형을 쿤드리[8]라는 살아 있는 인간 유형으로서—이러한 유형이 육신을 갖고 살아가는 그대로—무대에 올렸다는 것이야말로 참으로 쇼펜하우어적인 결말이었다. 그리고 그 당시는 종교적 노이로제—혹은 내가 이름 붙인 것에 의하면 '종교적인 것'—가 전염병처럼 퍼지면서 '구세군'에서 절정에 달한 때였기 때문에, 유럽 전체의 정신병 의사들은 그러한 인간 유형을 가까이서 연구할 기회를 가질 수 있었다. 성자라는 현상 전체의 본래 어떤 점이 심지어 철학자들까지 포함한 모든 시대와 모든 유형의 인간을 그렇게 무한히 매혹했는지를 생각해보자. 그것은 의

---

8) 쿤드리(Kundry)는 바그너의 오페라 『파르지팔』의 여주인공으로서 천진무구한 바보인 파르지팔에 의해서 구원된다.

심할 여지도 없이 성자에게 수반되는 기적적 현상, 즉 서로 상반되는 것들, 다시 말해 도덕적으로 상반되는 것으로 평가되는 영혼 상태들[9]이 직접적으로 잇달아 일어나는 것이었다. 사람들은 이러한 현상에서 '악한 인간'이 하루아침에 '성자'가 되고 선한 인간이 된다는 사실을 확연하게 본다고 믿었다. 이제까지의 심리학은 이 문제에 부딪혀 난파했다. 이러한 일이 일어난 이유는, 무엇보다 이제까지의 심리학은 도덕의 지배 아래 있었고 도덕적 가치들의 대립 자체를 믿으면서 이러한 대립을 원전과 사실 속에 투입하여 보고 읽고 해석했기 때문이었다.[10] 뭐라고? '기적'이라는 것은 단지 잘못된 해

---

9) 관능적인 쾌락에 탐닉했거나 악행을 일삼았던 사람이 갑자기 금욕주의적인 성자가 되는 현상을 가리킨다.

10) '악한 인간'이 갑자기 '선한 인간'이 되는 것을 종래의 심리학이 기적과 같은 것으로 본 이유는, 종래의 심리학이 선과 악을 서로 대립하는 것으로 보았기 때문이라는 말이다. 니체는 선이라고 불리는 것은 악이라고 불리는 것에서 비롯된다고 보면서 양자를 대립적인 것으로 보지 않는다. 니체는 이 책 2절에서 이렇게 말하고 있다.

"참된 것, 진실된 것, 사심 없는 것이 가질 수 있는 모든 가치에도 불구하고, 기만하려는 의지와 이기심과 욕정이 인생에서 보다 높고 보다 근본적인 가치를 가질 수도 있다. 더 나아가 저 훌륭하고 존중할 만한 것들을 가치 있게 만드는 것은 바로 그것들이 저 사악하고 겉보기에는 그것들과 대립되는 사물들과 위험할 정도로 유사하고 결부되어 있고 단단히 얽혀 있다는 데에 있다는 것도 가능한 일이다. 심지어 그 둘은 서로 본질적으로 동일할지도 모른다. 아마도 그럴 것이다!"

석에 지나지 않는다고? 문헌학이 결여된 탓이라고?[11)

48.

라틴 민족과 그들의 가톨릭교는 우리 북유럽인과 모든 종류의
그리스도교의 관계에서 보이는 것보다 훨씬 더 내적으로 결합되어
있는 것 같다. 따라서 가톨릭 국가들에서 신을 믿지 않는다는 것은
프로테스탄트 국가들에서와는 전혀 다른 것을 의미한다. 즉 그들
의 불신앙은 민족정신에 대한 일종의 반역을 의미하는 반면에, 우
리의 경우에는 오히려 민족정신(혹은 비정신(Ungeist))으로의 귀환
을 의미한다. 우리 북유럽인들은 의심할 여지없이 야만족의 후예
이며, 종교에 대한 자질 면에서도 **빈약하기** 짝이 없다. 켈트족만은
예외이며 그 때문에 그들은 북유럽이 그리스도교에 전염될 수 있
는 가장 좋은 토양을 제공했다. 프랑스에서 그리스도교적인 이상

---

11) 니체는 문헌학에 대해서 『안티크리스트』 52번에서 다음과 같이 말하고 있다.

"신학자의 또 하나의 특징은 **문헌학에 무능하다는** 것이다. 여기서 문헌학이라는
것은 아주 넓은 의미로 '잘 읽는 기술'로 이해되어야 한다. 다시 말해 해석으로
사실을 왜곡시키지 **않고**, 또 이해하려는 욕구로 말미암아 신중함과 인내와 치
밀함을 잃지 **않고도** 사실을 읽어낼 수 있는 기술로서 이해되어야 한다. 해석되
어야 할 것이 책이든, 신문 기사든, 운명이든, 날씨든—'영혼의 구원'일 경우는
말할 것도 없다—**해석상의 신중함**(Ephexis)으로서의 문헌학이 문제가 되고 있
는 것이다."

은 북쪽의 창백한 태양이 허용하는 정도로만 꽃을 피웠다. 조금이 라도 켈트족의 피가 섞여 있는 한 최근의 프랑스 회의주의자들조 차도 우리의 취향에서 보면 얼마나 기묘하게 경건한가! 우리가 보 기에 오귀스트 콩트의 사회학[12]은 그것의 본능적인 로마식 논리와 함께 얼마나 가톨릭적이며 비독일적인 냄새를 풍기는가! 포르 루 아얄[13]의 저 상냥하고 영리한 안내인인 생트 뵈브[14]는 예수회에 대 해 적의를 품고 있음에도 불구하고 얼마나 예수회적인가! 에른스 트 르낭[15]의 경우는 특히 더하다. 우리 북유럽인에게 르낭과 같은

---

12) 원래 종교와 형이상학을 배격하고 과학을 인간 정신의 최후의 단계라고 보았 던 실증주의자 콩트는 나중에는 신비주의에 빠져 인간성을 숭배하는 인류교를 제창했다. 이 종교는 가톨릭적인 성격을 갖고 있다고 동시대인들로부터 강한 비판을 받았다. 니체는 『우상의 황혼』「어느 반시대적 인간의 탐험」 4절에서 콩 트를 "프랑스인들을 과학이라는 우회로를 통해서 로마[바티칸]로 인도하려고 했던 가장 영리한 예수회원"으로 평가하고 있다. 또한 니체는 『아침놀』 542절에 서 콩트가 노년에 들어 정신적인 피로감에 시달리면서 자신의 과학적 엄밀성 을 '시적인 몽롱함과 신비한 빛'으로 망쳤다고 말하고 있다. 『아침놀』, 박찬국 옮김, 책세상.

13) 포르 루아얄(Port-Royal)은 프랑스 파리 서쪽에 있던 수도원을 가리킨다. 16-17세기에 형성된 가톨릭 경건주의인 장세니즘의 중심지였으며, 여기에서 는 엄격하고 금욕적인 도덕에 입각한 공동생활이 행해졌다. 장세니즘은 인간 의 의지가 천성적으로 선하지 않기 때문에 구원은 무상(無償)의 은총에 의해서 이루어진다고 보았으며, 예수회에 대해서 비판적이었다.

14) Charles-Augustin de Saint-Beuve(1804-1869)는 19세기에 활동했던 프랑스의 대표적인 비평가로 5권으로 구성된 포르 루아얄의 유명한 연대기 『포르 루아 얄』이 주저에 속한다.

인간의 말은 얼마나 생경하게 들리는가! 르낭의 경우에는 매 순간마다 종교적인 긴장이라는 헛된 것이, 보다 세련된 의미에서 관능적이고 편안하게 눕고 싶어 하는 그의 영혼에서 균형을 빼앗아버린다! 다음과 같은 그의 아름다운 문장을 한번 따라 읽어보자. 그러면 우리의 아마도 덜 아름답고 더 딱딱한, 즉 더 독일적인 영혼에서는 그것에 대한 반응으로 악의와 오만이 즉시 일어나게 된다! "따라서 솔직하게 말해서 종교란 정상적인 인간의 산물이며, 인간은 종교적일수록 그리고 무한한 운명을 확신할수록 더욱 진실한

---

15) Ernest Renan(1823−1892)은 실증주의와 다윈의 진화론의 영향을 받은 프랑스의 철학자로서 종교에서 일체의 신화적 요소를 제거하고 그것을 실증적으로 해명하려고 했다. 니체는 『우상의 황혼』 「어느 반시대적 인간의 탐험」 2절에서 이렇게 말하고 있다.

"르낭(Renan). ─신학 또는 '원죄'(그리스도교)에 의한 이성의 타락. 그 증거가 바로 르낭이다. [중략] 그는 적지 않은 야심을 갖고 정신[학식 있는 자들]의 귀족주의를 표방하려고 하지만, 동시에 그는 그것과 반대되는 가르침인 '비천한 자들의 복음'[그리스도교] 앞에 무릎을 꿇는다. 무릎을 꿇을 뿐만이 아니다. 내장은 여전히 그리스도교도, 가톨릭교도, 심지어 사제이기까지 하다면, 그 모든 자유사상, 근대성, 조소와 개미잡이 새처럼 목을 자유롭게 돌릴 수 있는 유연성이 무슨 소용이 있겠는가! 르낭이 가지고 있는 발명의 재간은 예수회 회원이나 고해 신부처럼 유혹하는 데 있다. 르낭의 정신에는 사제들이 짓는 웃음이 있다. 사제라는 것들은 다 그렇지만 르낭도 사랑을 보여줄 때 비로소 위험한 존재가 된다. 목숨을 걸고 숭배한다는 점에서는 르낭에 필적할 사람이 없다. 르낭의 이 정신, 기력을 쇠하게 하는 정신은 불쌍하고 병들어 있고 쇠약한 의지를 가지고 있는 프랑스에는 하나의 숙명적인 불행이다."

인간이 된다. 인간은 선할 때 미덕이 영원한 질서와 합치되기를 바란다. … 사심 없는 태도로 사물을 관조할 때 인간은 죽음이 역겹고 부조리한 것이라는 사실을 깨닫게 된다. 인간이 가장 잘 통찰할 수 있을 때가 바로 이러한 순간이라고 생각하지 않을 수 있겠는가." … 이 문장은 내 귀와 습관에는 너무나 거슬리는 것이기에, 그것을 읽을 때 분노가 치밀어 올라 나는 그것 옆에 "한마디로 말해서, 종교적인 어리석음!"이라고 적었다. 그러나 최후의 분노에 사로잡혔을 때는, 이 거꾸로 세워진 진리를 담은 이 문장이 좋아지기까지 했다. 자신의 대립물을 갖는다는 것은 실로 멋지고 훌륭한 일이다!

49.

고대 그리스인들의 종교적 삶에서 경탄할 만한 점은 그것이 제어할 수 없을 정도로 충만한 감사의 염(念)을 발산하고 있다는 점이다. 이런 식으로 자연과 삶 앞에 서는 인간은 매우 고귀한 종류의 인간이다! 나중에 천민들이 그리스를 지배하게 되었을 때 종교에도 **공포**가 만연하게 되었으며 이와 함께 그리스도교가 출현할 기반이 마련되었다.[16]

---

16) 고귀한 그리스인들은 현세에서의 삶을 긍정하고 그러한 삶에 감사의 염을 품고 있었던 반면에, 그리스도 교인들은 현세에서의 삶에 대해서 두려움을 품고

50.

신을 향한 열정에는 루터에서 보는 것처럼 조야하고 고지식하고
집요한 종류의 열정이 존재한다. 모든 프로테스탄티즘은 남유럽
의 섬세함(delicatezza)을 결여하고 있다. 프로테스탄티즘에는 분수
에 넘치는 은총을 받았거나 승격된 노예에게서 볼 수 있는 것과 같
은 동양적인 몰아(沒我) 상태가 존재하며, 그 일례가 아우구스티누
스다. 그의 태도나 욕망은 모욕적일 정도로 품격을 결여하고 있다.
마담 드 기용[17]에게서 볼 수 있는 것처럼 거기에는 수줍어하면서
부지불식간에 신비스럽고 육체적인 합일을 갈망하는 여성적인 애
정과 욕정이 존재한다. 많은 경우에 이것은 사춘기 소년이나 소녀
가 갖는 성적 욕망의 은폐된 형태로서 상당히 기괴하게 나타난다.
때로는 노처녀의 히스테리로서 그리고 노처녀의 최후의 허영심으
로서 나타나기도 한다. 교회가 그러한 여성을 성녀로 간주한 경우
도 적지 않다.

있었기 때문에 피안의 세계를 희구하게 되었다. 그리스에서 천민들이 지배하
게 되었을 때 그리스인들도 현세에서의 삶에 대해서 두려움을 갖게 되었기 때
문에 그리스도교를 받아들일 수 있는 심리적 토양이 마련되었다.

17) Madame Guyon(Jeanne-Marie Bouvier de la Motte-Guyon, 1648-1717)은
프랑스의 신비주의자로 신과의 내적인 합일을 지향했다. 대표적인 저작으로는
『예수 그리스도를 깊이 이해하기』가 있다.

51.

이제까지 가장 강한 권력을 가졌던 자들은 항상 자기 억압과 의도적으로 철저한 금욕을 실행하는 수수께끼 같은 존재인 성자 앞에 항상 경건하게 머리를 숙여왔다. 왜 그들은 머리를 숙였는가? 그들은 성자에게서—이를테면 그의 가냘프고 가련한 외모라는 의문부호의 이면에서—그렇게 자신을 억압하면서 자신을 시험해보려는 탁월한 힘과 강한 의지를 감지했던 것이다. 그들은 이 강한 의지에서 자신의 힘과 지배자가 느끼는 쾌감을 재인식하면서 존경할 줄 알았던 것이다. 그들은 성자를 존경했을 때 그들 자신에게 존재하는 어떤 것을 존경했던 것이다. 더 나아가 성자를 보면서 그들은 의구심을 느꼈다. 그렇게 엄청난 부정과 반(反)자연을 갈망하는 데는 무슨 목적이 있지 않을까라고 그들은 말하면서 자문했다. 아마도 거기에는 이유가 있을 것이고 극히 큰 위험이 있을 것이다. 금욕주의자는 은밀하게 말을 거는 사람들과 방문자들 덕분에 그러한 위험에 대해서 자세하게 알고 있는 것은 아닐까? 요컨대 세속의 권력자들은 금욕주의자 앞에서 새로운 두려움을 배웠다. 그들은 새로운 힘, 낯설고 아직 정복되지 않은 적을 감지했다. 그들을 성자 앞에 멈춰 서게 만든 것은 '힘에의 의지'였고, 그들은 그에게 묻지 않을 수 없었다.[18]

---

18) 니체는 여기서 금욕주의에서는 힘에의 의지가 자신을 억압함으로써 자신의 힘

52.

신의 정의에 대한 책인 유대인의 '구약성서'에는 너무나도 위대한 양식으로 인간과 사물 그리고 말이 표현되고 있어서 그리스와 인도의 문헌에는 그에 비견할 만한 것이 없을 정도다. 우리는 일찍이 존재했던 인간이 남긴 이 엄청난 유물 앞에서 두려움과 외경을 느끼게 된다. 그리고 고대 아시아와 그것에서 돌출한 작은 반도인 유럽이 고대 아시아에 대해서 자신이 '인간의 진보'를 이룩했다고 주장하고 싶어 하는 것을 생각할 때, 서글픈 느낌을 갖게 된다. 물론 유약하고 온순한 가축에 지나지 않으며 단지 가축이 가진 욕구밖에 알지 못하는 인간('교양 있는' 그리스도 교인들을 포함한 오늘날의 교양인들과 같은)은 저 폐허 앞에 서서도 놀라지도 슬퍼하지도 않는다. 구약성서에 대한 취향이 '위대함'과 '왜소함'을 판단하는 시금석이다. 저 폐허 앞에서 아무런 놀람도 슬픔도 느끼지 못하는 자는 아마도 은총의 서(書)인 신약성서가 훨씬 더 자기 마음에 든다고 생각할 것이다(신약성서에는 정녕 살갑고 어리석은 맹신자와 왜소한 영혼의 냄새가 잔뜩 배어 있다). 모든 면에서 일종의 로코코 취향의 책인

을 느끼는 방식으로 나타나고 있다고 본다. 니체에 따르면 정치적인 지배자를 비롯하여 많은 사람이 금욕주의자를 존경하는 것은 금욕주의자에게서 나타나고 있는 이러한 강한 힘에의 의지 때문이다. 그러나 궁극적으로 니체는 금욕주의가 인간을 병들게 만든다는 점에서 금욕주의적 힘에의 의지를 병적인 것으로 보고 있다.

이 신약성서를 구약성서와 하나로 묶어서 '성서'로, '책 자체'로 만들어버렸다는 것이야말로 유럽문학이 자신의 양심에 범한 가장 파렴치한 짓이며 '정신에 반하는 죄'일 것이다.[19]

---

19) 니체는 『안티크리스트』에서 구약성서에는 다윗과 솔로몬 시대와 같은 유대민족의 전성기에 유대민족이 자신들에 대해서 가졌던 자부심과 긍지가 표현되어 있다고 본다. 니체에 따르면 팽창하고 정복하는 민족은 선민사상을 가질 수밖에 없다. 이와 함께 니체는 구약성서에는 유대민족의 강한 생명력이 표현되어 있으나, 점차 유대민족이 약해지고 다른 강대국에 의해서 예속되면서 유대인들의 신관은 사해동포주의(cosmopolitanism)적인 성향을 띠게 되었으며 이러한 성향은 신약성서에서 분명하게 표현된다고 보고 있다. '만인에 대한 사랑이 넘치는 신'은 쇠락해가는 민족정신의 한 표현일 뿐이라는 것이다. 니체는 『안티크리스트』 16절에서 이렇게 말하고 있다.

"자기 자신을 믿는 민족만이 또한 자기 고유의 신도 가지고 있다. 신을 숭배하면서 그 민족은 자신들이 정상에 서는 것을 가능하게 한 조건들, 즉 자신들의 미덕을 숭배한다. 그 민족은 자신에 대한 기쁨과 자신이 힘을 가지고 있다는 느낌을 어떤 존재에 투사하며 그것에 감사를 드린다. [⋯] 그러한 신은 이로울 수도 있고 해로울 수도 있으며, 친구도 될 수 있고 적도 될 수 있어야 한다. 인간은 신이 선할 때뿐 아니라 악할 때에도 신을 찬양한다. 신을 **반자연적으로** 거세하여 모름지기 선하기만 한 신으로 만드는 것은 이러한 종교에서는 전혀 바람직한 일이 아니다. 선한 신 못지않게 악한 신이 필요한 것이다. 이는 우리가 생존하는 것이 반드시 관용과 호의 덕분만은 아니기 때문이다. ⋯ 분노, 복수, 질투, 조소, 간계, 폭력을 알지 못하는 신이 무슨 소용이 있겠는가? 아마도 승리와 파괴의 황홀한 열정조차도 알지 못할 신이 무슨 소용이 있겠는가. 사람들은 그런 신은 이해하지 못할 것이다. 무엇 때문에 그러한 신을 필요로 해야 하는가? —물론 어떤 민족이 몰락할 때, 미래에 대한 믿음과 자유에 대한 희망이 완전히 사라졌다고 느낄 때, 가장 이로운 것이 복종이고 복종하는 자들의 덕목이 자기 보존의 조건이 된다고 의식하게 될 때, 그때에는 그 민족의 신도 변질될 수밖에 없다. 신은 이제 음험한 위선자가 되고 겁도 많아지고 겸손하게 되면서 '영혼의 평화'를 가르치고, 더 이상 증오하지 말고, 관용을 베풀고 친구와 적까지도 '사랑'할 것을 권하는 것이다. 그 신은 끊임없이 도덕을 설교하며, 모든 사적인 덕목의 동굴 속으로 기어 들어가 모든 사람을 위한 신이 되고 사인(私人)이 되며 사해동포주의자가 된다. … 이전에는 신은 어떤 민족을 대표했으며, 그 민족의 강함과 그 민족의 혼에서 나오는 공격적인 모든 것과 힘에 대한 갈망을 나타냈다. 그런데 이제 신은 선량한 신에 불과하다. … 실로 신들은 다음 두 가지 중 하나일 뿐이다. 즉 신들은 힘에의 의지이든가 아니면 힘에의 무기력이든가. ―전자라면 신은 민족의 신이 되지만, 후자라면 신은 필연적으로 선량한 신이 된다."

계속해서 니체는 『안티크리스트』 17절에서 이렇게 말하고 있다.

"어떤 형태로든 힘에의 의지가 쇠퇴하는 곳에서는 항상 생리적인 퇴화, 곧 데카당스도 보인다. 모든 남성적인 충동과 미덕이 제거당한 데카당스의 신성은 이윽고 필연적으로 생리적으로 퇴화된 자들, 즉 약한 자들의 신이 된다. 이들은 자기 자신을 약한 자라고 부르지 않고 '선한 자'라고 부른다. [중략] 선한 신과 악한 신이라는 이분법적인 허구가 역사의 어느 순간에 비로소 출현하게 되었는지를 이해하기 위해서는 더 이상의 암시가 필요하지 않을 것이다. 정복당한 민족은 자신의 신을 '선 자체'로 끌어내릴 때의 본능과 동일한 본능을 가지고 그들을 정복민족의 신에게서 선한 속성을 박탈해버린다. 정복당한 민족은 지배자들의 신을 악마로 만듦으로써 자신의 지배자들에게 복수한다. [중략] 상승하는 삶의 전제조건들, 즉 강하고 용감하고 권세가 있으며 자신에 대해 긍지를 갖는다는 그 모든 속성이 신 개념으로부터 제거될 때, 신이 삶에 지친 자들을 위한 지팡이나 물에 빠진 모든 자들을 위한 구조대라는 상징으로 점점 몰락해갈 때, 특히 신이 가난한 자들의 신, 죄인들의 신, 병든 자들의 신이 될 때 그리고 '구세주'라는 술어가 신에 대한 술어 일반으로 남게 될 때, 그러한 변화, 곧 신적인 것의 그러한 축소는 무엇을 말하는 것인가? ―물론 신 개념이 이렇게 변질됨으로써 '신의 왕국'은 확대되었다. 그전까지 신은 단지 자신의 민족,

53.

오늘날 무신론이 나타나게 된 원인은 무엇인가? '아버지'로서의 신은 철저하게 부정되었고, 똑같이 '심판자'로서의 신도 '보상자'로서의 신도 부정되었다. 신의 '자유의지'도 마찬가지다. 신은 인간의 호소를 듣지 못하며, 설령 듣는다고 해도 도와줄 방법을 알지 못한다. 최악은, 신에게는 자신의 뜻을 분명히 전달할 능력이 없는 것 같다는 것이다. 신은 모호한 존재인가? 이것이야말로 내가 많은 대화를 나누고 묻거나 경청하면서, 유럽의 유신론이 붕괴하게 된 원인으로서 발견하게 된 것이다. 물론 종교적 본능이 강력하게 성장하고 있는 것은 사실이지만, 그러한 본능은 깊은 불신과 함께 유신론적 만족을 거부하는 것 같다.[20]

자신의 '선택된' 민족만을 가졌었다. 그동안에 신은 자신의 민족과 전적으로 똑같이 타향으로 나가서 방랑했다. 그때 이래로 신은 어디에도 정주하지 못하게 되었으며, 마침내 그는 모든 곳을 자기 집으로 생각하는 위대한 사해동포주의자가 돼버렸다. ─마침내 그는 '대다수의 인간'을 그리고 지구의 절반을 자기 편으로 얻게 되었다. 그러나 그럼에도 불구하고 '대다수'의 신, 신들 가운데 이 민주주의자는 긍지에 찬 이방인의 신이 되지는 못했다. 그 신은 유대인으로 남았고 구석지의 신, 온갖 어두운 구석, 어두운 장소의 신, 세계의 불건강한 지역 전체의 신으로 남았다!"

20) 여기서 니체는 그리스도교에 대한 신앙을 사람들이 상실했지만 '종교적 본능'은 여전히 강력하게 존재한다고 말하고 있다. 니체는 이러한 종교적 본능이 유럽에서는 더 이상 유신론에 의해서 충족될 수 없고 아마도 불교와 유사하게 인격신을 인정하지 않는 종교에 의해서 충족될 것으로 예측하고 있다.

54.

모든 현대철학은 도대체 근본적으로 무엇을 하고 있는가? 데카르트 이래로—사실 그의 선례에 따르기보다는 그에게 반항하면서—모든 철학자는 겉으로는 주어와 술어 개념을 비판하는 것 같지만 사실은 낡은 영혼 개념에 대한 암살을 기도하고 있다. 즉 그들은 그리스도교 교리의 근본전제에 대한 암살을 기도하고 있는 것이다. 인식이론적인 회의로서의 현대철학은 은밀하게든 공공연하게든 반(反)그리스도교적이다. 그러나 보다 섬세한 귀를 지닌 자를 위해서 말하자면, 결코 반종교적이지는 않다. 이전에 사람들은 문법과 문법상의 주어를 믿듯 '영혼'을 믿었다. 즉 그들은 '나'는 제약자고 '생각한다'는 술어이자 피제약자라고 말했으며, 생각한다는 것은 하나의 행위로서 그것을 일으키는 원인인 하나의 주체가 반드시 상정되어야 한다고 말했다. 이제 사람들은 놀랄 만한 집요함과 간계로 이러한 올가미에서 빠져나오려고 한다. 그리고 사람들은 이렇게 자문한다. 혹시 그 반대가 참이 아닐까, '생각한다'가 제약자이며 '나'는 피제약자가 아닐까라고. 만약 그렇다면 '나'는 사유작용 자체에 의해서 만들어진 하나의 종합물에 불과한 것은 아닐까라고. 칸트가 근본적으로 증명하려고 했던 것은 주체는 주체로부터 증명될 수 없으며 또한 객체도 증명될 수 없다는 것이었다. 개별적 주체, 즉 '영혼'이 가상적인 것일 수 있다는 생각[21]은 칸트에게 반드시 낯선 것은 아니었을 것이다. 이러한 사상이야말로 일찍이 베단

타 철학이라는 형태로 엄청난 영향력을 행사하면서 지상에 존재했던 사상이다.[22]

55.

종교적 잔인성은 많은 단(段)을 가진 거대한 사다리와 같다. 그러나 그러한 단들 중에서 세 가지가 가장 중요하다. 일찍이 사람들은 자신의 신에게 인간을 바쳤으며 그것도 아마 자신이 가장 사랑하는 인간을 바쳤을 것이다. 태고의 모든 종교에서 첫 아들을 바쳤던 것이 그것에 속하며, 또한 티베리우스 황제[23]가 카프리섬의 미트라스 동굴[24]에다 저 희생 제물을 바쳤던 것—로마의 시대착오적인 사건들 중에서도 가장 끔찍한 것에 속한다—도 그것에 속한다. 그 다음 인류의 도덕적 시대에 사람들은 자신의 신에게 자신이 소

---

21) 칸트는 초감각적인 실체로서의 개별적인 순수영혼이 존재하는지 여부는 초감각적인 신의 존재와 마찬가지로 이론적으로 증명될 수 없으며, 따라서 그것은 하나의 가상에 불과한 것일 수 있다고 보았다.

22) 베단타 철학에서 개별자들로 이루어진 세계를 실상이 마야(미망)의 베일에 가려져 나타난 가상이라고 보았던 것을 가리킨다.

23) Tiberius Julius Caesar Augustus(기원전 42-기원후 37)는 로마의 두 번째 황제로 인간을 신의 제물로 바쳤다고 한다.

24) 미트라교는 기원후 1세기부터 4세기까지 로마제국에서 주로 로마 군인들이 믿었던 종교다. 미트라스는 인도 신화에 나오는 태양신이지만 페르시아에서도 숭배되었던 태양신이다. 만물을 육성하고 통제하는 신이면서 전쟁의 신이기도 하다.

유했던 가장 강한 본능, 즉 자신의 '자연적인 본성'을 바쳤다. 이러한 축제의 기쁨으로 금욕주의자이자 열광적인 '반자연주의자'의 잔인한 눈은 빛났다. 마지막 단계에서는 희생 제물로 바칠 무엇이 남았을까? 최종적으로 사람들은 위로가 되고 성스럽고 치유해주는 모든 것, 숨은 조화, 미래의 지복과 정의에 대한 모든 믿음과 희망을 희생 제물로 바쳐야만 하는 것은 아닐까? 사람들은 신 자체도 희생 제물로 바치고 자신에 대한 학대로서 돌, 어리석음, 중력, 운명, 허무를 경배해야만 하는 것은 아닐까? 무를 위해서 신을 희생 제물로 바친다는 것—잔인성의 최종 단계의 이러한 역설적 비밀제의가 다가올 세대를 위해서 남겨졌다.[25] 우리 모두는 이미 그것에 대해서 조금은 알고 있다.

56.

나처럼 어떤 수수께끼 같은 갈망을 가지고 염세주의를 그 밑바닥에 이르기까지 사유하면서, 염세주의를 마침내 금세기에 쇼펜하우어 철학의 형태로 나타났던, 반쯤은 그리스도교적이고 반쯤은 독일적인 편협함과 순진함에서 해방시키기 위해 오랜 동안 노

---

25) 무(無)를 위해 신을 희생한다는 것은 세계를 아무런 의미도 방향도 없이 덧없이 생성 소멸하는 것으로 보면서 신이 들어설 자리를 인정하지 않는 니힐리즘의 입장을 가리킬 수 있다. 이러한 니힐리즘이야말로 니체는 새로운 가치전환의 발판이 될 수 있다고 본다.

력해왔던 사람, 아시아적이거나 초아시아적인 눈으로 온갖 사고방식들 중에서도 가장 세계 부정적인 사고방식의 정체를—부처나 쇼펜하우어처럼 도덕적인 속박이나 망상에 사로잡혀서가 아니라 선악의 저편에서—꿰뚫어보고 그 밑바닥에 이르기까지 내려다본 사람은 아마도 바로 이로 말미암아 전혀 의도치 않게 정반대의 이상에 눈을 뜨게 되었을 것이다. 그러한 이상이란 가장 대담하고 생명력이 넘치며 극한에 이르기까지 세계를 긍정하는 인간의 이상이다. 그러한 인간은 과거에 존재했고 현재에 존재하는 모든 것에 만족하고 그것과 화해하는 법을 배웠을 뿐 아니라 그 모든 것을 과거에 존재했고 지금도 그렇게 존재하고 있는 그대로 다시 받아들이려고 한다. 그러한 인간은 자기 자신과 인생의 연극과 구경거리 전체뿐 아니라 바로 이러한 구경거리를 절대적으로 필요로 하고 또한 필요한 것으로 만드는 자기 자신을 향해서 그야말로 영원에 걸쳐서 물릴 줄 모르고 '처음부터 다시(da capo)'라고 부르짖는다. 왜냐하면 그는 항상 거듭해서 자기 자신을 필요로 하고 필요한 것으로 만들기 때문이다. 뭐라고? 이것이야말로 악순환인 신(circus vitous deus)이 아닌가?[26]

---

26) 여기서 니체는 자신의 유명한 사상인 영원회귀사상을 이야기하고 있다. 니체는 신의 존재를 부정하면서 세계를 아무런 의미도 방향도 없이 덧없이 생성 소멸하는 것으로 보는 니힐리즘 내지 염세주의는 그러한 세계가 무한히 되풀이되어도 좋다고 긍정하는 강력한 생명력에 의해서만 극복될 수 있다고 본다.

57.

인간을 둘러싼 원경(遠景)과 공간은 그의 정신적인 시선과 통찰의 힘에 비례하여 증대한다. 그의 세계는 보다 더 깊어지며, 새로운 별과 새로운 수수께끼 그리고 새로운 형상이 그의 시야에 들어오게 된다. 정신의 눈이 예리하면서도 심오하게 보았던 모든 것은 아마도 정신이 자신을 연마하기 위한 계기에 지나지 않았으며, 아이나 아이 같은 사람들을 위한 장난감에 지나지 않았다. 지금까지 그렇다면 '신'이나 '죄'와 같은 가장 장엄한 개념들, 즉 그것들을 위해서 사람들이 가장 많이 싸워왔고, 가장 많이 고통을 받았던 전쟁과 고난을 초래했던 개념들도 아마도 언젠가는 노인의 눈에 비친 아이의 장난감이나 고통처럼 대수롭지 않은 것으로 나타날 것이다. 그때 '노인'은 아마도 새로운 장난감과 고통을 필요로 하게 될 것이다. 그는 여전히 아이이며 영원한 아이인 것이다!

58.

참된 종교생활을 위해서는(종교생활이 즐기는 자기 검토라는 세밀한 작업을 위해서도 그리고 '기도'라고 불리고 '신의 강림'을 위한 끊임없는 준비이기도 한 저 부드러운 헌신을 위해서도) 어느 정도의 여가가 필요하며 이러한 여가가 없으면 그와 비슷한 것이라도 필요하다는 사실에 주목한 적이 있는가? 여기서 여가라는 것으로 나는 양심에 거리낌이 없는 여가, 옛날부터 전승되어왔고 혈통에 의한 여가를 의미하며, 노동은 더럽히는 것이며 몸과 영혼을 비속하게 만든다고 여기는 귀족적 감정에 전혀 낯설지 않은 여가를 의미하고 있다. 따라서 현대의 소란스럽고 시간을 독점하고 있는 부지런함과 어리석게도 그러한 부지런함을 자랑스럽게 생각하는 태도야말로 다른 무엇보다도 사람들에게 '불신앙'을 가르치고 조장하는 것이라는 사실을 주목한 적이 있는가? 예를 들면 지금 독일에서는 종교와 무관하게 살고 있는 사람들 중에서 기원과 유형이 갖가지인 '자유사상'의 소유자들을 발견하며, 또한 부지런함 때문에 세대를 거치면서 종교적인 본능을 더 이상 갖지 못하게 된 다수의 사람이 있다. 그들은 종교가 무엇 때문에 필요한지 더 이상 전혀 알지 못하며 세상에 아직 종교가 존재한다는 사실을 놀란 눈으로 멍하니 바라보고 있다. 이 착실한 사람들은 '조국'과 신문 그리고 '가족의 의무'는 물론이고 자신의 일이나 쾌락에 몰두하고 있다. 그들은 종교를 위한 시간을 전혀 가지고 있지 않은 것 같다. 이는 특히 그들에게는 종교가 새로운 일인지 쾌락인지가 분명하지 않기 때문이다. 좋은 기분을 망치기 위해서 교회에 나갈 수는 없다고 그들은 자신에게 말하기 때문이다. 그들은 종교적 관습의 적은 아니다. 어떤 경우에, 예를 들면 국가가 그러한 관습에 참여할 것을 요구할 경우 그들은 다른 많은 일을 할 때처럼 참을성 있고 겸손하고 진지하게 그리고 별다른 호기심도 불만도 없이 그 요구에 따른다. 그들은 이러한 관습으로부터 너무나 멀리 유리된 채 살고 있기 때문에 그것에 대해서 가타

부타할 필요조차도 느끼지 못하는 것이다. 오늘날 독일 중산계층의 신교도 대다수가 이렇게 종교에 무관심한 자들에 속하며, 상업과 교통의 중심지로서 크게 번창하고 있는 곳에서는 특히 그렇다. 대다수의 근면한 학자들과 대학 관계자의 전부(신학자는 제외한다. 신학자들이 대학 내에 존재하고 존재할 수 있다는 사실이 심리학자들에게는 더욱더 풀기 어려운 수수께끼가 되고 있다) 역시 마찬가지다. 독일의 학자가 종교문제를 진지하게 다루기 위해서는 이제 얼마나 많은 선한 의도—자의(恣意)적인 의지라고도 말할 수 있을 것이다—를 필요로 하는지를 독실한 신자들이나 교회 관계자들은 거의 상상도 하지 못할 정도다. 독일의 학자는 자신의 수공업적 정신으로부터(혹은 앞에서 말한 것처럼, 그의 현대적 양심이 그에게 요구하는 수공업적 근면성으로부터) 종교에 대해서 우월감과 호의가 뒤섞인 명랑한 태도를 취하는 경향이 있는데, 때로는 그러한 태도에 가벼운 경멸감이 섞여 있다. 이러한 경멸은, 사람들이 여전히 교회에 신앙을 서약하는 곳 어디에서나 존재한다고 독일의 학자가 전제하는 정신의 '불결함'에 향해 있다. 역사의 도움을 빌려서야 비로소(즉 개인적인 경험으로부터가 아니라) 독일의 학자는 종교에 대해 진지하게 경외심을 품을 수 있고 그것을 조심스럽게 존중할 수 있다. 그러나 그가 종교에 대해서 감사하는 마음을 가질 정도가 되었을 경우에도, 정작 그의 인격은 교회나 경건한 성격을 갖고 있는 것에는 아직 한 걸음도 가까이 가지 못했다. 오히려 정반대일 것이다. 그는 종교적인 문제에 대해 무관심한 현실 속에서 태어났고 교육받아왔기 때문에 그러한 무관심은 종교적인 인간들과 문제들과 접촉하는 것을 기피하는 신중함과 결벽증으로 승화되곤 한다. 관용 자체에 수반되는 미묘한 곤경을 피하게 만드는 것은 그가 깊은 관용과 인간성을 가지고 있기 때문인 것 같다. 어떠한 시대도 다른 시대가 부러워할 만한 자기 나름의 신적인 순진함을 갖고 있다. 자신의 우월함에 대한 학자의 믿음과 관용이라는 그의 훌륭한 양심 그리고 자신에 대해서 전혀 의심하지 않는 단순한 확신 속에는 얼마나 많은 순진함과 존경할 만하고 어린아이 같고 한없이 우둔한 단순함이 도사리고 있는가. 그러한 단순한 확신과 함께 그의 본능은 종교적 인간을 열등하고 낮은 유형의 인간으로 취급하면서 자신은 그런 유형에서 벗어나 **보다 높은 위치로** 올라갔다고 자부한다. 왜소하고 오만한 난장이이며 천민이고 '이념'과 '근대적 이념'의 부지런하고 재빠른 두뇌노동자이자 수공(手工)노동자(Handarbeiter)에 불과한 그가!

59.

세계를 깊이 통찰한 사람이라면 인간의 피상성에는 깊은 지혜가 숨어 있다는 사실을 알고 있을 것이다. 인간에게 피상적이고 가볍고 거짓되게 살라고 가르치는 것은 인간의 자기 보존 본능이다. 우리는 여기저기에서 철학자들과 예술가들이 '순수 형상들'을 열정적이면서도 과장되게 숭배하는 것을 본다. 이와 같이 피상적인 것에 대한 숭배를 필요로 하는 사람이 한때 그 피상적인 것 밑에 있는 것과 불행하게 접촉한 적이 있었다는 사실은 의심할 여지가 없다. 삶의 모습을 왜곡하려는(이를테면 삶에 대해서 집요하게 복수하는 것과 같은) 의도 속에서만 생의 즐거움을 발견하는 이들 불에 댄 아이들, 타고난 예술가들 사이에는 일정한 등급이 있는 것 같다.[27] 그들이 얼마나 삶의 모습이 왜곡되고 빈약하게 되고 피안적인 것이 되고 신격화된 것으로서 보기를 바랐는가 하는 정도에서 우리는 그들이 얼마나 삶에 괴로워했는가 하는 정도도 가늠할 수 있다. 종교적 인간도 예술가들 속에, 즉 그것도 최고의 등급을 차지하는 인간들로서의 예술가들 속에 포함할 수 있을 것이다. 수천 년 동안 그들로 하여금 존재에 대한 종교적 해석을 붙들고 늘어지게 만든 것은 치유할 수 없는 염세주의에 대한 깊은 의혹과 공포였다. 즉 그것은 인간이 충분히 강해지고 굳세어지고 충분히 예술가가 되기도 전에 너무 빨리 진실을 알게 되지 않을까 걱정하는 본능적인 공포심

---

27) 니체는 이데아와 같이 감각적인 것이 섞이지 않은 '순수 형상들'을 아무런 목적도 의미도 없이 생성 소멸하는 현실의 실상을 은폐하기 위한 피상적인 것으로 보고 있다. 이러한 삶의 현실에 노출되는 것을 니체는 마치 '불에 덴' 것에 비유하며, 인간이 이러한 삶의 실상을 보고 염세주의에 빠질지 모르므로 자기 보존 본능은 이른바 '순수 형상'과 같은 피상적인 것으로 삶의 실상을 가려 위안을 얻는다고 말하고 있다.

이다. 이런 눈으로 보면 경건함이라든가, '신 안에서의 삶'이라든가 하는 것은 진실에 대한 **공포**의 가장 교묘한 최후의 산물이며 모든 왜곡 중에서도 가장 철저한 왜곡에 대한 예술가적인 경배와 도취이며, 진리를 전도시키려는 의지이고 어떤 대가를 치르더라도 허위를 지키려는 의지다. 이제까지 인간 자신을 미화하는 것으로는 이러한 경건함보다 더 강력한 수단이 없었던 것 같다. 즉 이러한 경건함에 의해서 인간은 그처럼 예술, 표면, 다채로운 색깔, 선한 것이 될 수 있었기 때문에 자신의 모습에 더 이상 괴로워하지 않게 되었던 것이다.

60.

신을 위해 인간을 사랑한다는 것이야말로 지금까지 인간이 가질 수 있었던 가장 고귀하고 가장 고원(高遠)한 감정이었다. 인간에 대한 사랑이 그 배후에 그것을 신성한 것으로 만들고 싶어 하는 의도를 갖지 않는다면, 그것은 **오히려** 하나의 어리석음이자 동물적인 것에 그친다.[28] 인간애에 대한 이러한 성향은 보다 높은 성향으로부터 비로소 자신의 척도와 섬세함 그리고 약간의 소금과 아주 작

---

28) 인간 자체는 사실 이기적이고 보잘것없는 존재다. 따라서 인간을 사랑한다는 것은 어리석은 것이다. 인간에 대한 사랑은, 따라서 인간을 사랑하는 것이 고 귀한 존재인 신의 뜻을 충족시킬 때만 가능하다. 니체는 여기서 예수를 염두에 두고 있는 것 같다. 여기서 니체는 예수를 높이 평가하는 것 같지만 실은 예수

은 용연향(龍涎香)[29]을 얻어야만 한다. 이러한 사실을 처음으로 느끼고 '체험한' 사람이 어떠한 인간이었든 간에, 그렇게 미묘한 것을 표현하려고 했을 때 그의 혀는 얼마나 더듬거렸을 것인가. 이제까지 가장 높이 비상하고 가장 아름답게 길을 잃어버린 인간인 그가 모든 시대에 걸쳐 존경할 만한 성스러운 자로 우리에게 남게 되기를!

61.

자유로운 정신의 소유자인 우리가 말하는 철학자는 가장 큰 책임의식을 가진 자로서 인류의 전체적인 발전에 책임을 느끼는 자다. 이런 철학자는 인간을 길러내고 교육하기 위해서 그때그때의 정치적·경제적 상태를 이용하는 것처럼 종교도 이용할 것이다. 그렇게 정선하고 길러내는 작업, 다시 말해서 항상 파괴적이면서도 창조적이고 형성하는 것이기도 한 작업은 종교의 도움으로 행해질 수 있으며, 종교의 속박과 보호 아래 존재하는 인간의 종류에 따라서 다양하고 상이하게 행해진다. 강하고 독립적이며 명령하도록 준비되어 있고 운명적으로 예정되어 있는 자들, 지배하는 종족의 이성과 예술을 구현한 자들에게 종교는 오히려 [지배자들에 대

를 '길을 잃어버린 자'라고 평가하고 있다.
29) 용연향(Ambra, Amber)은 향유고래의 배설물로 만든 향이다.

한] 저항을 극복하고 지배하기 위한 수단이다. 그것은 지배자와 신하를 결합시키는 끈임과 동시에 신하들의 양심이며, 지배받고 싶어 하지 않는 신하의 은밀한 속마음을 지배자에게 누설하면서 알려주는 역할을 하는 것이다. 이렇게 고귀한 혈통을 타고난 사람들 중에서 드높은 정신을 가진 탓으로 은둔적이고 관조적인 삶을 즐기면서 가장 고상한 종류의 지배(선택된 제자나 교단의 교우들에 대한 지배)만으로 만족하려는 사람들이 있다. 이들의 경우 종교는 소란하고 수고스런 거친 통치행위에서 벗어나 평화를 얻고 모든 정치에 **필연적으로** 따라오는 추악함으로부터 순수성을 지키기 위한 수단으로 이용될 수 있다. 예를 들면 브라만들은 종교를 그렇게 이용할 줄 알았다. 그들은 종교조직을 통해서 백성을 다스릴 왕을 임명할 권한을 가지고 있었지만, 그들 자신은 정작 정치에 관여하지 않고 정치에 대해서 초연한 태도를 취하면서 자신을 왕의 사명보다 더 높은 사명을 갖는 인간이라고 자부했다. 다른 한편 종교는 피지배자의 일부에게 장차 지배하고 명령하는 일을 할 수 있도록 교육과 기회를 제공하기도 한다. 즉 저 서서히 상승하는 계급들과 신분들—다행스런 혼인풍습을 통해서[30] 의지의 힘과 만족, 자기 지배에의 의지가 더욱더 증대해가고 있는 계급들과 신분들—에 대해 종

---

30) 여기서 '다행스런 혼인풍습'이란 상층계급과 하층계급의 통혼을 허용하는 풍습을 가리킨다고 할 수 있다. 니체는 이러한 통혼을 통해서 상층계급의 피가 하

교는 보다 높은 정신에로의 길을 걷도록, 그리고 훌륭한 자기극복, 침묵, 고독의 감정을 시험하도록 자극과 유혹을 충분히 제공한다. 금욕주의와 청교도주의는 자신의 천민 혈통을 극복하고 지배하는 위치로 나아가려고 하는 종족에게는 불가결한 교육수단이며 그 종족을 고귀하게 만드는 수단이다. 마지막으로 평범한 사람들, 즉 봉사와 전체의 편익을 위해서 존재하며 그런 한에서만 존재하는 것이 허용되는 대다수 사람들에게 종교는 그들의 처지와 천성에 헤아릴 수 없는 만족을 준다.[31] 또한 여러 가지로 마음의 평화를 가져다주고 복종을 고상한 것으로 만들고 동류의 사람들과 행복과 고통을 나누게 하고, 모든 일상과 비천함과 그들의 영혼의 반쯤은 짐승 같은 빈곤을 밝게 하고 미화하고 정당화한다. 종교가 삶에서 갖는 의미는 이렇게 항상 고통받는 인간들에게 태양의 빛을 주고 그들로 하여금 자신의 모습을 보는 것을 견딜 수 있게 만드는 데에 있다. 종교는 에피쿠로스학파의 철학이 상층계급의 고통받는 자들에게 작용했던 것처럼 사람들을 유쾌하게 만들며 순화시키고, 고통을 이용하면서 마침내는 이것을 성스러운 것으로 만들고 정당화

층계급의 피와 혼합됨으로써 하층계급의 사람들에서도 자기 지배에의 의지가 증대되어간다고 본다.

31) 니체의 이 말은 힌두교에서 피지배계급이 자신의 운명을 전생의 업에 의한 것으로 받아들이거나 그리스도교에서 피지배계급이 자신의 운명을 하느님의 뜻에 의한 것으로 받아들이는 현상을 가리킨다고 할 수 있다.

한다. 그리스도교나 불교에서 가장 비천한 사람들로 하여금 경건함을 통해서 자신들을 사물들의 보다 높은 가상적인 질서 안에 두도록 하고 그럼으로써 자신들이 처한 고통스런 삶의 현실—이러한 고난이야말로 필요한 것이다![32]—에 만족하게 만드는 기술만큼 존경스러운 것은 없을 것이다.

62.

물론 마지막으로 그러한 종교들을 철저하게 검토하고 그것들의 심각한 위험성을 드러내야만 한다. 만일 종교가 철학자들의 수중에 있는 길러냄과 교육의 수단이 되지 않고 그 자체로부터 그리고 독립적으로 존재할 경우, 즉 다른 여러 수단들 중 하나가 **아니라** 그 자체가 **궁극목적**이 되려고 한다면, 사람들은 항상 그 대가를 톡톡히 치르게 된다. 다른 동물들과 마찬가지로 인간들 사이에도 반드시 불구자, 병든 자, 퇴락한 자, 허약한 자, 필연적으로 고뇌하는 자 등이 넘칠 정도로 있다. 성공적인 사례는 인간의 경우에도 항상 예외이며, 특히 인간이 아직 **확정되지 않은 동물**[33]이라는 사실을 고

---

32) 예를 들면 그리스도교에서는 인간의 고통을 원죄에 의한 것으로 보면서 삶의 고통은 원죄를 보상하기 위해서 필요한 것으로 본다. 그리고 불교에서는 인간의 고통을 전생의 나쁜 업에 의한 것으로 보면서 삶의 고통은 이러한 나쁜 업에 대한 대가로서 필요하다고 본다.
33) 인류는 원숭이와 초인 사이에서 아직 확정되지 않은 동물이다.

려한다면 희귀한 예외인 것이다. 그러나 더욱 고약한 것은 보다 고귀한 유형의 인간일수록 **성공**할 가능성은 적다는 것이다. 우연한 것, 즉 인류의 전체적인 살림살이를 지배하는 부조리한 법칙은 그것이 보다 높은 인간에게 가하는 파괴적인 작용에서 가장 끔찍한 모습을 드러낸다. 보다 높은 인간이 살아갈 수 있는 조건은 미묘하고 복잡하며 계산하기 어렵다. 그런데 앞에서 언급한 두 개의 가장 위대한 종교[그리스도교와 불교]는 **넘쳐나는** 이 실패한 인간들에 대해서 어떠한 태도를 취하고 있는가? 이 종교들은 어떻게 해서든 보존될 수 있는 것은 보존하려고 하고 그것이 살아남도록 지키려고 한다. 실로 그것들은 **고통받는 자들을 위한** 종교로서 원칙적으로 고통받는 자들 편에 서며, 병으로 괴로워하듯 삶으로 괴로워하는 모든 자를 의로운 자로 보면서 삶에 대한 다른 모든 감정이 그릇된 것으로 간주되고 불가능한 것이 되도록 만들려고 한다. 그러한 종교들이 이렇게 자애롭고 보존하는 배려를 모든 다른 사람뿐 아니라 이제까지 거의 항상 가장 고통을 받아왔던 가장 고귀한 자들에게도 베풀고 있고 베풀었던 한, 우리는 그러한 배려를 높이 평가할 수도 있을 것이다. 그러나 전체적으로 결산을 해볼 때 이제까지 절대적인 영향력을 행사했던 종교들이야말로 '인간'이라는 유형을 낮은 단계에 묶어놓았던 주요한 원인들에 속한다. 그것들은 **몰락했어야 마땅한** 것들을 너무 많이 보존했던 것이다. 우리는 이러한 종교들로부터 헤아릴 수 없을 정도로 귀중한 것을 덕 입고 있다. 예를 들어 그리스도교의 '성직자들'이 이제까지 유럽을 위해서 행한 모든 것을 생각하면 아무리 감사해도 부족할 정도다! 그러나 고통 받는 자들을 위로하고, 억압받고 절망하는 자들에게 용기를 주고, 혼자 설 수 없는 자들에게 지팡이와 의지처가 되고 정신적으로 파 멸한 자들과 광포하게 된 자들을 사회로부터 수도원과 감화원으로 끌어들임으로써, 그들은 병들고 고통받는 자들의 보존을 위해서, 즉 사실은 유럽 인종을 열악하게 만들기 위해서 일한 셈이다. 아무런 양심의 거리낌 없이 이렇게 근본적으로 유럽 인종을 열악하게 만 들기 위해서 그들은 그 외에 무엇을 해야만 했던가? 모든 가치를 전도하는 것—이것이야말로 그들이 해야만 했던 일이었다. 그리고 강자를 좌절시키고, 위대한 희망에 어두움을 드리우고, 아름다운 것에 기쁨을 느끼는 것에 의혹의 눈길을 던지고, 독립 자존적이며 남성적이고 정복하고 지배하려고 하는 본능, 즉 가장 고귀하고 가 장 훌륭한 유형의 '인간'에게 고유한 모든 본능을 불안과 양심의 가 책과 자기 파괴로 왜곡하고 지상의 것에 대한 모든 사랑과 대지에 대한 지배를 향하는 모든 사랑을 대지와 지상의 것에 대한 증오로 전도하는 것. —바로 이것을 교회는 자신의 사명으로 삼았으며 삼 을 수밖에 없었다. 그리하여 교회의 가치기준에 따라 마침내 '세속 으로부터 초탈'과 '관능의 근절' 그리고 '보다 높은 인간'이 하나의 감정으로 융합될 지경에 이르렀다. 만일 사람들이 에피쿠로스적인 신[34]의 냉소적이고 냉정한 눈으로 유럽 그리스도교의 기이할 정도로 고통스럽고 거칠면서도 교묘한 코미디를 내려다볼 수 있다면 누구나 한없이 놀라고 웃지 않을 수 없을 것이다. 인간을 하나의 **숭고한 기형아**로 만들려 하는 하나의 의지가 18세기 전체에 걸쳐서 유럽을 지배해왔던 것 같지 않은가? 그러나 만일 누군가가 에피쿠로스적인 것과는 정반대되는 욕구와 함께, 즉 손에 신적인 망치를 들고서,[35] 유럽의 그리스도 교인처럼(예를 들면 파스칼처럼) 거의 자발적으로 퇴화와 쇠퇴의 길을 걸었던 사람들에게 가까이 간다면 그는 분노와 연민과 놀라움으로 이렇게 외치지 않을 수 없을 것이다. "오, 그대 어리석은 자들이여, 주제넘고 가련한 어리석은 자들이여, 그들은 도대체 무엇을 했는가! 그것이 그대들의 손으로 해야 할 일이었던가! 그대들이 나의 가장 아름다운 돌을 잘못 다듬어 망쳐버렸구나! 그대들은 그대들로 무엇을 만들었는가!" 내가 말하고 싶었던 것은 다음과 같은 것이다. 그리스도교는 지금까지 존재해

---

34) 에피쿠로스는 이렇게 말하고 있다.

"신이 악을 막을 의지는 있지만, 그것을 막을 수 있는 능력이 없는 것인가? 그렇다면 그는 전능하지 않다. 악을 막을 능력은 있는데 의지가 없는 것인가? 그렇다면 그는 자애롭지 않다. 그가 악을 막을 능력도 있고 막을 의지도 있는가? 그렇다면 도대체 이 세상의 악은 어디에서 기인한 것인가? 악을 막을 능력도 의지도 없는 것인가? 그렇다면 왜 그를 신이라 불러야 하는가?"

35) 여기서 망치라는 말은, 니체가 자신의 철학을 기존의 이원론적 형이상학과 그리스도교를 파괴하는 '망치의 철학'이라고 불렀던 것을 연상시킨다.

왔던 교만 중에서도 가장 파멸적인 교만이었다. 인간을 형성하는 예술가가 되기에 충분할 정도로 고상하지도 가혹하지도 않으며, 숭고한 자기 극복과 함께 수많은 실패와 몰락의 명료한 법칙이 지배하게 할 정도로 충분히 강하지도 시야가 넓지도 않고, 심연을 통해서 서로 갈라져 있는 위계들의 질서와 인간들 사이에 존재하는 등급을 보기에 충분할 정도로 고상하지도 않은 인간들, 이러한 인간들이 '신 앞에서의 평등'이란 이념을 수단으로 하여 이제까지 유럽의 운명을 지배해왔다. 그리하여 마침내는 왜소하고 우스꽝스러운 종족, 무리동물, 선량하고 병약하며 범용한 인간들이 육성되었던 것이다. 즉 오늘날의 유럽인이 바로 그들이다.

제4장
잠언과 간주곡

63.

속속들이 교사 근성이 몸에 밴 사람은 모든 일을 자신의 학생들과 관련해서만 진지하게 생각한다. 심지어 자기 자신에 대해서까지도.

64.

'인식 자체를 위한 인식', 이것은 도덕이 파놓은 마지막 함정이다. 이와 함께 인간은 다시 한 번 도덕 속으로 빠져들게 된다.[1]

---

1) 니체는 모든 인식과 아울러 도덕규범을 인간이 자신을 유지하고 강화하기 위해서 필요한 도구적인 것이라고 본다. 이에 반해 '인식을 위한 인식'을 주장하는 사람들은 인간의 이해관심을 떠나서 파악해야 할 진리 자체가 있다고 생각하며 이와 함께 인간이 추구해야 할 도덕규범 자체가 있다고 생각한다. 여기서

65.

인식에 이르는 도상에서 그렇게 많은 수치(羞恥)를 극복할 필요가 없다면, 인식의 매력은 적을 것이다.[2]

65a.

'신은 죄를 저질러서는 안 된다'라고 말할 때 인간은 신에 대해서 가장 큰 거짓말을 하고 있다.[3]

66.

자신을 낮추려 하고 훼손당하고 기만당하고 착취당하도록 내버려 두는 경향은 인간들 사이에서 신이 부끄러움을 느끼는 것 때문

니체는 진리 자체가 있다는 생각은 도덕이 자신의 절대성과 자신에 대한 사람들의 무조건적인 복종을 정당화하기 위해 만들어낸 것이라고 본다. 따라서 '인식 자체를 위한 인식'이 있다고 생각하는 사람은 도덕에 무조건적으로 복종하는 사람이라는 것이다.

2) 진리로 전승되어온 통념을 반박하면서 참된 인식을 추구하는 사람은 비정상적인 인간으로서 무시당하는 수치를 무릅써야 한다. 그렇지만 니체는 이러한 수치를 극복하는 것이 오히려 인식을 추구하는 사람에게는 매력이 될 수 있다고 본다.

3) 그리스도교에서 신은 거짓말해서는 안 된다는 것을 자명하고 절대적인 진리라고 생각한다. 그러나 그리스의 신들은 자신에게 유리할 때는 거짓말도 서슴지 않는다. 따라서 니체는, 신은 거짓말해서는 안 된다는 그리스도교의 가르침이 자명하지 않다고 본다.

일 수 있다.[4]

67.

한 사람만을 사랑한다는 것은 야만적인 것이다. 왜냐하면 이로 인해 그 밖의 모든 사람은 무시되기 때문이다. 신에 대한 사랑도 마찬가지다.[5]

68.

'그 일을 한 사람은 나다'라고 내 기억은 말한다. '내가 그 일을 했을 리가 없다'고 내 자부심은 말하며 고집을 세운다. 결국 기억이 굴복한다.[6]

---

4) 그리스도교에서 신은 예수라는 인간으로 태어나 자신을 낮추고 훼손당하고 기만당하고 착취당한다. 그 이유를 니체는 그리스도교의 신이 그리스의 신에서 보이는 것과 같은 의기양양하고 전능한 모습에 대해서 부끄러움을 느끼기 때문이라고 해석하고 있다.

5) 신에 대한 사랑을 모든 다른 사랑에 우선하는 것으로 보는 그리스도교에 대한 비판이 담긴 잠언이라고 할 수 있다. 니체는 오직 한 사람만을 사랑하는 것은 다른 많은 사람을 무시하는 것이라는 의미에서 야만적인 것이며 정의와 올바른 인식에 반하는 것이라고 본다.

6) 우리는 자신이 부끄러운 일을 했다는 사실을 자신의 자존심을 지키기 위해서 부정하는 경향이 있다.

69.

보호하는 것 같지만 사실은 죽이는 손을 본 적이 없는 사람이라면, 인생을 제대로 관찰한 사람이 아니다.[7]

70.

나름의 성격을 갖는 사람이라면, 언제나 되풀이되는 자신만의 전형적인 체험을 갖게 된다.

71.

천문학자인 현자(賢者)의 말씀. —만일 그대가 아직도 별들이 '그대 위에 있는 것'으로 느끼는 한, 그대에게는 인식하는 자로서의 안목이 아직 결여되어 있는 것이다.[8]

---

7) 자식에 대한 지나친 과보호가 자신을 망치는 것을 예로 생각해볼 수 있다.
8) 여기서 니체는 칸트의 다음과 같은 말을 염두에 두고 있다고 할 수 있다.

"내가 자주 그리고 계속해서 생각하면 생각할수록 나의 마음을 더욱 새롭고 더욱 커다란 놀라움과 경외감으로 가득 채우는 것이 두 가지 있다. 내 머리 위의 별이 총총한 하늘과 내 마음속의 도덕법칙이 그것이다."

코페르니쿠스의 우주론에서는 지구가 우주의 중심이 아니기에 위도 아래도 없다. 따라서 천문학자는 별이 우리 위에 있는 것으로 볼 수 없다. 칸트는 위의 인용문에서 별이 우리 위에 있는 것으로 봄으로써 천문학적인 관점에서 오류를 범하고 있다. 그런데 여기서 니체는 칸트의 이러한 오류를 지적하는 것을

72.

인간을 고귀하게 만드는 것은 고귀한 감정의 강도가 아니라 그것의 지속이다.[9]

73.

자신의 이상에 도달한 자는 이와 함께 그 이상마저도 넘어선다.[10]

73a.

많은 공작은 자신을 바라보는 사람들의 눈앞에서는 자신의 꼬리깃을 감춘다. 이를 공작의 자존심이라 할 수 있을 것이다.

목표하는 것이 아니라, 이기적인 욕망에 사로잡혀 있는 경험적인 의지와 도덕적인 순수한 법칙을 전적으로 다른 것으로서 구별하는 칸트의 도덕설을 비판하는 것을 목표로 한다고 할 수 있다. 칸트는 도덕법칙을 천상의 별에 상응하는 것으로 봄으로써 세계를 천상의 피안과 지상의 차안으로 구별하는 이원론적인 세계상에 아직 사로잡혀 있다고 보는 것이다. 니체는 힘에의 의지라는 경험적인 의지를 넘어선 순수한 선의지와 이것이 구현하려고 하는 순수한 도덕법칙은 없다고 보았다.

9)   천박한 사람도 어쩌다가 고귀한 감정을 가질 수는 있지만 그러한 감정을 지속적으로 유지하기는 어렵다. 니체의 이 말은 덕이 습관이 될 때에야 진실로 덕이라고 부를 수 있다는 아리스토텔레스의 말과 상통한다.

10) 니체는 인간의 고양은 끊임없이 자신을 초극하는 가운데서만 이루어진다고 본다. 어떤 단계에 머무르는 것은 이미 그 단계 이하로 추락하는 것을 의미한다.

74.

천재성을 가진 인간이라면 적어도 두 가지의 다른 것을 더하여
갖지 않으면 견디지 못한다. 즉 감사하는 마음과 정결함.

75.

한 인간이 지닌 성욕의 정도와 성질은 그의 정신의 맨 꼭대기까
지 영향을 미친다.[11]

76.

호전적인 인간은 평화 시에는 자신을 공격한다.[12]

77.

인간은 자신이 가진 원칙에 따라서 자신의 습관을 억압하거나
정당화하거나 존중하거나 비난하거나 감추려고 한다. 동일한 원칙
을 갖는 두 사람은 아마도 결국에는 근본적으로 다른 것을 바라게

---

11) 어떤 인간이 갖는 성욕이 인식이나 도덕과 같이 성욕과 가장 무관한 것처럼 보
이는 정신의 활동에까지 영향을 미친다는 것. 제1장 각주 10번을 참고할 것.

12) 호전적인 인간은 전쟁 시에는 자신의 공격성을 외부로 분출할 수 있지만, 평화
시에는 그것이 불가능하기 때문에 자신을 공격하게 된다. 니체는 양심의 가책
이란 현상을, 외부를 향해 자신의 공격성을 분출할 수 있는 길이 막힌 자들이
자신의 공격성을 자신을 향해서 분출하는 것이라고 보았다.

될 것이다.

78.

자기 자신을 경멸하는 사람은 그러면서도 언제나 경멸하는 자
(Verächter)로서의 자신은 존중한다(achten). [13]

79.

자신이 사랑받는다는 사실을 알면서도 사랑할 줄 모르는 사람은
영혼의 침전물을 드러내는 셈이다. 그렇게 되면 맨 밑바닥에 있던
침전물까지 떠오른다. [14]

80.

분명하게 해명된 일은 우리의 관심을 더 이상 끌지 못한다. '너

---

13) 자신을 경멸하는 사람도 자신이 의식하지 않는 가운데 자신에 대해서 자부심
   을 갖는다. 모든 사람은 경멸할 점을 갖고 있지만 대부분의 사람이 자신의 경
   멸할 점을 알지 못하고 자신에 대해서 근거 없는 자부심을 갖고 있다. 이에 반
   해 자신을 경멸하는 사람은 적어도 자신은 자신의 경멸할 만한 점을 알고 있고
   그것에 대해서 부끄러워할 줄 안다는 자부심을 가질 수 있는 것이다.
14) 어떤 사람을 사랑할 경우 사람들은 그동안에는 숨어 있던 자신의 고귀한 자질
   을 드러낸다. 그는 자신이 사랑하는 사람을 위해서 자신을 희생할 수도 있다.
   이에 반해 자신이 어떤 사람에 의해 사랑받는다는 것을 알면서도 그 사람을 사
   랑하지 않는 사람은 그 사람을 함부로 대하면서 자신의 밑바닥에 존재하는 저
   열한 속성을 드러낸다.

자신을 알라!'고 충고했던 저 신은 어떤 생각에서 그런 말을 했을까. 아마도 "너 자신에 대해서 더 이상 관심을 갖지 말라! 객관적이 돼라!"라는 뜻으로 말하지 않았을까? 그러면 소크라테스는 어떤 생각이었을까? '학문적인 인간'은?[15]

81.

바다 한가운데서 갈증 때문에 죽는다는 것은 무서운 일이다. 그대들은 그대들의 진리가 결코 갈증을 해소시키지 못하도록 그것을 즉시 소금에 절여두어야만 하는가?

82.

"모든 사람에 대해서 동정을 갖는다는 것"—이것은 그대 자신에 대한 가학과 폭압이 될 것이다. 나의 친애하는 이웃들이여![16]

---

15) '너 자신을 알라'라는 말은 델피에 있는 아폴론 신전에 새겨져 있다. 분명하게 해명되어 전혀 수수께끼 같은 성격을 갖지 않는 것은 더 이상 우리의 관심도 애정도 끌지 못한다. 이런 의미에서 니체는, 아폴론 신이 '너 자신을 알라'라는 말로 궁극적으로는 '너 자신을 객관적으로 철저하게 알아서 너 자신에 대해서 관심도 애정도 갖지 말라'고 말하고 싶어 했던 것이 아니냐고 묻고 있다. 니체는 소크라테스를 과학적 인간이라고 평하는데, 소크라테스는 인간을 철저하게 해명함으로써 사실은 인간에 대해서 아무런 관심도 애정도 갖지 못하게 되었다고 말하고 싶은 것이다.
16) 모든 사람에게 동정을 베풀기 위해서는 자신의 개인적인 욕망이나 소망을 억눌러야만 한다.

83.

본능. 집에 불이 났을 때, 사람들은 밥 먹는 것조차 잊어버린다. 그러나 불이 꺼지면 잿더미 위에 앉아 밥을 먹는다.[17]

84.

여성은 매력을 상실하는 것에 비례해서 증오하는 것을 배운다.

85.

남녀가 동일한 감정을 품더라도 그 감정의 템포는 서로 다르다. 이 때문에 남녀 사이에는 오해가 그치지 않는다.

86.

여성들 자신은 항상 자기 개인에 대해서는 허영심을 가지고 있지만 이러한 허영심의 배후에는 비개인적 경멸감이 존재한다. 즉 '여성' 자체에 대한 경멸감이.

---

17) 어떤 사람이나 사건이 충격적으로 작용하면서 사람들을 일상적인 습관이나 규범에서 벗어나게 하더라도, 그 충격이 가시면 조만간에 다시 일상적인 습관이나 규범이 되돌아와 사람들을 사로잡게 된다.

87.

감정을 통제할 줄 알면 정신이 자유로워진다. —만일 사람들이 자신의 감정을 엄중히 단속하고 가두어둔다면, 정신에 많은 자유를 부여할 수 있다. 나는 이런 말을 이미 한 번 한 적이 있다. 그러나 사람들은 내 말을 믿지 않는다. 아니면 내 말을 이해하지 못하든가.

88.

아주 영리한 인간이라도 당황하게 되면 사람들은 그를 불신하기 시작한다.

89.

무서운 체험은 그것을 체험한 인간이 무서운 인간이 아닌가라는 의문을 품게 한다.

90.

사는 것을 힘들어 하고 우울한 사람들은 다른 사람들을 힘들게 함으로써, 즉 다른 사람을 증오하고 사랑함으로써 자기 마음을 가볍게 하고 일시적으로나마 유쾌해진다.

91.

얼음같이 차갑고 싸늘해서 그에게 손을 대면 화상을 입게 된다!

그를 붙잡는 사람마다 질겁을 하면서 손을 뗀다! 그리고 바로 이 때문에 사람들은 그가 불타고 있다고 생각한다.[18]

92.

좋은 평판을 얻기 위해 한 번이라도 자기 자신을 희생하지 않은 사람이 있었던가?

93.

다른 사람들을 상냥하고 붙임성 있게 대하는 것에는 인간에 대한 증오 같은 것이 전혀 없다. 그러나 바로 그 때문에 상냥함에는 인간에 대한 극심한 경멸이 숨어 있다.[19]

---

18) 기존의 가치를 냉정하게 비판하는 사람은 얼음보다 더 차지만, 사람들은 그가 열정적인 사람이라고 생각한다.

19) 우리가 다른 인간을 증오하거나 사랑할 때 그 사람은 우리에게 특별한 존재다. 그러나 우리가 상냥하게 대하는 뭇 사람은 우리에게 사실 특별히 중요한 의미를 갖지 않는다. 우리는 개인으로서의 그 사람에게 관심을 갖지 않고 우리가 상냥하게 대해야 할 일반적인 인간 중 하나로 간주하는 것이다. 이 점에서 니체는 상냥함에는 인간에 대한 경멸이 숨어 있다고 본다. 니체는 이 책 173번에서 "인간은 경멸하는 상대를 증오하지는 않는다. 인간이 자신과 대등하거나 더 높다고 생각하는 자만을 증오한다"고 말하고 있다.

94.

인간의 성숙: 어릴 때 유희하면서 가졌던 진지함을 재발견하는 것.[20]

95.

사람들은 자신의 부도덕성을 부끄러워하는 것에서 시작하지만, 마침내는 자신의 도덕성을 부끄러워하게 된다.[21]

---

20) 니체는 『차라투스트라는 이렇게 말했다』 「정신의 세 가지 변화」에서 인간의 정신이 겪을 수 있는 변화, 즉 낙타의 정신에서 사자의 정신으로 그리고 사자의 정신에서 아이의 정신으로의 변화에 대해서 말하고 있다. 낙타의 정신은 플라톤 철학이나 그리스도교와 같은 이원론을 신봉하면서 현세의 삶과 인간들의 자연스러운 욕망을 억압하는 초감각적인 가치와 규범을 추구하는 정신이다. 이에 반해 사자의 정신은 이원론과 이원론이 제시하는 초감각적인 가치와 규범을 거부하지만 새로운 가치를 창조하지 못하는 정신이다. 이에 대해서 아이의 정신은 이원론과 정반대되는 입장을 취하면서, 끊임없이 생성 소멸하는 삶을 긍정하면서 유희하듯이 사는 정신이다. 보통의 인간은 인생에서 겪는 고통과 고난의 무게에 짓눌려 지나치게 진지해져 유희의 정신을 망각하지만, 아이의 정신은 삶의 고통과 고난에도 불구하고 인생을 긍정하면서 유희하듯이 산다.

21) 여기서 우리는 그리스도교가 육성한 정직과 진실함이라는 덕이 그리스도교를 전복하는 발판으로 작용하게 된다는 니체의 말을 떠올리게 된다. 그리스도교는 신 앞에서 인간이 정직하고 진실할 것을 요구하지만 정직과 진실을 중시하는 인간은 그리스도교가 숭배하는 인격신을 허구로 볼 수밖에 없다는 것이다. 니체는 이와 동일한 맥락에서 도덕은 정직과 진실할 것을 사람들에게 요구하고 사람들은 이러한 도덕규범에 입각하여 자신의 부도덕함에 대해서 부끄러워한다고 말하고 있다. 그러나 결국은 정직과 진실함이라는 도덕규범에 입각하여 도덕 자체가 하나의 허구라는 사실을 깨닫게 되면서 자신이 그러한 허구적

96.

삶과 결별할 때 오디세우스가 나우시카와 이별할 때처럼 하라.
삶에 연연하기보다는 삶을 축복하면서.[22]

97.

뭐? 위대한 인간이라고? 내게는 자신의 이상을 연기하는 배우로
보인다.[23]

인 도덕규범에 충실했다는 사실을 부끄러워하게 된다. 이 경우 도덕은 그리스
도교나 칸트가 말하는 것처럼 우리의 경험적인 의지와는 무관하게 신이나 순
수한 도덕적 양심에 의해서 주어지는 도덕규범을 가리킨다.

22) 나우시카는 『오디세이』에 나오는 여자로 스케리아섬의 왕 알키노스의 딸이다.
배가 난파하여 영웅 오디세우스가 벌거숭이로 스케리아섬에 떠밀려 왔을 때
나우시카는 아버지의 저택으로 그를 데리고 가서 정성을 다해 보살핀다. 나우
시카는 용기와 품위를 함께 갖추고 있으며 사려가 깊고 부드러움을 지닌 이상
적인 여성이라고 할 수 있다. 유부남인 오디세우스를 사랑하는 그녀와 이별하
기 전에 오디세우스는 그녀가 자신의 목숨을 구해준 것에 감사한다.

23) 니체는 우리가 살아 있을 때 유명해지는 것은 그 당시의 사회를 지배하는 덕
을 연기할 때뿐이라고 말하고 있다. 예를 들어 니체는 바그너가 유명해지기 위
해서 인간을 몰락하게 하는 그리스도교의 덕을 연기하면서 자신을 숨기고 있
다고 비난하고 있다. 니체는 덕의 연기자가 되지 않으려면 살아 있을 때 유명
해질 것이 아니라 사후에 유명해질 것을 요구한다. 니체는 『안티-크리스트』의
머리말에서 이렇게 말하고 있다.

"내가 어찌 오늘날 세상에서 이미 환영받고 이해되고 있는 저술가들과 나 자신
을 혼동할 수 있겠는가? —실로 내일 이후에 오는 날만이 나의 시대다. 어떤 사
람들은 사후(死後)에 태어나는 것이다."

98.

자신의 양심을 길들이면, 그것은 깨물면서 동시에 입을 맞춘
다.[24]

99.

환멸을 느낀 사람의 말. "나는 반향을 듣고 싶었다. 그러나 찬양
만을 들었을 뿐이다."[25]

100.

우리 모두는 실제의 자신보다도 단순한 인간인 것처럼 가장한
다. 그렇게 해서 주위 사람들의 시선을 피해 휴식을 취한다.[26]

101.

오늘날 인식하는 자는 자신을 동물이 된 신(Tierwerdung Gottes)[27]

---

24) 양심의 가책이란 방식으로 자신에게 고통을 가하면서 사람들은 쾌감을 느낄
    수 있다는 말인 듯하다.
25) 여기서 반향은 누군가가 자신의 사상에 호응하면서 그 사상을 함께 실현하려
    는 태도를 가리킨다고 할 수 있다. 이에 반해 찬양은 그 사상을 높이 평가하면
    서도 그 사상을 함께 실현하려고 하지는 않는 태도를 가리킨다고 할 수 있다.
26) 사람들은 단순한 사람을 어리석은 사람으로 생각하면서 그 사람에 대해서 관
    심을 갖지 않는 경향이 있다. 따라서 내면적으로 복잡하고 심원한 사람은 자신
    을 단순한 사람으로 가장한다.

으로 느끼고 싶어 하는 경향이 있다.

102.

사랑에 빠진 사람이 상대방에게서 사랑을 받게 되면 그 상대방에 대한 환각에서 깨어나게 된다. "뭐? 너 따위를 사랑할 정도로 내가 그렇게 보잘것없는 인간이었나? 아니면 그 정도로 어리석었단 말인가? 그런 것이 아니라면 … 아니라면 …."

103.

행복에 깃들어 있는 위험. "지금 내 모든 것이 최선의 상태에 있고 이제 어떠한 운명도 사랑할 것이다. 누가 나의 운명이 되고 싶어 하는가?"[28]

---

27) 신이 동물이 된다(Tierwerdung Gottes)는 것은 신이 그리스도 안에서 인간이 되었다(Menschwerdung Gottes)는 그리스도교의 교리를 패러디한 것이다. 그리스도교에서는 신이 예수 안에서 인간이 되었다고 봄으로써 인간이 본질적으로 순수한 정신으로서의 신에 가깝다고 본다. 이에 반해 니체는 인간을 순수한 정신이라기보다는 동물적 존재라고 보기 때문에 오늘날 인식하는 자는 신이 인간이 되었다기보다는 동물이 되었다고 말하고 있다.

28) 니체의 운명애(amor fati) 사상을 말하는 잠언이라고 여겨진다. 운명을 사랑하는 경우 사람들은 자신들이 과거에 겪은 모든 불행과 고통도 자신의 성장과 자신이 현재 느끼는 행복을 위해서 반드시 필요했던 것이라고 느끼면서 그것들을 사랑한다.

104.

오늘날 그리스도 교인들이 우리를 화형시키지 못하는 것은 그들이 인간을 사랑하기 때문이 아니라 그들의 사랑의 무력함 때문이다.[29]

105.

자유정신, 즉 경건한 마음으로 인식을 추구하는 자에게는 불경건한 사기보다는 경건한 사기가 훨씬 더 많이 취미에(그의 '경건함'에) 거슬린다. '자유로운 정신'을 지닌 유형의 인간이 가진 특징인 교회에 대한 몰이해는 그의 부자유로서 거기에서 비롯된다.[30]

---

29) 가톨릭교회가 권력을 쥐고 있었던 중세 시대에 교회는 '인간에 대한 사랑'을 명분으로 하여, 즉 인간을 마귀로부터 지킨다는 것을 명분으로 하여 이단자들을 화형에 처했다. 따라서 오늘날 그리스도 교인들이 니체와 같은 반그리스도 교인들을 처형하지 못하는 것은 인간에 대한 사랑 때문이 아니라 그들이 권력 의지를 잃었기 때문이다.

30) 여기에서 언급되고 있는 자유정신은 니체 자신의 자유정신이 아니라 다비드 슈트라우스처럼 그리스도교적 경건성을 새로운 과학적 경건성으로 대체하려는 자유정신을 가리킨다. 니체는 이러한 의미의 자유정신은 구원을 약속하는 교회의 경건한 사기를 싫어하지만 이는 그들이 새로운 경건성에 사로잡혀 있기 때문이라고 본다. 이러한 자유정신은 진보하는 이성적인 인식이야말로 진보하는 종교라고 본다. 니체는 이러한 경건한 자유정신이 자신의 근본원리를 비판하는 입장을 취하지 못한다고 비판한다.

106.

음악을 통해서 열정은 그 자신을 향유한다.

107.

일단 결단을 내리면 제아무리 옳은 반론이 제시되더라도 귀를 닫는 것, 이것은 강한 성격의 특징이다. 따라서 때로는 어리석은 의지가 되기도 한다.

108.

도덕적 현상이란 결코 존재하지 않는다. 현상에 대한 도덕적 해석만이 존재할 뿐이다.[31]

---

31) 『우상의 황혼』「인류를 개선하는 자들」 1절에서 니체는 이렇게 말한다.

"독자들이 잘 알고 있다시피, 철학자들에게 내가 요구하는 것은 선악의 너머에 서라—도덕적 판단이라는 환상을 자기 발아래에 내려다보라는 것이다. 이러한 요구는 나에 의해서 처음으로 정식화된 하나의 통찰, 즉 도덕적 사실이란 도대체가 존재하지 않는다는 통찰에서 따라 나온다. 도덕적 판단은 종교적 판단과 마찬가지로 존재하지도 않는 실재를 믿는다. 도덕이란 어떤 특정한 현상들에 대한 하나의 해석에 지나지 않으며, 보다 정확하게 말하자면 하나의 오해에 지나지 않는다. [중략] 즉 도덕적 판단은 적어도 인식하는 자들에게는, 자기 자신을 '이해'할 정도로 충분히 알고 있지 못했던 문화와 내면세계의 가장 귀중한 실상을 드러낸다. 도덕은 한낱 기호언어에 지나지 않으며 징후에 불과하다. 즉 사람들은 도덕을 유용하게 활용하기 위해서는 도덕에서 무엇이 문제가 되고 있는지를 이미 알고 있어야만 하는 것이다."

109.

범죄자는 자주 자신의 행동을 감당하지 못한다. 그는 자신의 행동을 하찮은 것으로 만들고 비방한다.[32]

110.

범죄자의 변호인 가운데 범죄의 끔찍한 아름다움을 범죄자에게 유리한 방향으로 끌고 갈 정도의 예술가는 드물다.[33]

111.

우리의 허영심이 가장 크게 상처를 입을 때는 우리의 긍지가 상처를 입었을 때다.

예를 들어 니체는 모든 인간을 동등하게 존중해야 한다는 그리스도교와 민주주의의 도덕이 강자들에 대한 약자들의 원한에서 비롯된 것으로 본다. 이런 의미에서 니체는 도덕적 현상은 없고 현상들에 대한 도덕적 해석만이 존재한다고 본다.

32) 범죄자는 자신이 살고 있는 사회의 도덕규범을 완전히 털어내 버리지 못할 정도로 내면화했기 때문에, 자신이 행한 행위를 사회의 도덕규범을 위협하지 않는 사소한 것으로 치부하는 경향이 있다.

33) 범죄를 도덕적으로 판단하지 않고 미학적인 관점에서 판단할 수 있지만, 범죄자의 변호인은 대부분 기존의 도덕에 사로잡혀 있어서 범죄를 미학적으로 판단할 수 없다.

112.

믿기보다는 관조를 할 운명을 타고난 사람에게는 모든 믿는 자가 너무 시끄럽고 주제넘게 나서는 자들로 보인다. 그는 그런 자들로부터 자신을 지킨다.[34]

113.

"그의 호감을 사고 싶은가? 그러면 그 앞에서 당황하는 척해보라."[35]

114.

사랑에 대한 엄청난 기대와 이러한 기대에 깃들어 있는 부끄러움이 처음부터 여성의 보는 눈을 망쳐버린다.

---

34) 니체는 자신은 신앙인보다는 관조하는 인간이 되도록 정해져 있다고 말하면서, 모든 신앙인은 자신에게는 낯설고 너무 시끄러운 존재들이라고 말했다. 관조하는 자는 이 세상을 아름답다고 보지만, 신앙인은 이 세상을 경멸한다.

35) 우리는 경외하는 사람 앞에서는 함부로 하지 못하며 그 사람을 어렵게 생각한다. 예를 들어 여성이 자신이 좋아하는 남성 앞에서 수줍어하는 것을 생각해보라. 따라서 우리가 어떤 사람 앞에서 당황하는 척한다는 것은 그 사람에 대해서 경외감을 갖는 것처럼 행동하는 것을 의미한다. 그리고 우리는 보통 우리를 경외하는 사람에 대해서 호감을 갖는다.

115.

사랑이나 증오가 개입되지 않을 경우에 여자는 싱겁게 행동한다.[36]

116.

우리 인생의 위대한 시기는 우리가 자신의 악을 자신의 최선이라고 고쳐 부를 용기를 갖게 될 때다.[37]

117.

열정을 극복하려는 의지는 결국 다른 열정이나 다른 여러 열정의 의지일 뿐이다.[38]

118.

순수한 찬미가 존재하는데, 그러한 찬미는 자신도 언젠가 찬미

---

36) 여성은 사랑이나 증오 때문에 범상치 않은 일을 할 수 있는 반면에, 사랑과 증오가 개입되지 않은 일에 대해서는 범용하게 행동한다.

37) 여기서 악은 전통 도덕에서 악이라 불리는 것을 가리킨다.

38) 이원론적인 형이상학에서는 열정을 지배할 수 있는 것은 순수한 이성이라고 보았지만 니체는 어떤 열정은 그것보다 더 강한 열정에 의해서만 극복될 수 있다고 본다. 우리가 어떤 나쁜 열정을 극복해야 한다는 것을 머리로는 알고 있지만 실질적으로 극복하지 못하는 이유는, 그것을 극복하려는 열정이 약하기 때문이다.

받을 수 있다는 생각을 아직 하지 못한 사람이 하는 것이다.[39]

119.

더러운 것에 대한 혐오가 너무 크면 우리가 자신을 정화하고 '정당화하는 것'에 장애가 될 수 있다.

120.

때로는 육욕으로 인해 사랑이 지나치게 빨리 자란다. 그렇게 되면 사랑은 뿌리가 나약하기에 쉽게 뽑힐 수 있다.

121.

신이 작가가 되려고 했을 때 그리스어를 배웠다는 것은 미묘한 일이다. 그리고 그것을 제대로 배우지 못했다는 것 역시 그렇다.[40]

---

39) 여기서 순수한 찬미는 어떠한 시기도 질투도 없는 찬미일 것이다. 자신이 다른 사람들로부터 찬미받을 가능성이 전혀 없다고 생각하는 사람만이 아무런 질투나 시기도 없이 남을 찬미할 수 있다는 것이다. 그러나 일단 한 번이라도 찬미를 받아본 적이 있는 사람은 순수한 마음으로 다른 사람을 찬미하기 힘들다.

40) 고전문헌학자들의 견해에 따르면, 신약성서가 쓰였던 그리스어는 당시 그리스의 일상 언어로서 상당히 수준이 떨어지는 언어였다고 한다. 니체는 여기서 신약성서가 신의 말을 그대로 기록한 것이라고 주장하는 사람들을 비꼬고 있다. 이들의 주장에 따르면 신약성서의 작가는 결국 신이 되는 셈인데, 이 경우 신은 그리스어를 제대로 배우지 못한 것이 된다. 니체는 그리스도교의 신이 그리스의 정신을 배우려고 했지만 제대로 배우지 못해서 그리스의 정신에 반(反)하

122.

칭찬을 받고 기뻐하는 것은 많은 사람에게는 겸손한 마음에서 우러나는 것일 뿐이며 정신의 허영심과는 상반되는 것이다.[41]

123.

축첩 제도조차도 부패해버렸다. 결혼으로 인해서.

124.

화형의 불길 위에서 어떤 사람이 환호할 경우 이는 고통에 승리했기 때문이 아니라, 자신이 예상했던 것만큼 고통스럽지 않았기 때문이다. 하나의 비유.

125.

어떤 사람에 대한 견해를 바꿔야 할 때 우리가 갖게 되는 불쾌감을 우리는 전적으로 그 사람 탓으로 돌리는 경향이 있다.

는 정신을 제창하게 되었다고 보는 것이다.

41) 니체는 그다지 훌륭하지도 않은 인간이 자신을 과대평가하면서 남의 찬양을 기대하는 것은 허영심에서 비롯된 것이라고 본다. 그러나 훌륭한 인간이 남들로부터 자신의 가치에 부합하는 평가와 찬양을 기대하는 것은 겸손함이라고 본다. 이와 관련하여 이 책 261절을 참조할 것.

126.

민족이라는 것은 육칠 명의 위대한 인물을 배출하기 위한, 그러고 나서 그들도 우회해서 가기 위한 자연의 우회로다.

127.

학문은 진정한 모든 여성의 수치심을 불러일으킨다. 이때 그녀들은 학문을 통해 사람들이 자신의 내심을 파헤치고, 심하게는 옷과 장식품 속을 들여다보려고 하는 것처럼 느끼게 된다.

128.

그대가 가르치려는 진리가 추상적이면 추상적일수록, 그대는 더욱더 감각에 의거하여 설명해야만 한다.

129.

악마는 신을 가장 폭넓게 조망할 수 있다. 그 때문에 악마는 신으로부터 멀리 떨어져 있다. 즉 악마는 인식의 가장 오랜 친구인 것이다.[42]

---

42) 악마는 신에 대한 신앙에 사로잡혀 있지 않기 때문에 신이 어떤 존재인지를 냉정하게 고찰할 수 있으며 세계에 대해서도 종교적 교리에 사로잡히지 않고 객관적으로 고찰할 수 있다. 이 점에서 악마는 인식의 가장 오랜 친구다.

130.

어떤 사람의 **진면목**은 그의 재능이 시들어갈 때, 즉 그가 **자신의 능력**을 더 이상 보여주지 못할 때 드러나기 시작한다. 재능은 일종의 장식이며 장식은 일종의 은폐하는 것이기도 하다.

131.

남성과 여성은 서로에 대해서 착각한다. 이는 그들이 근본적으로 오직 자기 자신만을 (또는 보다 듣기 좋게 표현한다면 자신의 이상을) 존중하고 사랑하기 때문이다. 따라서 남성은 여성이 온화하기를 바란다. 그러나 여성은 본질적으로 고양이처럼 앙칼진 존재이며 자신을 아무리 온화하게 보이게 하려고 노력해도 천성은 변하지 않는다.[43]

132.

자신의 미덕 때문에 처벌을 받는 것이 가장 낫다.[44]

---

43) 니체는 루 살로메에게 보내려고 했던 편지의 초안에서 고양이를 애완동물로 가장한 맹수라고 말하고 있다.

44) 고귀한 인간이 가지고 있는 덕을 저열한 인간들은 오히려 악덕으로 비난한다.

133.

자신의 이상을 실현할 수 있는 방법을 모르는 사람은 이상을 갖지 않는 사람보다 더 경박하고 파렴치하게 산다.[45]

134.

신뢰할 만한 모든 것, 일체의 양심, 일체의 명백한 진리는 감각에서 비롯된다.[46]

---

45) 이상은 높지만 그것을 실현할 수 있는 현실적인 방법을 모르는 사람은 자신의 이상을 현실에 전체주의적으로 강요하기 쉽다. 사회주의라는 이상이 전체주의로 끝난 것을 생각해보라. 이런 의미에서 이상은 높지만 그것을 실현할 현실적인 길을 알지 못하는 사람은 신중함을 결여한 경박한 인간이며, 자신을 진리의 사도로 여기면서 자신의 무리한 행보에 대해서 부끄러워할 줄 모르는 뻔뻔스런 인간이다.

46) 니체는 『우상의 황혼』 「철학에서의 이성」 3절에서 이렇게 말하고 있다.

"그런데 우리의 감각이란 얼마나 정교한 관찰의 도구인가! 예를 들어 이 코는 어떠한 철학자도 그것에 대해서 아직 존경과 고마움을 보여준 적이 없지만, 코야말로 우리가 마음대로 사용할 수 있는 도구 중에서 가장 섬세한 도구다. 그것은 분광기(分光器)조차 확인할 수 없는 미세한 움직임의 차이까지도 분간해낼 수 있다. 우리는 오늘날 우리가 감각의 증언을 **수용하기로** 결심한―즉 우리가 감각을 더 예리하게 하고 무장시키고 끝까지 사유하는 것을 배우는―바로 그 정도로만 과학을 소유하고 있다. 그 외의 것은 기형아이며 아직 과학이 되지 못한 것이다. 아직 과학이 되지 못한 것이란 형이상학, 신학, 심리학, 인식론을 가리킨다."

135.

바리새주의는 선한 인간에게서 일어난 타락이 아니다. 오히려 그것의 상당 부분은 모든 선함의 조건이다.[47]

136.

어떤 사람은 자신의 사상을 위한 산파를 구하며, 또 어떤 사람은 자신이 [산파로서] 도울 수 있는 사람을 구한다. 그렇게 해서 훌륭한 대화가 생기게 된다.

137.

학자와 예술가와 교제할 때 우리는 그들을 실제와는 정반대로 평가하는 우를 범하기 쉽다. 사람들은 뛰어난 학자의 이면에서 평범한 인간을 발견하게 되는 일이 드물지 않으며, 평범한 예술가의 이면에서 매우 뛰어난 인간을 발견하게 되는 일도 흔하다.[48]

---

47) 여기서 바리새인들은 전통적인 가치를 절대적인 진리로 간주하면서 그것에 사로잡혀 있는 자들을 가리킨다. 이들은 자신들을 선의 수호자로 간주하면서 새로운 가치를 창조하는 사람들을 악한 자들로 단죄한다.

48) 학자들은 기존의 가치를 수용하는 입장에서 학문을 하기 쉬운 반면에, 예술가는 새로운 가치를 창조하는 자일 가능성이 높다.

138.

우리는 꿈속에서 하는 일을 깨어 있을 때도 한다. 우리는 우리와 친하게 지내는 사람을 고안해내고 꾸며내며 그러고는 이내 잊어버린다.

139.

복수하고 사랑하는 데 있어서 여성은 남성보다도 더 야만적이다.[49]

140.

수수께끼로서의 충고. ―"끈이 풀리지 않는다면 우선 그것을 물어 뜯어라."

141.

인간이 스스로를 신이라고 생각하기 쉽지 않은 이유는 하복부가 있기 때문이다.[50]

---

49) '여자가 한을 품으면 오뉴월에도 서리가 내린다'는 우리 속담을 떠올리게 하는 말이다.

50) 하복부는 위장과 생식기가 속해 있는 곳으로서 식욕과 성욕이 비롯되는 곳이다. 식욕과 성욕은 인간이 통제하기 어려운 본능적인 것이다.

142.

내가 들었던 가장 고상한 말. "참된 사랑에서는 영혼이 육체를 감싼다."

143.

우리의 허영심은, 우리가 가장 잘하는 일이 우리가 가장 하기 어려운 일로 인정되기를 바란다. 많은 도덕의 기원은 여기에 있다.

144.

학문적인 성향을 지닌 여성에게는 성적인 결함이 있는 것이 보통이다. 출산능력이 없을 때, 사람들은 남성적인 취향을 갖게 된다. 남성은—실례되는 말이지만—불임(不姙)의 동물이기 때문이다.

145.

남성과 여성을 전체적으로 비교해보면, 다음과 같이 말할 수 있을 것이다. 만일 여성에게 남성을 **보조하는** 역할을 하는 본능이 없었더라면 치장하는 재주도 없었을 것이다.[51]

---

51) 니체 당시만 해도 여성은 가정에서 남성을 보조하는 역할을 했다. 니체만 해도 당시의 가부장적인 사고방식에 상당히 구속되어 있어서 여성이 남성을 보조하는 것은 여성의 본능이라고 말하고 있다. 그리고 여성은 이렇게 남성을 보조하는 역할을 할 수밖에 없는 자신의 처지를 치장을 통해서 보상하려고 한다는 것

146.

괴물과 싸우는 사람은 싸우는 과정에서 자기 자신이 괴물이 되지 않도록 조심해야 한다. 만일 그대가 심연 속을 오랫동안 들여다보고 있으면 심연도 그대 속을 들여다본다.

147.

옛날 플로렌스 소설에서, 더 나아가 인생에서. "좋은 여자건 나쁜 여자건 여자는 채찍을 원한다." 사케티,[52] 제86호.

148.

이웃으로 하여금 자신에 대해서 좋은 견해를 갖도록 유도한 후 자신도 이러한 견해를 굳게 믿는 것. 이러한 기교에서 누가 여자들을 능가할 수 있겠는가?

149.

한 시대가 악으로 느끼는 것은 보통 전에는 선으로 느꼈던 것이 때를 잘못 만나 그렇게 여겨지는 것이다. 해묵은 이상(理想)의 격세

이다.

52) Saccheti(약 1330~1401)는 르네상스 시대 피렌체의 인문학자이자 설화 작가로 풍자와 해학이 넘치는 『3백 개의 이야기』를 남겼다.

유전.[53)]

150.

"영웅 주위에서는 모든 것이 비극이 되고, 반신(半神) 주위에서는 모든 것이 소극(笑劇)이 된다. 그렇다면 신 주위에서는 모든 것이―어떻게 되는가? 아마 [모든 것이] 세계가 [되는가]?"

151.

재능을 갖는 것만으로는 충분하지 않다. 그 재능에 대한 그대들의 허락도 받아야만 한다. 그렇지 않은가? 나의 친구들이여?[54)]

152.

"인식의 나무가 서 있는 곳에 항상 낙원이 있다." 태곳적의 뱀이나 오늘날의 뱀이나 모두 이렇게 말한다.[55)]

---

53) 옛날에는 선이자 이상으로 여겨졌던 것이 후세에는 악으로 해석될 수 있다. 예를 들어 그리스도교가 원죄라고 생각하는 공격성이나 호승심과 같은 것은 옛날에는 덕으로 여겨졌을 것이다.

54) 니체의 친구들은 니체의 사상을 이해하지 못했으며, 따라서 니체의 재능을 인정하지 않았다. 물론 니체 자신은 어느 누구에게도 인정을 받는 것을 기대하지 않았다.

55) 태곳적의 뱀은 물론 창세기에 나오는 뱀을 가리키며, 오늘날의 뱀은 인식을 통해서 인간의 모든 문제를 해결할 수 있다고 보는 철학자들과 과학자들을 가리

153.

사랑에서 행해지는 일은 항상 선악의 저편에서 일어난다.

154.

이의, 탈선, 즐거운 불신, 조롱하기 좋아하는 것 등은 건강의 징조다. 무조건적인 것[56]은 모두 병적인 것이다.

155.

비극적인 것에 대한 감각은 감성의 증감에 비례한다.[57]

156.

광기는 개인에게는 드문 일이다. 그러나 집단, 당파, 민족, 시대에서는 통상적인 일이다.

킨다. 『비극의 탄생』에서 니체는 소크라테스를 이러한 주지주의적 낙천주의의
창시자로 보고 있다.

56) 여기서 무조건적인 것은 철학적이거나 종교적인 어떤 이념에 대한 무조건적인
맹신을 가리킨다고 할 수 있다.

57) 니체는 비극적인 것을 좋아하는 경향이 청년에 속한다고 말한다. 여기서 비극
적인 것은 그리스 비극의 영웅정신을 가리킨다고 할 수 있다. 그리스 비극의
영웅정신은 자신의 힘의 고양과 강화를 위해서 자신이 대결할 고난을 요청하
는 정신을 가리킨다.

157.

자살을 생각하는 것은 강력한 위로 수단이다. 자살에 대한 생각으로 사람들은 수많은 괴로운 밤을 잘 넘긴다.

158.

우리 내부의 폭군인 우리의 가장 강한 본능에게는 이성뿐 아니라 양심조차도 굴복하게 된다.[58]

159.

우리는 좋은 일이나 나쁜 일에 갚음을 해야 한다. 그런데 우리는 왜 좋은 일이나 나쁜 일을 행한 바로 그 사람에게 갚음을 하는가?[59]

160.

자신의 통찰을 남과 공유하게 되면 사람들은 그것을 더 이상 사

---

58) 전통 형이상학은 우리의 본능을 이성과 양심이 통제할 수 있다고 보는 반면에, 니체는 오히려 우리 내면의 가장 강한 본능이 우리의 이성과 양심마저도 지배한다고 말한다.

59) 우리는 우리에게 고통을 야기한 사람에게 항상 갚음을 하는 것은 아니다. 많은 경우 우리는 고통에 의해서 야기된 공격성을 우리보다 약한 사람에게 분출하는 경향이 있다.

랑하지 않게 된다.

161.

시인은 자신의 체험에 대해서 뻔뻔스럽다. 시인은 그것을 아낌없이 착취한다.

162.

"우리와 가장 가까운 것은 우리의 이웃이 아니라 우리 이웃의 이웃이다"라고 모든 민족은 생각한다.

163.

사랑은 사랑하는 사람의 고귀하고 숨겨진 속성을, 즉 그의 드물고 예외적인 점을 드러내준다. 그런 만큼 사랑은 그의 평범한 점을 쉽게 감춰준다.[60]

164.

예수는 자신을 따르는 유대인들에게 이렇게 말했다. "율법은 종들을 위한 것이었다. 내가 신을 사랑하는 것처럼, 다시 말해 신의 아들로서 신을 사랑하라! 신의 아들인 우리에게 도덕이 무슨 의미

---

60) 이 책, 79절과 그에 대한 역주를 참조할 것.

가 있다는 말인가!"[61]

165.

모든 당파에 관하여. 목자는 다른 양들을 인도하는 한 마리의 양을 항상 필요로 한다. 또는 그 자신이 때로는 양이 되어야만 한다.

166.

사람들은 입으로 거짓말을 잘도 한다. 그러나 거짓말할 때의 입 모양으로 진실을 말한다.

167.

강한 인간에게 친밀함이란 부끄러운 일이면서도 소중한 일이기도 하다.

168.

그리스도교는 에로스에 독을 먹였다. 그로 인해 에로스는 죽지

---

61) 니체는 예수가 악한 자를 사랑하고 선한 자를 사랑하지 않았다고 말했다. 악한 자들에 대한 도덕적인 심판이 행해질 때 예수는 심판하는 자들을 비판했다. 예수는 도덕의 파괴자가 되고 싶어 했다는 것이다. NL 1882, KSA 10, 3[1]67, 61, 16-19

는 않았지만 타락해서 악덕이 되고 말았다.[62]

169.

자신에 관해서 많은 말을 늘어놓는 것은 자신을 숨기는 방편이
될 수도 있다.

170.

칭찬은 비난보다 주제넘게 나서는 것이다.

171.

동정이란 인식하는 자에게는 거의 웃음을 자아내게 한다. 동정
은 인식하는 자에게는 마치 부드러운 손이 거대한 괴물 키클롭스[63]
를 쓰다듬는 것으로 보인다.

---

62) 그리스도교는 성행위와 성욕을 금기시하면서 근절하고자 했지만 그것들은 근
절될 수 없기 때문에 악덕으로 간주되게 되었다.

63) 호메로스의 『오디세이아』에서 키클롭스(Cyclops)는 시칠리아섬에 살았던 외눈
박이 거인이다. 키클롭스는 오디세우스의 부하들을 잡아먹었다가 오디세우스
의 계략에 의해 장님이 된다. 동정이란 근본적으로 동정받는 인간을 연약한 존
재로 보는 것이다. 그러나 니체는 인간에게는 어떠한 고통도 스스로 이겨낼 수
있는 힘이 있다고 본다. 이 점에서 니체는 동정이란 거대한 괴물을 불쌍하게
보면서 부드럽게 쓰다듬는 것이라고 말하고 있다.

172.

사람들은 때때로 인류를 사랑하는 마음에서 임의의 누군가를 껴안는다(모든 사람을 껴안을 수는 없기 때문이다). 그러나 바로 그러한 사실을 그 임의의 사람에게 누설해서는 안 된다.

173.

인간은 경멸하는 상대를 증오하지는 않고, 자신과 대등하거나 더 높다고 생각하는 자만을 증오한다.

174.

그대 공리주의자들이여, 그대들도 공리적인 것을 단지 그대들의 기호(嗜好)를 운반해주는 차량으로서만 좋아할 뿐이다. 그대들도 본래는 그 바퀴가 내는 소음을 견딜 수 없다고 느끼지 않는가?[64]

175.

인간이 궁극적으로 사랑하는 것은 자신의 욕망이지 그 욕망의 대상이 아니다.

---

64) 니체는 공리주의자들이 공리적인 것, 즉 모든 사람에게 유용한 것을 실현해야 한다고 주장하지만, 사실은 유용성만을 최고의 가치로 인정하는 자신의 천박한 성향을 표현하고 있다고 본다. 공리주의의 이면 속에 존재하는 이러한 천박한 성향에 대해서는 공리주의자 자신도 사실은 염증을 느끼고 있다는 것이다.

176.

다른 사람들의 허영심이 우리의 비위에 거슬리는 것은 그것이 우리의 허영심에 거슬릴 때뿐이다.

177.

'진실됨'이 무엇인지에 대해서는 그 누구도 아직 충분히 진실하지 못했다.

178.

현명한 사람에게도 어리석은 면이 있다는 사실을 사람들은 믿지 않는다. 얼마나 큰 인권 침해인가!

179.

우리 행위의 결과는 '우리가 전보다 나아졌다'는 사실에 대해서는 아랑곳하지 않고 우리의 뒷덜미를 움켜쥔다.[65]

---

65) 과거에 어떤 잘못을 저지른 사람이라도 그 사이에 성숙하여 과오를 저질렀을 때의 자신과는 다른 인간이 되어 있을 수 있다. 그러나 과거의 행동은 이러한 사실을 고려하지 않는 결과를 초래할 수 있다.

180.

순진무구한 거짓말이 존재하는데, 그것은 자신의 생각을 굳게 믿고 있다는 사실의 증거다.

181.

자신을 저주하는 사람을 축복하는 것은 비인간적이다.[66]

182.

우월한 인간이 다른 사람을 허물없이 대하는 것은 그 사람의 마음을 상하게 한다. 왜냐하면 그 사람은 우월한 인간을 허물없이 대해서는 안 되기 때문이다.

183.

"나에게 충격을 준 것은 네가 나를 속인 것이 아니라 내가 너를 더 이상 믿지 않는다는 사실이다."

184.

악의처럼 보이는 오만한 선의가 있다.

---

66) 그리스도교는 자신을 저주하는 사람을 축복하라고 하지만, 니체는 이 말을 비인간적인 것이라고 본다. 오히려 함께 저주하는 것이 인간적이라는 것이다.

185.

"그는 내 마음에 들지 않는다." 왜냐고? "내가 그에게 미치지 못하니까." 일찍이 이렇게 대답한 사람이 있었던가?

제5장

도덕의 박물학

186.

오늘날 유럽에서 도덕적 감각은 정교하고 원숙하고 다양하고 민감하고 섬세한 반면에, 그것에 속하는 '도덕학'은 아직 젊고 초보적이며 둔하고 서투르다. 이렇게 흥미로운 대조는 때로는 도덕주의자의 인격 자체에서도 볼 수 있으며 그것에 구체화되어 있다. '도덕학'이라는 용어조차도 그것이 가리키는 내용[1]과 비교해보면 너무나도 오만하게 들리기 때문에 **좋은 취미**에는 거슬리는 용어다. 좋은 취미란 항상 보다 겸손하게 들리는 용어를 좋아하기 때문이

---

1) 도덕학이 가리키는 내용이란 '자기 시대의 도덕을 미화하고 합리화하는 것'이라고 할 수 있다. 이렇게 자기 시대의 도덕을 미화하고 합리화하는 것에 지나지 않는데도 자신이 도덕 일반을 정초하는 학문이라고 자부한다는 점에서 도덕학이라는 명칭은 오만하고 주제넘은 표현이라는 것이다.

다. 우리는 앞으로 오랜 기간에 걸쳐 해야 할 일이 무엇이고, 잠정적으로만 정당성을 갖는 것이 무엇인지를 아주 엄격하게 결정해야만 한다. 이러한 것들에는 자료를 수집하는 일, 살아 있고 성장하며 번식하고 몰락해가는 미묘한 가치 감정들과 가치 차이들의 거대한 영역을 개념적으로 파악하고 정리하는 일, 그리고 아마도 이렇게 살아 있는 결정체가 자주 반복해서 나타나는 형태들을 분명히 제시하려는 시도들이 속한다. 이러한 모든 일은 도덕의 **유형학**을 위한 준비가 된다. 물론 이제까지 사람들은 그렇게 겸손하지는 않았다. 철학자들은 모두 도덕을 학문으로서 다루자마자, 우스울 정도로 심각하게 훨씬 더 드높고 훨씬 더 야심차고 훨씬 더 장엄한 어떤 것을 하겠다고 나섰던 것이다. 즉 그들은 도덕을 **정초하려**고 했다. 이제까지의 모든 철학자는 자신이 도덕을 정초했다고 믿었지만, 그들은 도덕 자체를 '주어져 있는 것'으로 간주했다. 그들의 어리석은 자부심에는 도덕을 있는 그대로 기술한다는 저 별로 눈에 안 띠고 먼지와 곰팡이 속에 방치되어 있는 과제가 얼마나 멀리 떨어져 있었던가![2] 그러한 과제는 가장 세련된 솜씨와 감각을 가지고도 하기 힘든데도! 도덕철학자들이 도덕적인 사실을 단지 거칠게만, 즉 자의적으로 추출하거나 제멋대로 축약해서 알고 있

---

2) 도덕의 다양한 형태들을 기술한다는 과제가 도덕을 정초한다는 자부심을 가지고 있는 전통적인 철학자들에게는 중요한 것으로 여겨지지 않았다는 의미.

었을 뿐이기 때문에, 예를 들어 그들이 속한 환경, 계급, 교회, 시대정신, 풍토, 지역의 도덕만을 알고 있었을 뿐이기 때문에, 그리고 그들이 다른 민족, 다른 시대, 다른 과거에 대해서는 제대로 교육받은 적이 없고 그들 자신이 그다지 알고 싶어 하지 않았기 때문에, 그들은 도덕의 진정한 문제들은 보지 못했다. 왜냐하면 이러한 문제들은 **많은** 도덕을 서로 비교함으로써 비로소 나타나기 때문이다. 이상하게 들릴지 모르지만, 이제까지의 모든 '도덕학'에는 아직 도덕의 문제 자체가 결여되어 있었던 것이며, 다시 말해서 도덕에 어떤 문제적인 것이 있을지도 모른다는 의혹이 **결여되어 있었던 것**이다. 철학자들이 '도덕의 정초'라고 부르면서 자신들이 해야 한다고 나섰던 것을 제대로 살펴보면, 그것은 단순히 시중에서 통용되고 있는 도덕에 대한 경건한 **믿음**의 현학적(衒學的)인 형식에 지나지 않으며 그러한 믿음을 **표현**하기 위한 새로운 수단에 불과한 것이다. 따라서 그것[철학자들이 수행한 이른바 '도덕의 정초'라는 것]은 어떤 특정한 도덕 자체에 속하는 하나의 사실에 불과한 것이며, 근본적으로는 이러한 도덕이 문제시될 수 있다는 사실에 대한 일종의 부인인 것이다. 어떻든 그것은 그러한 믿음에 대해 검토하고 분석하고 의심하고 해부하는 것과는 정반대되는 태도다. 예를 들어 쇼펜하우어가 거의 존경할 만할 정도로 천진하게 자신의 과업에 대해서 말하는 것을 들어보라. 그러고 나서 학문의 최후의 대가들이 어린애나 늙은 여인처럼 여전히 이야기하고 있는 '학문'의 학문적

근거에 대해서 그대들 나름대로의 결론을 내려보라. 쇼펜하우어는 이렇게 말하고 있다(『도덕의 근본문제들 *Grundprobleme der Moral*』 p. 136[3]). "모든 윤리학자가 그 내용에 대해서 **진실로**[4] 의견 일치를 보고 있는 원리이자 근본명제는, 아무도 해치지 말고 가능한 한 모든 사람을 도우라는 것이다. —이것이야말로 **진실로** 모든 윤리학 자가 정초하려고 노력하는 명제이며, … 사람들이 수천 년 이래로 현자의 돌처럼 찾아왔던 윤리학의 **진정한** 초석인 것이다." 인용된 명제를 정초하는 것은 물론 매우 어려울 것이다. 잘 알려져 있는 것처럼 쇼펜하우어도 그것에 성공하지 못했다. 힘에의 의지를 자신의 본질로 갖는 이 세계에서 이러한 명제가 얼마나 따분한 거짓 말이며 감상적인 것인지를 한번이라도 절실하게 느낀 사람이라면, 쇼펜하우어는 염세주의자이면서도 **실**은 플루트를 불었다는 사실을 상기하고 싶을 것이다. 그것도 매일 식후에. 이것은 그의 전기에 나와 있는 이야기다. 그런데 덧붙여서 묻자면, 신과 세계를 부정하는 염세주의자이면서도 도덕 앞에서는 **멈춰 서서**[5] '아무도 해쳐서

---

3) 니체는 이 인용문이 「도덕의 근본문제들」에 실려 있다고 말하고 있지만, 이는 「도덕의 기초에 대해서 Über das Fundament der Moral」를 잘못 표기한 것이다. 이 논문은 쇼펜하우어의 『윤리학의 두 가지 근본문제 *Die beiden Grundprobleme der Ethic*』(1841)에 실려 있다.

4) 이 인용문에서 강조는 쇼펜하우어가 아니라 니체에 의한 것이다.

5) 신과 세계를 부정하면서도 도덕은 부정하지 않고 도덕 앞에서는 공격을 멈추었다는 의미.

는 안 된다'는 도덕을 긍정하면서 피리를 부는 자가 과연 정말로 염세주의자인가?[6]

187.

'우리 안에는 정언적인 명령이 존재한다'라는 주장이 갖는 가치에 대해서는 일단 논외로 하더라도 우리는 여전히 이렇게 물을 수 있다. 그러한 주장은 그러한 주장을 하는 사람에 대해서 무엇을 말해주고 있는가라고. 도덕 중에는 그것을 창시한 사람을 다른 사람들 앞에서 정당화하려고 하는 도덕이 있으며, 또한 창시자를 안심시키고 자기만족에 빠지게 하는 도덕이 있다. 그 반면에 창시자가 자신이 창시한 도덕으로 자신을 십자가에 매달고 자신을 낮추려고 하는 도덕도 있다. 창시자가 자신이 만든 도덕으로 다른 사람들에게 복수하려는 도덕이 있으며, 자신을 은폐하려는 도덕이 있고, 자신을 변용하여 아득히 드높은 곳으로 오르기 위한 도덕이 있다. 그

---

6) 신과 세계를 부정하는 염세주의자 입장에서 보면, 세계에서 사는 것 자체가 고통이기 때문에 고통을 겪고 있는 사람을 도와주는 것은 사실 아무런 의미도 갖지 않는다. 그를 고통에서 구해보았자 그는 다시 권태라는 고통이나 새로운 고통에 빠질 것이다. 이 점에서 니체는 염세주의자인 쇼펜하우어가 남을 도와야 한다고 주장할 때 모순을 범하고 있다고 생각한다. 아울러 쇼펜하우어가 식후에 매일 피리를 불었다는 것은 나름대로 인생을 즐겼다는 의미인데, 이것도 그가 표방한 염세주의 철학과는 어울리지 않는다. 니체는 염세주의자들에게 논리적으로 부합되는 태도는 스스로 목숨을 끊는 것이라고 보고 있다.

리고 창시자가 다른 사람들이나 그들과 관련된 어떤 것을 망각하는 것을 돕는 도덕이 있고, 자기 자신이나 자기 자신과 관련된 어떤 것을 다른 사람들이 망각하게 하는 것을 돕는 도덕이 있다. 어떤 도덕주의자들은 인류에게 권력과 창의적인 변덕을 행사하고 싶어 하며, 다른 도덕주의자들은—아마도 다름 아닌 칸트도 그중 하나이지만—자신의 도덕으로 다음과 같은 사실을 시사한다. "나에게 존경받을 만한 점이 있다면 그것은 내가 복종할 수 있다는 점이다. 이 점에서는 그대들도 나와 달라서는 안 된다." 요컨대 도덕이란 정념의 기호에 불과한 것이다.

188.

모든 도덕은 자유방임(自由放任)과 대립되는 것이며 '자연'에 대한 일종의 폭정이고, 또한 '이성'에 대한 일종의 폭정이다. 그러나 이는 아직은 도덕을 반박할 수 있는 근거가 되지는 못한다. 그것을 반박하려면 아무래도 다시 다른 도덕에 입각해서 모든 폭압과 비이성은 허용되어서는 안 된다고 선언해야만 할 것이다. 모든 도덕에서 본질적이고 귀중한 점은 그것이 장기간에 걸친 강제라는 점이다. 스토아주의나 포르 루아얄(Port-Royal)이나 청교도주의를 이해하려면, 모든 언어가 힘과 자유를 획득하기 위해서 이제까지 사용했던 강제를—즉 운율상의 강제, 각운과 리듬의 강제를—상기할 필요가 있다. 모든 민족의 시인들과 웅변가들은 자신을 얼마나 많이 괴롭혔던가! 엄격한 양심이 깃들어 있는 귀를 갖고 있는 오늘날의 산문작가들도 예외는 아니다. 이러한 모습을 보면서 멍청이들인 공리주의자들은 '어리석은 짓'이라고 비난하면서 자신을 현명하다고 생각하며, 또한 무정부주의자들[7]은 '전횡(專橫)적인 법칙에 굴복하는 짓'이라고 비난하면서 자신은 '자유로운 자', '자유정신을 가진 자'로 여기고 있다. 그러나 놀라운 사실은 사상 자체에서나 통치, 웅변과 설득, 예술, 윤리 등의 어느 분야에서든지 이 지상에서 자유롭고 정교하며 대담하고 춤처럼 경쾌하며 대가다운 확신을 갖는 것으로서 존재하거나 존재해온 모든 것은 '그러한 전횡적인 법칙들의 폭정' 덕분에 비로소 발전해왔다는 것이다. 그리고 진지하게 말해서 '자유방임'보다는 바로 이러한 폭정이야말로 '자연'이며 '자연스러운' 것이다. 모든 예술가는 자신의 '가장 자연스런' 상태, 즉 '영감에 사로잡힌 순간에 영감을 자유롭게 정리하고 배치하며 처리하고 그것에 형태를 부여하는 것이 방임의 감정과 극히 거리가 멀다는 사실을 잘 알고 있다. 그리고 그들은 바로 그때야말로 자신이 얼마나 엄격하고 섬세하게 수천 개의 법칙에 복종하고 있는지를 잘 알고 있다. 이러한 법칙들은 극히 엄격하고 정확해서, 개념적으로 정식화하는 것을 조소(嘲笑)한다(가장 엄밀한 개념마저도 그것에 비하면 무엇인가 유동적이고 정리가 덜 되어 있고 모호한 면

---

7) 여기서 무정부주의자는 오이겐 뒤링(Eugen Dühring) 같은 사람을 가리킨다.

을 가지고 있다). 다시 한 번 말하지만 '하늘에서나 땅에서나' 가장 본질적인 것은 한 방향으로 장기간에 걸쳐서 복종하는 것 같다. 그 경우에야 비로소 마침내 지상에서의 삶을 살아갈 가치가 있는 것으로 만드는 어떤 것이 나타나며 또한 나타났던 것이다. 예를 들면 미덕, 예술, 음악, 무용, 이성, 정신성 등과 같이 성스럽게 변용하고 세련되고 멋지고 신적인 무엇인가가 나타나고 나타났던 것이다. 오랜 기간에 걸친 정신의 부자유, 사상의 전달에서의 불신에 찬 강제,[8] 교회나 궁정의 지침 아래서 혹은 아리스토텔레스적인 전제 아래서 사유하도록 사상가가 자신에게 부과했던 훈련, 모든 일을 그리스도교적인 도식에 따라서 해석하고 그리스도교적인 신을 모든 우연에서 다시 발견하고 정당화하려고 했던 장기간에 걸친 정신적 의지, 이 모든 폭력적이고 전제적이며 가혹하고 전율할 만하고 부조리한 것이야말로 유럽의 정신을 강한 힘과 가차 없는 호기심과 세련된 유연성을 갖추도록 훈련시킨 수단이 되었다는 것은 분명하다. 그러나 그 과정에서 힘과 정신이 다시 회복할 수 없을 정도로 짓눌리고 질식당하고 부패하지 않을 수 없었다는 것은 말할 나위도 없다(왜냐하면 여기에서도 다른 모든 경우에서와 마찬가지로 '자연'은 분노에 차 있으면서도 고귀한 그 거대한 낭비성과 **무자비함**

---

8) 사상을 전달하는 데 있어서 엄격한 법칙에 따라야 하는데, 혹시라도 엄격한 법칙에서 벗어나지 않을까 불신하면서 스스로에게 강제를 가하는 것을 가리킨다.

을 통해서 자신의 모습을 있는 그대로 드러내기 때문이다).[9] 지난 수천 년 동안 유럽의 사상가들은 오로지 무엇인가를 증명하기 위해서만—오늘날에는 그와 반대로 '무엇인가를 증명하려는' 사상가들은 모두 의심을 받는다—사색해왔다. 그들에게는 극히 엄밀한 사색의 결론으로서 나타났어야 할 것이 항상 미리 확정되어 있었다. 마치 아시아의 점성술의 경우에서나, 오늘날 개인에게 일어나는 극히 일상적인 일들을 '신의 영광을 위한' 것이라든가 혹은 '영혼의 구원을 위한' 것이라는 식으로 파악하는 순진하기 그지없는 그리스도교적·도덕적 해석에서와 마찬가지로 이러한 폭정, 이러한 전횡, 이러한 엄격하고 장대한 어리석음이 정신을 **교육해왔다.** 대략적인 의미에서나 엄밀한 의미에서나 노예적인 예속은 정신의 훈련과 훈육을 위해서 필수불가결한 수단인 듯이 보인다. 모든 도덕을 이 점에 비추어 음미해볼 필요가 있다. 도덕 속에 깃들어 있는 '자연'은 자유방임과 지나치게 분방한 자유를 증오하도록 가르치며, 제한된 지평에 대한 욕망과 가장 가까운 과제를 해결하려는 욕망을 심어준다. 즉 삶과 성장의 조건으로서 우리의 **시야를 좁힐 것을,** 어떤 점에서 본다면 어리석음을 가르치는 것이다. "그대는 어떤 누군가에게 그리고 오랜 기간에 걸쳐서 복종해야만 한다. 만일 그렇게 하

---

9) 자연은 낭비적이라서 고귀한 인간뿐 아니라 부패하고 저열한 인간들도 산출한다는 것.

지 않으면 그대는 파멸하게 될 것이며 그대 자신에 대한 일말의 존경심마저도 잃게 될 것이다." 이것이야말로 나에게는 자연의 도덕적 명령이라고 여겨진다. 물론 그러한 명령은 노(老) 칸트가 요구했던 것과 같은 정언적[무조건적] 명령이 아닐 뿐 아니라(그렇기 때문에 '만일 그렇게 하지 않으면'이라는 조건이 붙어 있다), 개인에게 향해진 것도 아니다(자연에게 개인이 무슨 의미가 있겠는가!). 오히려 그것은 민족, 인종, 시대, 신분, 무엇보다도 특히 '인간'이란 동물 전체, 즉 인류에게 향해진 명령이다.

189.

부지런한 종족은 한가하게 시간을 보내는 것을 아주 고통스럽게 생각한다. 일요일을 매우 거룩하고 지루한 날로 만들어버림으로써 부지불식간에 일할 수 있는 평일이 다시 오기를 갈망하게 한 것은 **영국적** 본능이 산출한 걸작이다. 그것은 교묘하게 고안되어 교묘하게 끼워 넣어진 일종의 단식일이며, 이와 같은 것은 고대 세계에서도 풍부하게 발견된다(꼭 노동과 관계된 것은 아니지만 남유럽 민족들에게는 당연한 일이다). 여러 종류의 단식일이 존재해야만 한다. 강한 충동과 관습이 지배하는 곳에서는 어디서든지, 입법자는 윤일을 삽입함으로써 그러한 충동을 사슬에 묶어서 다시 한 번 배고픔을 배우게 한다. 좀 더 높은 입장에서 볼 때, 어떤 도덕적 광신에 사로잡힌 세대나 시대는 모두 그와 같이 삽입된 억압과 단식의 시기로서 나타난다. 이 기간 동안 충동은 위축되고 굴복하지만 또한 **정화되고 예민하게** 되는 것이다. 몇몇 철학 학파(예를 들면 헬레니즘 문화와 애욕의 향기가 넘치는 음란한 분위기 속에서 나타난 스토아학파)에도 그러한 해석을 적용할 수 있을 것이다. 이와 함께, 왜 하필 유럽에서 그리스도교가 지배하던 시대에 그리고 그리스도교적인 가치판단의 압력하에서야 비로소 성적 충동이 사랑(연애의 열정)[10]으로 승화되었는가 하는, 저 역설적인 현상을 설명할 수 있는 하나의 암시가 주어진다.

190.

플라톤의 도덕설에는 그의 철학에서 발견되고는 있지만 원래는 플라톤의 것이 아니고 오히려 플라톤의 철학에 대립된다고 말할 수 있는 것이 존재한다. 소크라테스주의가 바로 그것인데 플라톤은 원래 그러한 소크라테스주의를 신봉하기에는 너무나 고귀한 인간이었다. "어느 누구도 자신에게 해를 끼치려고 하지는 않는다. 따라서 모든 악은 자유로운 의지에서 비롯되는 것이 아니다. 왜냐하면 악한 인간은 자신에게 해를 끼치기 때문이다. 만일 그가 악이 나쁜 것이라는 것을 알면 그는 악을 행하지 않을 것이다. 따라서 악한 인간이 악한 일을 저지르는 것은 오류[무엇이 선인지를 제대로

---

10) Stendal, *De l'amour*, 1권, 1장.

알지 못하는 것]에 의한 것이다. 만일 그에게서 오류를 제거한다면 그는 반드시 선한 인간이 될 것이다.”[11] 이런 식의 추론에서는 **천민**의 냄새가 난다. 천민이란 나쁜 행위에서 오직 고통스런 결과만을 주목할 뿐이며, ‘나쁜 짓을 하는 것은 어리석은 일’이라고 판단하고, 다른 한편으로 ‘선’을 ‘유용하고 유쾌한 것’과 동일시해버린다. 어떠한 공리주의적 도덕설도 이와 동일한 기원을 갖는다고 추정할 수 있으며 이 경우 [어떤 학설에서 풍기는 천민의 냄새를 맡는] 우리의 후각을 따른다 해도 거의 틀릴 일이 없다. 플라톤은 자신의 스승의 가르침에 어떤 세련되고 고귀한 것을 투입하여 해석하려고, 즉 무엇보다도 자기 자신을 투입하여 해석하려고 온갖 노력을 다했다. 모든 해석가 중에서 가장 대담한 해석가였던 플라톤이 길거리에서 주워들은 대중가요나 민요처럼, 소크라테스라는 인간 전체를 제멋대로 무리하게 변주(變奏)했다. 이를테면 자기 자신의 가면과 다양성으로 감싸버렸던 것이다. 만일 호머식의 농담을 한다면 플라톤이 그린 소크라테스는 머리도 플라톤, 꼬리도 플라톤, 가운데는 키메라(Chimaira)[12]가 아니면 무엇이겠는가.

---

11) 플라톤, 『메논』 77b-78b, 또한 『프로타고라스』 345d-e와 Gorgias 509e.
12) Homer, *Ilias* 6장, 181행. 키메라는 그리스 신화에 나오는 불을 토하는 괴물로서 사자의 머리와 뱀의 꼬리, 염소의 몸통을 가지고 있음.

191.

'신앙'과 '지식', ─혹은 보다 더 분명하게 말해서─본능과 이성의 문제는 오랜 신학적인 문제였다. 즉 그러한 문제는 사물에 대한 가치평가와 관련해서 본능이 합리성보다 더 크게 작용하는 것은 아닌가라는 물음이다. 이 경우 합리성은 우리의 행위가 근거에 따라서, '왜'에 따라서, 즉 합목적성과 유용성에 따라서 평가되고 행해진다고 생각하고 싶어 한다. 가치평가와 관련해서 본능이 합리성보다 더 크게 작용하는 것은 아닌가라는 물음은 소크라테스에 의해서 제기되었고 그리스도교가 출현하기 오래전부터 사상가들을 분열시킨 오랜 도덕적 문제였다. 물론 탁월한 변증가였던 소크라테스는 자신의 천부적인 재능에 입각한 취향에 따라서 우선은 이성의 편에 섰다. 그리고 진실로 그가 일생 동안 한 일은, 모든 고귀한 인간들과 마찬가지로 본능의 인간이었기 때문에 자신들의 행위의 동기에 대해서 충분히 설명을 할 수 없었던 아테네인들의 서투른 무능을 조소한 것 외에 무엇이 있는가? 그러나 그는 결국 은밀하게 자기 자신도 조소했다. 그는 자신을 자신의 보다 예민한 양심에 비춰보고 자신을 심문해본 후, 자신도 역시 다른 아테네인들과 마찬가지로 자신의 행위의 동기를 설명하는 데 어려움을 가지고 있고 설명할 능력을 가지고 있지 않다는 사실을 깨달았다. 그러나 그는 자신을 이렇게 설득했다. 무엇 때문에 본능에서 벗어나야 한단 말인가! 본능과 **마찬가지로** 이성도 정당한 대우를 받도록 배려해야 한다. 본능에 따를 수밖에 없다. 그러나 그 경우에 본능에 적절한 근거를 제공하여 본능을 뒷받침하도록 이성을 설득해야만 한다. 이러한 생각이야말로 반어법(反語法)을 구사하던 저 위대하고 비밀스런 자(Ironiker)[13]의 본래적인 속임수였다. 그는 일종의 자기기만으로 자신의 양심을 만족시켰다. 사실 그는 마음 깊은 곳에서는 도덕적 판단에 깃들어 있는 비합리적인 것을 꿰뚫어보았

---

13) 소크라테스의 대화술은 반어법(Ironie)과 산파술로 이루어진다. 이 중 반어법은 상대방의 주장에 내포되어 있는 모순을 드러냄으로써 상대방으로 하여금 무지를 폭로하게 하는 수법이다. 니체는 소크라테스의 반어법을 당시의 지배계급에 대해서 천민이 갖는 원한과 반항의 표현이라고 본다. 귀족이 아닌 평민 출신이었던 소크라테스는 반어법이라는 예리한 비수로 귀족들을 찌르면서 복수를 한다. 반어법은 자신이 논쟁하는 상대방으로 하여금 자신이 천치가 아니라는 사실을 증명하게 한다. 그는 상대방을 분노로 떨게 하는 동시에 무력하게 만들어버린다.

그러나 니체는 소크라테스 이전의 훌륭한 사회에서 이러한 논법은 하류의 수법으로 간주되었다고 본다. 자신의 진리를 논증에 의해서 증명해야 하는 것은 거의 무가치한 것으로 간주되었으며, 참으로 가치 있는 것은 그 자체로 자신의 진리를 입증하는 것으로 여겨졌다. 예를 들어 소크라테스는 당시의 위대한 장군들에게 용기가 무엇인지를 물어보면서 용기에 대해서 정의를 내려줄 것을 요구했지만, 그러한 위대한 장군들이 용기에 대해 합당한 정의를 내리지 못하기 때문에 용기를 제대로 알지 못한다고 조소했다. 그러나 니체는 그러한 위대한 장군들은 이미 본능을 통해서 용기가 무엇인지를 알고 있었기 때문에 전쟁터에서 용기를 발휘할 수 있었다고 본다. 니체는 지성을 통해서 용기가 무엇인지를 알고 있는 것보다는 오히려 용기에 대한 본능적으로 체화된 인식이 더 중요하다고 보는 것이다. 소크라테스의 반어법에 대해서는 『우상의 황혼』「소크라테스의 문제」 7번을 참조할 것.

던 것이다. 그런데 이런 일에는 더 순진하고 천민의 교활성을 갖지 못했던 플라톤은 이성과 본능이 자연히 하나의 목표에, 즉 선 내지 '신'을 향해서 다가간다는 사실을 자신의 온 힘을 기울여—일찍이 그 어떠한 철학자가 쏟았던 것보다 훨씬 더 큰 힘으로—증명하려고 했다. 플라톤 이래로 모든 신학자와 철학자는 동일한 길을 밟아왔다. 즉 도덕과 관련해서는 이제까지 본능이, 그리스도 교인들의 말에 따르면 '신앙', 혹은 내 식으로 말하면 '가축의 무리'가 승리를 거두었던 것이다. 다만 합리주의의 아버지인(따라서 프랑스 대혁명의 할아버지격인) 데카르트만은 예외로 간주해야 할 것이다. 그는 오직 이성에게만 권위를 인정했다. 그러나 이성은 단지 도구일 뿐이다. 데카르트는 너무 피상적으로 보았다.

192.

어떤 학문의 역사를 추적해본 적이 있는 사람이라면 그러한 역사의 전개 과정에서 모든 '지식과 인식'이 거쳐온 가장 오래되고 가장 일반적인 과정을 이해할 수 있는 실마리를 발견하게 될 것이다. 지식과 인식의 맨 처음 단계에서는 성급한 가설, 허구, 선량하지만 어리석은 '믿으려고' 하는 의지, 회의와 인내가 결여된 상태가 나타난다. 우리의 감각이 섬세하고 충실하며 신중한 인식 기관이 되는 것은 훨씬 나중이지만 그때 가서도 완전하게 그렇게 되지는 않는다. 우리의 눈은 어떤 주어진 자극에 반응할 때, 특이하고 새로운 인상을 확실하게 붙잡기보다는 이미 자주 만들어낸 적이 있었던 이미지를 다시 한 번 만들어내는 것을 편하게 느낀다. 전자의 경우가 훨씬 많은 힘과 '도덕성'을 요구한다. 어떤 새로운 것을 듣는다는 것은 귀에는 고통스럽고 성가신 일이다. 낯선 음악은 귀에 잘 들어오지 않는다. 다른 나라의 말을 들을 때 우리는 우리가 듣는 소리를 부지불식간에 우리 귀에 보다 친숙한 단어로 바꾸려고 하게 된다. 예를 들면 독일인은 아르쿠발리스타(arcubalista[석궁])라는 말을 듣고 그것을 아름브르스트(Armbrust[석궁])라는 말로 바꾸어버렸다. 우리의 감각도 새로운 것을 적대시하고 혐오한다. '가장 단순한' 감각 과정에도, 나태라는 수동적인 정념까지 포함하여 두려움, 사랑, 증오 등과 같은 정념이 이미 **지배하고 있다.** 오늘날 책을 읽는 사람들은 (음절은 고사하고) 한 페이지에 수록된 개개의 단어들을 다 읽지는 않는다. 이십 개의 단어들에서 대략 다섯 개를 제멋대로 선택해서 이 다섯 개의 단어들에 포함되어 있을 것 같은 의미를 '추측하는 것이다'. 이와 마찬가지로 우리는 하나의 나무를 볼 때도 그것의 잎, 가지, 색깔, 형태 등을 정확하면서도 완벽하게 보지는 않는다. 오히려 우리에게는 그것에서 나무라는 것의 대개의 모습을 상상해보는 편이 훨씬 쉬운 것이다. 가장 특이한 체험을 할 때도 우리는 역시 그렇게 한다. 즉 우리는 체험의 대부분을 지어내며 어떤 것을 관찰하든 간에 '꾸며내지' **않는** 경우는 거의 없다. 이모든 것은 결국 우리가 근본적으로 그리고 옛날부터 **거짓말하는** 데 익숙하다는 것을 의미한다. 또는 보다 고상하고 위선적으로 말한다면, 요컨대 보다 듣기 좋게 말한다면, 우리는 우리가 생각하는 것 이상으로 예술가라는 것이다. 활발한 대화를 나누고 있을 때 나는 종종 상대방의 얼굴이 그가 말하는 사상이나 그의 마음속에 떠오른 것으로 내가 믿는 생각에 따라서 명료하면서도 섬세하게 규정되는 것을 보게 된다. 그러나 나의 시각 능력은 사실 이 정도로 명료하게 볼 수는 없다. 따라서 그의 얼굴 근육의 움직임이나 눈에 담긴 표정의 미묘함은 내가 지어낸 것임에 틀림없다. 아마도 상대방은 전혀 다른 표정을 보였거나 아무런 표정도 보이지 않았을 것이다.

193.

낮에 있었던 일이 밤에도 계속된다. 그러나 그 반대일 수도 있다. 우리가 꿈속에서 체험하는 것은—그것을 자주 체험한다고 가정한다면—결국 '현실에서' 체험하는 것과 마찬가지로 우리 영혼의 재산 전체에 속하게 된다. 우리는 그러한 체험으로 인해 풍요로워지거나 빈곤해지고 어떤 욕망을 더 많이 갖거나 더 적게 갖게 되며, 최종적으로는 밝은 대낮에 그리고 정신이 가장 맑게 깨어 있는 순간에도 어느 정도는 자신이 밤에 습관적으로 꾸었던 꿈에 의해 이끌리게 된다. 만일 어떤 사람이 날아다니는 꿈을 자주 꾸면서, 마침내는 그가 꿈을 꾸자마자 날아다니는 힘과 기술을 자신의 특

권이자 남들이 부러워할 만한 행복인 것처럼 의식하게 된다고 해
보자. 그는 자신이 아주 쉽게 모든 방향과 각도로 선회할 수 있다
고 믿는다. 그리고 그는 긴장감도 속박감도 없이 '위로 오를 수 있
고', 끌어내려지는 느낌도 굴욕감도 없이—**중력**의 영향을 받지 않
고!—아래로 내려올 수 있는 일종의 신적인 경쾌함의 느낌을 알고
있다. 이러한 꿈을 경험하고 습관적으로 체험한 사람이라면 깨어
있을 때에도 '행복'이라는 말이 갖는 뉘앙스와 의미를 뭇 사람들과
는 다르게 받아들일 것이다! 그리고 그는 **다른 종류**의 행복을 갈망
할 것이다. 시인들이 묘사하는 '상승'도 저 '비상(飛翔)'과 비교하면
너무나 지상에 가깝고 근육을 쓰며 부자연스럽고 너무나도 '무거
운' 것으로 느껴질 것임에 틀림없다.

194.

인간들 사이의 차이는 그들이 지닌 재산목록의 차이에서—즉 추
구할 만한 가치가 있다고 생각하는 재물들이 무엇인지에 대해서
사람들이 서로 의견을 달리할 뿐 아니라, 공통적으로 가치가 있다
고 인정하는 재물에 대해서도 그것이 갖는 등급과 가치의 많고 적
음에 대해 서로 의견을 달리한다는 데서—나타나지만, 그보다는
그들이 무엇을 재산의 진정한 소유이자 **점유**로 여기는가에서 나타
난다. 여성의 경우를 예를 들어보자면, 적은 것에 만족하는 사람
은 여성의 육체와 성적인 만족을 갖는 것으로도 그 여성을 충분하

고도 만족스럽게 소유하고 점유하고 있다고 생각한다. 그러나 의심이 많고 보다 확실하게 소유하고 싶어 하는 갈망과 까다로운 소유욕을 갖는 사람은 그러한 소유를 의문스럽고 표면적인 것에 지나지 않는 것으로 보면서, 무엇보다도 그녀가 그에게 자신을 줄 뿐 아니라 그녀가 갖고 있거나 갖고 싶어 하는 것을 그를 위해 포기하는지 아닌지를 알기 위해서 세밀하게 시험해보려고 한다. 이러한 시험을 거친 후에야 비로소 그는 '그녀를 소유했다'고 생각한다. 그러나 세 번째 유형의 남자는 이것으로도 아직 의심을 풀지 못하며 아직 충분히 소유하지 못했다고 생각한다. 여성이 그를 위해서 모든 것을 포기할 때 그는 혹시 그녀가 그에 대해서 갖고 있는 환상 때문에 그렇게 하는 것이 아닌가라고 의심한다. 그는 그녀가 자신을 철저하게 자신의 심연에 이르기까지 잘 알게 된 후에도 그를 사랑할 수 있기를 바란다. 따라서 그는 과감하게 자신을 드러낸다. 그는 그녀가 그에 대해서 더 이상 환상을 갖지 않고 그의 친절, 인내, 지성뿐 아니라 그의 사악함과 숨은 탐욕 때문에도 그를 사랑할 경우에야 비로소 그녀를 완전히 소유했다고 느낀다. 국민을 소유하고 싶어 하는 유형의 인간도 있다. 이러한 목적을 위해서 그는 칼리오스트로[14]나 카틸리나[15]와 같은 인간들이 사용했던 것과 같

---

14) Alessandro Graf von Cagliostro(본명은 Giuseppe Balsamo, 1743–1795)는 이탈리아의 연금술사이자 모험가로, 백작을 사칭하면서 사기를 저질렀다.

은 온갖 고도의 술책을 사용한다. 어떤 사람은 보다 섬세한 소유욕
을 지니고 있기 때문에 "소유하려고 한다면 속여서는 안 된다"고
생각한다. 그는 국민들의 마음을 사로잡고 있는 것은 자신의 가면
일지 모른다는 생각 때문에 신경이 곤두서고 초조해져서 "그렇다
면 나 자신을 사람들이 알게 해야 하며, 그러기 위해서는 우선 내가
나 자신을 알아야 한다"고 생각한다. 남을 도와주기 좋아하는 친
절한 사람들은 거의 예외 없이, 자신의 도움을 필요로 하는 사람을
우선 만들어놓는 서투른 술책을 사용한다. 예를 들면 그 사람이 도
움을 받아야 할 처지에 있고 마침 **그들의** 도움을 청한 것처럼. 그들
은 그가 자신이 받은 모든 도움에 대해서 깊이 감사하고 그들을 잘
따르면서 복종할 것이라고 상상한다. 이러한 상상과 함께 그들은
도움을 필요로 하는 자들을 소유물처럼 취급한다. 이는 그들이 소
유물에 대한 갈망 때문에 친절을 베풀고 도움을 주는 인간이기 때
문이다. 만일 그들이 도움을 주려고 할 때 다른 사람이 가로막거나
선수를 치게 되면 그들은 질투심에 사로잡히게 된다. 부모는 자신
도 모르게 아이들을 자신들과 유사한 존재로 만들고 그것을 '교육'
이라고 부른다. 모든 어머니는 자식이 자신의 소유물이라고 마음

---

15) Lucius Sergius Catilina(기원전 108?-62)는 로마 공화정 말기의 야심적인 음
모가로서 원로원에 맞서 공화정을 전복하려고 시도했지만, 키케로의 탄핵을
받고 실패하여 처형을 당했다.

깊은 곳에서 확신한다. 모든 아버지는 자식을 자신의 견해와 가치 평가에 따르도록 만들 권리가 있다고 생각한다. 사실 옛날에는 아버지가 갓난아기의 생사를 마음대로 처리하는 것이(고대 독일인들이 그랬던 것처럼) 당연한 일로 여겨졌다. 오늘날에도 교사, 상류계급, 성직자, 군주는 과거에 아버지들이 그랬던 것처럼 새로운 인간을 보면 새로운 소유의 기회가 왔다고 믿어 의심하지 않는다. 그 결과로서 오는 것은 ….

195.

유대인, 타키투스[16]나 고대 세계의 모든 사람이 말한 대로 '노예로 태어난' 민족, 그리고 그들 자신이 말하고 믿는 바로는 '모든 민족 중에서 선택된 민족'인 이 유대인들은 가치전도라는 저 기적적인 일을 해냈다. 이 덕분에 지상에서의 삶은 이삼천 년에 걸쳐서 하나의 새롭고 위험한 매력을 갖게 되었다. 그들의 예언자들은 '부', '신에 대한 부정', '악', '폭력', '관능'과 같은 것들을 하나로 융합했으며, 맨 처음으로 '[우리가 살고 있는] 세상(Welt)'이라는 단어를 더럽고 욕된 것을 가리키는 용어로 만들어버렸다. 그러한 가치전도—'가난'이라는 말을 '성스러움'과 '친구'[17]라는 말과 동의어로 쓴

---

16) Tacitus, *Historiae*, V. 8.
17) 여기서 '친구'라는 말은 '신의 친구'를 의미하는 것 같다.

것은 그 한 예에 속한다—에 유대민족의 의의가 존재한다. 이 민족과 더불어 도덕에서의 노예반란이 시작되었던 것이다. [18)]

---

18) 니체는 도덕을 크게 노예도덕과 주인도덕으로 나누고 있다. 노예도덕의 가치 기준은 선(gut)과 악(böse)인 반면에, 주인도덕의 가치기준은 탁월함(gut)과 저열함(schlecht)이다.

니체에 따르면 독일어에는 원래 악을 의미하는 말이 두 가지가 있었다. 하나는 schlecht이며 이 말은 상층계급이 하층계급의 특성을 가리키는 말로 사용되었고 원래는 '평범한', '보통의'라는 의미를 갖고 있었으나 나중에는 '저열한'이라는 의미를 갖게 되었다. 다른 하나는 böse이며 이는 하층계급이 상층계급의 특성을 가리키는 말로 사용되었고 '위험한', '유해한', '이상한'이란 의미를 갖고 있었다. 평범한 일반 민중은 예외적인 강한 개인을 보고 두려워했다. 마찬가지로 gut에도 schlecht와 böse 각각에 상응하는 두 가지 의미가 있다. 그것은 한편으로 상층계급이 자신의 특성을 가리키는 말로 사용되며 이 경우 그것은 '강한', '용감한', '호전적인', '신과 같은'이라는 의미를 갖는다. 다른 한편으로 그것은 민중이 자신의 특성을 가리키는 말로 사용하며 이 경우 그것은 '무해한', '겸손한', '친절한'이라는 의미를 갖는다. 위와 같이 군주도덕이 탁월함(gut)과 저열함(schlecht)을 가치평가의 기준으로 보는 반면에, 노예도덕은 선량함(gut)과 사악함(böse)을 가치평가의 기준으로 본다.

예를 들어 설명하자면, 카이사르나 나폴레옹 같은 인물들은 노예도덕과 주인도덕에서 각각 다르게 평가될 것이다. 니체가 노예도덕을 대표하는 것으로 보는 그리스도교적인 가치관에 입각하여 그들을 평가할 경우 그들은 단적으로 악한(böse) 자들이다. 이는 노예도덕에서 선한 사람이란 모든 사람에게 친절하고 해를 끼치지 않는 사람이며 악한 사람이란 남에게 해를 끼치거나 괴롭히는 사람이기 때문이다. 따라서 노예도덕에 따를 경우, 가장 선한 사람으로서 칭송을 받는 사람은 사회의 가장 밑바닥에서 제대로 보수도 받지 못하고 남들을 위해서 일하는 노예나 노동자가 된다. 이런 노예도덕의 입장에서 볼 때 카이사르나 나폴레옹과 같은 자들은 자신들의 명예를 드높이기 위해서 전쟁을 일으키고 수많은 사람을 살육했으며 전쟁물자 조달을 위하여 많은 인간을 노

196.

태양 근처에는 우리가 결코 볼 수 없는 수많은 미지의 천체(天體)가 존재한다고 **추론할** 수 있다. 우리끼리 말하자면, 그것은 하나의

예처럼 혹사한 자들에 지나지 않는다. 이러한 입장은 민주주의와 사회주의의 입장이기도 하다. 예를 들어 마르크스주의적 입장에서도 카이사르와 같은 인간은 고대 로마의 노예제사회를 유지하려 했던 악한으로 간주될 것이다. 이런 의미에서 니체는 민주주의와 사회주의의 가치관이 모든 인간을 신 앞에서 동등한 존재로 보는 그리스도교적인 평등사상의 연장이라고 보았다.

그러나 카이사르나 나폴레옹 같은 사람들을 평가하는 전적으로 다른 가치관이 있을 수 있다. 그것은 카이사르나 나폴레옹을 '위대한' 인간으로 보는 가치관이다. 이러한 가치관에서 볼 경우, 카이사르와 나폴레옹은 남다른 지적 탁월함과 강인한 정신력 그리고 엄청난 포용력의 소유자로서 칭송받아야 할 인물이다. 이에 반해 이들을 따르던 부하들과 이들의 전쟁을 뒷받침한 노예들은 이들보다 열등한 인간으로서 이들의 지배와 통제를 받아야 마땅한 인간들이다. 아니, 이들은 카이사르나 나폴레옹을 따름으로써 자신들이 그전에 맛보지 못했던 힘과 생명의 고양을 경험하게 된다. 니체는 이와 같은 가치관을 주인도덕이라 부르고 있다.

니체가 말하는 힘에의 의지란 위대해지고 싶은 욕망, 탁월한 인간이 되고 싶어 하는 욕망이다. 이러한 욕망을 인간의 본질적인 욕망으로 인정하면서 선함을 위대함과 탁월함과 동일시하는 도덕이 니체가 말하는 주인도덕이다. 이에 반해 그러한 욕망을 사악한 것으로 보면서 겸손과 약한 자들에 대한 연민을 강조하는 도덕이 노예도덕이다. 니체는 주인도덕만이 인간들이 탁월함을 향해서 진력하는 것을 가능하게 한다고 말하고 있다. 그러나 인류의 역사는 주인도덕 대신에 노예도덕이 득세해가는 역사이다. 그러한 역사는 자기 고양과 자기 강화를 지양하는 힘에의 의지의 근본충동을 억압하는 범용함이 모든 고귀한 것을 압도해가는 역사라는 점에서 퇴폐의 역사다.

니체는 주인계급에 대한 원한에 사로잡힌 노예들의 반란에서 노예도덕이 비롯되었다고 본다. 『도덕의 계보학』 첫 번째 에세이를 참고할 것.

비유다. 도덕 심리학자는 천체의 모든 자취[19]를 많은 것을 숨기고 있는 비유 언어나 상징 언어로만 읽는다.

197.

사람들은 맹수나 맹수와 같은 인간(예를 들면 체사레 보르지아)[20]을 근본적으로 오해하고 있다. 이제까지의 거의 모든 도덕주의자처럼 열대지역에 사는 모든 괴물과 생물 중에서도 가장 건강한 자들에게서 병적인 면을 찾거나 심지어 천성적인 '악마적 속성'을 찾으려고 하는 한, 우리는 '자연'이라는 것을 오해하는 것이 된다. 도덕주의자들에게는 원시림이나 열대에 대한 증오가 있는 것 아닌가? 또한 '열대의 인간'을 인류의 병이나 타락으로 보거나 혹은 악마적 속성을 가졌거나 자기 학대를 하는 존재로서 보면서 반드시 배척해야만 하는 것일까? 왜 이래야 하는가? '온대(溫帶,

---

19) 여기서 천체의 모든 자취는 '선'을 모든 사람을 평등하게 대하고 고통받는 자에게 동정을 베푸는 것으로 보고 '악'을 그 반대되는 것으로 보는 통상적인 도덕 관념을 가리킨다고 볼 수 있다. 앞의 각주에서 본 것처럼 니체는 이러한 도덕 관념을 귀족계급에 대한 노예들의 반란에서 비롯된 것으로 본다. 여기에서 니체는 진정한 도덕 심리학자는 통상적 도덕관념을 그 배후에 존재하는 계급적 이해관계의 비유 언어나 상징 언어와 같은 것으로 본다고 말하고 있다.

20) Cesare Borgia(1475/6-1507)는 수단과 방법을 가리지 않고 권력을 추구했던 르네상스 시대의 전제군주였다. 마키아벨리는 그를 당시 여러 도시국가로 분열되어 있었던 이탈리아의 통일을 이룰 수 있는 이상적 군주로 보았다.

gemässigt)'를 위해서? 온건한(gemässigt) 인간을 위해서? '도덕적인 인간'을 위해서? 범용한 인간을 위해서? 이상은 '소심함으로서의 도덕'이란 장을 위한 기록이다.

198.

이른바 개인의 행복을 위해서 개인에게 설파되는 이 모든 도덕은 개인의 삶에 수반되는 갖가지 **위험**에 그 개인이 취해야 할 태도를 제안하는 것에 지나지 않는다. 그것들은 개인의 열정과 선하거나 나쁜 성향이 힘에의 의지를 갖고 지배적인 지위를 점하려고 할 때 그것들을 제어하는 처방책을 제공하며, 오래된 가정약이나 노파들의 지혜처럼 퀴퀴한 냄새가 배어 있는 크고 작은 처세술과 잔꾀를 가르치는 것에 불과하다. 그러한 도덕들은 '만인'을 향해서 설파되기 때문에 그리고 일반화되어서는 안 되는 것을 일반화하기 때문에, 전체적으로 기괴하고 불합리한 형태를 띠고 있다. 그것들은 전체적으로 무조건적인 형식을 취하며 무조건적으로 적용된다. 그것들은 모두 한 알의 소금만으로는 양념이 되지 않는다. 그것들은 과도하게 양념이 쳐지고 위험한 냄새, 무엇보다도 '다른 세계'의 냄새를 풍기기 시작할 때에야 비로소 참을 수 있는 것이 되고 때로는 심지어 유혹적인 것이 되기조차 한다. 그것들은 모두 지적으로 평가할 경우 거의 가치가 없으며 '학문'도 아니고 '지혜'는 더더욱 아니다. 오히려 두 번 세 번 거듭 말하지만, '어리석음, 어리석음,

어리석음'이 뒤섞인 '영리함, 영리함, 영리함'이다. 이러한 도덕들이 갖는 이러한 성질은 그것이 어떠한 형태를 취하고 있어도 마찬가지다. 어리석게 흥분하기 잘하는 정념들을 무관심과 대리석 기둥과 같은 싸늘함으로 대하라는 스토아학파의 충고와 치료법, 또는 더 이상 웃지도 울지도 말고 정념들을 분석하고 해부함으로써 그것들을 말살하라는 스피노자의 순진한 권고, 정념을 무해한 중용으로 끌어내려 쉽게 만족시키라는 도덕상(上)의 아리스토텔레스주의, 또는 예술, 예를 들면 음악이라는 상징적 표현에 의해서 의도적으로 희석되고 정신화된 정념의 향유로서의 도덕, 또는 신에 대한 사랑과 신을 위해서 인간을 사랑하는 것으로서의 도덕—종교에서는 이러한 사랑의 전제 아래 열정이 다시 시민권을 얻었다—, 마지막으로 하페즈[21]와 괴테가 가르친 대로 자발적으로 기꺼이 정념에 자신을 내맡기는 것, 늙고 현명한 기인과 술에 취한 자들의 예외적인 경우에서 볼 수 있으며 '그다지 위험하지 않은' 정신적 · 육체적인 풍습으로부터의 자유와 [도덕적] 구속으로부터의 대담한 일탈, 이 모든 도덕이 어리석음이 뒤섞인 영리함에 불과한 것이다.

---

21) Hafis(약 1327-1390)는 모하메드 샴수딘(Mohammed Schamsudin)의 페르시아식 이름이며, 페르시아의 유명한 서정시인이다. 그의 신비주의적 서정시는 괴테에게 많은 영향을 주었다. 괴테는 자신의 서동시집(West-Östlicher Divan, 1819)에서 자신을 이 페르시아 시인과 동일시하고 있다. 그러나 괴테는 하페즈와 달리 술주정뱅이는 아니었다.

이것 역시 '소심함으로서의 도덕'이라는 장에 속한다.

199.

인간이 존재하는 한, 모든 시대에는 인간의 무리가 존재했으며 (씨족, 공동체, 부족, 민족, 국가, 교회) 또한 항상 명령하는 자들은 소수였던 것에 비해 복종하는 자들은 다수였다. 따라서 복종은 이제까지 가장 잘 그리고 가장 오랜 동안 행해져 왔고 훈련되어왔다. 이러한 사실을 고려해볼 때 우리는 당연히 다음과 같이 전제해도 좋을 것이다. 즉 오늘날 모든 평범한 인간은 '그대는 무조건적으로 어떤 일을 해야 하고 어떤 일은 하지 말아야 한다', 요컨대 '그대는 … 해야 한다'고 명령하는 **양심이라는 형식**으로 복종에 대한 욕구를 태어나면서부터 지니고 있다고. 이러한 욕구는 만족을 구하며 자신의 형식을 내용으로 채우려고 한다. 그 경우 그러한 욕구는 게걸스러운 식욕처럼 참을 수 없을 정도로 강렬하고 절박하기 때문에 닥치는 대로 손을 뻗치며, 명령하는 자가 누구든 간에—부모, 스승, 법률, 계급적 편견, 여론이든 간에—무조건적으로 그 명령을 받아들인다. 인류의 발전이 기묘하게도 장애를 겪고 지체되거나 머뭇거리거나 때로는 뒷걸음질치고 원점으로 되돌아가는 것은, 복종이라는 무리본능이 명령하는 기술을 희생하면서 가장 잘 유전되는 것에서 기인한다. 복종의 본능이 궁극에까지 발달하게 되면, 결국 명령하는 인간이나 독립적인 인간은 사라져버리거나 아니면 명령을 내릴 때 양심의 가책으로 내적으로 괴로워하거나 마치 자신도 단지 복종할 뿐인 것처럼 자신을 기만해야만 할 것이다. 오늘날 유럽은 사실 이런 상태에 있다. 나는 이런 상태를 명령하는 자들의 도덕적 위선이 지배하는 상태라고 본다. 그들은 양심의 가책으로부터 자신들을 방어하기 위해서는, 자신들이 보다 오래되고 보다 높은 명령(선조, 헌법, 정의, 법률 혹은 신의 명령)을 수행하는 자인 것처럼 꾸미든가, 그렇지 않으면 무리의 사고방식으로부터 '국민의 제일의 공복(公僕)'이라든가 '공공복지의 도구'와 같은 무리의 원칙을 빌리는 것 외에는 다른 방법이 없다는 사실을 알고 있다. 다른 한편으로는 오늘날 유럽에서 무리인간은 자신만이 유일하게 허용된 종류의 인간인 것처럼 자처하며, 유순하고 협조적이며 무리에게 유용한 인간으로 존재하게 하는 자신의 특성들이야말로 진정한 인간적 미덕이라고 찬양한다. 이러한 미덕들은 공공심, 친절, 배려, 근면, 절제, 겸손, 관용, 동정이다. 그러나 지도자나 선도자가 없어서는 안 된다고 믿을 경우 현대인들은 영리한 무리인간들을 모아서 명령하는 자들의 대용품으로 삼기 위해서 온갖 시도를 한다. 이것이 예를 들면 모든 대의제의 기원이다. 그럼에도 불구하고 무리동물인 이 유럽인들에게는 절대적으로 명령하는 자의 출현이야말로 그들이 더 이상 견딜 수 없게 되어가던 무거운 압박에서 그들을 해방시키는 커다란 은혜와 구원인 것이다. 이러한 사실에 대해서는 나폴레옹의 출현이 미친 영향이 최후의 위대한 증거가 된다. 나폴레옹이 영향력을 행사하던 역사야말로 19세기 전체가 가장 가치 있던 인간들과 순간들을 기반으로 하여 이룩한 보다 높은 행복의 역사라고 할 만하다.

200.

여러 종족들이 서로 뒤섞이는 해체의 시대에 살고 있는 인간은 그러한 시대에 살고 있는 자로서 자신의 몸 안에 다양한 유래를 갖는 유산을 지니고 있다. 즉 상반되는 충동들과 가치기준들, 때로는 상반되는 데 그치지 않고 서로 싸우면서 서로를 좀처럼 그냥 내버려 두지 않는 충동들과 가치기준들을 지니고 있는 것이다. 이런 말기 문화의 인간, 흐릿한 빛의 시기의 인간은 대체로 보다 허약한 인간일 것이다. 그가 가장 간절하게 갈망하는 것은 **자신이 겪고 있는** 전쟁이 언젠가 끝나는 것이다. 행복은 그에게 일종의 진정시키는 치료법이나 사고방식(예를 들면 에피쿠로스적 혹은 그리스도교적)에서와 마찬가지로 주로 휴식, 평온, 충족, 종국적인 통일, 즉 그 자신 그러한 인간[해체기의 허약한 인간]이었던 거룩한 수사가(修辭家) 아우구스티누스의 말을 빌려서 말한다면 '안식일 중의 안식일'[22]로서 나타난다. 그러나 그러한 본성 안의 대립과 싸움이 삶을 자극하고 북돋는 역할을 한다면, 그리고 다른 한편으로는 강력하

---

22) 아우구스티누스의 『신국론』, XXII권, 30장.

고 서로 화해하기 어려운 충동들에 덧붙여 자신과의 싸움을 조정해 나갈 수 있는 능숙함과 교묘함, 즉 자기 지배와 자기기만이 유전되고 육성된다면, 마력을 지닌 저 불가해하고 불가사의한 인간, 승리를 거두고 사람을 유혹하도록 미리 운명지어진 수수께끼 같은 인간이 출현하게 된다. 그러한 인간이 가장 아름답게 구현된 대표적인 예는 알키비아데스[23]와 카이사르이며(여기에 나의 취향대로 한다면 최초의 유럽인이라 할 수 있는 호엔슈타우펜 가문의 프리드리히 2세[24]를 덧붙이고 싶다), 예술가 중에서는 아마도 레오나르도 다빈치일 것이다. 그들은 휴식을 갈망하는 저 허약한 유형의 인간들이 전면에 등장하는 것과 때를 같이해서 출현한다. 이 두 유형의 인간들은 서로 긴밀히 연관되어 있으며 동일한 원인에서 발생한다.

201.

도덕적 가치판단의 기준이 되는 유용성이 오로지 무리를 위한 유용성인 한, 즉 사람들의 관심이 오로지 집단의 보존에만 향해 있

---

23) Alcibiades(기원전 450?–404)는 아테네의 정치가이자 군인.
24) Friedrich II(1194–1250)는 신성로마제국 황제(재위 1215–1250)였으나 십자군을 즉시 일으키지 않았다는 등의 이유로 로마 교황에게 세 번이나 파문을 당했다. 시인이었으며 그리스어와 라틴어, 아랍어를 비롯한 7, 8개의 언어에 능통했고 문예를 보호했다. 역사가인 부르크하르트가 「왕들 가운데 최초의 근대인」이라고 평가했을 정도로 시대에 앞선 인물이었다.

고 부도덕이란 것이 오직 집단의 존속에 위험한 것과 동일시되는 한, 아직 '이웃사랑의 도덕'은 존재할 수 없다. 설령 그 경우 배려, 동정, 적당함, 온화함, 상호부조 등이 미약하나마 지속적으로 행해지고 있더라도, 그리고 나중에 '미덕'이라는 명예로운 이름으로 불리게 되고 마침내는 '도덕성'이라는 개념과 거의 일치하게 될 저 모든 충동이 이러한 사회 상태에서도 이미 작용하고 있더라도, 그러한 시기에 그 충동들은 아직 전혀 도덕적인 가치평가의 영역에 속하지 않는다. 그것들은 아직 **도덕 외적인** 것이다. 예를 들어 로마의 전성기에 동정적인 행위는 선도 악도 아니었으며 도덕적인 것도 비도덕적인 것도 아니었다. 설령 그것 자체가 찬양을 받더라도 일단 그것이 공화국 전체의 복지에 기여하는 다른 행위와 비교되자마자, 그러한 찬양에는 그것이 최고의 찬양의 형태를 띨지라도 일종의 불만스런 경멸이 깃들게 된다. 결국 '이웃에 대한 사랑'은 **이웃에 대한 공포**에 비하면 항상 부차적이고 부분적으로는 인습적인 것이며 자의적이고 외관에 그치는 것이다. 사회 전체의 구조가 확립되고 외부로부터의 위험에 대해서 안전해진 후에, 도덕적 가치판단에 새로운 전망을 제공해주는 것은 다시 이웃에 대한 공포심이다. 모험심, 대담함, 복수심, 교활함, 약탈욕, 지배욕과 같이 강력하고 위험한 충동들은 이제까지 집단에 유용하다는 의미에서 존중되었을 뿐 아니라—물론 방금 사용한 명칭과는 다른 명칭으로 불렸지만—크게 육성되고 단련돼야 했지만(왜냐하면 사회 전체가 위험에 처한 상태에서는 전체의 적에 대항하기 위해서 그러한 충동들이 필요했기 때문에), 이제 그것들은 배(倍)로 위험한 것으로 느껴지게 된다. 왜냐하면 사회가 안정된 지금에 와서는 그러한 충동들의 돌파구가 없어졌기 때문이다. 따라서 그러한 충동들은 점차 부도덕한 것으로 낙인이 찍히고 비난을 받게 된다. 이제는 그것들과 정반대되는 충동과 성향이 도덕적인 영예를 얻게 된다. 무리본능이 점차로 자신의 결론을 끌어낸다. 이제 어떤 의견이나 상태, 정념, 의지, 재능 속에 집단을 위협하고 평등을 위협하는 요소가 얼마나 많거나 적은지가 도덕적 평가의 기준이 된다. 이 경우에도 도덕의 모체가 되는 것은 공포인 것이다. 만일 가장 강력한 최고의 충동들이 열정적으로 폭발하여 개인으로 하여금 무리의 평균적이고 낮은 양심을 훨씬 뛰어넘어 드높이 나아가도록 몰아댄다면, 집단의 자부심은 땅에 떨어지고 이른바 집단의 척추라고 할 수 있는 집단의 자기 신뢰는 붕괴되고 만다. 바로 이런 이유 때문에 이러한 충동들은 기껏해야 낙인이 찍히고 비난을 받는 신세가 된다. 드높은 독립적인 정신, 홀로 서려는 의지, 위대한 이성까지도 위험한 것으로 여겨지는 것이다. 따라서 개인을 무리보다 높이 고양시키고 이웃에게 두려움을 주는 모든 것이 이제는 악이라고 불리게 된다. 이에 반해 정중하고 겸손하며 순응하고 자신을 다른 사람들과 동등한 지위에 놓는 정신이, 즉 **평범한** 욕구가 도덕이라는 명칭과 영예를 얻게 된다. 결국 매우 평화로운 상황에서는 인간의 감정을 준엄하고 가혹한 것으로 단련시키는 기회와 필요성이 점차로 사라지게 된다. 모든 준엄함은 설령 그것이 정당한 것이라고 하더라도 양심에 거슬리는 것이 되기 시작하고, 드높고 강건한 성격이나 자신에게 책임을 지려는 정신은 사람들을 거의 모욕하는 것으로 여겨지면서 불신을 받게 된다. 이에 반해 '어린 양처럼 유순한 사람', 아니 그보다는 차라리 '우둔한 사람'이 존경을 받게 된다. 사회가 변천해 온 역사를 살펴보면 병적으로 연약해지고 유약해지는 시대가 있으며, 이러한 시대에는 사회 자체가 그것에 해를 끼치는 자나 **범죄자**의 편을 들며 그것도 진심으로 그리고 노골적으로 그렇게 한다. 그러한 사회에서는 형벌이라는 것이 어쩐지 부당한 것처럼 여겨지며, 그런 사회의 인간들은 '형벌'이라든지 '처벌해야만 한다'는 생각만으로도 고통을 느끼면서 두려움을 품게 될 것이 확실하다. "그를 **위험하지 않게 만드는** 것으로 충분하지 않은가? 그런데도 굳이 처벌할 필요가 있는가? 처벌한다는 것은 끔찍한 일이 아닌가!" 이러한 물음과 함께 무리도덕, 겁쟁이의 도덕은 자신의 최후의 귀결을 끌어낸다. 만일 공포의 원인이 되는 위험 자체를 제거할 수 있다면 이 도덕 자체도 제거될 것이다. 이 도덕은 불필요한 것이 될 것이며, 그것 자체가 **자신을 불필요한** 것으로 **간주하게 될 것이다!** 오늘날의 유럽인들의 양심을 검토해본 일이 있는 사람이라면, 그들의 내부에 숨어 있는 수천 개의 다양한 도덕적인 의식으로부터 항상 동일한 도덕적 명령을, 즉 "우리는 언젠가는 **두려워할 아무것도 더**

이상 존재하지 않게 될 날이 오기를 바란다!"라는 겁 많은 무리동물의 도덕적 명령을 끌어내야만 할 것이다. 이날[두려워할 것이 아무것도 없게 되는 날]에 도달하려는 의지와 그것을 향해 가는 과정이 오늘날 유럽에서는 어디에서나 '진보'라고 불리고 있다.

202.

우리가 이미 백 번도 더 말해온 것을 다시 한 번 말하려고 한다. 왜냐하면 사람들은 그러한 진리—**우리의** 진리—에 귀를 열려고 하지 않기 때문이다. 누군가가 인간을 동물에 비유하는 것을 넘어서 동물과 노골적으로 동일시할 때 그것이 인간에게 얼마나 모욕적으로 들릴지 우리는 이미 잘 알고 있다. 그러나 우리는 끊임없이 '무리'라거나 '무리본능'과 같은 표현을 '현대적 이념'을 신봉하는 자들에게 적용할 것이며, 이 때문에 우리는 거의 **범죄자**로 간주될 것이다. 그래도 상관없다! 우리는 그러한 표현 외에는 사용할 수 없다. 왜냐하면 바로 여기에 우리의 새로운 통찰이 근거하고 있기 때문이다. 우리는 오늘날 도덕상의 주요한 모든 판단과 관련하여 유럽뿐 아니라 유럽의 영향 아래 놓인 모든 나라까지도 의견 일치를 보고 있다는 사실을 깨닫게 되었다. 오늘날의 유럽인들은 소크라테스가 알지 못한다고 여겼던 것, 그리고 저 유명한 뱀[25]이 가르쳐주

---

25) 에덴 동산에서 아담과 이브에게 선악과를 따먹으라고 유혹했던 뱀.

겠다고 일찍이 약속했던 것을 분명하게 **알고** 있다고 믿는다. 즉 그
들은 무엇이 선이고 무엇이 악인지를 '알고 있다'고 믿는다.[26] 설
령 우리가 이렇게 말하는 것이 사람들의 귀에는 가혹하고 불쾌하
게 들릴 것이 틀림없지만, 우리는 다음과 같은 것을 어떻게든 거
듭해서 주장할 것이다. 즉 오늘날의 유럽인들이 알고 있다고 믿는
것, 선을 찬양하고 악을 비난함으로써 자신을 예찬하면서 자신을
선한 자라고 부르는 것, 이것은 무리동물에 해당하는 인간들의 본
능이다. 그러한 본능은 갑작스럽게 출현하여 다른 모든 본능을 압
도할 정도로 우세하게 되었다. 그리고 이러한 본능은 사람들의 생
리적인 근친성이나 유사성이—그러한 본능은 이것들의 징후이지
만—증대하게 됨으로써 더욱 우세하게 되었다. **오늘날 유럽의 도덕
은 무리동물의 도덕이다.** 달리 말하면 그것은 우리가 알고 있는 대
로 인간적인[27] 도덕의 일종일 뿐이며, 그것 외에도 그리고 그것 이

---

26) 『차라투스트라는 이렇게 말했다』 「오래된 서판과 새로운 서판」 2절에 나오는
다음 부분을 비교해볼 것.

"사람들에게 다가갔을 때 나는 그들이 하나의 해묵은 망상 위에 앉아 있다는
것을 깨달았다. 즉 자신들이 무엇이 선이고 악인가를 오래전부터 알고 있었다
는 망상이 바로 그것이었다. … 편안한 잠을 원하는 자들은 누구나 잠들기 전
에 선과 악에 대해 이야기했다."

27) 여기서 '인간적인'이라는 말은 '초인적인'이라는 말에 대립되는 의미로 쓰였으
며, '무리동물과 같은' 의미를 갖는다고 할 수 있다.

전과 그것 이후에도 수많은 다른 도덕이, 특히 **보다 높은** 도덕이 가능하며 또한 가능해야만 할 것이다. 그러나 이 무리도덕은 이러한 가능성에 대해서, 이 '있어야 할 것'에 대해서 전력을 다해 저항한다. 그것은 완강하고 집요하게 이렇게 주장한다. "나야말로 도덕 자체다. 그 외의 아무것도 도덕이 아니다!"라고. 무리동물의 가장 숭고한 욕망에 호응하고 아첨했던 한 종교의 도움을 받아, 오늘날 정치적 · 사회적 제도 가운데에서도 이러한 도덕이 갈수록 현저히 득세하게 되는 지경에 이르렀다. 즉 **민주주의** 운동은 그리스도교적 운동을 계승하고 있는 것이다. 그러나 보다 성급한 자들이나 앞에서 언급된 본능에 사로잡힌 병들고 중독된 자들에게는 그 운동의 템포가 너무나 느리고 너무나 꾸물거리는 것으로 느껴지고 있다는 것은, 오늘날 유럽 문화의 뒷골목을 방황하는 무정부주의자들의 개들이 갈수록 더 광적으로 미쳐서 날뛰고 갈수록 더 이빨을 드러내는 것을 보면 알 수 있다. 언뜻 보면 그들은 평화적이고 근면한 민주주의자들이나 관념적인 혁명 사상가들과 상반되며, 특히나 자신을 사회주의자라고 부르면서 '자유로운 사회'의 도래를 바라는 우둔한 사이비 철학자들이나 몽상적인 박애주의자들[28]과는 상반되

---

28) 니체는 국가권력에 의한 계획경제를 주장하는 사회주의는 자유로운 사회가 아니라 오히려 국가권력에 의한 전제적 지배를 초래할 것이라고 보았다. 이 점에서 니체는 사회주의가 평등하면서도 자유로운 사회를 구현할 것이라고 생각하는 사회주의자들을 아둔하고 몽상적이라고 보고 있다.

는 자들로 보인다. 그러나 사실 그들은 모두 무리가 **자치(自治)를 행하는** 사회형태가 아닌 모든 사회형태에 대해서 철저하면서도 본능적인 적개심을 품고 있다는 점에서는 한통속이다(이자들은 심지어 '주인'과 '하인'이란 개념마저도 거부한다. '신도 없고 주인도 없다'[29]는 것은 사회주의자들이 내세우는 상투적인 문구 중 하나다). 그들 모두는 일체가 되어 모든 특별한 요구와 특권 그리고 우선권에 대하여 끈질기게 투쟁한다(이러한 투쟁은 결국 **모든 권리**에 대한 투쟁이다. 왜냐하면 모든 사람이 평등하다면 아무도 더 이상 '권리'를 요구하지 않을 것이기 때문이다). 또한 그들 모두는 일체가 되어 형벌의 정당성을 믿지 않는다(마치 형벌이 보다 약한 자들에 대한 폭력이며, 이전의 모든 사회의 **필연적인** 귀결에 지나지 않는 것을 가지고 범죄자들을 부당하게 다루는 것처럼[30]). 또한 그들 모두는 느낌, 생, 고통이 존재하는 곳에서는 어디서나 일체가 되어 동정의 종교를 믿으며 서로 공감을 느낀다(이러한 동정과 공감은 아래로는 동물에서부터 위로는 '신'에 이르기까지 미치고 있다. '신에 대한 동정'[31]의 과잉은 민주주의 시대의 특징이다). 그들

---

29) Ni dieu ni maître, 22절과 비교.

30) "이전의 모든 사회의 **필연적인** 귀결에 지나지 않는 것을 가지고 범죄자들을 부당하게 대하는 것"이란 사람들이 범죄를 저지르게 되는 것은 이전 사회들의 그릇된 사회구조로 인해 필연적으로 나타나는 현상인데 이러한 사실을 인정하지 않고 부당하게도 범죄자들에게만 책임을 묻는다는 의미임.

31) 십자가에 못 박혀 비참하게 죽은 그리스도교의 신에 대한 동정을 가리킨다. 그리스인들에게 신은 힘과 긍지가 넘치는 자로서 인간의 부러움과 찬양을 받았

모두는, 성급하게 동정을 외치고 모든 고통을 극도로 증오하며 고통에 대한 방관자가 될 수도 없거니와 고통받는 사람들을 고통받게 내버려 둘 수도 있는 능력을 결여하고 있다는 점에서 거의 여자나 다름없다. 그들은 하나같이 자신도 모르게 우울해지고 나약해지고 있으며, 이러한 상황으로 인해 유럽은 새로운 불교의 위협[32]을 받고 있다. 그들 모두는 일체가 되어, **고통을 함께한다는** 동정의 도덕이야말로 도덕 자체이자 최고의 도덕이며 인간이 **도달한** 정점이고 미래의 유일한 희망이자 현대인들의 유일한 위로 수단, 과거의 모든 죄로부터의 위대한 사면인 것처럼 생각하면서 이러한 도덕을 신봉한다. 그들 모두는 일체가 되어 **구원자로서의** 집단을, 즉 무리를, 다시 말해 '자기 자신'을 믿는다.

203.

우리는 앞에서 언급한 자들과는 다른 신앙을 가지고 있다. 우리는 민주주의적 운동을 단순히 정치조직의 타락한 형식으로 볼 뿐아니라 인간을 퇴화시키고 왜소화하며 인간을 범용하게 만들고 그

던 자인 반면에, 그리스도교에서 신은 무력하게 죽어가는 비참한 존재가 되면서 인간의 동정을 받게 된다. 니체는, 인간이 지향하는 미덕의 상징을 신이라고 보고 있다. 따라서 그리스도교에서 신은 무력하게 죽어가는 신이 됨으로써 무력함과 겸손과 같은 덕이 신적인 덕으로 찬양받게 되었다고 니체는 본다.
32) 새로운 불교란 쇼펜하우어식의 염세주의 철학을 가리킨다고 할 수 있다.

의 가치를 저하시키는 것으로 본다. 그러면 우리는 우리의 희망을 어디에 걸어야 하는가? 우리는 **새로운 철학자들**에게 희망을 걸어야 하며, 달리 선택의 여지가 없다. 즉 정반대되는 가치평가를 주창하면서 '영원한 가치들'을 재평가하고 전도시킬 정도로 강력하고 창조적인 정신의 소유자들에게 희망을 걸어야만 한다. 오늘날 수천 년에 걸친 의지로 하여금 **새로운 궤도**를 걷도록 강제할 수 있는 선구자이자 미래의 인간에게 희망을 걸어야 한다. 인간에게 인간의 미래가 자신의 **의지**에 달려 있고 스스로가 개척해나가는 것이라고 가르치고, 훈육과 육성이라는 거대한 모험과 총체적인 시도를 준비하는 것,[33] 그리고 이와 함께 이제까지 '역사'라고 불려왔던 저 소름끼치는 어리석음과 우연의 지배—'최대의 다수'라는 어리석음은 그러한 어리석음의 마지막 형태일 뿐이다—를 끝장내는 것, 이를 위해서는 언젠가 새로운 종류의 철학자들과 명령하는 자들이 필요할 것이다. 이제까지 지상에 존재했던 아무리 무서우면서도 자비롭고 그 참모습이 숨겨져 있는 정신의 소유자일지라도 이 새로운 종류의 철학자들과 명령하는 자들의 모습에 비교하면 창백하고 왜소하게 보일 것이다. 우리의 눈앞에 맴도는 것은 그러한 지도

---

33) 니체는 그간의 역사가 우연에 의해서 지배되어왔다고 보면서 역사의 목표라고 할 수 있는 초인적 인물들의 출현을 우연에 맡기지 않고 계획적으로 육성해야 한다고 주장하고 있다.

자들의 상(像)이다. 그대 자유로운 정신들이여, 내가 이러한 사실을 큰소리로 말해도 좋겠는가? 우리는 한편으로는 그러한 지도자들이 출현하기에 적합한 상황을 창조해야만 하며 다른 한편으로는 철저하게 이용해야만 한다. 그리고 하나의 영혼이 이와 같은 과제에 헌신해야만 한다는 **내적인 강제**를 느낄 수 있는 높이와 힘을 육성하기 위해서는 적절한 길과 시험을 거쳐야만 한다. 그러한 책임의 중압을 견디기 위해서는 가치의 전환이라는 새로운 압력과 망치에 의해서 양심이 단련되고 마음이 강철로 변화되어야만 한다. 다른 한편으로 그러한 지도자들은 없어서는 안 되지만, 그들이 나타나지 않거나 설혹 나타났다 하더라도 변질되고 퇴화할 수 있다는 끔찍한 위험이야말로 참으로 걱정스러운 것이며 **우리를** 우울하게 만드는 것이다. 그대 자유로운 정신들이여, 그대들은 이러한 위험을 알고 있는가? 그것이야말로 **우리의** 생의 하늘을 지나가는 폭풍우이며 무겁고도 먼 사상인 것이다. 한 비범한 인간이 어떻게 자신의 궤도에서 벗어나 퇴화하는지를[34] 지켜보고 추측하고 함께 느껴야 하는 것만큼 지독한 고통도 없을 것이다. 그러나 '인간' 자체가 **퇴화한다**는 인류 전체에 미치는 위험을 볼 수 있는 드문 눈을 가진 자, 또한 우리들처럼 이제까지 인류의 미래는 끔찍한 우연에 의해서 희롱당해왔다는 사실—그러한 희롱에는 어떠한 손가락도, 심

---

34) 리하르트 바그너를 암시하는 듯하다.

지어 '신의 손가락'까지도 손을 대지 못했다―을 인식한 자, '현대의 이념들'에 대한 어리석고 고지식하고 맹목적인 믿음과 더 나아가 그리스도교적·유럽적인 도덕 전체에 숨겨져 있는 재앙을 헤아려보는 자는 다른 어떤 근심과도 비교될 수 없는 근심으로 괴로워한다. 그는 힘들과 과제들이 순조롭게 결집되고 고양될 경우 **인간으로부터 육성될 수 있는** 모든 것을 한 눈에 파악한다. 그는 자신의 양심이 갖는 모든 인식을 통해서 인간의 가능성이 얼마나 무궁무진한지, 그리고 인간이라는 유형이 이미 얼마나 자주 비밀로 가득 찬 결단을 내렸고 새로운 기로에 서 있었는지를 잘 알고 있다. 그는 자신의 가장 고통스러운 기억으로부터, 생성 중에 있는 최고의 인간이 이제까지 얼마나 하찮은 일로 깨지고 부서지고 내려앉고 비참해지곤 했는지를 더욱 잘 알고 있다. 이처럼 **전면적으로 퇴화한** 인간은 사회주의적 얼간이와 멍텅구리들에게 오늘날 '미래의 인간', 즉 그들의 이상으로 나타나는 인간으로까지 퇴화하게 된다. 인간이 이처럼 무리짐승(혹은 사람들이 말하듯 '자유로운 사회'의 인간)으로 퇴화하고 왜소하게 된다는 것, 이렇게 인간을 동등한 권리와 요구를 갖는 왜소한 짐승으로 전락하는 일이 충분히 일어날 수 있다는 사실은 의심할 여지가 없다! 이러한 가능성을 한번 끝까지 생각해본 사람은 다른 사람들은 알지 못할 구토를 알고 있다. 그리고 아마도 또한 하나의 새로운 **과제를**!

제6장
우리 학자들

204.

훈계라는 것은 발자크[1]의 말에 따르면 자신이 입었던 상처를 겁 없이 드러내는 것이다. 내가 하는 훈계도 그런 것이겠지만, 이러 한 위험에도 불구하고 학문과 철학의 지위를 변경하려는 부당하고 도 해로운 움직임에 대해서 반대하고 싶다. 그러한 지위 변경은 오 늘날 알지 못하는 사이에 지극히 양심적인 일인 것처럼 기정사실 이 되고 있는 것 같다. 나는 우리가 자신의 **경험**에 입각해서만—이 경우 경험이란 항상 나쁜 경험을 의미한다고 생각해야 할까?—지 위 문제처럼 보다 높은 문제를 논의할 수 있다고 생각한다. 우리가

---

1) Honoré de Balzac(1799-1850)는 프랑스의 사실주의 소설가로서 나폴레옹을 숭배했다.

흡사 장님이 색에 대해서 이야기하는 꼴이 되지 않기 위해서 그리고 여성과 예술가처럼 학문에 대해 적대적으로 말하지 않기 위해서(그들은 본능적으로 그리고 수치심을 느끼면서 이렇게 탄식한다. "아, 이 기분 나쁜 학문이여! 그것은 항상 진상을 **캐내고 만다!**")도 그러하다. 학문적인 인간이 행하는 철학으로부터의 독립선언, 철학으로부터의 그의 해방은 민주주의적인 본질과 비본질의 보다 미묘한 영향들 중 하나다. 오늘날 학자들의 자기 찬미와 자만은 도처에서 만발하고 있고 최상의 봄날을 구가하고 있다. 그렇다고 해서 이 경우의 자화자찬이 향기로운 냄새를 풍기고 있다고 말해서는 아직 안 된다.[2] "모든 주인에게서 벗어나자!" 학문이 그렇게 원하는 것도 천민적인 본능이다. 아주 오랫동안 신학의 시녀 역할을 했던 학문이 신학에 대해서 극히 성공적으로 자신을 방어한 후, 학문은 이제 오만과 무분별에 가득 차서 철학에 법칙을 부여하고 스스로가 '주인' 노릇을 하려고 한다. 즉 그것은 **철학자**의 역할을 떠맡으려고 하는 것이다. 나의 기억—한때 학문을 했던 한 인간의 기억이라는 것을 양해해주기 바란다—은 젊은 자연과학자들이나 늙은 의사들(모든 학자 가운데 가장 교양 있고 가장 잘난 체하는 문헌학자들과 교사들은 말할 나위가 없다. 이들은 직업상 양자를 겸하고 있다)이 철학과 철학자들에 대해서 늘어놓았던 오만방자한 순진한 말들로 가득 차 있다.

---

[2] '자화자찬은 악취를 풍긴다(Eigenlob stinkt)'라는 독일 속담의 인용.

[나의 기억에는] 때로는 모든 종합적 과제와 능력에 본능적으로 저항했던 전문가이자 부분에만 집착하는 사람들이 떠오른다. 때로는 철학자의 영혼에서 유유자적하는 고상한 사치의 냄새를 맡고서 자신이 모욕당한 것으로 느끼고 자신을 왜소한 존재로 느꼈던 근면한 학자가 떠오른다. 때로는 철학에서 한갓 일련의 **반박된** 체계와 '아무에게도 도움이 안 되는' 사치스런 힘의 낭비밖에 보지 못하는 색맹 같은 공리주의적인 인간이 떠오른다. 때로는 위장된 신비주의와 인식의 한계를 넘어서는 것에 대해서 공포를 느꼈던 사람들이 떠오른다. 때로는 개별적인 철학자들에 대한 경멸을 부지불식간에 철학 일반에 대한 경멸로 확대시켰던 사람들이 떠오른다. 마지막으로 나는 젊은 학자들에게서 어떤 철학자의 나쁜 영향을 받아 철학 일반에 대해서 오만한 경멸감을 갖는 경우를 매우 자주 보았다. 그들은 실로 그 철학자에 대한 복종을 거부했으면서도 다른 철학자들에 대한 그의 신랄한 평가의 마력에서 벗어나지 못하게 되며, 그 결과 모든 철학에 대해서 불만을 갖게 된다. (예를 들어 쇼펜하우어가 최근의 독일에 미친 영향이 그와 같은 것으로 보인다. 그는 헤겔에 대한 비지성적인 분노 서린 공격[3]을 통해 독일의 최근 세대 전체를 독일 문화와의 연관에서 떼어놓는 데 성공했다. 그 문화는 모든 것을 잘 고려해볼 때는 예언자적인 섬세함을 갖춘 높은 **역사적** 감각을 지니

---

3) 252절과 비교해볼 것.

고 있었다.[4] 그러나 쇼펜하우어는 바로 이 점과 관련해서는 천재적일 정
도로 빈약하고 둔감하고 비독일적이었다.) 전체적으로 볼 때 철학에 대
한 경외심을 가장 철저하게 파괴하면서 천민적인 본능에 문을 열
어주었던 것은, 무엇보다도 근대철학자들 자신의 인간적인 너무나
인간적인 점, 요컨대 그들의 천박함일 것이다. 우리는 우리의 현대
세계에는 헤라클레이토스, 플라톤, 엠페도클레스 그리고—그들과
마찬가지로 제왕의 품격을 갖춘—당당한 정신의 은둔자들이 가지
고 있었던 전체적인 양식이 결여되어 있다는 사실을 인정해야 한
다. 그리고 우리는 오늘날 유행 덕분에 세상 구석구석까지 유명해
진 철학의 대표자들, 예를 들면 독일에서는 베를린의 두 사자로 불
리는 무정부주의자인 오이겐 뒤링[5]과 종합론자인 에두아르트 폰
하르트만[6] 같은 사람들에 대해서 학문을 하는 착실한 인간이 자신
이 그들보다 더 훌륭한 유형의 인간이라고 느끼고 보다 훌륭한 혈
통을 이어받았다고 느끼게 되는 것도 당연하다는 사실을 인정해야
한다. 특히 자신을 '현실을 중시하는 철학자' 또는 실증주의자라고

---

4)   니체는 헤겔을 비판하고 있지만 헤겔이 모든 것을 역사적으로 고찰하는 역사
     적 감각을 갖추고 있었다고 본다. 이에 반해 니체는 쇼펜하우어가 인간과 세계
     를 비역사적으로 고찰했다고 본다.

5)   Eugen Düring(1833-1921)은 독일의 철학자로 유물론적 실증주의의 입장을
     취했으며 종교와 칸트 철학을 배격했다.

6)   Eduard von Hartmann(1842-1906)은 헤겔 철학과 쇼펜하우어 철학을 종합하
     려고 시도했으며, 귀납과학에 의거한 염세주의 철학을 제창했다.

부르는 저 잡탕 철학자들이야말로 양심적인 명예욕이 강한 젊은 학자들의 영혼 속에 위험한 불신을 품게 할 수 있다. 그들 잡탕 철학자들은 기껏해야 학자나 전문가에 불과하다. 이는 분명한 사실이다! 그들은 한때 학문 이상의 것을 원했지만 그러한 것을 감당할 수 있는 능력도 자격도 없었기에 결국 실패했으며 학문의 지배 아래로 **되돌아온 자들**이다. 그리하여 이제 그들은 비열하게도 분노와 복수심에 사로잡혀, 철학의 지배와 철학이 갖는 [학문들의] 주인으로서의 사명에 대한 **불신**을 말과 행동으로 표현하고 있다. 결국 이렇게 될 수밖에 없었다! 학문은 오늘날 번성하고 있으며 양심의 거리낌 없는 만족스런 얼굴을 하고 있다. 반면에 근대철학 전체가 점차 몰락해버리고 남아 있는 찌꺼기라고 할 수 있는 오늘날의 철학은 자신에 대한 조소와 연민까지는 아니더라도 불신과 불만을 자아내기에 족하다. '인식론'으로 축소된 철학은 사실상 소심한 판단중지론이나 [철학은 자신의 지나친 욕망을] 자제해야 한다는 설에 지나지 않는다. 경계를 넘어서지 못하고 경계 너머로 나아갈 권리를 스스로 **거부하느라** 애쓰는 철학, 그것은 마지막 숨을 내쉬고 있는 철학이고, 종말에 다다른 철학이며, 단말마의 고통으로 괴로워하는 철학이고, 연민을 불러일으키는 어떤 것이다. 그러한 철학이 어떻게 **지배**할 수 있겠는가!

205.

오늘날 철학자의 발전을 막는 장애물이 실로 너무 많기 때문에 오늘날의 철학자가 과연 진정한 철학자가 될 수 있을지 의심스럽다. 오늘날 학문들은 극히 다양하게 분화되었으며 분화된 각 학문은 크게 심화되었다. 이에 따라 철학자는 학문들을 배우는 과정에서 피로해지거나 어떤 학문에 고착되어 [그 학문의] '전문가'가 되어버림으로써, 더 이상 높은 수준에, 즉 널리 조망하고 주위를 둘러보고 내려다볼 수 있는 높은 수준에 오르지 못하게 된다. 또는 그러한 높은 수준에 뒤늦게 오르더라도 그때에는 이미 그의 최상의 시간은 다 지나가 버리고 힘은 다 소모되어버린 상태가 된다. 또는 그는 크게 손상되고 조야해지고 퇴화되어 그의 관점과 가치판단은 거의 의미를 지니지 못하게 된다. 그를 중도에 머물게 하고 지체하게 만드는 것은 아마도 다름 아닌 그의 섬세한 지적 양심이다. 그러한 양심으로 말미암아 그는 천 개의 발을 갖고 천 개의 촉각을 지니는 딜레탕트로 전락하는 것을 두려워하게 된다. 그는 자기 자신에 대한 경외심을 상실한 인간은 또한 인식자로서도 더 이상 명령하지 못하며 더 이상 [다른 사람들을] **이끌** 수 없다는 사실을 너무나 잘 알고 있다. 그렇게 된다면 그는 이미 대단한 배우나 철학적 사기꾼이자 정신의 쥐잡이, 요컨대 유혹자가 되는 것을 원할 수밖에 없게 된다. 이것은 양심의 물음이 아니라면 결국은 취미의 문제다. 철학자가 발전하는 것을 막는 더욱 큰 장애물은 그가 자신에게 학문들에 대해서가 아니라 인생과 인생의 가치에 대한 판단, 즉 긍정이나 부정을 요구하며 싫어도 자신이 그러한 판단을 내릴 권리나 심지어 의무를 가지고 있다고 믿게 된다는 점이다. 그 경우 그는 극히 광범위한—이 때문에 아마도 가장 혼란스러우며 가장 파괴적인—체험들에만 의지하면서 그리고 자주 주저하고 의심하고 침묵하면서 그러한 권리와 믿음에 이르는 길을 추구할 수밖에 없게 된다. 사실상 대중들은 오랫동안 철학자를 다른 자들과 혼동하거나 오해해왔다. 즉 학문적인 인간이나 이상적인 학자, 혹은 종교열에 들뜬 금욕적이고 '탈속적인' 몽상가나 신에 취한 사람[7]과 혼동하거나 그러한 사람들로 오해해왔다. 오늘날 사람들이 '현명하게' 살거나 '철학자로서' 살고 있다고 누군가를 칭찬할 때 이는 거의 '영리하게 세상을 피해 살고 있다'는 것을 의미할 뿐이다. 지혜라는 것은 천박한 인간들에게는 일종의 도피, 즉 불리한 유희에서 잘 빠져나올 수 있는 수단이자 기교로 보인다. 그러나 참된 철학자는 '비철학적으로', '현명하지 못하게', 무엇보다도 **약삭빠르지 않게** 산다. 우리에게는 그렇게 보이지 않는가? 나의 친구들이여. 그는 인생의 수백 가지 시련과 유혹을 감내해야 한다는 의무를 느낀다. 그는 끊임없이 **자진해서** 모험에 뛰어들며 불리한 유희를 행한다.

---

7) 스피노자가 '신에 취한 사람'으로 불렸다.

206.

천재, 즉 최상의 의미에서 [아버지처럼] 낳게 하거나 [어머니처럼] 낳는 인간과 비교할 때 학자, 즉 학문을 하는 평균적인 인간은 항상 노처녀와 비슷한 점이 있다. 왜냐하면 그는 노처녀와 마찬가지로 인간의 가장 가치 있는 두 가지 기능을 수행할 줄 모르기 때문이다. 사실상 사람들은 그런 점을 보상해주기 위한 것처럼 학자와 노처녀를 존중하기는 하지만—이 경우 사람들은 그들의 체면을 살려주는 데 역점을 둔다—이렇게 마지못해 존중하면서도 [존중심과] 동일한 정도의 역겨움을 느끼게 된다. 보다 정확하게 살펴보자. 학문하는 인간이란 어떤 인간인가? 우선 그는 고귀하지 못한 종류의 인간, 즉 지배할 능력도 없고 권위도 없고 자족할 줄도 모르는 종류의 인간이 갖는 덕을 구현한 인간이다. 그는 부지런하고 참을성 있게 질서에 적응하며 균형 있고 절도 있는 능력과 욕구를 지니고 있다. 그는 자기와 같은 사람들이나 그런 사람들이 필요로 하는 것을 감지할 수 있는 본능을 가지고 있다. 예를 들면 그는 약간의 독립성과 푸른 목초지—이런 것이 없으면 노동으로부터의 휴식은 존재할 수 없다—를 필요로 하며, 명예와 인정(무엇보다도 학계의 인정이 필수적이다) 그리고 찬란한 명성을 얻고 싶어 한다. 또한 그는 끊임없이 자신의 가치와 유용성을 입증받고 싶어 하는데, 이것은 가축 떼처럼 종속적인 인간들의 심정 밑바닥에 있는 자신에 대한 내적인 불신을 끊임없이 극복하는 데 필요한 것이다. 당연한 일이지만 학자는 고귀하지 못한 종류의 병폐와 악습을 지니고 있다. 그는 소심한 질투에 잔뜩 사로잡혀 자신이 올라갈 수 없는 높이에 있는 사람들의 약점을 찾으려고 살쾡이처럼 눈을 번뜩거린다. 때로 그가 사람들에게 친숙하게 굴어도 그는 어느 정도만 마음을 열 뿐 **활짝 열지는 않는다.** 그는 완전히 마음을 여는 인간 앞에서는 더 싸늘해지고 겹겹이 마음의 문을 닫아버린다. 그때 그의 눈은 기쁨도 공감의 파문도 전혀 찾아볼 수 없는 매끄럽고 무심한 호수와 같은 것이 된다. 학자가 할 수 있는 최악의 가장 위험한 일은 그런 종류의 인간이 지닌 범용한 본능에서 비롯된다. 즉 그것은 비범한 인간을 본능적으로 근절하려고 하고 팽팽하게 당겨진 활을 부러뜨리려 하거나—오히려 이렇게 말하는 것이 좋을 것이다!—**활시위를 이완시키려고** 하는 저 예수회와 같은 범용함에서 비롯되는 것이다. 다시 말해 배려하는 부드러운 손길로, 다정스런 동정의 손길로 **활시위를 이완시키는 것,** 이것이야말로 항상 자신을 동정의 종교로 세상에 알릴 줄 알았던 예수회의 특기다.

207.

모든 주관적인 것과 그것의 저주받은 독선에 죽을 정도로 한 번이라도 진저리를 쳐보지 않은 사람이 있을까? 따라서 우리는 **객관적인 정신**을 감사하는 마음으로 받아들인다. 그렇지만 궁극적으로 우리는 그 감사하는 마음을 경계할 줄 알아야 하며, 정신의 자기 부정과 비개성화를 흡사 목적 자체나 구원이나 정화로서 과장스럽게 찬양하는 오늘날의 경향에 제동을 걸어야만 한다. 이러한 경향은 특히 '무관심한' 인식에 최고의 경의를 표할 만한 나름의 충분한 이유를 갖고 있는 염세주의 학파에서 쉽게 찾아볼 수 있다.[8] 염세주의자와 똑같이 더 이상 저주하지 않고 욕하지 않는 객관적 인간, 수천 번의 완전한 실패와 부분적인 실패를 경험한 후 학문적인 본능이 한 번에 만발했다가 시들어버리는 **이상적인** 학자는 분명히 이 세상의 가장 귀중한 도구들 중 하나다. 그러나 그는 보다 강한 자의 소유가 된다. 우리는 그가 도구에 불과하다고 말한다. 그는 거울이다. 그는 그 자신이 목적이 되지 못한다. 객관적인 인간은 사실상 하나의 거울이다. 즉 그는 인식되기를 바라는 모든 것 앞에 복종하는 데 길들여져 있고 인식하는 일, 즉 '비추는 일' 이외의 다른 즐거움을 알지 못한다. 그는 어떤 것이 다가올 때까지 기다리면서 유령 같은 존재의 가벼운 발자국과 재빠르게 지나치는 소리조차도 자신의 표면과 피부에 남겨놓기 위해서 자신을 부드럽게 펼쳐놓는다. '개인적인 것'이 자신에게 아직 남아 있다 해도 그는 그것을 우연한 것이나 때로는 자의적인 것으로 받아들이며 대개는 방해물로 받아들인다. 그 정도로 그는 낯선 형태들과 사건들의 통

---

8) 쇼펜하우어는 모든 욕망에서 벗어나 있는 '무관심한' 인식 내지 예술적 직관을 통해서 사물의 참된 본질이 드러난다고 보았다.

로이자 반영이 되어버렸다. 그는 '자신'을 기억하려고 애써보지만 자주 잘못을 저지른다. 그는 쉽사리 자신을 다른 사람과 혼동하고, 자신의 진정한 욕구를 잘못 파악하며, 이 점에서만은[자신의 욕구를 파악한다는 점에서만은] 섬세하지 못하고 부주의하다. 아마도 그는 자신의 건강이라든가 여자나 친구의 방 안 공기와 같은 사소한 일이라든가 교제할 사람이 없다든가 하는 일로 고통을 받을 것이다. 실로 그는 자신의 고통에 대해서 억지로 숙고해보지만, 쓸데없는 일이다! 그의 생각은 자신의 문제를 떠나 이미 **보다 일반적인** 일들을 향해서 방황하며 자신의 문제를 어떻게 해결할 수 있을지를 어제도 몰랐지만 내일도 알지 못한다. 그는 자신에 대한 진지함을 잃어버렸으며 자신을 위한 시간도 잃어버렸다. 그가 쾌활한 것은 걱정이 없어서가 **아니라** 자신의 어려움을 스스로 다루고 해결할 수 있는 능력을 결여하고 있기 때문이다. 그는 모든 사물과 체험을 기꺼이 받아들이는 데 길들여져 있으며 자신이 마주치는 모든 것을 아무런 사심 없는 밝은 호의와 함께 받아들인다. 또한 그는 무분별한 친절과 긍정과 부정에 대해서 위험할 정도로 개의치 않는다. 아아, 그가 자신의 이러한 미덕에 대한 대가를 치러야만 하는 경우는 너무나 많다! 인간으로서의 그는 너무나 쉽게 이러한 미덕들의 찌꺼기가 되어버린다. 만일 누군가가 그에게서 사랑과 증오를 원한다면—내가 생각하는 것은 신이나 여성 또는 동물이 이해하는 것과 같은 사랑과 증오다—그는 자신이 할 수 있는 것을 하고 자신이 줄 수 있는 것을 줄 것이다. 그러나 그가 할 수 있고 줄 수 있는 것이 많지 않으며, 바로 그때 그가 거짓되고 허약하고 의심스럽고 허물어져 가는 모습을 보인다 하더라도 놀랄 일은 아니다. 그의 사랑은 의도적인 것이고 그의 증오는 인위적인 것이며, 차라리 일종의 곡예이며 보잘것없는 허영과 과장이다. 그는 객관적으로 존재해도 좋은 한에서만 진실할 수 있다. 자신의 쾌활한 전체성 속에서만 그는 아직 '자연'이며 '자연스러울' 수 있다. 영원히 자신을 갈고 닦는 거울로서의 그의 영혼은 더 이상 긍정할 줄도 부정할 줄도 모른다. 그는 명령하지 않는다. 그는 또한 파괴하지 않는다. 그는 라이프니츠와 함께 이렇게 말한다. "나는 거의 아무것도 경멸하지 않는다." 거의라는 말을 넘겨듣거나 경시하지 말기 바란다! 그는 모범적인 인간도 아니다. 그는 남을 선도하지도 추종하지도 않는다. 그는 선과 악의 어느 쪽에 편을 들 이유를 갖기에는 대체로 너무 멀리 떨어져 있다. 사람들은 그토록 오랫동안 그를 **철학자**로 오인해왔고 문화의 제왕으로서 문화를 육성하고 문화에 대한 권력을 장악한 자로 오인해왔는데, 이는 그에게 과분한 영예를 부여한 것이며 그의 본질적인 특성을 간과한 것이다. 그는 하나의 도구이며 노예다. 물론 노예 가운데 가장 고상한 종류의 노예이기는 하지만 그 자체로서는 아무것도 아닌 존재다. 거의 아무것도 아닌 것이다! 객관적인 인간은 하나의 도구이며, 귀중하고 부서지기 쉽고 때가 끼기 쉬운 측정 도구이며 예술작품으로서의 거울이다. 따라서 사람들은 그것을 소중히 하고 존중해야 한다. 그러나 객관적인 인간은 목적도 출발점도 아니고, 시초도 여타의 존재에 정당성을 부여하는 보조적인 존재도 아니고 종결도 아니다. 발단도 산출자도 제일 원인도 아니며 지배자가 되려고 하는 거칠고 강력하고 자립적인 자도 아니다. 그는 오히려 부드럽게 부풀린 채로 움직이는 섬세한 항아리 주형과 같은 존재로서, '일정한 형태를 갖기 위해서는' 어떤 내용이나 내실이 주어지기를 기다려야만 하는 존재다. 보통 그는 내용과 내실이 없는 인간이며 '몰아(沒我)적인' 인간이다. 따라서 여성에게도 아무것도 아닌 존재다.

208.

오늘날 어떤 철학자가 자신이 회의주의자가 아니라고―이 점은 객관적인 정신에 대한 바로 위의 서술에서 밝혀졌으리라고 믿는다―밝힌다면, 세상사람 모두가 그 말을 듣기 싫어할 것이다. 그 말을 들은 직후부터 사람들은 꺼림칙한 눈길로 그를 지켜보고 너무나 많은 것을 묻고 또 묻고 싶어 할 것이다. 그때부터 그 철학자는, 그를 두려워하면서 그의 말에 귀를 기울이는 많은 사람 사이에서 위험한 자로 간주되기 시작할 것이다. 사람들은 그가 회의주의를 거부한다는 말을 듣게 될 때 마치 멀리서 어떤 불길하고 위협적인 굉음이라도 들은 것처럼, 어디선가 새로운 폭약 실험이 행해진 것처럼 느낄 것이다. 이를테면 정신의 다이너마이트, 혹은 아마도 새롭게 발견된 러시아식 니힐리즘, 단순히 부정(否定)을 말하고 부정하고 싶어 할 뿐 아니라—생각만 해도 끔찍한 일이지만!—부정을 행하는 선한 의지의 염세주의가 폭발한 것처럼 느낄 것이다. 오늘날 모든 사람이 인정하듯이 이러한 유형의 '선한 의지'—행동을 통해서 생을 실제로 부정하려는 의지—를 잠재우고 진정시키는 수단으로는 회의주의, 즉 부드럽고 사랑스럽게 노래를 불러 잠들게 하는 아편 같은 회의주의보다 더 좋은 것이 없다. 오늘날에는 햄릿[9]마저도 의사들에 의해 '정신'과 그 근저의 동요에 대한 처방으로 사용되고 있는 실정이다. 정적의 친구요 일종의 치안경찰인 회위주의자는 이렇게 말한다. "우리들의 귀는 불쾌한 굉음으로 인해 벌써 터질 것 같지 않은가? 지하에서 들려오는 이 부정의 소리는 정말 소름이 끼친다! 그대 염세주의의 두더지들이여, 제발 조용히 해다오!" 회의주의자들은 유약한 존재들이기 때문에 아무것도 아닌 것에도 너무 쉽게 놀란다. 그의 양심은 어떤 부정에도, 심지어 단호하면서도 분명한 긍정에도 경련을 일으키면서 어떤 것에 물리기라도 한 것처럼 느끼도록 훈련되어 있다. [단호한] 긍정과 부정은 그의 도덕에 대립되는 것이다. 반대로 그는 기품 있게 겸손해하면서 자신의 덕을 찬양하는 것을 좋아한다. 예를 들어 그는 몽테

---

9) 여기서 햄릿은 '죽을 것인지 살 것인지(to be or not to be)' 결정을 못 내리고 회의만 하는 정신 상태를 가리킨다고 할 수 있다.

뉴[10])를 따라 "내가 무엇을 안다는 말인가?" 또는 소크라테스를 따라 "나는 내가 아무것도 모른다는 사실을 안다"라고 말한다. 또는 "이 점에서 나는 자신이 없으며 이 점에서는 내게 모든 문이 닫혀 있다" 또는 "설령 문이 열려 있다 하더라도 무엇 때문에 당장 들어가야 하는가!" 또는 "너무 성급한 가설이 무슨 소용이 있는가? 아무런 가설도 전혀 세우지 않는 것이 아마도 좋은 취미에 속하는 일일 것이다. 그대들은 구부러져 있는 것을 즉시 똑바로 펴야만 하는가? 모든 구멍을 삼으로 된 천으로 꼭 틀어막아야만 하는가? 시간이 있지 않은가? 시간에는 여유가 있지 않은가? 오 그대들 악마 같은 무리여, 그대들은 도대체 **기다릴** 수 없는가? 불확실한 것조차도 나름의 매력을 가지고 있다. 스핑크스조차도 일종의 키르케[11])이고 키르케조차도 일종의 철학자였다"라고 말한다. 이런 식으로 회의주의자는 자신을 위로한다. 그가 약간의 위로를 필요로 한다는 것은 사실이다. 왜냐하면 회의주의는 속된 말로 신경쇠약이나 허약증으로 불리는 복합적인 생리 상태의 가장 정신적인 표현이기 때

---

10) Michel Eyquem de Montaigne(1533–1592)는 프랑스 르네상스 시대의 철학자·문학자이며 『수상록 *Les Essais*』으로 유명하다. 온건한 회의주의자였으며, '내가 무엇을 안다는 말인가?(Que Sais Je?)'는 『수상록』에 모토(motto)로 실려 있다.

11) 키르케는 오디세우스의 부하들을 돼지로 변화시켰던 마녀로, 니체에서 키르케는 보통 유혹적인 힘을 가리키는 의미로 쓰인다.

문이다. 그것은 오랫동안 서로 분리되어 있었던 종족들이나 신분들이 결정적이고 갑작스런 방식으로 뒤섞이게 될 때마다 일어난다. 상이한 척도들과 가치들을 자신의 피 속에 물려받은 새로운 세대에서는 모든 것이 불안, 혼란, 의혹, 시험적인 것이 되는 것이다. 그들이 물려받은 최상의 힘들은 서로를 저지하며, 물려받은 덕들조차도 서로를 성장시키고 강하게 만들지 못한다. 신체와 영혼에는 균형, 중심, 평형감각이 결여되어 있다. 그러나 이러한 잡종의 인간들에게서 가장 깊이 병들고 퇴화하는 것은 바로 **의지다**. 그들은 독립적으로 결단을 내릴 줄 모르며 의지에 깃들인 용감한 쾌감을 전혀 알지 못한다. 그들은 꿈속에서도 '의지의 자유'를 의심한다. 극단적인 신분혼합과 그에 따른 종족혼합이 무의미하게 갑작스럽게 시도되고 있는 장인 오늘날의 유럽은 그 때문에 상하를 막론하고 회의주의적이다. 어떤 때는 초조하게 무엇인가를 탐하면서 이 가지에서 저 가지로 뛰어다니고, 어떤 때는 의문부호를 가득 실은 구름처럼 음울해 하면서 자신의 의지에 자주 염증을 느낀다! 이른바 의지 마비증이다. 오늘날 이 불구자가 앉아 있지 않는 곳은 없다! 그리고 자주 자신을 치장한다! 얼마나 유혹적으로 치장을 하는가! 이러한 병을 위해 화려하지만 속임수에 불과한 가장 아름다운 의상이 존재한다. 예를 들어 오늘날 '객관성', '과학성', '예술을 위한 예술', '의지에서 자유로운 순수한 인식'으로서 진열장에 전시되어 있는 것 대부분은 단지 화려하게 장식한 회의주의와 의지 마비증일 뿐이다. 유럽이 이 병에 걸려 있다는 진단에 대해서는 내가 보증을 할 것이다. 이러한 의지의 병은 고르지는 않지만 유럽 전역에 퍼져 있다. 그것은 문화가 가장 오랫동안 개화한 지역에서 맹위를 떨치고 있으며 또한 가장 다채롭게 나타나고 있다. 그것은 '야만인'이 아직도—아니면 또다시—서구식 교양의 헐렁한 의상을 입고서 자신의 권리를 주장하는 것에 비례해서 사라진다. 따라서 누구나 쉽게 추론할 수 있고 분명하게 파악할 수 있는 것처럼 오늘날의 프랑스에서는 의지가 가장 심하게 병들어 있다. 그 정신의 파멸적인 변화를 매력적이고 유혹적인 것으로 전환하는 대가다운 솜씨를 늘 지녀왔던 프랑스는 오늘날 회의라는 모든 마술의 학교이자 전시장으로서 유럽에 문화적 우월성을 과시하고 있다. 의지력, 더구나 어떤 것에 대한 의지를 오랫동안 견지하는 힘은 독일이 좀 더 강하며, 중부 독일보다는 북부 독일이 더 강하다. 영국, 스페인, 코르시카에서는 현저하게 더 강하며, 이러한 강한 의지는 영국과 스페인의 경우 점액질과 연관이 되어 있으며 코르시카에서는 단단한 두개골과 연관되어 있다. 이탈리아에 대해서는 말할 필요가 없다. 왜냐하면 이 나라는 너무 젊어서 자신이 무엇을 의욕하는지를 확실히 알지 못하며 자신이 도대체 의욕할 수 있는지를 입증해야만 하기 때문이다. 그러나 가장 강하고 놀라운 나라는 유럽이 아시아로 역류해 들어가는 중간지대에 위치하고 있는 저 거대한 제국, 즉 러시아이다. 거기에서는 의지력이 오랫동안 비축되고 저장되었으며, 의지가—부정의 의지인지 긍정의 의지인지는 불확실하지만—가장 강하고 가장 위협적인 방식으로, 오늘날의 물리학자들이 즐겨 사용하는 말을 빌리자면, 방출될 날만을 기다리고 있다. 유럽이 자신에 대한 이 최대의 위험에서 벗어나려면 인도에서 전쟁이 일어나든가 아시아에서 분규가 일어날 필요가 있을 뿐 아니라 러시아 제국이 내부적으로 붕괴되고 작은 단위의 나라들로 분열될 필요가 있으며, 무엇보다도 모든 사람이 아침식사를 하면서 신문을 읽어야 하는 의무를 포함하여 의회제도라는 어리석은 제도가 러시아에 도입될 필요가 있다. 그렇다고 내가 이런 일이 일어나기를 바라는 것은 아니다. 내가 바라는 것은 오히려 정반대의 것이다. 내가 원하는 것은 유럽이 러시아와 동일한 정도로 위협적인 존재가 될 것을 결단하지 않으면 안 될 정도로 러시아의 위협이 증대되는 것이다. 유럽은 유럽을 지배하는 새로운 계급(Kaste)을 통해 하나의 의지, 즉 수천 년을 초월하는 목표를 세울 수 있는 끈질기고 무서운 고유의 의지를 획득하기 위해 결단하지 않으면 안 된다. 이와 함께 '소국들로의 분열(Kleinstaaterei)'이라는 오랫동안 끌어온 희극이, 또한 군주제나 민주주의와 같은 의지 분열의 희극이 마침내 종언을 고하게 될 것이다. 졸렬한 정치(kleine Politik)를 위한 시대는 지나갔다. 다음 세기의 도래와 함께 지상의 지배(Erd-Herrschaft)를 둘러싼 투쟁이 시작될 것이며 그 결과 필연적으로 위대한 정치[12]가 도래하게 될 것이다. 즉 위대한 정치를 향한 강제가 도래한다.

209.

우리 유럽인들이 새로운 전쟁 시대로 들어선 것은 분명하지만 이러한 시대가 다른 보다 강한 유형의 회의주의가 발전하는 데 어느 정도까지 유리하게 작용할 것인가. 이에 대해서 나는 우선 독일사에 취미를 가진 사람이라면 쉽게 이해할 수 있을 한 가지 비유를 말하고 싶다. 잘생기고 키가 큰 보병이라면 열광적으로 좋아했으며 프러시아의 왕[13]으로서 독일인의 정신 속에 상무(尙武)적이고 회의적인 정신을 불러일으켰고 이와 함께 근본적으로 이제 막 당당하게 등장한 독일인의 새로운 유형을 형성했던 문제적이고 광적인 인물이었던, 프리드리히 대왕[14]의 아버지는 한 가지 점에서는 천재적인 재주와 통찰력을 갖고 있었다. 그는 당시 독일에 무엇이 결여되어 있었는지를, 예를 들면 교양과 사교 예절의 결여보다

---

12) 니체는 위대한 정치를 서로 상반되는 두 가지 의미로 사용하고 있다. 하나는 비스마르크처럼 거대한 제국을 추구하는 정치이며, 다른 하나는 니체 자신이 지향하는 정치로 초인이 지배하면서 사람들이 건강한 정신으로 살게 하는 정치를 가리킨다. 여기에서는 나중의 의미로 쓰였다.

13) 프리드리히 빌헬름 1세(1688-1740)로서, 재위 기간은 1713-1740.

14) Friedrich II(1712-1786)는 18세기의 계몽군주로, 아버지인 프리드리히 1세가 남긴 8만의 군대로 오스트리아 계승전쟁과 7년전쟁에서 승리하여 가난한 나라 프로이센을 일약 강대국으로 만들어 프리드리히 대왕이라 불리게 되었다.

도 백배나 더 중요하고 절박한 결함이 어떤 것인지를 알고 있었다. 젊은 프리드리히에 대한 그의 반감은 어떤 깊은 본능적인 불안감에서 비롯된 것이었다. 그것은 남자다운 남자들이 없었다는 것이었다. 그는 자신의 아들이 충분히 남자답지 못한 것은 아닌지 의심하면서 아들에 대해서 심하게 불만스러워했다. 이 점에서 그는 자신의 아들을 잘못 보았다. 그러나 그와 같은 입장에서라면 누가 잘못 보지 않을 수 있겠는가? 그는 자신의 아들이 무신론과 에스프리[15] 그리고 재기발랄한 프랑스인들의 경박한 향락주의에 빠져 있는 것을 보았다. 그는 이것들의 배후에 저 거대한 흡혈귀인 회의주의의 거미가 있는 것을 보았다. 그는 자신의 아들의 마음이 선뿐 아니라 악을 행할 정도로 충분히 강인하지 못하고, 더 이상 명령하지 않고 명령할 수도 없을 정도로 의지가 손상되어 치유 불가능한 비참한 상태에 있지 않은가 하고 의심했다. 그러나 그 사이에 그의 아들 안에서는 보다 위험하고 보다 강인한 새로운 종류의 회의주의가 자라고 있었다. 바로 아버지의 증오와 고독하게 살 수밖에 없는 의지의 얼음처럼 차가운 우울증이 그러한 회의주의가 자라나는 데 매우 유리한 조건을 조성했다는 사실을 누가 제대로 알겠는가? 과감한 남성미를 지닌 저 회의주의는 전쟁과 정복을 위한 천재성과 밀접한 관계가 있으며 프리드리히 대왕의 모습으로 독일에 처음으

---

15) 여기서 에스프리는 섬세한 정신을 가리킨다고 할 수 있다.

로 등장하게 되었던 것이다. 이러한 회의주의는 경멸하지만 그럼에도 불구하고 붙잡으며, 무너뜨리면서도 소유한다. 그것은 쉽사리 믿지 않지만 그 때문에 자신을 상실하지는 않는다. 그것은 정신에 위험한 자유를 부여하지만 감정은 엄격하게 통제한다. 그것은 **독일적** 형태의 회의주의이며 가장 정신적인 것으로 고양된 프리드리히주의로서 지속되면서 상당히 오랫동안 유럽을 독일 정신과 비판적인 역사적 불신의 지배 아래 두었다. 독일의 위대한 문헌학자들과 비판적인 역사학자들(잘 살펴보면 그들 모두는 파괴와 해체의 예술가들이기도 했다)의 강하고 끈질긴 불굴의 남성적 성격 덕분에 음악과 철학에서의 전반적인 낭만주의적 경향에도 불구하고 점차로 독일 정신의 **새로운** 개념이 확립되었다. 이러한 독일 정신의 새로운 개념에서는 남성적인 회의주의를 지향하는 경향이 결정적으로 전면에 나타났다. 예를 들어 그러한 경향은 어떤 것에도 놀라지 않는 대담한 시선, 용감하고 냉혹한 분석, 위험스런 탐구여행과 황량하고 위험한 기상 조건 아래서 정신적인 북극여행을 하려는 강인한 의지로서 나타났다. 따뜻한 피를 가진 천박한 인도주의자들이 이러한 정신 앞에서 성호를 긋는다고 해서 이상할 것은 없다. 미슐레[16]는 두려워 떨며 이러한 정신을 숙명적이고 역설적인 메피스토

---

16) Jules Michelet(1798—1874)는 프랑스의 역사가로 역사의 주체를 민중으로 보았다.

텔레스적인 정신이라고 불렀다. 그러나 유럽을 독단의 잠[17]에서 일 깨운 독일 정신의 '남성성'에 대한 이러한 공포가 얼마나 큰 것인가 를 감지하려면, 이 남성성이라는 개념에 의해서 극복되어야만 했 던 이전의 개념을 상기해보는 것이 좋으리라. 남성화된 한 여성[18] 이 방자하고 오만불손하게 독일인들을 부드럽고 친절하고 의지가 박약하며 시인 같은 얼간이로 간주함으로써 유럽인들의 동정을 사 게 한 것도 그리 오래된 일은 아니다.[19] 마지막으로 우리는 괴테를 만났을 때의 나폴레옹의 놀라움을 깊이 이해해야만 한다. 그것은 수 세기 동안 '독일 정신'이라는 것이 유럽인들 사이에 어떻게 이해 되었는지를 보여준다. '여기에 한 인간이 있다(Voilà un homme!)'라 는 나폴레옹의 말[20]은 실은 다음과 같은 것을 의미했다. "이 사람 은 남자가 아닌가! 나는 독일인을 만나리라고 기대했을 뿐인데!"

---

17) 칸트의 『프롤레고메나 Prolegomena』(1783)의 서문에 나오는 유명한 구절이 다. 칸트는 자신을 '독단의 잠'에서 처음으로 깨어나게 한 사람은 흄이었다고 말하고 있다.

18) 프랑스 혁명기에 활동했던 낭만주의 작가인 스탈 부인(Madam de Staël, 1766–1817)을 가리킨다. 저서 중에 『독일론 L'Allemagne』(1810)이 있다.

19) Madam de Staël의 De L'Allemagne(Paris, 1810)를 가리킨다.

20) Goethe, 「나폴레옹과의 대화 Unterredung mit Napoleon」(1808). 이 글에서 괴테는 1808년 10월 2일자에 이렇게 쓰고 있다. "그가 나를 바라보면서 '여기 에 한 인간이 있다'고 말했다. 나는 허리를 굽혀 그에게 인사했다." *Annalen oder Tag- und Jahreshefte von 1749 bis Ende 1822.*

210.

만약 미래의 철학자들 모습에서 그들 바로 앞 절에서 언급된 의미의 회의주의자임에 틀림없다고 추측할 수 있는 특징이 있다고 했을 때, 이러한 특징은 그들이 가진 특징의 일부일 뿐이며 전체는 아니다. 그들은 회의주의자라고 불릴 수 있지만 또한 얼마든지 비판가라고 불릴 수 있다. 그들을 비판가라고 부름으로써 나는 그들이 실험가이며 시험을 즐긴다는 점을 특별히 강조했다. 이 점을 특별히 강조한 것은 그들이 육체와 영혼에 대한 비판가로서 아마도 보다 넓고 보다 위험한 새로운 의미의 실험을 하기를 좋아하기 때문이었다. 인식에 대한 열정으로 인해 그들은 민주주의적 세기의 부드럽고 유약한 취미가 허용할 수 있는 것 이상으로 대담하고 고통스런 실험을 행할 수밖에 없게 된다. 이 미래의 철학자들에게서 회의주의자와 구별되는 비판가의 진지하고 적잖이 위험한 특성들을 빼놓을 수 없다는 사실은 의심할 여지가 없다. 그러한 특성이란 가치척도의 확실함, 의식적으로 통일적인 방법을 사용하는 것, 지혜로운 용기, 독립성, 스스로 책임을 질 수 있는 능력을 가리킨다. 실로 그들은 자신들이 아니요라고 말하는 것과 해부하는 것에 쾌감을 느낀다는 것과 피를 토할 듯 마음이 고통스러울 때조차도 메스를 확실하고 정교하게 놀릴 줄 아는 빈틈없는 잔혹성을 지니고 있다는 것을 인정한다. 그들은 인도주의적인 인간들이 기대하는 것 이상으로 **냉혹할** 것이다(그리고 아마도 항상 자기 자신에 대해서만 냉혹하지는 않을 것이다). 그들은 진리가 그들을 '기쁘게 하거나' '고무시키거나' '감동시킨다'는 이유로 진리를 추구하지는 않을 것이다. 오히려 그들은 진리가 우리의 기분을 즐겁게 하리라고 믿지 않을 것이다. 이 엄격한 정신은 누군가가 그들의 면전에서 "저 사상은 나를 고무시키는데, 어떻게 그것이 진리가 아닐 수 있겠는가?"라거나, "저 작품은 나를 매료시킨다. 어떻게 그것이 미(美)가 아닐 수 있겠는가?"라거나 "저 예술가는 나로 하여금 위대하게 된 느낌을 갖게 한다. 어떻게 그가 위대하지 않을 수 있겠는가?"라고 말할 때 아마도 미소로 답할 것이다. 그들은 아마도 이런 식의 열광적이고 이상주의적이고 여성적이고 중성적인 모든 것에 대해서 미소를 지을 뿐 아니라 진실로 구토를 느낄 것이다. 그들의 비밀스런 가슴 속까지 살펴볼 줄 아는 사람이라도 그들의 가슴속에서 '그리스도교적인 감정'을 '고대적인 취미'와 심지어 '근대적인 의회주의'와 조화시키려는 의도를 발견하기는 어려울 것이다.[21] (매우 불확실하고, 따라서 매우 유화적인 우리 세기에서는 철학자들에게도 그러한 유화적인 태도가 나타나게 된다.) 이 미래의 철학자들은 정신적인 문제들에서 순

---

21) 니체가 그리스도교적 감정이 근대적인 의회주의와 결합되기 어렵다고 말할 때 염두에 두고 있는 그리스도교는 금욕주의적 · 종말론적인 그리스도교라고 할 수 있다. 니체는 이러한 그리스도교는 세속적인 일에 몰두하는 근대적인 의회주의와 결합될 수 없다고 보지만, 니체 당시에 그리스도교를 근대적인 의회주의와 결부시키려는 사상적 시도가 있었던 것 같다.

수성과 엄격성을 견지하려는 습성과 비판적인 훈련을 자기 자신에게만 요구하지 않을 것이다. 그들은 그것들을 일종의 보석처럼 사람들에게 제시할 것이다. 그렇다고 해서 그들이 비판가로 불리기를 원하는 것은 아니다. 오늘날 흔히 보이는 현상이지만 사람들이 "철학 자체는 비판이요 비판적 학문이며 그 외의 아무것도 아니다!"라고 선언할 때, 그들은 그것을 철학에 대한 적지 않은 모욕이라고 생각한다. 철학에 대한 이러한 가치평가는 프랑스와 독일의 모든 실증주의자로부터 갈채를 받을 것이다. (그리고 그것은 아마도 **칸트**의 마음을 흡족하게 하고 그의 취향에도 부합될 것이다. 그의 주저들의 제목을 생각해보라.) 그럼에도 불구하고 우리의 새로운 철학자들은 이렇게 말할 것이다. 비판가들은 철학자의 도구이며 바로 이 때문에 아직 철학자 자체가 되기에는 멀었으며 도구에 불과할 뿐이라고. 쾨니히스베르크의 위대한 중국인[22]도 단지 위대한 비판가였을 뿐이다.

---

22) 칸트를 가리킨다. 쾨니히스베르크는 칸트가 죽을 때까지 머물렀던 도시이며, 여기서 중국인이란 무조건적인 순종을 미덕으로 삼는 인간을 가리킨다고 볼 수 있다. 권위에 순종적인 인간을 하필 중국인이라고 부르는 데서 알 수 있듯이 니체도 중국을 비롯한 아시아인들이 권위에 순종적이라고 보는 당시 유럽인들의 편견을 공유하고 있다고 할 수 있다. 칸트가 도덕률에 대한 무조건적인 복종을 요구한다는 의미에서 니체는 칸트를 쾨니히스베르크의 중국인이라고 부르고 있다.

211.

나는 사람들이 더 이상 철학자를 철학적인 노동자나 일반적인 과학적인 인간과 혼동해서는 안 된다고 강력하게 주장한다. 바로 이 점에서 우리는 엄격하게 '각자에게 각자에 걸맞은 대우'를 해주어야 한다. 말하자면 철학적 노동자나 과학적인 인간을 너무 높이 평가하거나 철학자를 너무 낮게 평가해서는 안 된다는 것이다. 진정한 철학자의 위치로 올라서려는 사람이라면 일단 그의 하인에 불과한 철학의 과학적인 노동자들이 머물고 있는 모든 단계—그들은 항상 그 자리에 머물러 있을 수밖에 없는 자들이다—를 그 역시도 한 번씩은 밟아보는 것이 필요할 것이다. 인간적인 가치들과 가치 감정들의 전 영역을 편력하고 다양한 눈과 양심으로 높은 곳으로부터 모든 먼 곳을, 낮은 곳으로부터 모든 높은 곳을, 구석으로부터 모든 드넓은 곳을 조망할 수 있기 위해서, 그는 아마도 그스스로 비판자이자 회의주의자로, 독단론자이며 역사가로, 그 외에 시인이며 수집가로, 여행자이며 수수께끼를 푸는 자로, 도덕주의자이고 예견하는 자로, '자유정신'이고 거의 모든 유형의 인간으로 존재해야 했을 것이다. 그러나 이 모든 것은 그가 자신의 과업을 실현하기 위한 전제조건들일 뿐이다. 이러한 과업 자체는 다른 것을 원하는바, 그것은 그가 **가치를 창조**할 것을 요구한다. 칸트나 헤겔의 고상한 모범을 따르는 철학적 노동자들은 **논리적인** 영역이든 **정치적인**(도덕적인) 영역이든 **예술적인** 영역이든, 아무튼 어떤 영역을 다루든 간에 가치평가에 관한 방대한 자료들, 즉 한동안 '진리'라고 불리면서 이제까지 큰 영향력을 행사해온 과거의 가치**평가**와 가치창조에 관한 자료들을 확정하고 정식화해야만 한다. 이들 연구자가 할 일은 이제까지 일어났던 일과 이제까지 평가되어왔던 모든 것을 개관(槪觀)하거나 숙고하기 쉽게 만들고 이해하거나 다루기 쉽게 만들며, 그 방대한 것을—심지어 시간마저도—축소시킴으로써 그 모든 과거를 쉽게 처리할 수 있게 만드는 것이다. 이것은 분명히 엄청나고도 경탄할 만한 작업이며, 아무리 의지가 강하고 자부심이 강한 사람이라도 충만히 만족을 느낄 수 있는 작업이다. 그러나 진정한 철학자는 **명령하는** 자며 **입법자**다. 그들은 '이렇게 되어야 한다!'라고 말한다. 그들은 우선 인간이 어디로 가야 하고 어떠한 목적을 가져야 할지를 규정하는 작업을 하면서, 과거를 정리해온 모든 사람과 모든 철학적 노동자의 준비 작업을 자신의 뜻대로 사용한다. 그들은 창조적인 손으로 미래를 붙잡는다. 그리고 이제까지 존재해왔던 것과 또 현재 존재하는 모든 것은 그들을 위한 수단, 도구, 망치가 된다. 그들의 '인식'은 **창조**이며, 그들의 창조는 하나의 입법이고, 그들의 진리에의 의지는 **힘에의 의지**다. 오늘날 그러한 철학자들이 존재하는가? 일찍이 이러한 철학자들이 존재했던가? 이러한 철학자들이 존재**해야만** 하지 않을까?

212.

나는 날이 갈수록 더욱더 이렇게 생각하게 된다. 즉 필연적으로 내일과 모래의 인간이 될 수밖에 없는 철학자는 항상 자신이 살고 있는 오늘과 모순 속에 존재해왔고 또한 그렇게 존재할 수밖에 없다고. 그의 적은 항상 오늘의 이상이었다. 사람들이 철학자라고 부르는 인간의 육성자, 이 모든 비범한 존재는 이제까지 자신을 지혜의 친구라기보다는 오히려 사람들을 불쾌하게 만드는 바보이자 위험한 물음표로 느껴왔다. 그들은 자신들의 사명을 자기 시대의 불쾌한 양심으로 존재하는 것에서 발견했다. 이러한 사명은 혹독하고 그들이 원하지 않은 것이었고 그렇다고 거부할 수도 없는 사명이었다. 그러면서도 궁극적으로는 위대한 것이었다. 그들은 자기가 속한 **시대의 미덕**의 심장에 해부의 메스를 댐으로써, 그들의 비밀스런 과업이 무엇인지를 드러내었다. 즉 인간의 **새로운** 위대함을 인식하고 인간을 위대하게 만드는 아무도 걷지 않은 새로운 길을 발견하는 일이 바로 그것이다. 그들은 항상 당대의 가장 존중받는 도덕 유형의 이면에 얼마나 많은 위선과 안일, 자기 방임, 자포자기, 허위가 숨겨져 있고 당대의 미덕이 얼마나 많이 낡은 것인지를 폭로했다. 그들은 항상 "우리는 오늘날 그대들이 가장 불편하게 느끼는 곳으로 가야만 한다"고 말했다. 모든 사람을 한쪽 구석이나 '전문성' 속에 가두어두려는 '현대적인 이념들'의 세계에 직면하여, 철학자는—만일 오늘날에도 철학자들이 존재할 수 있다면—인간의 위대함과 '위대성'이라는 개념을 바로 그의 광범위함과 다양성 그리고 다면적인 전체성에서 찾지 않을 수 없을 것이다. 그는 어떤 사람이 얼마나 많은 것을 그리고 얼마나 다양한 것을 감당하고 받아들일 수 있는지에 따라서, 그 사람이 얼마나 멀리까지 자신의 책임 범위를 확장할 수 있는지에 따라서 그 사람의 가치와 등급을 정할 것이다. 우리 시대의 취미와 덕목이 의지를 약화시키고 있으며, 의지박약이야말로 우리 시대에 가장 특징적인 것이다. 따라서 철학자의 이상에서는 의지의 강함과 자신에 대한 준엄함 그리고 장기간 지속되는 결심이야말로 '위대함'이란 개념 속에 포함되어야만 한다. 그러나 당연한 일이지만 우리 시대와 상반되는 시대, 즉 16세기처럼 의지의 에너지가 축적되어 자기애의 사나운 분류(奔流)와 홍수로 인해 고통받았던 시대에는 [우리 시대에 요구되는 것과는] 상반된 가르침과 수줍어함과 체념, 겸손함과 사심 없는 인간성이라는 이상이 적절한 것이었다. 소크라테스의 시대에는, 다시 말해 시종일관 자신들의 삶이 따라가지 못하는 낡아빠진 화려한 언사만을 입에 담았던 보수적인 아테네인들—말로는 '행복'을 추구한다고 하면서 행동으로는 향락만을 추구했던—이나 피로에 지친 본능의 인간들로 넘치던 시대에는, 아마도 반어법이, 즉 늙은 의사이자 천민의 저 소크라테스적인 악의에 찬 확신이 영혼의 위대함을 구현하기 위해서 필요했을 것이다. 소크라테스라는 늙은 의사이자 천민은 "내 앞에서 너희들을 꾸미려 하지 말라! 여기에서 우리는 평등하다!"고 극히 분명하게 말하는 시선으로 '고귀한 자'의 살과 심장을 베었던 것처럼 무자비하게 자신의 살을 베었다. 반면에 오늘날 유럽은 무리동물만이 영예를 얻고 영예를 분배해주는 시대가 되었고, '권리의 평등'이 너무 쉽게 '권리 없는 평등'으로, 다시 말해 모든 희귀하고 이질적이며 특권적인 모든 것, 보다 높은 인간, 보다 높은 영혼, 보다 높은 의무, 보다 높은 책임, 창조력과 지배력으로 넘치는 모든 것에 대한 공통적인 투쟁으로 전환될 수 있는 시대가 되었다. 오늘날에는 고귀하게 존재한다는 것, 독립적으로 존재하려고 한다는 것, 다르게 존재할 수 있다는 것, 홀로 서고 자신의 힘으로 살아야만 한다는 것은 '위대함'이라는 개념에 속한다. 철학자가 다음과 같이 주장할 때 그는 자신의 이성의 일면을 드러내게 된다. "가장 고독하고 가장 은폐되어 있고 [무리로부터] 가장 이탈해 있는 인간, 선악의 저편에 있는 인간, 자신의 덕들의 주인으로 존재하는 인간, 의지로 넘치는 인간, 이러한 인간이야말로 가장 위대한 인간이라고 할 수 있다. 전체적이면서 다양하고 폭이 넓으면서도 충만할 수 있다는 것이야말로 위대함이라 부를 수 있다." 그런데 다시 한 번 물어보자. 오늘날 위대함이라는 것이 가능한가?

213.

철학자가 어떤 존재인지는 가르칠 수 있는 것이 아니기 때문에 배우기 어렵다. 우리는 그것을 경험으로부터 '알아야' 한다. 또는 그것을 알지 못하는 것에 대해서 긍지를 가져야만 한다. 오늘날 세상 사람들 모두가 자신들이 경험할 수 없는 것들에 대해서 말하지만, 이러한 경향은 철학자들과 철학의 특성이 문제가 될 때 특히 현저하며 최악의 형태로 나타나고 있다. 극소수의 사람만이 철학자들과 철학의 특성을 알고 있으며 또한 알 수 있다. 그것들에 대한 통속적인 견해는 모두 다 잘못된 것이다. 예를 들어 진정한 철학에서는 빠른 템포로 달리는 대담하고 분방한 정신성과 한 치의 착오도 범하지 않는 변증법적인 엄밀성과 필연성이 공존하는데, 이러한 사실은 대부분의 사상가들과 학자들이 경험할 수 없는 것이다. 따라서 누군가가 그것에 대해서 말해주려고 해도 그들은 [그런 것이 있을 수 있다는 사실을] 믿을 수 없을 것이다. 그들은 모든 필연성을 내몰리는 것, 고통스럽게 따라야만 하는 것 그리고 강제되는 것이라고 생각한다. 그리고 사고 자체를 느린 것, 주저하는 것, 고역으로 생각하거나, 자주 '고상한 사람이 땀을 흘릴 가치가 있는' 것이라고 생각하지, 경쾌하고 신적인 것, 춤과 고양된 기분과 극히 밀접한 관계에 있는 것으로서는 전혀 생각하지 않는다! 그들은 '사고'와 어떤 일을 '진지하게 받아들이고' '심각하게 받아들이는 것' 은 긴밀한 연관을 갖는 것으로 생각하는 것이다. 그들은 그런 식으로만 사고를 '체험해왔다'. 예술가들은 이 점에서 보다 민감한 후각을 가지고 있는 것 같다. 그들은 모든 것을 '의도적으로' 하지 않고 필연에 따라서 행하는 바로 그때 자유와 섬세함, 충만한 힘의 감정과 자신이 창조적으로 정립하고 제어하고 형성하고 있다는 느낌이 정점에 달한다는 사실을 너무나 잘 알고 있다. 요컨대 그러한 순간에 필연과 '의지의 자유'는 예술가들에서 하나가 되는 것이다. 결국 정신에도 위계가 존재하며 그러한 위계에 상응하여 문제들의 위계가 존재한다. 최고의 문제들은 그것들을 해결할 수 있을 정도의 정신의 높이와 힘을 갖추지 못한 채 그것들에 접근하려고 하는 사람들을 무자비하게 밀쳐내 버린다. 오늘날 흔히 볼 수 있는 현상이지만, 약삭빠른 팔방미인이나 융통성 없고 고지식한 기계론자와 경험론자들이 천민적인 야심을 품고 문제의 근처로, 말하자면 '궁정 중의 궁정' 속으로 돌진하려고 하지만 그게 가능하기나 하겠는가! 그런 양탄자를 거친 발이 디뎌서는 안 되는 것이다. 사물의 근본법칙이 그렇게 되어 있다. 이 주제넘은 자들이 아무리 머리를 찧는다고 해도 문은 닫힌 채로 있다! 높은 세계에 들어가려면 천품을 타고나야만 한다. 보다 분명히 말하자면 그러한 높은 세계에 들어갈 수 있도록 **육성되어야만** 한다. 보다 높은 의미의 철학에 대한 권리를 가지려면 오로지 태생에 의하지 않으면 안 된다. 여기에서도 선조와 혈통이 결정하는 것이다. 철학자의 탄생을 위해서는 그에 앞서는 많은 세대의 노고가 있지 않으면 안 된다. 철학자의 모든 미덕, 즉 대담하면서도 경쾌하고 부드러운 발걸음을 내딛는 그의 사상뿐 아니라 무엇보다도 아무리 큰 책임이라도 기꺼이 지려는 자세, 지배하고 내려다보는 당당한 눈길, 대중과 그들의 의무와 덕으

262

로부터 분리되어 있다고 느끼는 것, 신이든 악마든 간에 오해되고 비방받는 것을 상냥하게 보호하고 변호하는 것, 위대한 정의를 즐기고 실행하는 것, 명령의 기술, 폭넓은 의지, 좀처럼 찬양하지도 우러러보지도 않으며 사랑하지 않는 서서히 움직이는 눈, 이 모든 미덕은 하나하나 획득되고 육성되고 유전되고 체화되어야 한다.

제7장
우리의 미덕

214.

우리의 미덕? 아마 우리도 아직은 우리의 미덕을 가지고 있을 것이다. 당연히 우리 선조들의 진실하면서도 억센 미덕은 아니겠지만 말이다. 이러한 미덕 때문에 우리는 우리의 선조를 존경하면서도 경원시(敬遠視)했었다. 미래의 유럽인인 우리, 20세기의 첫 아이들인 우리―온갖 위험한 호기심, 복잡 다양성과 가장하는 기술, 부드러운 정신과 감각을 가지고 있고 이를테면 지나치게 감미로운 잔인성을 가진 우리―, 이러한 우리가 미덕을 가지고 있다고 한다면 그 미덕은 오로지 우리의 가장 은밀하고 절실한 성향과 욕구에 가장 잘 부합되는 미덕뿐일 것이다. 자, 그러면 우리의 미궁 속에서 그것을 한번 찾아보자. 사람들이 잘 알고 있다시피, 이 미궁 속에서 실로 온갖 종류의 것들이 길을 잃고 갈 곳을 모른 채 헤매고 있다. 자신의 미덕을 **탐구하는** 것보다 더 아름다운 일이 있을까? 이것은 자신의 미덕을 믿는 것과 거의 **동일한** 것이 아닐까? 그러나 '자신의 미덕을 믿는다는 것'은 과거에 '양심의 떳떳함'이라고 불렸던 것, 즉 우리의 선조가 자신의 머리 뒤에 그리고 아주 자주 그들의 지성 뒤에 붙잡아 맸던 존경할 만한 긴 개념의 변발(辮髮)[1]과 근본적으로 동일한 것이 아닐까? 다른 면들에서는 우리가 자신을 아무리 고풍(古風)스럽지 못하고 선조처럼 존경받을 만한 가치를 갖지 못한다고 생각할지라도, 한 가지 면에서는 이러한 선조의 자손이 될 만한 자격이 있는 것 같다. 우리는 떳떳한 양심을 가진 최후의 유럽인이다. 즉 우리도 선조들처럼 아직 변발을 늘어뜨리고 있다.[2] 아아, 모든 것이 얼마나 빠르게 변해가는지를 그대들이 안다면! ...[3]

215.

별들의 세계에서는 때로 한 유성의 궤도를 두 개의 태양이 규정

---

1) 변발을 의미하는 독일어는 Zopf로 이 말은 자유주의자들이 낡은 견해를 가리키기 위해서 18세기 말 이래로 사용한 용어다.
2) 떳떳한 양심은 우리가 실현해야 할 덕이 이미 존재하는 것으로 상정하면서 자신이 그러한 덕을 구현했다고 자부하는 것이다. 그러나 니체는 우리가 실현해야 할 덕이 이미 존재하는 것이 아니라 창조되어야 한다고 주장한다.
3) 새로운 철학자는 새로운 가치들을 찾아서 선조들의 가치도 뛰어넘는다는 것.

하는 경우가 있다. 또한 어떤 경우에는 제각기 다른 빛깔을 가진 여러 개의 태양이 때로는 붉은 빛으로 때로는 초록빛으로 그 유성을 비추고, 때로는 그 태양들이 동시에 그 유성을 비추어 다채로운 빛을 띠게 한다. 이와 마찬가지로 우리 현대인들도 우리의 '별이 가득한 하늘'의 복잡한 역학으로 인해 **다양한** 도덕에 의해서 규정되고 있다.[4] 우리의 행위는 차례로 다양한 빛깔을 띠며 하나의 빛깔만 지속적으로 띠는 경우는 드물다. 그리고 우리가 동시에 **다양한 빛깔을 띠는** 행위를 하는 경우는 얼마든지 많이 있다.

216.

자신의 적을 사랑한다? 내 생각에 이제까지 이것은 잘 교육되어 오늘날에는 크든 작든 수천 가지 모습으로 행해지고 있다. 그뿐 아니라 때로는 보다 드높고 보다 숭고한 행위까지도 이루어지고 있다. 즉 우리는 사랑할 때, 심지어 가장 사랑할 때 **경멸하는** 것을 배우고 있다. 그러나 이 모든 것이 무의식적으로 요란하지 않게 그리고 아무런 가식 없이, 즉 거창한 말이나 도덕적인 정식을 입에 담는 것을 금하는 저 선의의 수치와 은닉과 함께 행해지고 있는 것이

---

4) 예를 들어 현대인들의 행위는 어떤 때는 주인도덕이나 노예도덕에 의해서 그리고 어떤 때는 그 양자에 의해서 동시에 규정될 수 있다. 우리는 의식적으로는 그리스도교적인 도덕에 따른다고 생각하지만 무의식적으로는 그것과 본질적으로 다른 도덕에 의해 영향을 받을 수 있다.

다. 가식으로서의 도덕, 이것은 오늘날에는 우리의 취미에 거슬린다. 이것 역시 하나의 진보다. 마치 종교에 대한 적의와 볼테르식의 신랄함(그리고 일찍이 자유사상가들의 몸짓 언어에 속했던 모든 것)을 포함하여 가식으로서의 종교가 우리 선조들의 취미에 거슬렸던 것이 하나의 진보였던 것처럼. 어떠한 청교도적인 연도(連禱)나 도덕적 설교 그리고 구식의 인습적 예절도 우리 양심 속의 음악이나 우리 정신 속의 춤과는 도저히 어울리지 않는다.[5]

217.

자신이 민감하고 섬세한 도덕적인 분별심을 가졌다고 사람들로부터 인정받는 것을 중시하는 사람을 조심하라! 그들은 우리 앞에서(혹은 더 유감스럽게도 우리에게) 한 번이라도 잘못 행동하게 되면 결코 우리를 용서하지 않는다. 그들이 여전히 우리의 '친구'로 남아있을 경우조차도 그들은 반드시 우리를 본능적으로 비방하고 중상하려고 할 것이다.[6] 잘 잊어버리는 사람은 복이 있다. 왜냐하면 그

---

5) 니체 당시의 유럽에서는 표면적으로는 그리스도교적인 교리가 계속해서 신봉되고 있는 것으로 보이지만, 미래의 철학자들 내에서는 다른 도덕이 작용하고 있다는 것.

6) 실제로 도덕적으로 사는 것보다도 자신이 남들에게 도덕적인 인간으로 보이는 것을 더 중시하는 사람은 다른 사람 앞에서 도덕적으로 잘못된 행위를 하게 될 때 그 사람에게 복수를 하려고 한다는 것이다.

들은 자신의 어리석음도 '깨끗이' 잊어버릴 것이기 때문이다.

218.

프랑스의 심리학자들—프랑스 이외의 어디에 오늘날 심리학자가 있을 것인가?—[7]은 여전히 '부르주아의 어리석음'을 여러 측면에서 신랄하게 파헤치는 일에서 쾌감을 느끼고 있다. 그렇게 하면서 그들은 이를테면 자신들에게 존재하는 어떤 점을 폭로하고 있는 셈이다. 예를 들어 루앙의 착한 시민인 플로베르가 보고 듣고 맛본 것도 결국은 자신의 어떤 점이었다. 즉 그것은 일종의 자기 고문이자 세련된 잔인함이었다. 이제 이런 일에 권태를 느낄 때도 되었으니 기분전환을 위해 나는 다른 것을 소개해서 여러분을 즐겁게 하려고 한다. 즉 그것은 보다 높은 정신을 가진 자들과 그들의 사명을 대할 때 모든 선량하고 우둔하고 우직한 범용한 인간들을 규정하고 있는 무의식적인 교활함을 파헤치는 일이다.[8] 이러한

---

7) 여기서 프랑스의 심리학자들로 니체가 염두에 두고 있는 사람들은 자신들의 소설을 통해서 부르주아의 위선을 파헤쳤던 플로베르나 에밀 졸라와 같은 사람들이라고 할 수 있다.

8) "모든 선량하고 우둔하고 우직한 범용한 인간들을 규정하고 있는 무의식적인 교활함"으로 니체가 염두에 두고 있는 것은 '모든 인간은 평등하다'는 미명하에 탁월한 인간들을 범용한 인간들로 끌어내리려고 하는 사회주의자나 무정부주의자들의 교활함을 가리킨다고 할 수 있다. 니체는 여기서 프랑스의 심리학자들이 부르주아의 위선을 폭로하는 데 주력하기보다는 차라리 이들 평등주의

교활함은 교묘하게 은폐된 예수회적인 교활함이다. 그것은 중산계급[부르주아 계급]이 자신들의 최고의 순간에 보여주는 지성과 취미보다 수천 배 세련되어 있으며, 더 나아가 심지어 중산계급의 희생자의 지성보다도 수천 배 세련되어 있다. 이러한 사실은 '본능'이야말로 이제까지 발견된 모든 종류의 지성 중에서 가장 뛰어난 것임을 다시 한 번 증명한다. 요컨대 그대 심리학자들이여, '예외적인 자들'과 싸우는 '범용한 자들'의 철학을 연구해보라. 그것에서 그대들은 신들과 신들의 악의를 충만히 잘 만족시켜주는 연극을 보게된다! 또는 보다 분명하게 말하자면, '선량한 인간들', 즉 '선의를 갖는 사람들' … 바로 **그대들 자신**을 해부해보라![9]

219.

도덕적으로 심판하거나 단죄하는 사람은 정신적으로 뒤떨어진 자들이 덜 뒤떨어진 정신을 가진 사람들에게 즐겨 행하는 복수다. 또한 그것은 그들이 재능을 제대로 타고나지 못한 것에 대해서 일

자들의 무의식을 규정하는 원한과 같은 심리를 분석해볼 것을 권하고 있다.

9) 니체는 프랑스의 심리학자들에게 부르주아 계급의 위선적인 심리에 대해서 연구하기보다는 오히려 예외적인 인간을 접할 때 범용한 인간들을 규정하고 있는 무의식적인 심리, 즉 본능을 파악하는 것이 더 흥미롭다고 말하고 있다. 그런데 니체는 이러한 프랑스의 심리학자들이야말로 범용한 인간들의 표본이라고 보고 있다.

종의 보상을 받으려는 행위이며 궁극적으로는 정신을 획득하여 세련되기 위한 기회다. 이렇게 말하는 이유는 악의가 사람들을 지적으로 만들기 때문이다. 다음과 같은 척도, 즉 그것 앞에서는 정신적인 자질과 특권이 넘칠 정도로 주어진 사람들이 그들[범용한 자들]과 동등한 것으로 간주되는 척도[10]가 존재한다는 것은 그들의 마음 깊은 곳에서 만족을 준다. 그들은 '신 앞에서 만인의 평등'이란 이념을 위해서 싸우며 바로 이러한 이유 때문에 신에 대한 믿음을 **필요로 할 정도**다. 무신론에 대한 가장 강력한 적대자들은 이들 가운데에 있다. 만일 누군가가 그들에게 "드높은 정신성이란 단순히 도덕적이기만 할 뿐인 인간의 착함과 존경할 만함과는 비교될 수 있는 차원을 넘어서 있다"라고 말한다면 그들은 격노할 것이다. 나도 그런 말을 하지 않도록 조심할 것이다. 차라리 나는 다음과 같은 말로 그들의 환심을 살 것이다. 즉 "드높은 정신성이라는 것은 그 자체가 도덕적 성질의 최후의 산물로서만 성립된다." 그리고 이 드높은 정신성은 '도덕적이기만 한' 인간에게 귀속되는 저 모든 상태의 종합이며, 이에 앞서서 이들 상태의 하나하나가 아마도 그 이전의 모든 세대에 걸친 오랜 훈육과 단련을 통해서 개별적으로 획득된 것이다. 또한 드높은 정신성은 지상에서 **위계질서를**—인간

---

10) 이 척도는 그리스도교의 신을 가리킨다. 그리스도교의 신은 모든 인간을 자신의 동등한 자녀로 간주한다.

들뿐 아니라 사물들에서도—유지하는 것이 자신의 사명임을 알고
있는 저 자애로운 엄격성과 정의의 정신화인 것이다.

220.

'사심 없는 사람(der Uninteressierte)'이 대중의 찬양을 받고 있는
오늘날, 우리는 약간의 위험 부담이 없을 수는 없겠지만 본래 민중
이 관심(Interesse)을 갖는 것이 **무엇**인지 또한 일반인이 근본적으로
깊이 우려하는 것이 무엇인지를 알아야만 한다. 이 일반인에는 교
육받은 자들은 물론이고 심지어 학자들, 더 나아가 철학자들—이
들의 정체가 제대로 밝혀진다면—까지도 포함된다. 이때 분명해
지는 사실은, 보다 섬세하고 보다 까다로운 취향을 가진 사람들이
나 보다 높은 본성을 지닌 사람들의 관심을 끌고 자극하는 대부분
의 것에 대해서 평균적인 인간들은 전혀 관심을 갖지 않는 것 같다
는 것이다. 평균적인 인간들이 전혀 관심을 갖지 않는 것들에 몰두
하는 사람을 보고 그들은 '사심 없는 사람(désintéressé)'이라고 부르
면서 어떻게 그렇게 '사심 없이' 행동할 수 있을까 하고 놀라워한
다. 민중이 이렇게 놀라워하는 것에 유혹적이고 신비적이며 피안
적인 표현을 부여하는 철학자들도 있었다.[11] (아마도 그들은 보다 높

---

11) 헤겔이 나폴레옹을 '걸어 다니는 세계정신'으로 미화했던 것을 예로 들 수 있을
    것이다. 나폴레옹이 유럽의 변혁에 나선 것은 니체가 보기에 자신의 고양과 강

은 본성을 경험하지 못했기 때문일까?) 그들은 '사심 없는' 행위도 조건에 따라서는 **매우** 이해관심에 매여 있고 사심 있는 행위라는 적나라하고 참으로 정당한 진리를 제시하지 않았다. "그러면 사랑이란?"—뭐라고! 사랑에서 나온 행위는 '비이기적'인 것이라고? 어리석은 자들이여! "그러면 희생하는 자에 대한 찬양은?" 그러나 진정으로 희생을 한 사람은 자신이 그 대가로 무엇을—아마도 자신의 어떤 것을 희생한 대신에 자신의 어떤 것을—원했고 얻었는지를 알고 있다. 그리고 그는 자신이 여기서 무엇인가를 희생한 것은 거기에서 그 이상의 무엇인가를 갖기 위해서, 아마도 [현재의 자신]보다 이상의 존재가 되거나 '보다 이상의' 존재로서 느끼기 위해서라는 사실을 알고 있다. 그러나 이것은 보다 까다로운 정신이 좋아하지 않는 질문과 답변의 영역이다. 그럼에도 불구하고 진리가 이런식의 질문에 답변해야 한다면 진리는 하품을 참느라 애를 써야 할 것이다. 결국 진리는 여성이다. 우리는 진리에게 강요해서는 안 된다.[12]

화를 위한 것이지만, 민중은 나폴레옹의 희생정신에 의한 것이라고 보는 반면에 헤겔과 같은 철학자는 세계정신과 같은 것을 끌어들여서 신비화한다는 것이다.

[12] 이 절과 관련하여 『우상의 황혼』 「어느 반시대적 인간의 편력」 44절의 일부를 참고하는 것이 좋을 것이다.
"천재란—업적이나 행위에서—필연적으로 낭비하는 자다. **자신을 다 내준다**는 것이 그의 위대성이다. … 자기 보존의 본능은 이를테면 그 활동이 중지되어

221.

도덕주의적인 현학자이자 사소한 것에 집착하는 사람은 이렇게 말할 것이다. 자신이 사심 없는 인간을 존경하고 찬양하는 이유는, 이 사람이 사심이 없기 때문이 아니라 자신을 희생하면서 다른 사람에게 유익한 일을 할 수 있는 능력을 갖춘 사람으로 보이기 때문이라고. 요컨대 문제가 되는 것은 [이렇게 자신을 희생하는] **그가** 어떤 사람이며 [그가 돕는] 그 **다른 사람**이 어떤 사람이냐는 것이다.

있다. … 내부로부터 솟아나는 힘들의 압도적인 압력이 그에게 자신을 신중하게 보호하는 것을 금하는 것이다. 사람들은 그것을 '희생적 행위'라고 부른다. 사람들은 이 점에서 그의 '영웅성'과 자신의 안위에 대한 무관심, 어떤 이념이나 어떤 대의 혹은 조국을 위한 그의 헌신을 찬양한다. 그러나 그 모든 것은 다 오해다. 그는 다만 내부로부터 솟아나고 넘쳐흐르며 자신을 탕진하고 자신을 아끼지 않는다. 그는 필연적으로, 숙명적으로 그렇게 할 수밖에 없으며, 강물이 강둑을 넘어서 흐르듯이 아무런 생각 없이 그렇게 하는 것이다. 그런데 사람들은 그렇게 폭발적인 인간들에게 많은 덕을 입고 있기 때문에, 그 보답으로 많은 것을 선사했다. 이를테면 일종의 **보다 높은 도덕**과 같은 것을. 이것이야말로 바로 감사를 표하는 인간적인 방식이다. 즉 그것은 은인을 **오해하는** 것이다."

이 인용문에서 "사람들은 그렇게 폭발적인 인간들에게 많은 덕을 입고 있기 때문에, 그 보답으로 많은 것을 선사했다. 이를테면 일종의 **보다 높은 도덕**과 같은 것을"이라는 말의 의미는, 사람들이 '천재들이 민족이나 인류에 대한 사랑 때문에 자신을 희생했다'는 식으로 그들의 행위를 도덕적으로 미화한다는 것이다. "이것이야말로 바로 감사를 표하는 인간적인 방식이다"라는 말에서 '인간적인' 방식이란 '초인적인' 방식의 반대라고 할 수 있다. 천재의 행위를 도덕적인 행위로 오해하면서 찬탄하는 것은 천재를 이해하지 못하는 범용한 인간들이 천재에게 감사를 표하는 방식이라는 말이다.

예를 들어 명령하도록 정해져 있고 만들어져 있는 사람에게는 자기 부정이나 겸양은 덕이 아니라 덕의 낭비가 될 것이다.[13] 나에게는 그렇게 보인다. 자신을 무조건적인 것으로 간주하면서 모든 사람에게 호소하는 모든 비이기적인 도덕은 훌륭한 취향에 대해서 죄를 짓는 것일 뿐 아니라 오히려 태만의 죄[14]를 범하도록 사주하고 박애의 가면을 쓰고 오도(誤導)하는 것이며, 보다 높고 희귀하고 특권을 가진 자를 유혹하고 해치는 것이다. 우리는 도덕이 무엇보

---

13) 여기서 니체는 범용한 자의 겸양과 자기 부정은 도덕적인 반면에 탁월한 자의 겸양과 자기 부정은 미덕의 낭비라고 말하고 있다. 탁월한 자에 대한 니체의 이러한 서술은 '긍지를 갖는 인간'에 대한 아리스토텔레스의 묘사와 유사한 면이 있다. 아리스토텔레스에 따르면 긍지는 탁월하지 않으면서도 탁월한 척하는 '교만'과 탁월하지만 책임지기 싫어서 나서지 않는 '비굴함' 사이의 중용이다. 긍지를 갖는 인간은 자신의 탁월함을 스스로 자각하면서 자신의 탁월한 능력이 요구되는 상황에서는 그 능력을 기꺼이 발휘한다. 아리스토텔레스는 이렇게 말하고 있다.

""긍지에 찬 인간'은 자신이 고귀하고 탁월한 가치를 갖는 인간이라고 생각하는 사람이며 사실 그렇게 고귀한 가치를 갖는 인간이다. 이에 반해 고귀한 가치도 없으면서 자신이 그러한 가치를 갖는다고 생각하는 사람은 교만한 사람이며, 자신이 실제로 갖는 가치보다 자신이 더 작은 가치를 갖는다고 생각하는 사람은 비굴한 사람이다. 그리고 별로 탁월하지 않은 사람이 자신을 탁월하지 않은 인간으로 인정하는 경우에 그는 겸손한 사람이지만 긍지가 있는 사람은 아니다. 왜냐하면 긍지에는 위대한 태도가 속하기 때문이다." 아리스토텔레스, 『니코마쿠스 윤리학』, 1123b-5a.
14) 명령하는 일을 태만히 하게 한다는 것을 의미한다.

다도 위계질서 앞에 머리를 숙이도록 강요해야 하며, 그 주제넘은 도덕으로 하여금 양심을 되찾게 해야만 한다. '한 사람에게 타당한 것은 다른 사람에게도 역시 타당하다'라고 말하는 것은 부도덕한 일이라는 사실을 도덕이 마침내 분명하게 깨닫게 될 때까지 말이다. 이렇게['한 사람에게 타당한 것은 다른 사람에게도 역시 타당하다'라고] 말한 사람은 나의 도덕주의적 현학자이자 호인이지만, 그가 이처럼 도덕들로 하여금 도덕적이 돼라고[15] 훈계한 것 때문에 사람들은 그를 조소했다. 그러나 그가 이렇게 조소를 받을 자격이 있는가? 조소하는 사람을 자기편으로 두려고 한다면 너무 곧아서는 안 된다. 심지어 약간의 부정(不正)은 훌륭한 취향에 속하는 것이다.

222.

심리학자는 오늘날 연민이 설교되는 곳에서는—잘 들어보면, 오늘날에는 연민만이 설교되며 이것 이외의 어떠한 종교도 설교되지 않고 있다는 것을 알게 된다—귀를 기울여 듣는 것이 좋을 것이다. 심리학자는 이러한 설교자들에게 (또한 모든 설교자에게) 특유한 허영과 소란의 이면에서 목이 쉬고 신음하는 진정한 자기 멸시의

---

15) '도덕들로 하여금 도덕적이 돼라고 훈계한다'는 것은, 사람들 사이에는 등급이 있고 각 등급에 타당한 도덕이 있을 수 있다는 사실을 무시하고 비이기적인 도덕만을 타당한 것으로 보는 것과 함께 그 외의 도덕은 부도덕한 것으로 보면서 이것들로 하여금 도덕적이 돼라고 훈계한다는 의미다.

소리를 듣게 될 것이다. 이러한 **자기 멸시**는 최근 한 세기 동안 증대되고 있는 유럽의 저 음울화, 추악화의 **원인은 아니더라도** 그것의 한 증거다. (이러한 음울화, 추악화의 첫 번째 징후는 갈리아니가 에피네 부인[16]에게 보낸 사려 깊은 편지[17]에서 보이고 있지만, 이는 기록적인 의미를 갖고 있다.) '현대적 이념'의 인간, 이 거만한 원숭이는 자기 자신에 대한 극도의 불만에 사로잡혀 있다. 이는 의심할 수 없는 사실이다. 그는 괴로워한다. 따라서 그의 허영심은 오직 '함께 괴로워하고(mit leiden)' 싶어 하는 것이다.[18]

223.

유럽의 잡종인간—결국 상당히 추악한 천민—은 반드시 의상을 필요로 하며, 의상 보관실로서 역사학을 필요로 한다. 물론 그 경우 그는 어떤 의상도 자기 몸에 제대로 맞지 않는다는 것을 깨닫고 반복해서 의상을 바꾼다. 19세기 동안 의상 스타일의 가장무도회가 얼마나 빨리 자신의 취향을 바꾸어왔는지를 한 번 살펴보라. 그리고 또한 우리에게 '맞는 것이 아무것도 없다'고 절망했던 순간들

---

16) Louise Florence Pétronille de La Live d'Epinay(1726–1783) 부인은 프랑스 귀족 출신의 작가로 루소와 친교를 맺으며 그의 보호자 역할을 했다.

17) F. Galliani, *Lettres Madame d'Epinay*, I, Paris, 1882, 217쪽 참조.

18) 사람들은 사실은 자신이 괴로워하면서도 자존심 때문에, 남의 고통 때문에 자신이 괴롭다라고 말한다는 의미.

을 살펴보라. 낭만주의적이거나 고전주의적으로, 그리스도교식으로나 플로렌스식으로, 바로크식이거나 '민족주의적'으로, 그 밖에 어떤 양식으로 아무리 솜씨를 부려보아도 소용이 없다. '어떤 것도 어울리지 않는다!' 그러나 '정신', 특히 '역사적 정신'은 이러한 절망적인 상황을 자신에게 유리하게 이용한다. 그것은 항상 거듭해서 과거와 외국으로부터 새로운 소재를 들여와 가봉하고 입어보며, 벗어보고 꾸려두며, 무엇보다도 **연구한다**. 우리 시대야말로 '의상들'―도덕, 신앙 강령, 예술 취미, 종교를 의미한다―을 상세하게 연구한 최초의 시대다. 우리는 과거의 어떤 시대에도 보지 못했던 거대한 규모의 카니발을, 웃음과 활기로 넘치는 가장 정신적인 사육제를, 초월적인 높이를 갖는 최고의 어리석음과 세계에 대한 아리스토파네스적인 조소(嘲笑)를 준비하고 있다. 아마도 우리는 여기에서 우리의 **창조** 영역, 즉 우리가 세계사를 풍자하는 자이자 신의 어릿광대로서 독창적으로 존재할 수 있는 영역을 발견하게 될 것이다. 오늘날 어떤 것도 미래를 갖지 못한다고 해도 우리의 **조소**만은 미래를 가지고 있다.

224.

역사적 감각(또는 한 민족, 한 사회, 한 개인의 삶의 기준이 되는 가치평가들 사이의 등급을 재빠르게 헤아리는 능력이자 이러한 가치평가들의 관계를 예감하고 가치들의 권위가 현실적인 힘들의 권위에 대해서 갖는 관계를 '예감하는 본능'), 우리 유럽인들이 자신만의 특수한 것으로 내세우는 이 역사적 감각은 신분들과 종족들이 민주주의적으로 혼합됨으로써 유럽이 빠져들게 된 매혹적이고 광적인 **반(半)야만** 상태의 결과로 우리에게 주어진 것이다. 19세기만이 제6감이라고 할 만한 이러한 감각을 알고 있다. 온갖 형태와 생활방식의 과거, 그리고 예전에는 서로 엄격하게 분리되어 있었고 또한 일정한 위계 하에 존재했던 문화들의 과거가 저 [신분들과 종족들의] 혼합 덕택에 우리 '현대인의 영혼' 속으로 흘러 들어왔다. 이제 우리의 본능은 어디서나 과거로 되돌아 달려가며, 우리 자신은 일종의 혼돈 상태에 빠져 있다. 결국 앞에서 말한 것처럼 '정신'은 이러한 상황에서 자신에게 유리한 점을 알아챈다. 육체와 욕망이 반(半)야만 상태에 빠져 있기 때문에 우리는 과거의 어떠한 고상한 시대도 소유하지 못했던, 어떤 곳이든 들어갈 수 있는 비밀통로를 갖게 되었다. 무엇보다도 완성되지 못한 문화들의 미궁에로의, 일찍이 지상에 존재했던 모든 반(半)야만 상태로의 통로를 갖게 된 것이다. 그리고 이제까지 인간 문화의 대부분이 반쯤은 야만적이었기 때문에, '역사적 감각'은 거의 모든 것에 대한 감각과 본능을, 모든 것에 대한 취향과 미각을 의미한다. 이와 함께 역사적 감각이 **비천한 감각**이라는 사실이 곧바로 입증된다. 예를 들어 우리는 다시 호메로스를 즐기게 되었다. 고상한 문화를 갖고 있던 인간들(예를 들면 호메로스를 광대한 정신(esprit vaste)을 가졌다고 비난했던 생 테브르몽[19]과 같은

17세기의 프랑스인 그리고 그 세기 마지막 인물인 볼테르조차도) 쉽게 소화할 수 없었고 거의 즐길 수도 없었던 호메로스를 맛볼 수 있다는 것은 아마 우리의 가장 행복한 특권일 것이다. 좋고 싫은 것이 너무나 분명했던 그들의 미각, [구토할 만한 것에 대해] 너무 쉽게 일어나는 그들의 구토, 낯선 모든 것에 대한 주저와 신중함, 아무리 생생한 호기심을 자아내는 것이라도 천박한 것이라고 생각할 때는 혐오를 느끼는 태도, 모든 고귀하고 자족적인 문화가 일반적으로 그렇듯이 새로운 것을 욕구하려고도 하지 않고 자신에 대해서 불만도 없으며 낯선 것을 찬미하려고도 하지 않는 저 의지, 이 모든 것 때문에 그들은 그들의 소유물이 아니고 그들의 전리품이 될 수 없는 것이라면 이 세상에서 가장 좋은 것이라도 호의를 갖지 않는다. 그러한 인간들에게는 역사적 감각과 그것의 비굴한 천민적인 호기심만큼 이해하기 어려운 것은 없다. 셰익스피어의 경우도 다를 바 없다. 아이스킬로스와 친교가 있던 고대 아테네 사람들이라면 스페인식, 무어식, 색슨식 취미를 경이롭게 종합한 셰익스피어를 보고서 반쯤 죽을 정도로 웃거나 아니면 화를 냈을 것이다. 그러나 우리는 이 거친 다채로움, 가장 섬세한 것과 가장 조야한 것 그리고 가장 예술적인 것의 혼합을 은밀히 신뢰와 호의와 함께 받

---

19) Charles de Maruetel de Saint-Denis de Saint-Évremond(1616?–1703)은 프랑스의 문학가이자 군인으로서 회의주의적이고 쾌락주의적인 자유주의자였다.

아들인다. 우리는 셰익스피어를 우리를 위해서 남겨진 정교한 예술로서 즐기며, 셰익스피어의 예술과 취향에 깃들어 있는 영국 하층민의 역겨운 악취에도 별로 괴로움을 느끼지 않는다. 그것은 마치 나폴리의 키아자(Chiaja)에서 그곳 빈민 지역의 하수구로부터 풍겨오는 악취가 아무리 진동해도 우리의 모든 감각을 열어둔 채로 황홀한 기분으로 즐겁게 길을 걷는 것과 유사하다. '역사적 감각'을 갖는 인간으로서 우리도 나름대로의 덕을 가지고 있다는 사실은 부정할 수 없다. 우리는 까다롭지 않고 자기를 내세우지 않으며 겸손하고 용감하며 극기심과 헌신하는 마음으로 가득 차 있으며, 감사할 줄 알고 인내심이 강하며 매우 친절하다. 그러나 이 모든 미덕에도 불구하고 우리는 아마도 '좋은 취미'를 갖고 있지는 않다. 결국 우리는 다음과 같은 사실을 인정하자. 즉 '역사적 감각'을 갖는 우리가 가장 파악하기 어렵고 느끼고 맛보고 사랑하기 가장 어려운 것 그리고 우리가 근본적으로 선입견을 갖고 거의 적대시까지 하는 것은, 바로 모든 문화와 예술에서 완벽하고 최후의 원숙함을 갖는 것이고 인간과 인간의 작품에 깃들어 있는 참으로 고귀한 것이며, 잔잔한 바다처럼 평온한 자족의 순간이며, 완전한 상태에 도달한 모든 사물이 보여주는 황금빛 냉정함이다. '역사적 감각'이라는 우리의 위대한 미덕은 아마도 좋은 취미와 대립되는 것이거나 적어도 최상의 취미와 대립되는 것일 것이다. 우리가 인간의 삶 여기저기서 때때로 빛을 발하는 작고 짧으면서도 지고의 행운과 그것의 [예술적] 변용을 모방한다 하더라도, 그것은 단지 서툴고 주저하는 형태로밖에 되지 못하며 그것도 억지로 이루어진다. 즉 우리는 어떤 위대한 힘이 측량할 수 없는 무한한 것 앞에서 자발적으로 멈추어 서게 되는 경이로운 순간, 다시 말해 과잉의 오묘한 쾌락이 갑작스러운 구속을 받아 굳어지면서 아직도 진동하는 대지 위에 확고히 서서 자신을 확정하면서 향유하게 되는 경이로운 순간을 알지 못하는 것이다. 절도라는 것이 우리에게는 낯선 것이라는 사실을 인정하자. 우리의 욕망은 무한한 것, 측량할 수 없는 것을 향한 욕망이다. 우리는 숨 가쁘게 앞으로 달리는 말 위에 탄 기사처럼 무한한 것 앞에서 고삐를 놓아버린다. 반(半)야만인들인 우리 현대인은 최대의 **위험에 처하게 될 때**에야 비로소 지복(至福)을 경험하게 된다.

225.

쾌락주의든 염세주의든 공리주의든 행복주의든 간에 이 모든 사고방식은 부수적이고 부차적인 것에 지나지 않는 **쾌감**과 **고통**을 기준으로 하여 사물의 가치를 측정한다. 그러한 사고방식들은 모두 피상적이고 순진한 사고방식이며, **창조력**과 예술가적 양심을 자각하는 사람이라면 그러한 사고방식에 조소와 연민을 느끼면서 그것을 경멸하지 않을 수 없다. 그대들에 대한 동정! 그렇지만 이러한 동정은 물론 그대들이 생각하는 것과 같은 동정은 아니다. 그것은 사회적 '곤궁'이나 '사회'와 사회의 병든 자들과 실패한 자들에 대한 동정도 아니며 또한 우리 주변에 너부러져 있는 타고난 패덕자(悖德者)들과 불구자들에 대한 동정도 아니다. 또한 그것은 억압을 받으면서 불평불만에 사로잡혀 지배하기를 갈망하면서도 그러한 지배를 '자유'라고 부르는 반란적인 노예계급에 대한 동정은 더욱더 아니다. 우리의 동정은 보다 드높고 멀리까지 내다보는 동정이다. 우리는 인간이 자신을 어떤 식으로 왜소화하고 있으며 그대들이 인간을 어떤 식으로 왜소화하고 있는지를 보고 있다! 그리고 우리는 그대들의 동정을 보면서 말할 수 없는 불안을 느낄 때가 있으며, 그대들의 이러한 동정과 맞서 싸우면서 그대들의 진지함을 그 어떠한 경박성보다 더 위험하게 느낄 때가 있다. 그대들은 가능하다면—이보다 더 어리석은 '가능하다면'도 없을 것이다—고통을 없애려고 한다. 그렇다면 우리는? 우리는 오히려 일찍이 없었던 정도로 고통을 증대시키고 더 악화시키려고 하는 것 같다! 그대들이 생각하는 안락과 같은 것은 우리의 목표가 아니다. 그것은 우리에게는 종말로 보인다! 그것은 인간을 우습고 경멸받아야 할 것으로 만드는 상태이며, 자신의 몰락을 원하게 만드는 것이다! 고통을 견디는 훈련, 거대한 고통을 견디는 훈련, 그대들은 이러한 훈련만이 지금까지 인류의 모든 고양을 가능하게 했다는 사실을 아는가? 영혼의 힘을 강화시켜주는 불행 속에서 영혼이 느끼는 긴장, 위대한 파멸을 눈앞에 볼 때 영혼이 느끼는 전율, 불행을 짊어지고 견뎌내고 해석하고 이용하는 영혼의 독창성과 용기, 그리고 또한 일찍이 비밀, 가면, 정신, 간지(奸智), 위대함에 의해 영혼에게 선사된 것, 이것들은 고통을 겪으면서 그리고 거대한 고통의 훈련을 겪으면서 영혼에게 선사된 것이 아닌가? 인간 안에는 **피조물**과 **창조자**가 통일되어 있다. 인간 속에는 재료, 파편, 잉여[불필요한 것], 점토, 오물(汚物), 무의미함과 혼돈이 존재한다. 그러나 또한 인간 속에는 창조자, 형성자, 해머의 냉혹함, 관조자인 신을 닮은 신성, 제7일[20]이 존재한다. 그대들은 이러한 대립을 이해하는가? 그대들의 동정은 '인간 속의 피조물'에게만, 즉 형성되고 부서지고 단련되고 찢겨지고 불태워지고 달구어져서 정화되어야 할 것에게만 그리고 필연적으로 괴로워하지 않을 수 없고 마땅히 괴로워**해야 하는** 것에게만 향해졌다는 사실을 그대들은 아는가? 그리고 **우리의** 동정, 즉 모든 유약화와 약함 가운데서도 최악의 것이라고 할 수 있는 그대들의 동정과 싸울 때의 우리의 동정—그대들의 동정과 **상반되는** 동정—이 어떤 자에 향해 있는지를 그대들은 알고 있는가? 따라서 우리의 동정은 [그대들의 동정에] **대항하는** 동정이다! 그러나 다시 한 번 말하지만, 일체의 쾌락과 고통과 동정의 문제보다 더 높은

---

20) 세계를 창조하고 7일째 되는 날 여호와는 세계를 관조하면서 '아름답다'고 말한다. 여기서 '제7일'이라는 말은 인간이 고통을 통해 창조한 자기 자신의 모습을 보며 아름답다고 관조하는 상태를 가리킨다고 할 수 있다.

문제가 있다. 그렇지만 이러한 문제에만 골몰하는 모든 철학은 순진한 것이다.

226.

비도덕주의자인 우리! 우리가 관계하는 이 세계, 그 안에서 우리가 두려워해야 하고 사랑해야만 하는 이 세계, 거의 볼 수도 들을 수도 없는 가운데 미묘한 명령과 미묘한 복종이 행해지는 이 세계, 까다롭고 위험하며 살벌하고 섬세하여 모든 점에서 '거의'라는 조건을 붙이는 식으로만 알려지는 세계, 정녕 이 세계는 우둔한 구경꾼이나 통속적인 호기심에 사로잡힌 사람들이 들여다볼 수 없는 세계! 우리는 의무라는 엄격한 그물과 셔츠 속에 결박되어 있어서 그것에서 빠져나올 수 없다. 바로 이 점에서 우리는 '의무의 인간'이다. 우리조차도 말이다! 때때로 우리가 자신이 묶여 있는 '사슬' 속에서 그리고 자신의 '칼들' 사이에서 춤을 추는 것은 사실이다. 이보다 더 자주 우리가 이러한 상황 아래서 이를 갈며 우리 운명의 은밀한 가혹함을 견디기 어려워한다는 것도 사실이다. 그러나 우리는 우리가 하고 싶은 일을 해야 한다. 어리석은 자들과 외관만을 보는 자들은 우리를 두고 '이 자들은 의무를 **모르는** 인간들이다'라고 비방한다. 우리 주위에는 항상 우리를 적대시하는 어리석은 자들과 외관만 보는 자들이 존재한다!

227.

성실, 만일 이것이 우리 자유로운 정신들이 벗어날 수 없는 덕이라면, 우리는 우리의 모든 악의와 사랑으로 그것을 행하고 우리에게 유일하게 남겨진 이 덕을 '완성하는 데' 전력을 다할 것이다. 그 덕의 광채가 언젠가, 이 노쇠하고 있는 문화와 그것의 답답하고 음산한 엄숙함 위에 황금빛으로 빛나고 조소하는 듯한 푸른 저녁노을처럼 머무를지라도! 그럼에도 불구하고 우리의 성실성은 어느 날 지쳐서 한숨을 쉬고 사지를 늘어뜨리곤, 우리를 너무 가혹하다고 생각하면서 자신을 유쾌한 악덕처럼 보다 좋게 편하고 부드럽게 다루어줄 것을 원할지도 모른다. 그러나 **엄격한 태도를 견지하자,** 우리 최후의 스토아주의자들이여! 성실성을 돕기 위해서 우리 속에 존재하는 모든 악마적인 것을 보내주자. 졸렬하고 어중한 것에 대한 우리의 구토, '금지된 것을 향한 갈망(nitimur in vertitum)',[21] 모험가의 용기, 교활하고 까다로운 호기심, 탐욕스럽게 미래의 모든 영토를 찾아서 배회하는 가장 섬세하고 가장 은밀하며 가장 정신적인 힘에의 의지와 세계 극복을 향한 의지, 우리의 이 모든 '악마'로 하여금 우리의 '신'을 돕도록 하자! 아마 이 때문에 사람들은 우리를 오인하고 다른 존재와 혼동할지도 모른다. 그러나 그것이 무슨 상관이란 말인가! 사람들은 "그들의 '성실성'이란

---

21) Ovid의 *Amores*, III, 4, 17에서 인용.

그들의 악마성을 의미하며 그 이상의 아무것도 아니다!"라고 말할 것이지만, 그것이 무슨 상관이란 말인가! 설령 그들의 말이 옳다고 하더라도 말이다! 이제까지 모든 신은 사실 그와 같이 성스럽게 되고 이름을 바꾼 악마가 아니었던가? 궁극적으로 우리는 우리 자신에 대해 무엇을 알고 있는가? 우리를 인도하는 정신은 어떻게 **불리기를** 원할 것인가? (이것은 명칭의 문제다.) 우리는 얼마나 많은 정신을 품고 있는가? 우리 자유로운 정신들이여, 우리의 성실성이 우리의 허영이나 화려한 장식, 우리의 한계, 우리의 어리석음이 되지 않도록 조심하자! 모든 덕은 어리석음이 되고, 모든 어리석음은 덕이 되는 경향이 있다. '성스러울 정도로 어리석다'고 러시아 사람들은 말하지만 우리는 성실함으로 인해 마침내 성자나 따분한 존재가 되지 않도록 주의하자! 인생은 따분하게 살기에는 백번을 산다고 해도 너무나 짧지 않은가? 그렇게 살려면 정녕 영원한 삶을 믿어야만 할 것이다.

228.

내가 이제까지의 모든 철학이 따분하고 졸리게 하는 것이었다는 사실을, 그리고 내가 보기에는 다름 아닌 '덕'의 옹호자들의 이러한 **따분함** 때문에 '덕'은 가장 크게 손상을 입었다는 사실을 발견한 것을 용서해주기 바란다. 그렇다고 해서 내가 덕의 옹호자들이 갖는 일반적인 유용성까지 간과하는 것은 아니다.[22] 중요한 것은 도덕에 대해서 숙고하는 사람이 가능한 한 적으면 적을수록 좋다는 것이다. 따라서 도덕이 언젠가는 아무런 관심의 대상도 되지 못하게 되는 것이 극히 중요하다! 그러나 걱정할 필요는 없을 것 같다. 오늘날에도 상황은 과거와 마찬가지다. 도덕에 대한 숙고가 위험하고 유해하며 오도(誤導)하는 방식으로 행해질 수 있으며 **재난을** 가져올 수 있다는 사실을 조금이라도 파악하고 있는(또는 **그러한 사실을 알려주는**) 사람을 유럽에서 하나도 보지 못했다![23] 예를 들어 저지칠 줄 모르고 피하기 어려운 영국의 공리주의자들을 보라. 그들

---

22) "이제까지의 모든 도덕철학"으로 니체는 특히 칸트의 도덕철학과 공리주의를 염두에 두고 있다. 여기서 '덕'은 칸트와 공리주의가 정당화하려고 하는 그리스도교적이고 민주주의적인 도덕을 가리킨다. 칸트와 공리주의는 새로운 가치를 정립하지 못하고 그리스도교적이고 민주주의적인 전통 도덕을 정당화하고 있을 뿐이기에 '따분하고 졸리게 하는' 철학이다. 칸트의 도덕철학과 공리주의는 이렇게 따분하고 졸리게 하는 철학이기에 그것들은 사람들이 전통적인 도덕에 대해 무관심하게 되는 데 기여할 수 있다. 이런 의미에서 니체는 자신이 그것들의 "유용성까지 간과하는 것은 아니다"라고 말하고 있다.

23) 여기서 도덕에 대한 연구는 전통 도덕에 대한 칸트나 공리주의의 연구를 가리킨다고 할 수 있다. 니체는 이러한 연구는 사실상 전통 도덕에 대한 확신이 부족한 데서 비롯되며 또한 따분하고 졸리는 성격을 가지고 있기 때문에 실질적으로 전통 도덕에 대한 사람들의 확신을 무너뜨릴 수 있다고 보며 이 점에서 재난을 초래할 수 있다고 말하고 있다. 니체는 조금 아래 부분에서 청교도들은 자신들의 도덕에 대해서 확신을 가지고 있었기 때문에 만약 자신들이 자신들의 도덕에 대해서 연구를 하려고 한다면 죄책감을 느꼈을 것이라고 보고 있다. 그것에 대한 연구는 자신들이 그것에 대해서 완전한 확신을 가지고 있지 못하다는 것을 의미하기 때문이다.

은 얼마나 우둔하고 존경할 정도로 벤담[24]의 발자취를 좇고 있는가 (호메로스의 비유[25]를 빌린다면 보다 분명하게 말할 수 있을 것이다). 마치 벤담 자신이 이미 존경할 만한 엘베티우스[26]의 발자취를 좇았던 것처럼 말이다(아니, 이 엘베티우스는 결코 위험한 인물이 아니었다!). 공리주의자들에게서는 어떠한 새로운 사상도 찾아볼 수 없다. 그들은 옛 사상을 보다 섬세하게 전개하는 것도 아니며, 심지어 과거의 사상을 참되게 파악하지도 못하고 있다. 공리주의자들이 말하는 것에 약간의 악의를 섞어 그것을 발효시켜서 이해하지 않는다면, 그것 모두는 **구제불능**의 문헌에 지나지 않는다. 즉 이러한 도덕주의자들 속에도(만일 **불가피하게** 그들의 책을 읽어야**만** 할 필요가 있을 때는 그 뒤에 숨은 저의를 고려하면서 읽어야만 한다) 캔트[27]라고 불리고 **도덕적 위선**이기도 한 저 오래된 영국의 악덕이 잠복해 있다. 다만 이 경우에는 학문이라는 새로운 형식으로 가장하고 있을 뿐

---

24) Jeremy Bentham(1748–1832)은 '최대 다수의 최대 행복'이라는 이념을 제창했던 공리주의 철학자이자 법률가, 개혁가.

25) 호메로스의 『오디세이』에서는 소들이 둔중하고 답답하게 걷는 모습이 반복해서 언급되고 있다. 니체는 공리주의자들이 벤담을 답습하는 모습이, 소들이 걷는 것처럼 둔중하고 답답하다고 보는 것이다.

26) Claude Adrien Helvétius(1715–1771)는 프랑스 계몽주의 시대의 유물론 철학자였다. 그는 공적인 윤리는 공리주의에 입각해야 한다고 주장했다.

27) 캔트(cant)는 위선적인 말이나 공손한 체하는 말투로, 독일인들이 영국인을 욕할 때 자주 사용하는 말이었다.

이다. 이전의 청교도들은 도덕을 학문의 대상으로 삼을 경우에는 당연히 양심의 가책을 느꼈던 것이지만, 이들은 양심의 가책을 느끼지 않게 하는 은밀한 방법까지 가지고 있다. (도덕주의자가 도덕을 의문의 여지가 있는 것으로서, 의문부호를 붙일 만한 것으로서, 간단히 말해서 문제로 취급하는 사상가인 한, 그는 청교도와는 상반되는 존재가 아닌가? 도덕에 대해서 논하는 것은 부도덕한 일이 아닌가?) 결국 그들 모두는 **영국식** 도덕을 정당화하고 싶어 할 뿐이다. 그 이유는 그렇게 하는 것이 인류 또는 '일반적 이익' 또는 '최대 다수의 행복', 아니 **영국식** 행복에 가장 잘 기여하기 때문이다. 그들은 영국식 행복을 추구하는 것이, 내가 보기에는 안락과 유행을 추구하는 것이 동시에 덕을 구현하는 올바른 길이기도 하다는 것을 증명하는 데 그치지 않고, 정녕 이제까지 세상에 존재해온 덕은 바로 그러한 추구에만 존재해왔다는 점을 온 힘을 다해 증명하려고 한다. 양심에 불안을 느끼고 있는 이 답답한 무리동물들(이기주의를 일반적 복지에 이르는 길로서 입증하려고 시도하는 동물들) 중 어느 누구도 '일반적인 복지'가 이상도, 목표도, 어떤 식으로도 이해할 수 있는 개념도 아니며, 단지 하나의 구토제에 지나지 않는다는 점을 알려고 하지 않으며 감지하려고도 하지 않는다. 그리고 어떤 한 사람에게 정당한 것이 다른 인간에게도 반드시 정당할 수는 없다는 것, 모든 사람에게 하나의 도덕을 요구하는 것은 보다 높은 인간에게는 해가 된다는 것, 요컨대 인간과 인간 사이에는 **위계질서**가 존재하며, 따라서

290

도덕과 도덕 사이에도 **위계질서가** 존재한다는 것을 알려고도 감지하려고도 하지 않는다. 이 공리주의적 영국인들은 겸손하고 철저하게 범용한 종류의 인간이다. 앞에서 말한 것처럼 그들이 따분한 인간인 한, 우리는 그들의 유용성을 아무리 높게 평가해도 충분하지 않다. 부분적으로는 내가 다음과 같은 시에서 시도한 것처럼 우리는 그들을 격려할 필요가 있다.

> 그대들, 수레 끄는 착실한 자들 만세.
> 언제나 "오래 살면 살수록 그만큼 좋다"라고 말하면서
> 머리와 무릎은 갈수록 굳어져 가고
> 열정도 농담도 모르고
> 그 범용함은 질기기 그지없으며
> 천품도 기지도 없다!

229.

자신이 인간적이라고 자랑하는 최근의 시대에 '야만적이고 잔인한 야수'에 대한 두려움—이러한 두려움은 하나의 **미신이다**—이 잔존하고 있으며, 그것을 정복하게 되었다는 것이 보다 인간적인 이 시대의 긍지가 되고 있다. 이에 따라 명명백백한 진리조차도 저 사납지만 종내에는 절멸되어버린 야수를 다시 소생시킬 수도 있는 것처럼 보이기 때문에, 약속이나 한 것처럼 수 세기 동안 사람들

의 입에 오르내리지 않고 있다. 나는 모험을 무릅쓰고 그러한 진리를 내게서 풀어놓으려고 한다. 다른 사람들이 그러한 진리를 다시 붙잡아서 그것에게 '경건한 사고방식이라는 우유'[28]를 충분히 마시게 함으로써 그것을 원래 있었던 구석에 망각된 채로 조용히 있게 할 수도 있지만 말이다. 우리는 잔인성이란 것이 무엇인지에 대해서 다시 배워야 하며 눈을 새롭게 떠야 한다. 예를 들어 비극과 관련하여 고금의 철학자들이 조장해왔던 것 같은 뻔뻔스런 큰 오류가 고결한 듯 주제넘게 활개치고 다니는 것을 우리는 더 이상 참고 견뎌서는 안 된다. 우리가 '고급문화'라고 부르는 거의 모든 것은 **잔인성**의 정신화와 심화에 기초하고 있다는 것이 나의 신조다. 저 '사나운 야수'는 전혀 절멸되지 않고 살아 있고 번성하고 있으며 자신을 단지 신성하게 만들었을 뿐이다. 비극에서 고통스런 쾌감을 맛보게 만드는 것은 잔인성이다. 이른바 비극적인 연민에서 그리고 근본적으로는 심지어 형이상학의 가장 높고 가장 섬세한 전율에 이르는 모든 숭고함에서 우리가 쾌감을 맛보게 될 때, 이 쾌감의 달콤함은 오직 그것에 섞여 있는 잔인성이란 요소로부터 비롯되는 것이다. 투기장에서의 로마인, 십자가의 환희에 취해 있는 그리스도 교인, 화형이나 투우를 눈앞에 보고 있는 스페인인, 자신

---

28) 쉴러의 *Wilhelm Tell*, Act IV, 세 번째 장면에 포함된 빌헬름 텔의 유명한 독백에서 인용한 구절이다.

을 비극으로 내모는 오늘날의 일본인, 피비린내 나는 혁명에 향수를 느끼고 있는 파리 변두리의 노동자, 자신의 의지를 풀어놓은 채 『트리스탄과 이졸데』에 '빠져 있는' 바그너광 여인들, 이들 모두가 즐기고 있고 비밀에 찬 열정에 휩싸여 마시려고 애쓰는 것은 '잔인성'이라는 위대한 마녀의 향기로운 술이다. 이런 것들의 본질을 통찰하기 위해 우리는 당연히 과거의 어리석은 심리학을 추방해야만 한다. 이러한 심리학이 기껏 가르치는 것이라고는 잔인성이란 타인의 고통을 바라보면서 즐거움을 느끼는 데서 성립된다는 점뿐이었다. 그러나 자신의 고통에서도, 자신을 고통스럽게 만드는 것에도 풍부한 쾌감을, 실로 넘칠 정도의 풍부한 쾌감을 맛볼 수 있다. 사람들이 페니키아인들이나 금욕주의자들에게서 보는 것처럼 **종교적 의미의 자기 부정**이나 자기 훼손을 행하거나, 또는 관능이나 육체의 부정, 통회(痛悔), 청교도에서 볼 수 있는 발작적 참회, 양심의 해부, 파스칼적인 지성의 희생[29]을 행할 경우, 사람들을 은밀히 유혹하고 부추기는 것은 자신의 잔인성이며 **자기 자신을 겨냥한** 저 위험스럽고 전율스런 잔인성이다. 마지막으로, 인식하는 자조차도 자신의 정신적 성향에 **반하여** 그리고 매우 자주 자신의 심정이 원하는 것에 반해서 인식하도록 자신의 정신을 강요하고 있다. 즉 인

---

29) 뛰어난 수학자이자 과학자였던 파스칼은 학문이 그리스도교에 대한 진정한 신앙을 저해한다고 보면서 학문을 포기했다.

식하는 자는 긍정하고 사랑하고 기도하고 싶은데도 아니요라고 말함으로써, 잔인성의 예술가이자 잔인성을 변용하는 자로서 행동하고 있는 것이다. 정신의 근본의지는 끊임없이 가상과 표면적인 것에 향하기 때문에, 깊이 철저하게 탐구한다는 것은 이미 정신의 근본의지에 대한 폭력이며 그것에 고통을 가하고 싶어 하는 것이다. 모든 인식욕에는 이미 한 방울의 잔인성이 포함되어 있다.

230.

아마 내가 바로 위에서 '정신의 근본의지'에 대해서 말했던 것을 바로 이해하지는 못할 것이다. 따라서 그것에 대해서 설명하는 것을 허락해주기 바란다. 대중이 '정신'이라고 부르는 저 명령적 존재는 자신과 자신의 주위에 대해서 주인이 되고 싶어 하고 자신을 주인으로서 느끼고 싶어 한다. 그것은 다양성으로부터 단일성에 이르려는 의지, 즉 결합하고 구속하고 지배하려고 하며 실제로 지배하는 의지를 갖는다. 그것의 욕구와 능력은 생리학자들이 살아 있고 성장하며 번식하는 모든 것이 가지고 있다고 인정하는 욕구와 능력과 동일한 것이다. 낯선 것을 자기 것으로 만드는 정신의 힘은 새로운 것을 오래된 것에 동화시키거나 다양한 것을 단일화하고 완전히 모순되는 것을 무시하거나 배척하는 강력한 경향에서 분명히 드러난다. 이와 마찬가지로 정신은 낯선 것이나 '외부세계'에 속하는 모든 것의 특정한 윤곽이나 특징을 자의(恣意)적으로 강조하고 자신에 맞게 왜곡한다. 이 경우 정신이 의도하는 것은 새로운 '경험'을 자기 것으로 체화하고 새로운 사물들을 기존의 계열 속에 편입시키는 데,[30] 즉 성장하는 데 있으며, 보다 분명하게 말하자면, 성장한다는 느낌, 힘이 증대되었다는 느낌을 갖는 데 있다. 겉으로 보기에는 그것과 상반되는 충동도 이러한 동일한 의지에 봉사하고 있다. 그러한 충동이란 무지와 고의적인 자기 폐쇄를 향한 갑작스런 결단, 자신의 창문을 닫아버리는 것, 이런저런 사물들을 내적으로 부정하고 접근을 허용하지 않는 것, 인식될 수 있는 많은 것에 대해서 일종의 방어 태세에 들어가는 것, 어둠과 폐쇄된 지평에 만족하는 것, 무지를 긍정하고 시인하는 것을 가리키며, 이것들 모두의 필요성은 정신의 동화력, 비유적으로 말하자면 정신의 '소화력'의 정도에 비례한다. 실로 '정신'은 위장(胃臟)과 가장 많이 유사하다. 이와 마찬가지로 때때로 자신을 기만하려는 정신의 의지도 정신의 근본의지에 속한다. 이러저러한 것은 진실이 아니라 단지 사람들이 진실이라고 받아들이는 것일 뿐이라고 멋대로 추측하는 것, 불확실하고 모호한 것을 좋아하는 것, 일부러 은밀하고 좁은 구석에 머무르면서 근시안적이고 피상적인 태도로 모든 것을 자기 멋대로 확대하기도 하고 축소하기도 하며 재배치하고 미화하

---

30) 예를 들면 자연과학은 새로운 현상으로 보이는 것도 이미 알려져 있는 자연법칙에 입각하여 해석하려고 한다.

는 데서 기쁨을 느끼면서 자기만족에 빠지는 것, 이렇게 자신의 힘을 모든 방식으로 자의적으로 표출함으로써 자기만족에 빠지는 것도 정신의 근본의지에 속한다. 마지막으로, 심각한 문제가 될 수 있지만 다른 정신들을 속이고 다른 정신들 앞에서 자신을 위장하는 일도 서슴지 않으려는 정신의 자세와 창조하고 형성하며 자신을 변화시킬 수 있는 힘의 지속적인 압력과 충동도 정신의 근본의지에 속한다. 이렇게 함으로써 정신은 자신의 가면을 다양하게 바꾸는 능력과 교활함을 즐기며 자신의 안전이 확보되었다는 느낌을 즐긴다. 바로 이러한 프로테우스[31]적인 기술을 통해서 정신은 자신을 가장 잘 보호하고 은폐한다! 가상에의, 단순화에의, 가면에의, 외투에의 의지, 요컨대 표면적인 것에의 **이러한** 의지—모든 표면은 일종의 외투이니까—에 대해서 사물을 깊이 있고 다양한 측면에서 철저하게 파악하고 파악**하려는** 인식하는 자의 저 숭고한 경향이 저항한다. 이러한 숭고한 경향이야말로 지적인 양심과 지적인 취미에 깃들어 있는 일종의 잔인함이며, 용감한 사상가라면 누구나 그러한 잔인함이 자신에게 존재한다는 사실을 인정할 것이다. 단, 그렇게 용감한 사상가가 되기 위해서는, 당연한 일이지만

---

31) 프로테우스(Proteus)는 그리스 신화에 나오는 바다의 신들 중 하나로 뛰어난 예언 능력을 지녔기 때문에 찾아오는 사람들이 많았지만 낯선 사람들을 싫어하여 여러 형태로 몸을 바꾸면서 도망쳤다.

오랜 기간에 걸쳐 자기 자신에 대한 안목을 충분히 단련시켜 예리하게 하고 엄격한 훈련과 엄격한 말에도 익숙해져 있어야만 한다. 그는 "내 정신의 성향 속에는 잔인한 점이 있다"고 말할 것이다. 유덕하고 친절한 사람들이 그가 그렇지 않다고 그를 설득해주기를! 사실 우리 자유로운, 지극히 자유로운 정신의 소유자들에게는 잔인성이란 말 대신에 '지나친 성실성'이라는 말로 지칭되고 속삭임을 듣고 평판이 나는 것이 더 기분이 좋을 것이다. 우리에 대한 후세의 평도 언젠가는 분명히 그와 같은 것이 될 것이다. 그러나 당분간—이렇게 말하는 것은 그때까지는 아직 시간이 남아 있기 때문이다—우리는 이러한 도덕적 미사여구로 우리를 장식하고 싶은 생각이 전혀 없다. 이제까지 우리가 해온 모든 일은 이러한 취미[도덕적 미사여구로 자신을 장식하는 취미]와 이러한 취미를 제멋대로 추구하는 것에 혐오감을 느끼게 한다. 성실성, 진리에 대한 사랑, 지혜에 대한 사랑, 인식을 위한 희생, 진실한 인간의 영웅적 행위와 같은 것은 아름답고 찬란하고 청아한 축제의 언어에 지나지 않지만, 그와 같은 말들에는 사람들의 마음을 자부심으로 부풀게 만드는 무엇인가가 있다. 그러나 은자이자 마멋(Murmelthiere)[32]인 우리는 오랜 동안 은자의 양심 깊숙한 곳에서 아무도 눈치채지 못하게 스스로 다음과 같이 다짐해왔다. 이 귀중해 보이는 화려한 말들도

---

32) 다람쥐과에 속하는 동물.

인간의 무의식적인 허영심에서 비롯된 해묵은 거짓 장식과 허섭스레기, 가짜 금가루에 지나지 않으며, 이렇게 아첨하는 빛깔과 장식 밑에서 자연 그대로의 인간(homo natura)이라는 끔찍한 본바탕이 다시 분명하게 인식되어야만 한다고. 즉 인간을 자연 속으로 되돌려 옮겨놓는 것, 이제까지 자연 그대로의 인간이라는 저 영원한 본바탕 위에 서툴게 써넣어지고 그려진 공허하고 몽상적인 많은 해석과 함축을 극복하는 것, 오늘날 이미 인간이 학문의 훈련을 통해 엄격하게 단련되어 다른 자연 앞에 서 있듯이[33] 앞으로 이 인간으로 하여금 두려움을 모르는 오이디푸스의 눈과 봉해진 오디세우스의 귀[34]를 가지고 너무나 오랫동안 "그대는 자연 이상의 존재이며, 자연보다 더 높고 자연과는 다른 기원을 갖는다!"라고 인간을 피리로 유혹해온 해묵은 형이상학적 새잡이들의 귀를 막고 인간 앞에 서게 하는 것, 이것은 실로 기묘하고 광기에 찬 과제인 것 같지만 그것이야말로 실로 진정한 **과제**인 것이다. 그 누가 이러한 사실을 부정할 수 있겠는가? 왜 우리는 이렇게 광기에 찬 과제를 선택했

---

33) 여기서 '다른 자연'이란 그리스도교나 전통 형이상학이 말하는 것처럼 신의 섭리나 절대정신이 지배하는 자연이 아니라 자연과학에 의해서 파악되는 냉정한 자연, 즉 자연법칙이 지배하는 자연을 가리킨다.

34) '봉해진 오디세우스의 귀'는 오디세우스가 귀향 중에 겪었던 마녀 사이렌과의 사건을 시사한다. 사이렌이 아름다운 노랫소리로 뱃사람들을 유혹하여 바다에 뛰어들게 해서 죽게 한다는 사실을 알게 되자, 오디세우스는 선원들의 귀를 틀어막아 사이렌의 노랫소리를 못 듣게 했다.

는가? 또는 달리 말해 "도대체 왜 인식은 존재하는가?" 누구나 우리에게 이에 대해 물어볼 것이다. 우리는 이런 식의 질문을 제기하도록 내몰려서 이미 백번에 걸쳐서 자신에게 똑같은 질문을 던져보았지만, 보다 나은 답을 발견하지 못했고 지금도 발견하지 못하고 있다.

231.

배움은 우리를 변화시킨다. 이러한 사실은 생리학자들이 알고 있는 것처럼 모든 영양물이 우리를 '유지할' 뿐만 아니라 변화시키기도 한다는 것과 동일하다. 그러나 물론 우리의 근저에는, 즉 우리의 '극히 밑바닥에는' 가르칠 수 없는 어떤 것, 정신적 숙명이라는 화강암층, 미리 정해진 물음에 대해서 미리 정해진 결단과 답변이라는 화강암층이 존재한다. 중요한 문제에 직면할 때마다 발언하는 '나는 이런 사람이다[나의 본성과 같은 것]'는 변화될 수 없는 것이다. 예를 들어 남녀 문제와 관련하여, 사상가는 배움을 통해서 자신의 생각을 고칠 수 없고 자신이 이미 가지고 있는 생각을 완성할 수 있을 뿐이다. 즉 그는 남녀 문제에 대해서 자신에게 이미 '확고하게' 존재하고 있는 것을 궁극에 이르기까지 분명하게 제시할 수 있을 뿐이다. 우리는 어떤 문제들에 대해서 어떤 해결책들이 갖는 타당성을 강하게 믿게 될 때가 있다. 그 후에는 우리는 아마도 그러한 해결책들을 자신의 '확신'이라고 부르게 될 것이다. 나중에 가서야 우리는 그러한 '확신'에서 자기 인식으로 이끄는 발자취만을, 즉 우리라는 문제를 가리키는 이정표, —보다 정확하게 말해서—우리 자신의 본모습이기도 한 커다란 어리석음과 우리의 정신적 숙명 그리고 우리의 극히 '밑바닥에' 존재하는 가르칠 수 없는 것을 가리키는 이정표만을 발견하게 된다. 이렇게 나는 나 자신이 얼마나 겸손한 인간인지를 충분히 드러냈으므로, 이제 '여성의 본질'에 대해서 몇 가지 진리를 토로하는 것이 허용될 것이다. 물론 이러한 진리가 나의 진리일 뿐이라는 사실을 독자들은 애초부터 알고 있을 것이다.

232.

여성은 자립하기를 원하고 있다. 이를 위해서 여성이 '여성의 본질'에 대해서 남성들을 계몽시키려는 작업이 시작되고 있다. 이것이야말로 모든 면에서 추악해져 가는 유럽에서 진행되고 있는 최악의 진보에 속한다. 이처럼 학문을 통한 자기 노출을 시도하는 여성들의 어리석은 노력이 [여성의] 모든 진상을 백일하에 드러낼 것임이 틀림없기 때문이다! 여성은 부끄러움을 느껴야 할 충분한 이유를 가지고 있다. 여성에게는 현학적인 성질, 천박함, 선생티를 내면서 훈계하는 성향, 별것 아닌 것으로도 오만을 떠는 것, 천박한 방종과 불손함이 너무나 많이 숨어 있다. 어린애들을 그녀가 어떻게 상대하는가를 한 번 연구해보라! 이러한 것은 이제까지는 근본적으로 남성에 대한 **두려움**으로 인해 억제되고 제어되어왔다. '여성에게 존재하는 영원한 따분함'[35]—여성에게는 이것이 풍부하게 존재한다!—이 자신을 뽐내기 시작한다면 얼마나 슬픈 일인가! 그녀가 우아하게 처신하고 유희하는 영리함과 기교, 그리고 근심을 없애주고 마음의 짐을 벗어나게 해주고 매사를 쉽게 생각하는 영리함과 기교를 망각하기 시작하고, 쾌락을 느끼고 싶어 하는 욕망을 통제하는 섬세한 솜씨를 근본적으로 철저하게 망각하기 시작한다면 얼마나 슬픈 일인가! 성스러운 아리스토파네스에 대한 맹세와 함께 말하지만, 공포를 불러일으키는 여성의 소리가 이미 커져가고 있으며, 여성이 남성에게서 궁극적으로 **원하는** 것이 의학적으로 볼 때 분명히 위협받고 있다. 여성이 이런 식으로 학문적이 되기 시작하고 있다는 것은 최악의 취미와 같은 것은 아닌가? 이제까지는 다행스럽게도 계몽한다는 것은 남성의 일이었고 남성에게 주어진 천분이었으며, 남성들 사이에서 '자기들끼리만' 행해진 것이었다. 그리고 여성들이 '여성'에 관해 쓰는 모든 것을 보면, 여성이 과연 자신에 대해서 진실로 밝히기를 **원하는지** 그리고 **원할 수 있는지**에 대해서 충분히 의문을 품을 수 있는 것이다. 자신들에 대해서 씀으로써 여성이 자신을 새롭게 **치장하려는** 것이 아니라면—나는 자신을 치장하는 것이 영원히 여성적인 것에 속한다고

---

35) 괴테의 『파우스트』 II에 나오는 '영원한 여성'이란 말을 패러디한 것.

생각한다—여성은 그것에 의해서 여성에 대한 두려움을 불러일으키려고 하는 것이며 이와 함께 지배하려고 하는 것이다. 그러나 여성은 진실을 **구하지는** 않는다. 여성에게 진실이 무슨 상관이 있다는 말인가! 여성에게는 진실만큼 낯설고 거슬리고 적대적인 것은 없다. 여성이 가진 최대의 재능은 거짓말하는 것이며, 최대의 관심사는 가상이며 아름다움이다. 우리 남성들은 솔직하게 고백하자. 우리가 여성에게서 존중하고 사랑하는 것은 바로 **이러한 재능이며 이러한 본능**이라고. 어려움에 처할 때 우리는 휴식을 위해서 여성을 필요로 한다. 여성의 손과 시선 그리고 부드러운 어리석음 아래서 우리의 진지함과 엄숙함 그리고 심오함은 한낱 어리석음에 지나지 않는 것으로 나타나는 것이다. 마지막으로 나는 다음과 같은 물음을 제기하고 싶다. 일찍이 여성 자신이 여성의 머리에 깊이가 있고 여성의 가슴에 정의가 있다고 인정한 적이 있었는가? 이제까지 '여성'을 가장 경멸해온 사람은 일반적으로 우리 남성이 아니라 여성 자신이 아니었던가? 우리 남성은 여성이 남성을 계몽하려고 함으로써 자신을 웃음거리로 만드는 일을 계속하지 않기를 바란다. 교회가 '여성은 교회의 일에 침묵해야 한다!'[36]고 선언한 것은 여성에 대한 남성의 배려와 존중에서 비롯된 것이었다. 나폴레

---

36) 고린도서 14장 34절.

옹이 너무 말이 많은 드 스탈 부인[37])에게 "여성은 정치에 대해서는 침묵해야 한다!"고 일깨워준 것 역시 여성을 위해서였다. 그리고 오늘날 "여성은 여성에 대해서 침묵해야 한다!"고 여성들에게 외치는 사람이야말로 여성들의 진정한 친구라고 나는 생각한다.

233.

만일 어떤 여성이 '여성의 본질'에 대해서 무엇인가 유리한 증거라도 될까 하여 롤랑 부인[38])이나 드 스탈 부인 혹은 조르주 상드 씨(Monsieur)[39])를 끌어들이는 것은—여성의 악취미를 드러낸다는 점은 도외시하더라도—본능의 타락을 드러내는 것이다. 방금 언급된 세 여자들은 남성들에게는 '여성의 희극적인 본질'을 가장 잘 보여주는 전형적인 예일 뿐 그 이상의 것이 아니다! 그리고 그들이야말로 여성 해방과 여성의 자율성에 대한 가장 좋은 **반대논거**일 뿐이다. 물론 그들은 자신들이 그러한 반대논거가 되는 것을 원하지는 않았지만 말이다.

---

37) 스탈 부인에 대해서는 이 책 제6장 각주 18을 참조할 것.
38) Jeanne Marie Roland de la Platière(1754-1793) 부인은 프랑스의 철학자이자 정치가로 프랑스 혁명 당시 지롱드파에서 열성적으로 활동하다가 자코뱅파에 의해 단두대에서 처형당했다. 그녀가 단두대에서 남긴 "오, 자유여, 너의 이름 아래 얼마나 많은 범죄가 저질러지는가"라는 말은 유명하다.
39) George Sand(1804-1876)는 사회적 관습에서 벗어나 자유분방한 삶을 살았던 프랑스의 소설가.

234.

부엌에서 여성이 요리할 때 저지르는 어리석음, 가장과 가족의 식사를 아무렇게나 조리할 때의 끔찍한 무사려함! 여성은 식사라는 것이 무엇을 의미하는지를 이해하지도 못한 채 요리를 하려고 한다! 만일 여성이 생각하는 존재라면, 수천 년간 요리사로 일해왔으니 최대의 생리학적 사실들을 발견하고 의술도 획득했어야 했을 것이다! 부엌에서 발휘해야 할 이성을 완전히 결여한 서툰 요리사들 때문에 인간의 발전은 가장 오랫동안 저지되어왔으며 가장 심하게 해를 입어왔다. 오늘날에도 사정은 그다지 좋아지지 않았다. 이 한마디를 나이 든 딸들에게 해주고 싶다.

235.

자신 안에 하나의 문화 전체, 하나의 사회 전체를 갑자기 응집하고 있는 정신의 표현이나 작품, 문장이나 한 줌의 단어들이 존재한다. 드 랑베르 부인[40]이 우연한 기회에 자기 아들에게 한 말이 그와 같은 것에 속한다. "애야, 어리석은 짓을 하더라도 큰 즐거움을 주는 일이 아니면 절대로 해서는 안 된다." 덧붙여서 하는 말이지만, 이것이야말로 일찍이 어머니들이 아들에게 한 말 중에서 가장

---

40) Anne Thérèse de Maruerat de Courcelles, marquies de Lambert (1647~1733) 부인은 프랑스의 작가다.

어머니답고 가장 현명한 말이다.

236.

단테와 괴테가 여성에 대해 믿었던 것. 단테는 "그녀는 위를 바라보고 나는 그녀를 바라본다"("ella guardava suso, ed io in lei")[41]고 노래했고, 괴테는 이를 "영원히 여성적인 것이 우리를 위로 끌어올린다"[42]고 번역했다. 고상한 여성이라면 누구나 괴테의 이러한 믿음을 거부하리라는 점을 나는 의심하지 않는다. 왜냐하면 바로 이것이야말로 고상한 여성이 영원히 남성적인 것에 대해서 믿고 있는 것이기 때문이다.

237.

여성을 위한 일곱 가지 잠언

남자가 우리에게 기어올 때 그 지긋지긋한 권태는 날아가 버린다. [43]

아! 노령의 나이와 학문은 허약한 덕에게도 힘을 불어넣는다.

---

41) Dante, *Divina Commedia*, *Paradiso II*에 나오는 말.
42) Goethe, *Faust II*, 12110행 이하.
43) 남자가 '기어온다'는 표현을 통해서 우리는 여기서 말하고 있는 여성은 남성을 벌레처럼 하찮은 존재로 보고 있다고 추측할 수 있다.

검은 옷을 입고 침묵을 지킬 때는 어떤 여성이라도 영리하게 보인다.[44]

행복할 때 나는 누구에게 감사할 것인가? 신에게! 그리고 나의 재단사에게.[45]

젊음: 꽃으로 장식된 동굴. 늙음: 한 마리 용이 그 안에서 기어 나온다.

고귀한 이름, 멋진 다리, 게다가 남성, 오, 그가 내 것이라면!

말은 짧게 하지만 많은 의미를 담을 것,[46] 이것이야말로 암탕나귀가 주의해야 할 미끄러운 빙판이다!

---

44) 여성은 검은 옷을 입고 침묵을 지키면서 사실은 자신을 위장하고 있다. 검은 옷을 입고 침묵을 지키면서 여성은 심각하고 진지한 존재인 것처럼 자신을 위장하지만, 사실 보통은 명랑하며 수다스러우며 영리하기보다는 멍청하다.

45) 신이 주는 행복과 아름다운 옷으로 인한 행복이 동등한 가치를 갖는 것으로 볼 정도로 여성은 아름다운 옷을 입고 싶어 하는 허영심에 차 있다.

46) Kurze Rede, langer Sinn은 쉴러의 *Die Piccolomini*, Act I, 두 번째 장면에 나오는 유명한 구절인 der langen Rede Kurzer Sinn[말은 많지만 의미는 별로 없다]을 뒤집어 패러디한 것이다.

237.

이제까지 여성들은 남성들에 의해서 어떤 높은 곳에서 길을 잃고 그들에게 내려온 새처럼 다루어졌다. 즉 보다 섬세하고, 보다 상처받기 쉬우며, 보다 야생(野生)적이고, 보다 경이롭고, 보다 달콤하며, 보다 영혼이 넘치는 어떤 것으로. 그러나 달아나지 못하도록 가두어두어야만 하는 것으로.

238.

'남성과 여성'이라는 근본적인 문제를 제대로 사유하지 못한 채, 양자 간의 심각한 대립과 영원한 적대적 긴장의 필연성을 부정하면서 평등한 권리와 교육, 평등한 요구와 의무를 꿈꾼다는 것, 이것이야말로 천박한 두뇌의 **전형적인** 표시다. 이렇게 위험한 문제에서 천박함—본능의 천박함—을 드러낸 사상가라면 [그 사상적 깊이가] 대체로 의심스러운 존재이며 더 나아가 자신의 정체가 완전히 노출되고 폭로된 자로서 간주될 수 있다. 아마도 그는 미래의 삶을 포함한 인생의 모든 근본물음에 대해서 너무나도 '근시안적이며' 결코 어떠한 깊이에도 도달할 수 없을 것이다. 이에 반해 욕망과 정신의 깊이를 가지고 있고 엄격하고 가혹할 수 있으며 또한 그러한 엄격함과 가혹함과 혼동되기 쉬운 호의를 갖는 남성은 여성에 대해서 항상 **동양식으로만** 사유할 수 있다. 그는 여성을 소유물로서, 잠가놓을 수 있는 재산으로서, 봉사할 운명을 가지고 태어났고 그렇게 봉사함으로써 자신을 완성하는 존재로 파악할 수밖에 없다. 이 점에서 그는 일찍이 아시아의 가장 훌륭한 계승자이며 제자였던 그리스인들이 그랬던 것처럼 아시아의 위대한 이성과 우월한 본능에 입각하고 있음이 분명하다. 잘 알려진 것처럼 그리스인들은 호메로스 시대부터 페리클레스 시대에 이르기까지 문화와 힘이 미치는 범위가 **증대됨**에 따라 점차적으로 여자에 대해서 더욱더 **엄격하게,** 요컨대 더욱더 동양적으로 되어갔다. 이것이 얼마나 필연적이고 논리적이며 인간적으로 얼마나 바람직한 것이었는지에 대해서 숙고해보기 바란다!

239.

어떤 시대도 우리 시대처럼 나약한 성[여성]이 남성의 존중을 받은 적은 없었다. 그것은 노인에 대한 무례와 더불어 민주주의적 경향과 그것의 근본취향에 속하는 것이다. 이러한 존중이 [여성에 의해서] 곧바로 다시 악용되는 것은 전혀 놀랄 일이 아니다. 여성은 더 많은 것을 원하고 요구하는 법을 배우며 종내에는 이러한 존중의 표현을 거의 모욕으로 느끼면서 권리를 얻기 위한 경쟁을—심지어는 투쟁을—선택하게 된다. 요컨대 여성은 수치심을 잃어가고 있으며, 덧붙여서 말하면 취미조차 잃어가고 있다. 그녀는 남성을 **두려워하는** 것을 잊고 있다. 그러나 '두려움을 잃어버린' 여자란 자신의 여성적인 본능을 포기한 것이다. 남성에게서 두려움을 불러일으키는 요소, 즉 남성 안에 존재하는 **남자다움**이 더 이상 원해지지도 육성되지도 않을 때 여자들이 전면에 나와 설친다는 것은 지극히 당연한 일이며 충분히 이해될 수 있는 일이다. 보다 이해하기 어려운 것은 바로 그와 함께 여성이 퇴화한다는 것이다. 이런 일이 오늘날 일어나고 있다. 우리는 이러한 현상을 제대로 직시해야 한다! 산업적인 정신이 전투적이고 귀족적인 정신을 압도하고 있는 오늘날 여성은 경제적·법적 독립을 추구하면서 사무원이 되고 있다. '여사무원'이라는 문패가 형성 중에 있는 현대사회의 문 앞에 걸려 있다. 이렇게 여성이 새로운 권리를 획득하고 '주인'이 되려고 노력하며 여성의 '진보'라는 기치를 내세우는 동안, 정반대의 일이 끔찍할 정도로 분명하게 일어나게 된다. 즉 여성이 **퇴보하고 있는 것이다.** 프랑스 혁명 이래로 유럽에서 여성의 영향력은 여성의 권리와 요구가 증대되는 것에 비례해서 **감소되어왔다.** '여성 해방'이 여성들 자신에 의해서(천박한 남성에 의해서뿐만 아니라) 요구되고 촉진되는 한, 그것은 이렇게 가장 여성적인 본능들이 점점 더 약화되고 둔화되어가고 있다는 사실의 주목할 만한 징후로서 입증되는 것이다. 이러한 운동에는 **어리석음**, 즉 제대로 자란 여성이라면—그러한 여성은 항상 영리한 여성이기도 하다—근본적으로 부끄러워하지 않을 수 없는 남성적인 어리석음이 내재하고 있다. 그 대신에 여성은 어떠한 기반 위에서 가장 확실하게 승리를 거둘 수 있는지에 대한 후각을 상실하고 있으며 여성 특유의 무기

를 사용하는 법을 연습하는 일을 게을리하고 있다. 여성은 과거에
는 예의를 차릴 줄 알았고 섬세하면서도 교활한 겸손함을 갖추고
있었는데, 이제는 남자를 앞지르려 하고 심지어 '책에까지' 손대려
고 하는 것 같다. 여성 안에는 남성 자신과는 근본적으로 다른 이
상이, 즉 영원하고도 필연적으로 여성적인 것이 숨겨져 있다는 남
자들의 믿음에 반해서 도덕적으로 고결한 체하면서 뻔뻔스럽게 행
동하는 것, 여성은 미묘하고 놀라울 정도로 야생적이며 때로는 기
쁨을 주는 애완동물처럼 길러지고 보살핌을 받고 보호받고 소중
히 다루어져야 한다고 생각하는 남성들에게 그런 생각을 버리라
고 요란스럽게 강요하는 것, 이제까지의 사회질서에서 여성의 지
위를 특징지었고 여전히 특징짓고 있는 노예적이고 노비적인 성격
의 모든 것을 분노에 차서 서투르게 수집하는 것(마치 노예제도가 모
든 높은 문화와 문화 발전에 기여하는 조건이 아니라 그것을 저해하는 조
건인 것처럼), 이 모든 것이 여성적인 본능의 파괴와 여성다움의 상
실이 아니라면 도대체 무엇이란 말인가? 물론 학식 있는 수탕나
귀들 가운데는 어리석기 짝이 없는 여성의 친구들과 여성을 타락
시키는 자들이 상당히 많으며, 그들은 여성에게 이런 식으로 여성
다움을 버리도록 권하며 유럽의 '남성'이나 유럽적 '남성다움'이 앓
고 있는 모든 어리석음을 흉내 내게 한다. 그들은 '일반적인 교양'
을 여성이 갖추고 있을 뿐 아니라 심지어 신문을 읽고 정치를 논하
는 수준으로까지 여성을 끌어내리고 싶어 한다. 남성들은 여기저

기에서 여성을 자유사상가나 문학자로 만들려고 한다. 마치 경건함이 결여된 여성이 심오하면서도 신을 믿지 않는 남성에게는 얼마나 역겹고 웃기게 보이는지를 모르는 것처럼. 사람들은 거의 모든 곳에서 온갖 종류의 음악 가운데 가장 병적이고 위험한 음악(우리 독일의 최신 음악)으로 여성의 신경을 망치고 날이 갈수록 그녀를 더욱 신경질적으로 만들며 튼튼한 어린애를 낳는다는 여성의 궁극적 소명을 갈수록 더 수행할 수 없게 만든다. 사람들은 여성을 일반적으로 좀더 '교양 있게 만들려고 하며(cultivieren)' 이른바 '약한 성'을 문화를 통해서 **강하게** 만들려고 한다. 마치 인간을 '교양 있게 만드는 것'과 인간이 허약하게 되는 것—즉 **의지력**이 약화되고 분열되며 병약하게 되는 것—이 항상 함께 진행되어왔으며, 세상에서 가장 강하고 가장 영향력이 컸던 여성들(가장 최근의 예로서는 나폴레옹의 어머니)이 남자들에 대해 힘을 갖고 남자들에 대해서 우월할 수 있었던 것은 자신들의 의지력 덕분이지 학교 선생들 때문이 아니었다는 사실을 역사가 너무나도 분명하게 가르쳐주었던 것을 잊은 것처럼. 여성에 대한 존경심과 때로 두려움을 불러일으키는 것은 남성의 자연보다 '더 자연적인' 그녀의 **자연**이며 맹수와 같은 참으로 교활한 유연성이고, 장갑 속에 숨겨져 있는 호랑이 발톱이며, 순진한 이기심이고, 교육이 불가능한 내적인 야성이며, 그녀의 이해하기 어렵고 폭넓고 방황하는 욕망과 미덕이다. 여성이 불러일으키는 모든 두려움에도 불구하고 이 위험하고 아름다운 고양이인 '여성'에게 연민을 갖게 만드는 것은 그 어떤 동물보다 그녀가 더 고통을 받고 상처받기 쉽고 사랑을 필요로 하고 환멸을 느끼도록 운명 지어진 것처럼 보이기 때문이다. 두려움과 연민이라는 감정과 함께 이제까지 남성은 여성 앞에 서 있어왔으며, 황홀하게 하면서도 마음을 갈기갈기 찢어놓는 비극 속에[47] 항상 한 발을 담그고 있었다. 뭐라고? 이런 상태가 끝장이 났다고? 여성이 매력을 상실하는 사태가 진행 중이라고? 여성이 따분한 존재가 되는 사태가 서서히 도래하고 있다고? 오, 유럽이여, 유럽이여! 우리는 그대를 가장 매혹하면서도 그대를 항상 거듭해서 위험에 빠뜨리려고 하는 뿔 달린 짐승을 잘 알고 있다! 그대의 낡은 우화가 다시 한 번 '역사'가 될 수 있을 것이다. 그대가 거대한 어리석음에 의해서 지배당하고 사로잡히는 일이 일어날 수 있다! 그 어리석음 밑에 숨어 있는 것은 신이 아니다. 그렇다! 오직 하나의 '이념', '현대적인 이념'만이 숨어 있을 뿐이다.

---

47) 아리스토텔레스는 비극이 두려움과 연민과 밀접한 연관을 갖고 있다고 보았다. 아리스토텔레스는 비극의 효과는 주인공의 비극적 운명을 보는 관중의 마음에 '두려움'과 '연민'의 감정을 격렬하게 유발하다가 결말에서 이러한 감정을 한꺼번에 폭발시킴으로써 마음속에 쌓여 있던 정념의 응어리를 정화하는 것이라고 보았다.

제8장
민족과 조국

240.

나는 리하르트 바그너의 『마이스터징거』 서곡을 처음 듣는 기분으로 다시 한 번 들었다. 그것은 화려하고 장중하며 엄숙하고 현대적인 예술이다. 이 작품이 자랑할 만한 점은 그것을 이해하기 위해서는 여전히 살아 있는 이백 년 동안의 음악을 전제해야 한다는 점이다. 그러한 자랑이 그릇된 것이 아니라는 사실이 독일인들에게는 영예가 된다! 이 작품 속에는 다양한 생명의 즙과 힘, 다양한 계절과 풍토가 녹아 들어가 있다! 그것은 때로는 고대적이고 때로는 이국적이며 떫고 미숙한 느낌을 준다. 또한 그것은 제멋대로인가 하면 장려하고 전통적이다. 그것은 곧잘 익살스러우면서도 종종 거칠고 투박하다. 그것은 격정과 용기를 지녔는가 하면 동시에 너무 익어버린 과일의 껍질처럼 늘어진다. 그것은 도도하게 흘러가다가 갑자기 이유 없이 머뭇거리기도 한다. 원인과 결과 사이에 갑자기 간극이 생기며, 우리를 꿈꾸게 하고 거의 가위눌림처럼 우리를 짓누르는 중압감이 있다. 그런가 하면 이내 다시 아주 오래되고 극히 다채로운 편안한 흐름 그리고 오래된 행복과 새로운 행복의 흐름이 퍼져나간다. 실로 이 행복감 속에는 무엇보다도 예술가가 숨기려고 하지 않는 자신에 대한 행복감이 상당히 깃들어 있으며, 보란 듯이 여기서 사용된 기법과 새롭게 획득했지만 아직 시험해보지 못했던 예술적 기법이 탁월하게 구사되고 있다는 데 대한 놀라움과 행복감이 깃들어 있다. 그러나 전체적으로 볼 때 이 작품에는 어떠한 아름다움도, 어떠한 남국적인 것도, 남국 하늘의 섬세한 청명함도, 우아함도 춤도 없으며, 논리에의 의지도 거의 없다. 심지어 마치 예술가가 우리에게 '그것이 내 의도다'라고 말하고 싶어 하는 듯한 일종의 서툶마저 눈에 띈다. 거기에는 어떤 답답한 의상, 억지스럽고 야만적이며 점잔을 빼는 것, 현학적이고 경외할 만한 자부심과 재치가 있다. 또한 거기에는 최상의 의미로든 최악의 의미로든 독일적인 어떤 것, 독일식의 다채로움과 모호함과 무궁무진함이 있다. 그리고 거기에는 독일적인 영혼의 강력함과 충일함이 있다. 그러한 영혼은 퇴폐적인 세련으로 자신을 감추는 것도 두려워하지 않으며, 어쩌면 그러한 가장 속에서 가장 편안하게 느낄 것이다. 그것에는 젊으면서도 동시에 늙었고 지나치게 원숙하면서도 전도가 양양한 독일적 영혼의 진정한 상징이 있다. 이러한 음악이야말로 내가 독일인들의 본질로 생각하는 것을 가장 잘 표현하고 있다. 독일인들은 어제와 내일의 인간이지만 그들에게 오늘은 **없다.**

241.

우리 '훌륭한 유럽인'도 열렬한 조국애에 빠질 때가 있고 편협한 복고주의에—나는 바로 앞에서 이에 대한 예를 들었다—빠지거나 그것으로 복귀하는 때가 있다. 그리고 때로는 민족적인 격정에 사로잡힐 때가 있고 조국에 대한 근심 때문에 가슴을 조일 때가 있으며 그 밖에 온갖 다른 종류의 고풍스런 감상의 물결에 휩싸일 때가 있다. 우리보다 게으른 정신이라면 우리가 단 몇 시간에 마칠 일을 훨씬 긴 시간을 들임으로써 비로소 마칠 수 있을 것이다. 그들은 각자의 소화와 '신진대사'의 속도와 능력에 따라서, 어떤 사람은 반년 만에, 어떤 사람은 반평생을 보내고 나서야 겨우 끝낼 수 있을 것이다. 급속히 변해가는 우리 유럽에도, 그러한 애국심과 향토애의 격세유전적인 발작을 극복하고 다시 이성으로, 즉 '훌륭한 유럽인'으로 되돌아가는 데에 반세기가 필요한 우둔하고 굼뜬 민족이 있을 수 있다. 이러한 가능성에 대해서 이런저런 생각을 하고 있을 때, 나는 두 사람의 늙은 '애국자들' 사이의 대화를 듣게 되었다. 그 두 사람은 귀가 잘 안 들리는 것이 분명했다. 그 때문에 그들은 소리를 높여 말했다. 한 사람이 이렇게 말했다. "**그 사람**은 철학에 대해서는 농부나 학생조합의 대학생 정도밖에 알지 못하고 이들 정도밖에 관심이 없어. 하지만 그 사람에게 잘못이 있는 것은 아니야. 오늘날 그런 것이 무슨 소용이 있단 말인가! 지금은 대중의 시대지. 대중은 모든 거대한 것 앞에 굴복하는 법이지. 정치에서도 마찬가지야. 대중은 자신들을 위해서 바벨탑을 쌓아주거나 거대한 제국과 권력을 높이 쌓아 올리는 정치가[1]를 '위대하다'고 하지. 우리처럼 보다 신중하고 조심스러운 인간들이 어떤 행위나 사물에 위대함을 부여하는 것은 오직 위대한 사상뿐이라는 오랜 신념을 아직 버리지 않았다고 해서 무슨 소용이 있겠는가? 만일 어떤 정치가가 있어서 '위대한 정치'[2]를 감당할 천성적인 능력도 없고 준비도 없는 그의 민족으로 하여금 '위대한 정치'를 추구하지 않으면 안 되는 상황으로 몰아넣었고, 그 결과 그 민족이 새로운 의심스런 범용성을 위해서 자신이 지녀오던 오래되고 견실한 덕을 희생할 필요가 있다고 가정해보세. 어떤 정치가가 자신의 민족을 '정치'로 몰아가려고 하지만, 이 민족이 이제까지 '정치'보다 더 훌륭한 것을 행하고 사유했으며 자신의 영혼의 근저에서 정치에 빠져버린 민족들이 갖는 불안과 공허함 그리고 소란스런 갈등에 대한 신중한 혐

---

1) 이러한 정치가로 니체는 비스마르크를 염두에 두고 있다고 할 수 있다.
2) 이 경우 '위대한 정치'는 '거대한 제국과 권력을 높이 쌓아 올리는' 것을 목표로 하는 정치다.

오감을 떨쳐버리지 못했다고 해보세. 그러한 정치가가 자신의 민족의 잠들어 있는 열정과 욕망을 자극하고, 그들의 지금까지의 소심함과 방관적 태도를 불명예스런 것으로 만들며, 그들의 외국 숭배와 은밀한 무한성을 죄로 간주하고 그들의 가장 자연스런 경향이 갖는 가치를 절하하고, 그들의 양심을 전도시키며, 그들의 정신을 편협하게 만들고, 그들의 취향을 '민족적'으로 만들었다고 가정해보세. 자, 그럼 어떻게 될까! 이 모든 일을 자행하는 정치가, 그가 저지른 죄과를 그 민족이 세세토록—그 민족에게 미래가 있다면—갚아야만 하는 정치가, 그러한 정치가를 위대하다고 할 수 있을까?" "물론이지!"라고 다른 늙은 애국자가 격정적으로 대답했다. "위대하지 않은 인간이라면 그는 그런 일을 할 수 없었을 것이네! 그런 일을 하려고 하는 것은 아마도 그가 미쳤기 때문이겠지. 그러나 모든 위대한 일은 처음에는 미친 짓이었지!" "자네는 말을 잘못 사용하고 있네!" 상대방은 소리쳤다. "강하지! 강해! 강하고 미쳤지! 그러나 위대하지는 않지!" 그 노인들은 눈으로도 볼 수 있을 정도로 흥분해서 자신들의 진리를 상대방의 얼굴을 향해 퍼부어댔다. 그러나 다행히도 나는 멀리 떨어져서 강한 자를 보다 강한 자가 곧 지배하게 될 것이라고 생각했다. 또한 어떤 국민[3]이 정신적으로 천박하게 될 때 다른 민족[4]은 정신적으로 심화되면서 균형이

---

3) 여기서 니체는 독일 국민을 염두에 두고 있다고 할 수 있다.

이루어지게 될 것이라고 생각했다.

242.

오늘날 유럽인을 두드러지게 만드는 것으로 우리는 '문명'이나 '인간화' 또는 '진보'를 들 수 있을 것이다. 찬양하지도 비난하지도 않고 정치적 용어를 사용하여 단순하게 말한다면 우리는 그것들을 유럽의 민주주의 운동이라고 부를 수 있을 것이다. 이것들이 지시하는 모든 도덕적·정치적 현상의 배후에는 하나의 거대한 생리학적인 과정이 수행되고 있으며, 이러한 과정은 갈수록 더 도도하게 진행되고 있다. 이러한 과정이란 유럽인들이 서로 비슷해져 가고 있다는 것이다. 유럽인들은 풍토와 신분에 결부되어 있는 민족들의 발생조건에서 갈수록 이탈해가고 있다. 유럽인들은 수 세기에 걸쳐서 동일한 요구를 제기하면서 어떤 종족의 영혼과 신체에 독특한 특성을 부여하는 모든 특수한 환경으로부터 갈수록 벗어나고 있는 것이다. 이에 따라 본질적으로 초민족적이며 유목민적인 유형의 인간, 즉 생리학적으로 말해 그 전형적인 특징으로서 최대한의 적응기술과 적응력을 지니고 있는 유형의 인간이 서서히 출현하고 있다. 새로운 유럽인이 이렇게 생성되고 있는 과정은 커다란 반동에 의해서 지체될 수 있지만, 아마도 바로 그 때문에 오

---

4)   이 경우 니체는 프랑스 민족을 염두에 두고 있다고 할 수 있다.

히려 그 격렬함과 깊이가 증대될 것이다. 아직도 미쳐 날뛰고 있는 '민족감정'의 질풍노도 그리고 이제 막 대두되고 있는 무정부주의가 이러한 반동에 속한다. 그러나 이러한 과정은 이것의 순진한 촉진자이자 찬미자들, 즉 '현대적 이념'의 사도들이 전혀 예상하지 못한 결과를 초래하게 될 것이다. 대체로 인간의 평준화와 범용화—유용하고 근면하며 다양하게 써먹을 수 있는 재주 있는 무리동물과 같은 인간—라는 결과를 낳게 될 그 새로운 조건들은 가장 위험하고 가장 매력적인 성질을 지닌 예외적인 인간을 출현시키는 데 가장 적합한 조건이기도 하다. 물론 끊임없이 변화하는 조건들에 잘 순응하고 각 세대마다, 아니 거의 십 년마다 새로운 일을 시작하는 적응력은 **강력한** 유형의 인간을 만들지 못한다. 그러한 미래의 유럽인이 갖게 될 총체적인 인상은 아마도 의지가 약하고 아무데나 써먹을 수 있으며 매우 수다스런 노동자와 같은 것이 될 것이다. 그리고 그들은 그날그날의 빵을 필요로 하듯이 주인과 명령하는 자를 **필요로 하게** 될 것이다. 따라서 유럽의 민주화는 가장 세련된 의미의 노예제도에 적합한 인간형을 산출하는 반면에, 이 시기에 출현하는 특별하고 예외적인 **강한** 인간은 편견이 배제된 교육과 엄청나게 다양한 기술과 훈련과 가장(假裝, Maske) 때문에 이제까지 있었던 어떤 인간보다도 강력하고 풍부한 인간이 될 것임에 틀림없다. 다시 말해 유럽의 민주화는 동시에 **전제적인 지배자**—이 경우 이 용어는 가장 정신적인 의미를 포함한 전체적인 의미로 사용되고 있다―를 길러내는 것을 본의 아니게 준비하는 것이 된다.

243.

나는 우리의 태양이 헤라클레스 성좌(星座)를 향해 빠르게 나아가고 있다는 말을 흐뭇한 기분으로 듣는다. 나는 지구상의 우리 인간도 이 점에서 태양처럼 나아가기를 희망한다. 그러려면 우리가 선두에 서야 할 것이다. 우리 훌륭한 유럽인들이!

244.

독일인들을 '심오하다'고 특징짓던 시대가 있었다. 오늘날 새로운 독일 정신을 가장 성공적으로 구현한 유형의 사람들은 전적으로 다른 명예를 탐하고 있으며 심오한 모든 것에는 아마도 '용감함'이 결여되어 있을 것이라고 생각하고 있다. 이와 함께 과거의 찬사는 자기기만적인 것이 아니었는가, 독일적인 깊이란 [심오함과는] 근본적으로 다른 어떤 것이거나 보다 악성의 것은 아닌가, 그런데 다행스럽게도 성공적으로 이제 그것에서 막 벗어날 수 있게 된 어떤 것은 아닌가라고 의심하는 것이 거의 유행처럼 되었고 애국적인 것이 되었다. 그러니 독일적 심오함에 대해서 다시 생각해보자. 이를 위해서는 독일의 영혼을 조금만 해부해보면 된다. 독일의 영혼은 무엇보다도 다양하고 여러 기원을 가지고 있으며, 형성되었기보다는 짜 맞춰지고 겹쳐놓은 것이다. 이는 그 영혼의 유래에서 기인한다. "아아, 내 가슴에는 두 개의 영혼이 살고 있다"[5]고 대담하게 주장하고 싶어 했던 독일인은 진실을 크게 왜곡하고 있는 것이며, 보다 정확하게 말하자면 [독일인의 가슴에는] 수많은 영혼이 살고 있다는 사실을 미처 보지 못하고 있는 것이다. 독일인은 엄청나게 많은 종족이 혼합되고 뒤얽힌 민족이다. 게다가 아리안족 이전의 인종적 요소가 우세하며, 어느 모로 보나 '중간의 민족'이고, 다른 어떤 민족보다도 파악할 수 없고 포괄적이며 모순에 차 있고 정체불명이며 헤아릴 수 없고 놀라우며 심지어 무섭기까지 한 민족이다. 그들은 정의하기 어려우며 이 점만으로 이미 프랑스인들을 절망하게 만든다. 독일인들 사이에서도 '무엇이 독일적인 것인가?'라는 물음이 결코 사그라지지 않는다는 것이 독일인들을 특징짓는다. 코체부[6]는 분명 당시의 독일인들을 잘 알고 있었다. 그리하여 "우리는 파악되었다"고 독일인들은 환호성을 올렸다. 그러나 잔트(Sand)도 독일인들을 잘 알고 있다고 믿었다. 장 파울(Jean Paul)[7]이 피히테의 기만적이지만 애국적인 아첨과 과장에 격분하여 피히테를 비판했을 때 그는 자신의 비판이 어떤 의미를 갖는지를 잘 알

---

5) Goethe, *Faust I*, 1112행.

6) August Friedrich Ferdinand von Kotzebue(1761−1819)는 독일의 희극작가이자 연극 감독이었으며 나폴레옹을 비난하는 책을 썼다. 그는 그를 러시아의 스파이라고 생각했던 Karl Ludwig Sand(1795−1820)에 의해 암살당했다.

7) Jean Paul(1763−1825)은 독일의 유명한 낭만주의 작가.

고 있었다. 그러나 괴테는 피히테에 관해서는 장 파울이 옳다고 보았지만, 독일인들에 대해서는 장 파울과는 다른 견해를 가지고 있었다. 괴테는 독일인들에 대해서 본래 어떻게 생각했을까? 그렇지만 그는 자기 주위에서 일어난 많은 일에 대해 결코 분명하게 말한 적이 없으며 평생 미묘한 침묵을 지킬 줄 알았다. 그가 그렇게 한 데는 충분한 이유가 있었을 것이다. 다만 그가 '해방 전쟁[8]'을 프랑스 혁명만큼이나 달갑지 않게 보았다는 점은 확실하다. 그로 하여금 자신의 파우스트, 즉 '인간'이라는 문제 전체를 다시 생각하게 한 것은 나폴레옹의 출현이었다. 괴테는 독일인들이 자신의 자랑으로 여겨왔던 것을—흡사 자신이 외국인인 것처럼—극히 냉혹하게 부인하고 있다. 그는 저 유명한 독일적 심정(Gemüt)을 한때 '타인과 자신의 약점에 대한 관용[9]'으로서 정의한 적이 있다. 이러한 정의는 잘못된 것일까? 독일인의 특징은 그에 대해서 어떤 식으로 정의를 내리더라도 그것이 완전한 오류가 되는 경우는 거의 없다는 점이다. 독일의 영혼 속에는 수많은 통로와 샛길이 있다. 그 속에는 동굴과 은신처 그리고 지하 감옥이 있다. 그 무질서함은 신비로 가득 찬 매력으로 넘친다. 독일인들은 혼돈으로 이끄는 샛길을

---

8) 나폴레옹이 독일을 침공했을 때 독일인들이 나폴레옹에 대항하여 일으킨 전쟁을 가리킨다.

9) Goethe, *Maximen und Reflexionen*, 340번.

잘 알고 있다. 모든 것이 자신과 유사한 것을 사랑하듯이 독일인도 구름을 사랑하며, 불명료하고 생성 중에 있으며 어슴푸레하고 눅눅하고 감춰져 있는 모든 것을 사랑한다. 모든 종류의 불확실한 것, 형태가 갖추어지지 않은 것, 비정상적인 것, 성장하고 있는 것을 그는 '심오하다'고 느낀다. 독일인 자체는 **존재하지 않는다**. 그는 **생성 중에 있으며** '발전하고 있다'. 이 때문에 '발전'이란 용어는 철학적 공식(公式)들의 거대한 왕국에서 진정으로 독일적인 고안물이자 성공작이다. 이 주도적인 개념이야말로 독일 맥주와 독일 음악과 함께 유럽 전역을 독일화하려고 하고 있다. 외국인들은 독일 영혼의 밑바닥에 존재하는 모순된 본성(헤겔이 철학적인 체계로 표현했고 최종적으로 리하르트 바그너가 음악으로 표현했던)이 그들에게 던지는 수수께끼 앞에서 놀라면서도 매혹되고 있다. '선량함과 사악함'이라는 두 가지 성격이 하나의 영혼 속에 함께 존재한다는 사실은 다른 모든 민족에게는 불합리한 것으로 보이겠지만 유감스럽게도 독일에서는 너무나 자주 정당화된다. 잠시라도 슈바벤 사람들 사이에서 살아보라! 독일 학자들이 보이는 답답함과 사교적인 면에서의 무미건조함은 모든 신이 이미 두려움을 느꼈을 내면적인 줄타기 및 경쾌한 대담함과 경악할 정도로 조화를 이루고 있다. 만일 '독일의 영혼'을 눈앞에서 보고 싶다면 독일의 취미와 예술 그리고 풍습을 들여다보기만 하면 된다. 그 촌스럽기 짝이 없는 '몰취미'! 어떻게 그렇게 가장 고상한 것과 가장 천박한 것이 공존할 수 있는지! 그 정신의 전체적인 내용이 얼마나 무질서하면서도 풍요로운지! 독일인들은 자신의 영혼을 **질질 끌고 다니며**, 자신이 체험한 모든 것을 질질 끌고 다닌다. 그는 자기에게 일어난 일들을 제대로 소화하지 못하고 제대로 '처리하지' 못한다. 독일적 심오함이란 때로는 단지 '소화'불량에 불과하다. 지병이 있는 모든 환자나 소화불량 환자들이 평안을 희구하는 것처럼 독일인은 '솔직함'과 '우직함'을 사랑한다. 솔직하고 우직하다는 것은 우리를 얼마나 **평안하게 만드는 것인가!** 신뢰할 수 있고 친절하고 속을 드러내 보이는 **독일적인 정직함**이야말로 아마도 오늘날 독일인이 할 수 있는 가장 위험하면서도 가장 다행스런 가장(假裝)이다. 이러한 가장이야말로 독일의 참된 메피스토텔레스적인 기술이며 이것으로 그는 '여전히 많은 것을 이룰 수 있다'![10] 독일인은 멍청히 서 있으면서, 충실하고 막연하면서도 공허한 눈으로 바라보기만 하면 된다. 그러면 외국인은 그를 곧 자신의 잠옷으로 혼동하게 된다! 내가 말하고 싶었던 것은, '독일적인 심오함'이 원하는 것이 무엇이든 우리끼리만 있을 때는 그것을 조소해도 좋지 않을까 하는 것이다. 우리는 앞으로도 계속해서 그러한 외관과 좋은 평판을 소중히 하면서, 심오한 민족이라는 우리의 오랜 명성을 너무 값싸게 프러시아의 '단호함'과 베를린 사람들의 기지와 모래[11]와 바꾸지 않는 것이 좋겠다. 한 민

---

10) Goethe, *Faust I*, 573행.

족이 자신을 심오하고 어리석으며 선량하고 정직하며 미련한 존재로 보이게 하고 또한 그렇게 보이게 만드는 것은 영리한 일이다. 심지어 심오한 일이라고까지 할 수 있을 것이다! 결국 사람들은 자신의 이름에 걸맞게 살아야 한다. 우리가 '도이취' 민족(das tiusche Volk), 즉 속이는 민족(das Täusche-Volk)이라고 불리는 것도 근거가 없는 것은 아니다.

245.

'좋았던 오랜 시절'은 다 갔다. 그 시절은 모차르트가 다 노래로 불러버렸다. 그의 로코코식 음악이 아직도 우리에게 말을 걸어오고, 그의 '친근함과 섬세한 열광, 중국적인 것과 소용돌이 장식에 대한 천진한 기쁨, 마음에서 우러나는 정중함, 우아하고 사랑에 빠져 있으며 춤추고 쉽게 눈물을 흘리는 것에 대한 그의 갈망, 남국적인 것에 대한 그의 믿음이 우리 속에 남아 있는 어떤 것에 아직 호소할 수 있다는 것은 얼마나 다행스런 일인가! 아, 언젠가는 이런 것도 사라질 것이다! 그러나 베토벤에 대한 이해와 취향이 더 일찍 사라질 것이라는 사실을 누가 의심할 수 있겠는가! 그는 이행 중에 있었고 파괴되어가고 있는 한 양식의 종언에 지나지 않았으

---

11) 모래(Sand)란 여기에서는 한때 '신성로마제국의 모래상자'라 불리던 베를린을 둘러싼 지역을 말한다. 베를린 주변 토양은 모래가 많은 것으로 알려져 있다.

며, 모차르트처럼 몇 세기에 걸친 유럽적 취미의 종말은 아니었다. 베토벤은 끊임없이 무너져 내리고 있는 지쳐버린 늙은 영혼과 끊임없이 다가오는 미래의 너무나 젊은 영혼의 막간에 해당된다. 그의 음악에는 영원한 상실과 무절제한 영원한 희망의 어스름 빛이 감돌고 있다. 유럽이 루소와 함께 꿈꾸고 혁명의 자유의 나무 주위를 돌면서 춤추고 마침내는 나폴레옹을 거의 경배하게 되었을 때 유럽을 감싸고 있던 빛이 바로 그 빛이었다. 그러나 **이러한 감정은 얼마나 빨리 퇴색해버렸는가!** 오늘날에는 이러한 감정을 기억하기조차 어렵다. 루소, 실러, 셸리,[12] 바이런[13]의 언어는 우리의 귀에 얼마나 낯설게 들리는가! 한때는 베토벤이 음악으로 표현할 수 있었던 유럽의 운명이 그들 모두에서 언어로 표현되었다! 그 후 독일 음악에서 나타난 것은 낭만주의에 속한다. 즉 역사적으로 계산해 볼 때, 루소에서 나폴레옹과 민주주의의 출현에 이르는 유럽의 과도기인 저 위대한 막간극보다 더 짧았고 더 일시적이며 피상적인 운동에 속하는 것이다. 오늘날 베버[14]의 「마탄의 사수 Freischütz」나 「오베론 Oberon」이 우리에게 무슨 의미가 있는가! 마르슈너[15]의

---

12) Percy Bysshe Shelly(1792-1822)는 영국의 낭만주의 시인.

13) George Noël Gordon Byron(1788-1824)은 영국의 낭만주의 시인.

14) Carl Maria von Weber(1786-1826)는 독일의 초기 낭만주의 작곡가.

15) Heinrich August Marschner(1795-1861)는 베버와 같은 초기 낭만주의자들의 초자연적인 경향의 영향을 받은 독일의 낭만주의 작곡가.

「한스 하일링 Hans Heiling」과 「흡혈귀 Vampyr」가 무슨 의미가 있는가! 바그너의 「탄호이저 Tannhäuser」조차도 마찬가지다! 그것들은 아직 잊히지는 않았어도 사라져가는 음악이다. 더 나아가 낭만주의의 이 모든 음악은 극장이나 대중 앞에서만 인정을 받았던 천박한 음악이었으며 음악이라고 할 만한 것도 못 되었다. 그것은 애초부터 이류의 음악에 불과했으며 진정한 음악가들은 그것을 무시하다시피 했다. 그러나 저 평온한 정신의 대가 멘델스존[16]은 달랐다. 그는 경쾌하고 순수하고 행복한 영혼으로 인해 순식간에 명성을 얻었으면서도 그만큼 빨리 잊히게 됨으로써 독일 음악의 아름다운 막간극과 같은 존재가 되었다. 그러나 하나의 유파를 세운 최후의 인물이었던 로베르트 슈만[17]의 경우에는 그 음악이 매우 엄숙했고 또한 처음부터 엄숙하게 받아들여졌기 때문에, 바로 이 슈만식의 낭만주의가 극복되었다는 것이야말로 오늘날의 우리에게는 하나의 행운, 안도, 해방으로 받아들여져야 하지 않을까? 슈만은 자신의 영혼의 '잭지쉐 슈바이츠'[18] 속으로 도피해 반쯤은 베르

---

16) Jakob Ludwig Felix Mendelssohn-Bartholdy(1809~1847)은 독일의 낭만주의 작곡가.

17) Robert Schumann(1810~1856)은 독일의 낭만주의 작곡가.

18) die sächsische Schweiz는 '작센 지방의 스위스'라는 말로 100미터가 넘는 사암들이 늘어서 있는 아름다운 산악지대로 드레스덴에서 25킬로미터 정도 떨어진 곳에 있다.

테르적이고 반쯤은 장 파울적인 유형의 인간이었지만, 베토벤이나 바이런과는 전혀 유사성이 없었다! 그가 작곡한 「만프레드」[19]는 전혀 타당성을 갖지 못한다고 할 수 있을 정도로 오류와 오해였다. 슈만은 근본적으로 **소심한** 취향(이를테면 조용한 서정조와 감정적 도취를 지향하는 위험한 성향이자 독인인들 사이에서는 두 배로 위험한 것이 되는 성향)을 가지고 항상 곁으로 물러서 있거나 수줍게 움츠리거나 물러서려고 했고, 순전히 익명의 행복과 슬픔에 탐닉했던 고상한 약골이었으며, 소녀와 같은 인간이었으며 처음부터 내게 누구도 손대지 말라는[20] 식이었다. 이러한 슈만은 음악에서 하나의 **독일적** 사건이었을 뿐, 베토벤이 그러했듯이 그리고 더 큰 정도로 모차르트가 그랬던 것처럼 유럽적인 사건은 아니었다. 그와 함께 독일 음악은 **유럽의 영혼을 위한 목소리**를 상실하고 한갓 국가적인 것으로 전락하게 되는 최대의 위험에 처하게 된 것이다.

246.

제3의 귀를 가진 사람에게 독일어로 쓰인 책은 얼마나 고문이 될 것인가! 독일인들에게 '책'이라고 불리는, 춤을 결여한 리듬과 느리게 맴도는 소리 없는 소리의 늪 옆에 그는 얼마나 불쾌한 마음으로

---

19) 슈만은 바이런의 극시 「만프레드」를 멜로드라마로 작곡했다.

20) 요한복음 20장 17절.

서 있게 될 것인가? 책을 읽는 독일인의 경우는 더욱 심하다! 그는 얼마나 굼뜨게, 얼마나 마지못해서 그리고 얼마나 서투르게 읽고 있는가! 모든 훌륭한 문장에는 기교가, 즉 그 문장을 이해하기 위해서는 반드시 고려되어야만 하는 기교가 숨어 있음을 얼마나 많은 독일인이 알고 있겠는가! 예를 들어 문장의 템포를 오해할 때는 문장 자체가 오해되는 것이다! 음률 면에서 볼 때 결정적인 의미를 갖는 음절들을 포착한다는 것, 지나치게 엄격한 좌우대칭의 파괴를 바람직한 것으로 느끼고 매력으로 느끼는 것, 온갖 스타카토(staccato, 짧게 끊어)나 루바토(rubato, 자유로운 템포로)에 섬세하고 참을성 있게 귀를 기울이는 것, 연속되는 모음들과 복모음들의 배열에서 의미를 읽어내고 그것들이 연이어서 맞물려감으로써 얼마나 우아하고 풍부하게 채색되고 변색될 수 있는지를 헤아릴 수 있다는 것, 책을 읽은 독일인 중에서 이와 같은 의무와 요구를 인정하면서 언어에 숨어 있는 그렇게 많은 기교와 의도에 귀를 기울일 만큼 충분히 호의적인 사람이 누가 있겠는가? 결국 독일인들은 '그런 것들을 들을 만한 귀'를 가지고 있지 않다. 따라서 독일인들은 서로 가장 반대되는 문체들도 구별할 줄 모르며, 따라서 독일인들에게서는 가장 섬세한 예술적 기교에 입각한 언어도 마치 귀머거리에게 들려주듯이 **낭비되고 만다.** 내가 이런 생각을 하게 된 것은 사람들이 산문예술의 두 거장의 언어를 얼마나 어리석게 그리고 무지하게 혼동하는지를 보았기 때문이다. 그중 한 사람의 언어는 습기 찬 동굴의 천장에서 떨어지는 물방울처럼 머뭇거리면서 차갑게 떨어지고 있다. 이런 언어로 그는 둔중한 울림과 반향의 효과를 내려고 하고 있다. 다른 한 사람은 자신의 언어를 휘어지는 펜싱용 검처럼 사용하면서, 찌르고 쉭쉭 소리를 내며 자르려고 하면서 몸을 떠는 극히 예리한 칼날의 위험한 행복을 팔에서 발끝까지 느끼고 있다.[21]

247.

독일어 문체가 음향이나 귀와 얼마나 무관한지는 우리의 훌륭한 음악가들이 글을 제대로 쓰지 못한다는 사실에서 드러난다. 독일인들은 귀로 들을 수 있도록 소리 내어 읽지 않으며 단지 눈으로 읽을 뿐이다. 책을 읽는 동안 그는 자신의 귀를 서랍 속에 처박아둔다. 고대인들은 책을 읽는 일이 매우 드물었지만 일단 읽을 때는 혼자 있을 때도 큰소리로 읽었다. 그들은 누군가가 조용히 읽고 있으면 의아해 하면서 그 이유를 은밀하게 물었다. 큰소리로 읽는다는 것은 어조의 모든 억양과 굴절 및 전환과 템포의 변화를 동반하는 소리로 읽는 것을 의미하며 고대의 **공적인** 세계는 이 모든 것에서 기쁨을 느꼈다. 그 당시에는 글을 쓸 때와 말할 때 따라야 할 양식상의 법칙이 동일했다. 이러한 법칙은 부분적으로는 고대인의

---

21) 두 거장 중 후자는 니체 자신이라고 할 수 있다.

귀와 후두부(喉頭部)가 놀라울 정도로 발달하고 세련된 욕구를 갖고 있다는 데서 비롯된 것이었으며, 부분적으로는 고대인의 심폐 기능의 강함과 지속력에서 비롯되는 것이었다. 고대인이 염두에 두고 있는 하나의 완결된 문장은 무엇보다도 한 번의 호흡으로 말할 수 있어야 하는 것이었으며, 이런 의미에서 그것은 하나의 생리학적 전체다. 그러한 완결된 문장이란 데모스테네스[22]와 키케로[23]에서 보이듯이 한 번의 호흡에 두 번 올라가고 두 번 내려가는 억양을 포함하고 있으며, 그러한 문장에서 고대인은 즐거움을 맛보았다. 고대인은 직접 자신이 훈련을 해봄으로써 그러한 문장으로 연설하는 것이 얼마나 희귀하고 어려운 것인지 그리고 얼마나 가치 있는 것인지를 평가할 줄 알았다. 모든 의미에서 호흡이 짧은 우리 현대인은 위대한 완결문을 사용할 수 있는 권리를 갖지 못한다! 고대인은 실로 모두가 수사학에 일가견을 가지고 있었으며, 따라서 모두가 전문가이자 비평가였다. 이 때문에 그 연설가들은 최고의 경지에 도달할 수 있었다. 이는 18세기의 이탈리아 남녀들 모두가

---

22) Demosthenes(기원전 384-322)는 아테네의 정치가이자 웅변가로 마케도니아의 필리포스와 그의 아들 알렉산더 대왕이 아테네를 침략했을 때 시민들의 저항을 촉구했다.

23) Marcus Tullius Cicero(기원전 106-43)는 로마의 철학자이자 정치가로 라틴 산문의 완성자로 불린다. 그리스 철학을 라틴어로 번역하여 라틴어권에 그리스 철학을 알렸다.

노래를 부를 줄 알았기에 그들에게서 성악의 거장이 될 수 있는 자질과 아울러 선율의 기법이 정점에 달했던 것과 동일하다. 그러나 독일에는 (아주 최근에야 일종의 연단 웅변이 수줍고도 서투르게 자신의 어린 날개를 파닥이며 움직일 정도로) 원래는 공적이고 서투른 연설의 장르만이 있었다. 이러한 연설은 설교단상에서 행해진 것이었다. 독일에서는 오직 설교자만이 하나의 음절과 단어가 얼마나 무게를 갖고 있고, 하나의 문장이 어떤 식으로 맥박치고 뛰며 넘어지고 달리며 멈추는지를 알고 있었다. 오직 그만이 양심적인 귀를 가지고 있었으며 [그러한 귀로] 자주 양심의 가책을 느꼈다. 독일인이 뛰어난 연설 능력을 갖는 경우는 드물고, 그런 능력을 갖더라도 거의 항상 오랜 시간이 걸려서야 이러한 능력을 갖게 된다는 것은 이상한 일이 아니다. 따라서 독일의 가장 위대한 설교가가 낳은 걸작이 독일 산문의 걸작이 되는 것은 당연하다. [루터가 번역한] 성경은 이제까지 독일에서 나온 책들 중에서 가장 훌륭한 책이었다. 루터가 번역한 성경에 비하면 나머지 책들은 거의 모두가 '문헌'에 불과하다. 그것들은 성경처럼 독일에서 자라난 것이 아니며 이 때문에 또한 독일인의 마음속에 뿌리를 내려 자라난 것이 아니며 자라고 있는 것도 아니다.

248.

두 가지 종류의 천재가 있다. 무엇보다도 수태(受胎)시키고 수태시키고 싶어 하는 천재가 있는 반면에, 수태하고 낳는 일을 더 좋아하는 천재가 있는 것이다. 이와 마찬가지로 천재적인 민족들 중에는 임신이라는 여성적인 과제와 형성과 성숙시킴 그리고 완성이라는 은밀한 과제가 부여된 민족이 있다. 예를 들어 그리스인과 프랑스인이 그러한 민족이었다. 반면에 수태시켜야만 하고 생명의 새로운 질서를 낳는 다른 민족이 있다. 유대인[24]과 로마인이 그와 같은 민족들이며, 감히 말하자면 독일인도 그러한 민족에 해당하지 않을까? 이러한 민족들은 알 수 없는 열병으로 고통스러워하고 황홀해 하며 자신도 통제하지 못할 정도로 자신으로부터 내몰려서 다른 민족들('수태하는' 민족들)에 대한 사랑에 빠지고 이들을 갈망하게 된다. 그 경우 그들은 자신이 생식력으로 가득 차 있다는 사실을 알고 있으며, 따라서 '신의 은총'에 대해서 알고 있는 모든 자가 그러하듯이 지배욕에 사로잡혀 있다. 이 두 가지 유형의 천재들은 남성과 여성처럼 서로를 갈망한다. 그러나 그들은 또한 서로를 오해한다. 남성과 여성처럼.

---

24) 유대인이 창조한 새로운 질서를 니체는 긍정적으로 보지는 않았지만 서양의 역사를 2000년에 걸쳐서 지배하는 가치질서를 창조했다는 점에서 유대인을 창조적인 민족으로 보고 있다.

249.

모든 민족은 각각 특유의 위선을 가지고 있으며 그것을 자신의 미덕이라고 부른다. 사람들은 자신들의 최선의 것이 무엇인지를 알지 못하며 알 수도 없다.

250.

유럽은 유대인에게 어떤 덕을 입었던가? 좋은 것도, 나쁜 것도 많지만 무엇보다도 최선의 것이면서 동시에 최악의 것이기도 한 한 가지가 있다. 즉 도덕에서의 위대한 양식, 두렵고 위엄에 찬 무한한 요구와 무한한 의미, 극히 낭만적이고 숭고한 도덕적 문제 제기가 바로 그것이다. 따라서 유럽은 바로 삶을 현란하고 유혹적인 것으로 만드는 것들 가운데서도 가장 매혹적이고 가장 위험하며 가장 정선된 부분에 있어 유대인에게 덕을 입고 있는 것이다. 삶을 현란하고 유혹적인 것으로 만드는 것들의 남아 있는 희미한 빛 속에서 오늘날 우리 유럽 문화의 하늘, 그 저녁 하늘이 타오르고 있다. 아마도 불타서 없어져 버리는 것 같다. 구경꾼이자 철학자인 자들 가운데서 우리 예술가들은 이 점에 대해 유대인들에게 감사한다.

251.

민족주의적 열병이나 정치적 야심으로 고통을 겪고 있고 고통을 겪고 싶어 하는 민족이라면 그 정신에 온갖 암운(暗雲)과 장애—요컨대 민족 전체가 우둔하게 되는 작은 발작증세—가 드리울 경우에도 그것을 감수해야만 할 것이다. 오늘날의 독일에서 그렇게 민족 전체가 우둔하게 되는 작은 발작증세의 예로서 어떤 때는 반(反)프랑스적인, 어떤 때는 반유대적인, 어떤 때는 반폴란드적인, 때로는 그리스도교적이고 낭만주의적인, 때로는 바그너주의적인, 때로는 튜턴적인,[25] 때로는 프러시아적인 어리석음(지벨[26]과 트라이츠케[27]와 같은 가련한 역사가들과 붕대를 칭칭 감은 그들의 머리를 보라)을 들 수 있으며, 그것들 모두가 어떻게 불리든 독일 정신과 양심을 흐리게 한 이 작은 발작들을 들 수 있다. 이렇게 말하는 것을 용서해주길 바라면서 하는 말이지만, 나 또한 [이러한 작은 발작들에] 심하게 감염되어 있던 지역에 위험을 무릅쓰고 잠시 머무는 동안 이병에 전혀 감염되지 않을 수는 없었으며, 세상사람 모두와 마찬가지로 나와는 전혀 무관한 일에 대해 숙고하면서 나름대로의 견해

---

25) 튜턴족(Teutons)은 고대 유럽의 게르만 민족들을 통칭하는 말이다.

26) Heinrich von Sybel(1817~1895)은 독일의 역사가이자 정치가로 스승 레오폴트 폰 랑케의 객관주의적인 연구 태도에서 벗어나 프로이센을 중심으로 한 독일 통일(소독일주의)을 주장했다. 비스마르크를 지지하여 프로이센의 고문서 보관국 책임자로 일했다.

27) Heinrich Gotthard von Treitzschke(1834~1896)는 독일의 역사가로 프로이센을 중심으로 한 독일 통일을 주장했으며, 군국주의와 국수주의에 기울어 식민지 확장을 주장했다.

를 형성하기 시작했다. 이것이야말로 정치적 감염의 첫 번째 징후였다. 예를 들어 유대인에 대한 일인데, 한 번 들어보기 바란다. 나는 유대인에 호의를 가진 독일인을 한 번도 만난 적이 없다. 신중한 사람들이나 정치가들은 모두 반유대주의(Antisemiterei)[28]를 무조건적으로 배격할지라도, 이러한 신중함과 정치는 [반유대주의적인] 감정 전체를 배격하는 것은 아니고 다만 그 감정의 위험한 무절제를 배격할 뿐이며, 특히 이 무절제한 감정이 멍청하고 비열하게 표현되는 것을 배격할 뿐이다. 이 점과 관련하여 자신을 기만해서는 안 될 것이다. 독일에는 독일인의 위장과 피가 소화하기 어려울 (앞으로도 오랫동안 어려움을 겪을 것이다) 정도로 많은 '유대인'이 있다. 그러나 독일인보다 강력한 소화능력을 가진 이탈리아인과 프랑스인 그리고 영국인은 그 정도 수의 유대인들을 거뜬히 소화해냈다. 독일인들은 자신들의 일반적인 본능에 귀를 기울이고 있고 또한 그에 따라 행동할 수밖에 없지만, 그러한 본능은 독일인들이 유대인들을 소화할 능력이 없다는 사실을 분명하게 말해주고 있다. "더 이상 새로운 유대인을 들어오지 말게 하라! 특히 동쪽 문(또한 오스트리아 쪽 문)을 폐쇄하라!" 독일의 민족적 본능은 이렇게 명령하지만, 이는 독일 민족의 성질이 아직 약하고 불확실하

---

28) Antisemiterei는 Antisemitismus보다 더 천박한 반유대주의를 가리킬 때 사용되는 용어다.

여 보다 강한 종족에 의해서 쉽게 압도되고 제거될 수 있기 때문이다. 그러나 유대인들이 오늘날 유럽에 살고 있는 종족들 가운데서 가장 강하고 강인하고 순수한 종족이라는 사실은 의심할 나위가 없다. 그들은 현대인이 악덕으로 낙인찍고 싶어 하는 덕분에, 무엇보다도 '현대적인 이념들' 앞에서 부끄러움을 느낄 필요가 없는 확고한 신앙 덕분에, 최악의 조건 아래에서도(심지어 유리한 조건 아래서보다 훨씬 더 잘) 자신을 관철할 줄 안다. 그들은 변화할 경우에도 항상 "가능하면 천천히!"라는 원칙에 따라서 자신을 변화시킨다. 이는 오랜 역사를 가졌으며 어제 생긴 나라가 아닌 러시아 제국이 서서히 주변을 정복해나가는 것과 유사하다. 유럽의 미래를 자신의 양심에 짊어지고 있는 사상가라면 자신이 유럽의 미래에 대해서 세우는 모든 구상에서, 열강들의 거대한 각축과 투쟁에서 핵심적인 역할을 할 가장 확실한 요소로서 러시아인들과 유대인들을 고려할 것이다. 오늘날 유럽에서 '민족'이라고 불리는 것은 태어난 어떤 것이라기보다는 오히려 만들어진 어떤 것(때로는 가공적이고 그려진 것과 혼동할 정도로 그것에 유사하게 보이는 것)이며, 하나같이 생성 중에 있고 어리며 쉽게 변질될 수 있고 유대민족처럼 청동보다 오래 존속하는(aere perennius)[29] 종족이기는커녕 아직 종족이

---

29) 호라티우스, *Odes*, III, 30, 1. 호라티우스(Quintus Horatius Flaccus, 기원전 65-8)는 로마의 서정시인이자 풍자 작가다.

라고 말할 수도 없는 종족이다. 이러한 '민족들'과는 성급한 경쟁이나 적대 행위를 하지 않도록 조심해야만 한다! 만일 유대인들이 원한다면 또는—반유대주의자들이 바라는 것처럼 보이지만—유대인들이 그렇게 하지 않을 수 없는 지경에 내몰린다면, 그들이 지금이라도 당장 유럽에서 우위를 차지하고 문자 그대로 유럽을 지배할 수 있으리라는 것은 확실하다. 또한 그들이 그러한 일을 꾀하거나 계획을 세우고 있지 않다는 것도 확실하다. 오히려 그들은 당분간은 약간 집요할 정도로 유럽 속으로 그리고 유럽에 의해서 동화되고 흡수되기를 바라고 있다. 그들은 마침내 어디에선가 정착하고 허용되고 존중받기를 갈망하며 '영원한 유대인'이라는 유목생활에 종지부를 찍기를 갈망한다. 우리는 유대인들의 이러한 경향과 충동(이것은 아마도 이미 유대적 본능의 약화를 의미하는 것 같다)을 충분히 존중하고 호의적으로 수용해야 할 것이다. 이를 위해서는 나라 안의 반유대주의적 선동가들을 추방하는 것이 아마도 유익하고 정당할 것이다. 유대인들의 그러한 경향과 충동을 호의적으로 수용할 경우, 영국 귀족들처럼 극히 신중하면서도 선택적으로 해야할 것이다. 보다 강하고 이미 확실하게 틀이 잡힌 신(新)독일주의적인 유형의 인간들, 예를 들면 마르크 브란덴부르크[30] 출신의 귀족

---

30) 베를린 주변 지역. 1701년 브란덴부르크 선제후는 프러시아의 첫 번째 왕이 되었고 1871년 프러시아 왕은 독일 황제가 되었다.

장교들이 주저하지 않고 유대인들과 제휴할 수 있다는 것은 의심할 여지가 없다. 그들의 명령하고 복종하는 유전(遺傳)적 재능―오늘날 브란덴부르크는 이 두 가지 점에서 고전적 명성을 얻고 있다―에 유대인의 축재(蓄財)와 인내의 천재성(그리고 특히 그 장교들에게는 유난히 결여되어 있는 정신과 정신성)이 덧붙여지고 부가적으로 육성될 수 있는지를 살펴보는 일은 여러 모로 흥미로울 것이다. 그러나 나의 유쾌한 독일주의와 축사를 이 정도에서 멈추는 것이 적당하리라. 왜냐하면 나는 이미 나의 **엄숙한 문제**, 즉 내가 이해하고 있는 바와 같은 '유럽적 문제', 다시 말해 장차 유럽을 지배할 새로운 계급을 육성하는 문제에 손을 대고 있기 때문이다.

252.

영국인들은 철학적 종족이 아니다. 베이컨은 철학적 정신 일반에 대한 **공격**을 의미하며, 홉스와 흄 그리고 로크는 백 년 이상 동안 '철학자'라는 개념의 품위를 끌어내리고 가치를 저하시켰던 자들이다. 칸트는 흄에 반기를 듦으로써 높은 위치에 오르게 되었다. 셸링이 로크에 대해서 '나는 로크를 경멸한다'고 말했을 때, 그에게는 그렇게 말할 만한 **충분한 이유**가 있었다. 세계를 우매하게 만드는 영국식 기계론적 경향에 대해서 헤겔과 쇼펜하우어는 (괴테와 함께) 한마음으로 대항했다. 서로 적대했던 두 형제 같았던 이 철학적 천재들은 독일 정신의 서로 상반되는 양극을 향해서 나아갔는

데, 이러한 과정에서—형제들이 서로를 부당하게 평가하듯이—서로를 부당하게 평가했다. 배우 기질을 가진 수사가였으며 뒤죽박죽으로 사고했던 어리석은 칼라일[31]은 영국에 무엇이 결여되어 있었는지, 그리고 항상 무엇이 결여되어왔는지를 잘 알고 있었다. 칼라일은 자기 자신에 대해서 알고 있던 것, 즉 자기 자신에게 **결여되어 있는 것**을 정열적인 찌푸린 얼굴 뒤에 숨기려고 했다. 칼라일에 결여되어 있던 것은 정신의 참된 **힘**, 정신적 통찰의 참된 **깊이**, 요컨대 철학이었다. 이와 같은 비철학적인 민족의 특징은 그리스도교를 엄격하게 고수한다는 점이다. 그들은 '도덕적이고' '인간적인' 존재가 되기 위해서 그리스도교에 의한 훈육을 **필요로 한다**. 영국인은 독일인보다 더 음울하고 관능을 탐하며 의지가 강하고 잔인하다. 그리고 바로 그러한 이유로 독일인보다 더 저속하기에 독일인보다 더 경건하다. 영국인은 독일인보다 그리스도교를 훨씬 **더 많이 필요로 하는** 것이다. 보다 섬세한 취각을 가진 사람이라면 이 영국적 그리스도교에서조차도 망상과 알코올 중독이라는 참으로 영국적인 냄새를 맡을 수 있다. 그리스도교가 이런 것들에 대한 치료제로서 사용되고 있다고 볼 만한 충분한 근거가 있다. 즉 보다

---

31) Thomas Carlyle(1795–1881)은 스코트랜드의 역사가이자 비평가로서 유명한 『의상철학』에서 자연은 신의 의상이고, 모든 상징, 형식, 제도 등은 허구에 불과하다고 보았다.

조악한 독을 중화시키기 위해서는 보다 섬세한 독이 필요한 것이다. 보다 섬세한 방식으로 중독된다는 것은 실로 우둔한 민족들에게는 일종의 진보이며 정신화를 향해서 한 단계 더 상승하는 것을 의미한다. 영국인의 우둔함과 시골 농부 같은 진지함은 그리스도교적인 의례와 기도와 찬송을 통해서 가장 만족스럽게 위장되며, 보다 정확히 말하자면 해석되고 재해석되는 것이다. 이전에는 감리교의 지배 아래 그리고 최근에는 '구세군'이 되어 도덕적으로 투덜투덜 불평하는 법을 배운 짐승 같은 주정뱅이들과 방탕한 자들에게는 발작적인 참회야말로 그들이 도달할 수 있는 '인간성'을 비교적 최고로 실현할 수 있는 방식일 것이다. 그 정도는 좋게 봐줄 수 있을 것이다. 그러나 가장 인간적인 영국인들의 경우에서조차도 비위에 거슬리는 점은 은유적으로 말하자면(물론 단순히 은유만은 아니다) 그들에게는 음악이 결여되어 있다는 것이다. 그들의 영혼과 신체의 움직임에는 어떠한 리듬도 춤도 존재하지 않으며, 리듬과 춤 그리고 '음악'에 대한 갈망조차도 존재하지 않는다. 그들이 말하는 것을 들어보라. 지상의 어떤 나라에도 영국 여성들보다 더 아름다운 비둘기와 백조는 없겠지만, 가장 아름다운 영국 여성들이 걷는 모습을 보라. 마지막으로 그 영국 여성들이 노래하는 것을 들어보라! 그러나 [영국인들에게] 내가 너무 많은 것을 요구하고 있는지도 모르겠다.

253.

진리 가운데는 범용한 두뇌에게 가장 적합하기 때문에 그것이 가장 잘 인식하는 진리가 있다. 그리고 오로지 범용한 정신만을 매혹하고 유혹하는 진리가 있다. 오늘날 존중할 만하지만 범용한 영국인들—나는 다윈, 존 스튜어트 밀, 허버트 스펜서를 거론하고 싶다—의 정신이 유럽인의 취미의 중심부에서 우월한 지위를 차지하기 시작했기 때문에 아마도 불쾌하게 들릴 수 있는 이 명제를 언급하지 않을 수 없다. 그러한 정신들이 일시적으로 지배한다는 사실이 유익할 수 있다는 점은 실로 의심할 수 없다. 고귀한 천성을 가지고 있으며 [대중으로부터] 멀리 떨어져서 비상하는 정신들이 사소하고 비속한 많은 사실을 확정하고 수집하며 그것들로부터 결론을 끌어내는 일에 특별히 능숙하다고 생각하는 것은 오류일 것이다. 그러한 정신들은 오히려 예외적인 존재로서 애초부터 '규칙들'을 인식하는 것에서는 결코 유리한 입장에 있지 않다. 결국 그들은 단지 인식하는 것 이상의 일을 해야만 한다. 즉 그들은 새로운 어떤 것으로 존재해야 하고, 새로운 어떤 것을 의미해야 하며, 새로운 가치를 표현하지 않으면 안 된다! 지식과 능력 사이의 괴리는 사람들이 생각하는 것보다 더 크고 더 섬뜩한 것 같다. 위대한 양식을 구현할 수 있는 자, 즉 창조하는 자는 아마도 무지한 사람이어야만 할 것이다. 그 반면에 다윈의 발견과 같은 과학적 발견에는 일정한 편협함, 무미건조함과 부지런한 꼼꼼함, 요컨대 영국적인 어떤 것이 유용하게 활용될 것이다. 마지막으로 우리는 영국인들이 그들의 철저한 평균성에 의해서 일찍이 유럽 정신의 전체적인 침체를 초래했다는 사실을 잊어서는 안 된다. 사람들이 '현대적 이념' 또는 '18세기의 이념' 또는 '프랑스적 이념'이라고 부르고 있는 것—즉 독일 정신이 깊은 혐오감과 함께 반발했던 것—이 영국적인 기원을 가지고 있다는 사실은 의심할 수 없다. 프랑스인들은 이러한 이념을 흉내 내는 원숭이요 배우였을 뿐이고 또한 그것을 수호하는 가장 훌륭한 병사였으며 동시에 유감스럽게도 이러한 이념에 의해서 최초로 가장 철저하게 **희생당한 자들**이었다. 왜냐하면 저주스런 영국 모방 때문에 '현대적 이념'에 사로잡힘으로써 프랑스 정신은 결국 너무나 빈약해지고 야위게 되어, 오늘날 사람들은 프랑스의 16세기와 17세기를, 그 심원한 정열적인 힘을, 그 독창적인 고귀함을 [그런 것들이 과연 있었는지에 대한] 불신과 함께 떠올리기 때문이다. 그러나 우리는 역사적인 정당성을 갖는 다음 명제를 이를 악물고 지켜내고 그것을 [프랑스가 취하고 있는] 일시적인 외관에 대항하여 수호해야만 한다. 즉 모든 높은 의미에서 감정, 취미, 풍습의 유럽적인 고귀함은 프랑스의 작품이자 발명이며 유럽적인 천박함과 천민적인 현대적 이념은 영국의 작품이자 발명이라는 명제를.

254.

오늘날에도 프랑스는 유럽에서 가장 정신적이고 세련된 문화의

중심지이며 높은 취미를 키워주는 학교다. 그러나 우리는 이 '취미
의 프랑스'를 찾아내는 법을 알아야만 한다. 높은 취미를 지닌 사
람들은 자신을 숨기는 데 능숙하며 수적으로도 소수일 가능성이
많다. 게다가 이들은 가장 강력한 다리로 스스로 서지 못하며, 부
분적으로는 운명론적이고 우울하고 병적인 자들이며, 또한 부분적
으로는 유약하면서도 가식적이고 자신을 숨기려는 **야심**을 지닌 자
들이다. 이들 모두에게 공통되는 점은 미쳐 날뛰는 민주주의적인
부르주아의 어리석음과 시끄러운 말에 대해서 귀를 틀어막고 있다
는 점이다. 사실상 오늘날 가장 눈에 띄는 것은 우둔해지고 조야해
진 프랑스다. 그 예로서 최근에 악취미와 자기 찬미의 난잡한 축제
가 벌어졌던 빅토르 위고의 장례식[32]을 들 수 있다. 그들에게는 또
다른 공통점이 존재한다. 그것은 정신적인 독일화를 막으려는 선
한 의지를 가지고 있지만 그것을 막을 수 있는 능력을 갖고 있지
못하다는 점이다! 오늘날 이미 쇼펜하우어는—염세주의의 프랑스
이기도 한—이러한 정신의 프랑스에서 독일에서보다도 한층 더 친
숙하게 받아들여지게 된 것 같다. 하인리히 하이네나 헤겔에 대해
서는 말할 것도 없다. 하이네는 이미 오랫동안 파리의 보다 섬세하
고 까다로운 서정시인들의 살과 피가 되어왔다. 그리고 헤겔은 현
존하는 **최고의** 역사가 텐[33]을 통하여 아직까지도 프랑스에서 거의

---

32) 빅토르 위고는 1885년 5월 22일에 죽었다.

절대적인 영향을 끼치고 있다. 그러나 리하르트 바그너에 대해서 말하자면, 프랑스 음악이 현대 정신의 현실적 요구에 따라서 자신을 형성하는 것을 배우게 될수록 그것은 더욱더 '바그너화'될 것이라고 예견할 수 있다. 그것은 오늘날 이미 상당히 바그너화되어 있다! 그러나 의도된 것이든 의도되지 않은 것이든 취미가 그렇게 독일적으로 되고 천박하게 되었음에도 불구하고, 오늘날에도 프랑스인들이 자신의 유산이자 소유로서 그리고 나머지 유럽에 대한 오랜 문화적 우월성을 지속적으로 보여주는 징표로서 자랑스럽게 제시할 수 있는 것이 세 가지가 있다. 첫 번째 것은 천부적인 예술가적 정열, 즉 '형식'에의 헌신인바, 이를 가리키기 위해서 예술을 위한 예술이란 용어를 비롯하여 무수한 용어들이 창안되었다. 그러한 예술가적 정열은 프랑스에서 지난 삼백 년 동안 존재하지 않았던 적이 없었으며, '그 소수의 인물'에 대한 경외심으로 말미암아 일종의 문학적 실내음악이 끊임없이 창조되었다. 그러한 문학적 실내음악은 프랑스 이외의 나머지 유럽에서는 단지 시도되는 것에 그쳤다. 프랑스인들이 유럽에 대해 자신들이 갖는 우월함의 근거로 삼을 수 있는 두 번째 것은 오랜 역사를 가지고 있는 다양한 모

---

33) Hippolyte-Adolphe A. Taine(1828-1893)은 프랑스의 평론가이자 철학자, 역사가로서 콩트의 실증주의에 입각하여 문학을 연구했다. 인종과 환경 그리고 시대를 문학에서 가장 중요한 세 가지 요소로 보았다. 르낭과 함께 19세기 후반의 대표적인 프랑스 사상가로 평가된다.

럴리스트[34] 문화다. 이러한 문화로 인해서 프랑스에서는 일반적으로 하찮은 신문 소설가들과 우연히 마주칠 수 있는 파리 시내를 산책하는 사람들조차도 심리학적인 민감성과 호기심을 가지고 있다. 예를 들어 독일에서는 (그러한 심리학적 민감성과 호기심 자체는 물론이고) 그것에 대한 개념조차도 존재하지 않는다. 독일인들은 수 세기 동안 모럴리스트적인 탐구를 하지 않았던 반면에, 프랑스는 그러한 탐구를 게을리하지 않았다. 이 때문에 독일인들을 '순진하다'고 말하는 사람은 독일인의 결점을 장점으로 찬양하는 셈이다. (심리학적인 탐구에서 느낄 수 있는 쾌감을 독일인들이 경험하지 못했고 알지 못한다는 사실은 독일인들과의 교제가 지루하다는 사실과 무관하지 않다. 독일인의 그러한 무경험과 무지에 대조되는 것으로서 그리고 섬세한 전율을 느끼게 하는 이러한 탐구에 대한 진정으로 프랑스적인 호기심과 독창적인 재능을 가장 완벽하게 구현한 예로서 앙리 베일[35]을 들 수 있을 것이다. 그는 유럽인들의 영혼을 탐구하고 발견한 자로서 **당시의** 유럽과 수 세기에 걸친 유럽인들의 영혼을 나폴레옹의 속도로 관통하면서 내달렸던 비범한 통찰력을 지닌 선구적인 인간이었다. 프랑스의 마지막 위대한 심리학자였던 이 놀라운 에피쿠로스주의자이자 의문의 인간인 그를 따라

---

34) 여기서 모럴리스트는 전통도덕을 정당화하는 도덕주의자가 아니라 일상생활에서의 인간을 관찰하면서 인간이란 어떤 존재인지를 구체적으로 파악했던 프랑스의 문필가 몽테뉴나 파스칼, 라 로슈푸코, 라 브뤼예르 등을 가리킨다.

35) Marie Henri Beyle(1783-1842)은 프랑스의 소설가 스탕달의 본명이다.

붙으면서 괴롭히고 매료시켰던 몇 가지 수수께끼를 푸는 데는 두 세대가 걸렸다.) 프랑스인들이 유럽에 대해서 우월성을 주장할 수 있는 세 번째 점은 프랑스인들에서는 북유럽과 남유럽이 반쯤 성공적으로 종합되어 있다는 점이다. 이 때문에 그들은 영국인이라면 결코 파악하지 못할 많은 것을 이해할 수 있으며 행할 수 있게 된다. 프랑스인들에게는 주기적으로 남유럽을 향하거나 그것에 등을 돌리는 기질이 있으며, 이러한 기질에서는 때때로 프로방스나 리구리아해 (海)[36]의 피가 용솟음친다. 이러한 기질로 인해 프랑스인들은 북유럽의 끔찍한 잿빛 음울함과 유령과 같은 음침한 개념에 사로잡히거나 빈혈증에 걸리지 않을 수 있었다. 즉 프랑스인들은 그러한 기질 덕분에 취미상의 **독일병**에 걸리지 않을 수 있었던 것이다. 독일에서는 이 독일병의 만연을 막기 위해서 지금 위대한 결의와 함께 철과 피를,[37] 즉 '위대한 정치'를 독일인들에게 투약했다. (이것은

---

36) 리구리아해는 지중해에 속해 있는 이탈리아 북서부의 해안으로 온화한 기후와 아름다운 경관으로 유명하다.

37) 비스마르크는 1886년 1월 28일 의회에서 이렇게 말했다.

"가능한 한 막강한 군사력을, 달리 말해 가능한 한 많은 철과 피를 프로이센 왕의 수중에 준다면, 그분은 여러분들이 원하는 정치를 할 수 있습니다. 연설이나 소총수들의 축제나 노래로는 그러한 정치가 행해질 수 없고 오로지 철과 피에 의해서만 가능합니다 ….."
'철과 피'라는 말은 비스마르크의 군국주의적인 야심을 내포하고 있다.

위험스런 치료법이며 나는 그 효과를 기다리고 있기는 하지만 지금까지 어떠한 희망적인 징후도 보이지 않고 있다.) 오늘날에도 여전히 프랑스에는, 좀처럼 만족할 줄 모르는 극히 희귀한 인간들, 즉 정신적인 폭이 너무나 넓어서 어떤 형태의 애국주의도 받아들이지 못하고 북유럽에서는 남유럽을 사랑하고 남유럽에서는 북유럽을 사랑할 줄 아는 타고난 '지중해적인 인간들(Mittelländler)'인 '훌륭한 유럽인들'을 이해하고 환영하는 경향이 존재한다. 새로운 아름다움과 유혹, 즉 음악상의 남유럽을 발견했던 비제[38]는 바로 그러한 인간들을 위해서 작곡했다.

255.

독일 음악에 대해서는 많은 경계를 할 필요가 있다고 생각한다. 남유럽은 가장 정신적인 면과 관능적인 면에서 치유의 위대한 학교이며, 자신에 대한 긍지와 신뢰가 넘치는 존재를 비추는 태양에 의한 정화가 일어나고 태양빛의 넘칠 듯한 충만함이 존재하는 곳

---

38) Georges Bizet(1838-1875)는 프랑스의 오페라 작곡가로서 그의 대표작 중 하나인 「카르멘」을 니체는 매우 높이 평가했다. 니체는 아마도 비제의 음악에서 이 책 255절에서 말하듯이 "보다 심원하고 보다 강력하며 아마도 보다 악하고 비밀에 찬 음악, 관능적인 푸른 바다와 지중해의 밝은 하늘빛을 눈앞에 두고도 모든 독일 음악처럼 수그러들거나 시들어버리거나 희미해지지 않는 초(超)독일적인 음악의 서곡"을 들었던 것 같다. 아래 255절을 참조할 것.

이다. 내가 이러한 남유럽을 사랑하듯이 누군가가 남유럽을 사랑한다고 가정해보자. 그런 사람은 독일 음악에 대해서 조심할 필요가 있음을 알게 될 것이다. 왜냐하면 독일 음악은 그의 취미를 타락시키면서 그의 건강도 함께 망치기 때문이다. 혈통이 아니라 믿음에 의해 남유럽인이 된 사람이 음악의 미래를 꿈꾼다면 그는 북유럽으로부터의 음악의 해방을 꿈꾸게 될 것이며, 보다 심원하고 보다 강력하며 아마도 보다 악하고 비밀에 찬 음악, 관능적인 푸른 바다와 지중해의 밝은 하늘빛을 눈앞에 두고도 모든 독일 음악처럼 수그러들거나 시들어버리거나 희미해지지 않는 초(超)독일적인 음악의 서곡을 듣게 될 것임에 틀림없다. 그러한 음악은 동시에 초유럽적인 음악이다. 그것은 사막의 갈색 일몰(日沒) 앞에서도 의연하며 그 영혼은 야자수와 같아서 거대하고 아름답고 고독한 맹수들 사이에서도 두려움 없이 배회할 줄 안다. 나는 선과 악에 대해서 더 이상 아무것도 알지 못하는 것을 자신의 가장 희귀한 매력으로 갖는 음악, 그리고 때때로 뱃사람의 향수 같은 것과 황금빛 그림자와 부드러운 약함 같은 것이 그 위를 스쳐 지나가는 음악을 떠올릴 수 있다. 또한 몰락하고 있으며 거의 이해할 수 없게 된 다채로운 **도덕적 세계**가 피신처를 구해 자신에게로 도피해오는 모습을 아주 멀리 떨어진 곳에서 보면서, 그렇게 뒤늦게 찾아든 도망자를 기꺼이 받아들일 만큼 친절하고 깊이가 있는 예술을 떠올릴 수 있다.

256.

민족주의의 광기가 유럽의 민족들 사이에 빚어냈고 아직도 여전히 빚어내고 있는 병적인 소외감 탓에, 그리고 이러한 광기의 도움으로 권력의 정상에 올랐고 자신들이 추구하고 있는 분리주의적인 정책이 필연적으로 정치적인 막간극 이외의 것일 수 없다는 것을 전혀 감지하지 못하고 있는 근시안적이고 약삭빠르기만 한 정치가들 탓에, 그리고 이 모든 것과 오늘날에는 공공연히 말하기 어려운 많은 것 탓에, 오늘날 유럽이 **하나로 되기를 원한다**는 것을 말해주는 가장 분명한 조짐들이 간과되고 있거나 자의적이고 기만적으로 해석되고 있다. 금세기의 보다 심오하고 보다 포괄적인 시야를 지닌 인간들에 내재된 영혼의 비밀스런 작업이 향하는 본래의 전체적 방향은 저 새로운 **통합**에 이르는 길을 준비하고 미래의 유럽인 상(像)을 시험적으로 형상화하는 것이었다. 그들은 단지 외관상으로만 또는 예를 들어 노령으로 인해 정신력이 보다 약화된 순간에만 '조국'에 속했다. 그들이 애국자가 되었을 때 그들의 영혼은 잠들어 있었다. 나는 나폴레옹, 괴테, 베토벤, 스탕달, 하인리히 하이네와 같은 사람들을 염두에 두고 있다. 내가 리하르트 바그너까지도 그들 가운데 포함시킨다 하더라도 기분 나빠하지 말기 바란다. 왜냐하면 사람들이 바그너를 오해하는 것은 그가 자신을 잘못 이해하고 있기 때문이다. 그와 같은 종류의 천재들은 자기 자신을 이해할 권리를 거의 갖지 못한다. 더구나 오늘날 프랑스에서 리하르트 바그너를 거부하고 반대하는 사람들의 품위 없는 소란으로 인해 기만당해서는 안 된다. 그러한 소란에도 불구하고 1840년대 **프랑스 후기 낭만주의**와 리하르트 바그너가 극히 밀접하게 내적으로 연관되어 있다는 것은 엄연한 사실이다. 양자는 모든 욕구의 높이와 깊이에서 근본적으로 상통하고 있다. 유럽, 하나의 유럽의 영혼이 자신의 다양하고 격렬한 예술을 통해서 앞으로 나아가고 위로 나아가기를 갈망하고 있다. 어디를 향해? 새로운 빛 속으로? 새로운 태양을 향해? 그러나 이러한 새로운 표현수단의 모든 거장이 분명히 말할 줄 몰랐던 것을 누가 정확히 말할 수 있을 것인가? 확실한 것은 동일한 질풍노도로 말미암아 이들은 고통스러워했으며, 이 최후의 위대한 탐구자들은 동일한 방식으로 **탐구했**다는 점이다! 그들 모두는 눈과 귀에 이르기까지 문학에 의해서 지배당했고 세계문학에 대한 교양을 가진 일류의 예술가들이었으며, 그들 대부분은 작가이자 시인, 예술들과 감각들을 서로 매개하는 자이자 융합하는 자이기도 했다(바그너는 화가들 사이에서는 음악가로, 음악가들 사이에서는 시인으로, 배우들 사이에서는 종합적인 예술가로 통했다). 그들 모두는 표현을 위해서는 '어떠한 희생도 불사하는' 표현의 광신자들이었다. 나는 특히 바그너와 가장 가까웠던 들라크루아[39]

---

39) Ferdinand-Victor-Eugène Delacroix(1798−1863)는 프랑스의 낭만주의 화가. 낭만주의 화풍으로 그린 「민중을 이끄는 자유의 여신」(1830)은 그의 가장 유명

를 대표적인 예로 들고 싶다. 그들 모두는 숭고함의 영역, 추악함과 전율의 영역에서 위대한 발견자들이었고, 효과와 전시 그리고 진열 기술에서 훨씬 더 위대한 발견자들이었다. 그들 모두는 자신들의 천분을 넘어서는 재능을 가졌으며, 유혹하고 꾀어내고 강제하고 전복하는 모든 것에 이르는 신비로운 통로를 지닌 명실상부한 거장들이었다. 그들 모두는 태어날 때부터 논리와 직선의 적이었으며, 낯설고 이국적이며 기괴하고 기형적이며 자기모순적인 것을 갈망했다. 인간으로서는 의지의 탄탈로스들[40]이었으며, 자신들의 삶과 창작 작업에서 고상한 템포, 즉 느린 템포(lento)—발자크를 예로 들 수 있다—를 취할 수 없음을 자각한 성공한 하층민들이었다. 고삐가 풀린 작업자들이었으며 작업을 통해서 거의 자신을 파괴하다시피 하는 자들이었고, 풍습에 대항하는 반역자들이자 모반자들이었으며 균형과 향락을 알지 못하는 야심가들이요 탐욕스런 자들이었다. 그들 모두는 궁극적으로는 그리스도교의 십자가에 의해 파멸하고 몰락했다(이는 지극히 당연한 일이었다. 왜냐하면 그들 가운데는 **반그리스도교**의 철학을 내세울 만큼 심오하고 독창적인 사람은

한 작품이다.

40) 탄탈로스는 신들을 모독한 탓으로 과일과 물을 입에 가까이 두고서도 그것들을 결코 먹고 마실 수 없는 형벌을 받게 된다. 여기서 '의지의 탄탈로스들'이라는 말은 어떤 식으로도 충족될 수 없는 강한 의지나 욕망을 소유한 자들을 의미한다고 할 수 있다.

한 사람도 없었기 때문이었다). 전체적으로 보아 그들 모두는 대담했고 화려한 힘으로 충만해 있었으며 드높이 비상하면서 다른 사람들도 높이 끌어올렸던 보다 높은 종류의 인간들이었으며, 자신들의 세기―그것은 대중의 세기다―에 '보다 높은 인간'이라는 개념을 처음으로 가르쳐야만 했다. 리하르트 바그너의 독일 친구들은 바그너의 예술에 단적으로 독일적인 것이 과연 존재하는지, 아니면 바그너 예술의 탁월함은 초독일적인 원천으로부터 그리고 독일로부터 벗어나려는 동기로부터 비롯되는 것인지에 대해서 숙고해보기 바란다. 그 경우 간과되어서는 안 되는 것은 바그너의 예술양식이 형성되기 위해서는 파리가 없어서는 안 되었으며 결정적인 순간에 그의 깊은 본능이 파리로 갈 것을 명령했다는 점이다. 간과되어서는 안 되는 또 다른 것은 그가 자신에게 스스로 사도로서의 직분을 부여하면서 출현했던 모든 방식은 프랑스 사회주의자들[41]이라는 모범을 보았을 때에야 비로소 완성될 수 있었다는 점이다. 보다 섬세하게 비교해보면, 바그너는 19세기의 프랑스인들보다 모든 점에서 보다 강하고 보다 대담하며 보다 가혹하고 보다 높은 것을

---

41) 여기서 니체는 특히 러시아 태생의 혁명적 무정부주의자였던 바쿠닌(Mikhail Bakunin, 1814-1876)과 프랑스의 무정부주의자이자 철학자인 프루동(Pierre-Joseph Proudhon)을 암시한다고 할 수 있다. 젊은 시절에 이 두 사람의 책을 읽었던 바그너는 바쿠닌과 함께 드레스덴에서 폭동을 일으켰다가 체포를 피해 스위스로 망명했다.

창조할 수 있었다는 사실이 눈에 띌 것이다. 이는 바그너의 독일적 성격에서 비롯되는 영예이며 우리 독일인이 프랑스인보다도 훨씬 더 야만에 가깝다는 사정에서 비롯되는 것이다. 심지어 리하르트 바그너가 창조했던 가장 탁월한 것들은 문명의 말기에 존재하는 모든 라틴족에게는 오늘날뿐만 아니라 영원히 이해하기 어려우며 공감하기 어렵고 모방하기 어려운 것으로 남을 것이다. 예를 들면 지크프리트라는 저 극히 자유로운 인간의 모습은 오랜 역사를 가진 연약한 문화민족들의 취미가 수용하기에는 **너무도 자유롭고** 가혹하고 쾌활하고 건강하며 너무나 **반(反)가톨릭적**이다. 이 반(反)로 만적인[42] 지크프리트는 심지어 낭만주의에 반(反)하는 하나의 죄라고까지도 할 수 있다. 그런데 바그너는 노령의 음울한 시기에, 그 사이에 정략이 되어버린 하나의 취미를 재빨리 선취함으로써 그러한 죄에 대해서 충분히 속죄했다.[43] 그는 특유의 종교적 열정과 함께 **로마에 이르는 길**[44]을 스스로 가지는 않았지만 설교하기 시작했던 것이다. 이 말을 사람들이 오해하지 않도록 나는 [내가 쓴] 몇 줄의 힘찬 시를 원용할 것이다. 이 시는 내가 무엇을 말하려고 하는

---

42) 로만족은 프랑스인이나 이탈리아인과 같은 라틴어계 종족을 가리킨다.

43) 바그너가 낭만주의적으로 그리고 가톨릭적으로 되었다는 것이다.

44) 여기서 로마는 바티칸을 가리킨다고 할 수 있으며 로마에 이르는 길은 가톨릭 신앙을 가리킨다.

지를, 즉 내가 '만년의 바그너'와 그의 파르시팔 음악[45]에 대해서 무엇을 반대하려고 하는지를 그다지 섬세하지 않은 귀에게도 전할 수 있을 것이다.

이것은 아직 독일적인 것인가?

이 자극적인 절규가 독일인의 가슴에서 나온 소리인가?
이처럼 자신의 살을 떼어내는 것이 독일의 육체가 하는 짓인가?
사제처럼 양손을 벌리는 태도,
이 향내 풍기는 관능적 자극은 독일적인 것인가?
이 머뭇거림, 거꾸러짐, 비틀거림도,
이 희미한 종소리도 독일적인 것인가?
수녀들의 추파, 아베 마리아 기도 시간을 알리는 종소리,
이 모든 거짓된 황홀에 싸여 있는 천국과 천국 너머도?

이것은 아직도 독일적인 것인가?

잘 생각해보라! 그대들은 아직 문 앞에 서 있다.

---

45) 「파르시팔」에서 바그너는 그리스도교 정신을 찬양하고 있다.

왜냐하면 그대들이 듣고 있는 것은 로마, 말 없는 로마의 신앙[46]이기 때문이다!

---

46) '로마의 말 없는 신앙(Roms Glaube ohne Worte)'이라는 말은 멘델스존이 작곡한 「말 없는 노래 Lieder ohne Worte」를 암시한다.

제9장
고귀함이란 무엇인가

257.

인간이란 유형이 이제까지 모든 면에서 향상되어온 것은 귀족 사회 덕분이었다. 그리고 앞으로도 항상 그럴 것이다. 귀족사회는 인간과 인간 사이에 위계와 가치 면에서 여러 단계가 존재한다고 믿으며 어떠한 의미에서든 노예제를 필요로 한다. 지배계급이 신분들 사이의 차이를 뼛속까지 느끼면서 예속된 자들과 도구에 해당하는 자들을 항상 감시하고 천시하며 끊임없이 복종과 명령 그리고 억압과 배제를 연마하는 것으로부터 생기는 **거리의 파토스**(Pathos der Distanz)가 없었다면, 저 다른 보다 신비한 파토스, 즉 영혼 자체 내에서 거리를 항상 새롭게 확대하려고 하는 열망, 보다 드높고 보다 희귀하며 보다 멀고 보다 넓으며 보다 포괄적인 상태를 형성하려는 열망은 전혀 생겨날 수 없었을 것이다. 요컨대 '인간'이란 유형의 향상, '인간의 끊임없는 자기 극복'은 일어날 수 없었을 것이다. 자기 극복이란 말은 흔히 도덕적인 의미로 사용되지만 여기서는 초도덕적인 의미로 사용되고 있다. 물론 ('인간'이란 유형이 향상하기 위한 전제가 되는) 귀족사회의 기원에 대해서 우리는 인도주의적인 기만에 빠져서는 안 된다. 진리는 냉엄하다. 이제까지 지상에 존재했던 모든 고급문화가 어떻게 **시작되었는지**를 솔직하게 말해보자! 아직 자연 그대로의 본성을 지녔던 인간, 가공할 만한 의미에서의 야만인, 또한 아직 불굴의 의지력과 권력욕을 갖는 맹수와 같은 인간들이, 보다 약하고 보다 교화되었으며 보다 평화적이며 아마도 상업이나 목축에 종사했던 종족들 혹은 그 마지막 생명력이 정신과 퇴폐의 찬란한 불꽃 속에서 꺼져가고 있던 노숙한 고대문화를 습격했던 것이다. 귀족계급은 처음에는 항상 야만계급이었다. 그들의 우월성은 일차적으로 육체적인 힘이 아니라 정신적인 힘에서 비롯된 것이었다. 그들은 **보다 완전한** 인간이었다 (이러한 인간은 모든 점에서 '보다 완전한 야수'라는 것과 동일한 의미를 갖는다).

258.

부패란 본능들 사이에서 무정부 상태가 지배하고 있으며 감정들의 토대인 '생명'이 뒤흔들리고 있다는 사실의 표현이다. 부패는 그것이 나타나는 그때마다의 생명 형태에 따라서 근본적으로 다

른 것이 된다. 예를 들면 귀족체제가 대혁명 초기의 프랑스 귀족
체제처럼 자신의 특권에 대한 숭고한 혐오감에 사로잡혀[1] 그것을
포기하고 지나친 도덕 감정의 희생물이 될 때, 그것이야말로 부패
다. 그러나 이것은 몇 세기에 걸쳐서 지속적으로 진행되어온 부패
의 최종적인 결과에 불과하다. 이러한 부패로 인해 프랑스 귀족체
제는 통치권을 점차 포기하면서 군주정의 한 기능으로(결국에는 그
것의 단순한 장식물이나 전시물로) 전락하게 된 것이다. 그러나 훌륭
하고 건강한 귀족체제의 본질은 그것이 자신을 하나의 기능(군주정
의 기능이든 공화정의 기능이든)으로가 아니라 오히려 군주정이나 공
화정의 의미 및 그것들이 정당성을 가질 수 있는 최고의 근거로 느
끼는 데 있다. 따라서 그것은 불완전한 인간, 노예, 도구로까지 억
압되고 전락해야만 하는 무수한 인간들이 자신을 위해서 희생되는
것을 당연한 것으로 받아들인다. 귀족체제의 근본적인 신념은 사
회가 사회 자체를 위해서 존재해서는 안 되며 선택된 종류의 인간
들이 자신을 보다 높은 과제와 보다 높은 존재로 향상시키기 위해
서 이용하는 토대와 발판으로서 존재해야 한다는 것이다. 이 선택

---

1) 니체는 프랑스 귀족체제가 점차 통치권을 포기하면서 군주정의 한 기능으로
전락함에 따라서 몇 세기에 걸쳐 지속적으로 퇴화되었다고 보았다. 여기서 '숭
고한 혐오감'은 귀족들이 자신에 대한 자부심을 상실하고 자신들이 평민들과
동일한 존재라는 식으로 생각하면서 자신들의 특권에 대해서 죄책감을 갖게
되었다는 것을 의미한다.

된 종류의 인간들은 시포 마타도르(Sipo Matador)라고 불리는 자바
섬의 향일성(向日性) 덩굴식물과 유사하다. 이 식물은 오랜 동안 덩
굴로 참나무를 감고 있다가 마침내는 그것에 의지하면서도 그 나
무를 넘어서 밝은 햇빛 속에 자신의 꽃부리를 펼치면서 자신의 행
복을 환히 드러내 보인다.

259.

서로에게 위해와 폭력을 행사하고 착취하는 것을 삼가면서 자
신의 의지를 다른 사람의 의지와 동일시하는 것, 이것은 만일 적
절한 조건이 주어진다면(즉 사람들이 역량과 가치 면에서 실제로 유사
하고 동일한 조직체에 속해 있다고 한다면) 훌륭한 관습이 될 수도 있
을 것이다. 그러나 사람들이 이러한 원칙을 폭넓게 받아들여서 **사
회의 근본원칙**으로 만들려고 할 경우에는 그 정체가 즉시 탄로 나
게 될 것이다. 즉 그것은 생명을 부정하려는 의지이자 해체와 퇴화
의 원칙으로서 드러나게 될 것이다. 이 점과 관련하여 우리는 근본
적으로 철저하게 파고들어 가야 하며 모든 감상적인 나약함을 경
계해야 한다. 생명 자체는 **본질적으로** 자신보다 약한 타자를 자기
것으로 하고 그것에게 위해를 가하고 그것을 억압하는 것이다. 그
것은 냉혹하며, 자신의 형식을 타자에게 강제하고 타자를 자신에
게 동화시키는 것이고, 가장 부드럽게 말한다고 해도 최소한 착취
하는 것이다. 그러나 우리는 왜 옛날부터 비방하려는 의도가 포함

되어 있는 그런 말을 사용해야만 하는가. 앞에서 가정한 것처럼 설령 한 조직체의 내부에서 개인들이 서로를 동등하게 대한다 하더라도—이것은 건강한 모든 귀족체제에서 행해지고 있지만—그 조직체가 죽어가는 것이 아니라 살아 있는 것이라면 그것은 구성원들이 서로에 대해서는 삼가는 모든 행동을 다른 조직체에게 행해야만 할 것이다. 그 조직체는 힘에의 의지의 화신(化身)이 되어야만 하며, 성장하면서 주변에 있는 것을 움켜잡고 자신에게로 끌어당겨서 압도하려고 해야만 할 것이다. 이는 도덕적인 이유 또는 비도덕적인 이유에서가 아니라, 단지 그 조직체가 살아 있기 때문에 그리고 생은 바로 힘에의 의지이기 때문에 그렇다. 그러나 바로 이러한 사실을 깨닫는 것을 유럽인들의 일반적인 의식은 몹시 꺼리고 있다. 오늘날 사람들은 도처에서, 심지어는 과학의 가면을 쓰고 '착취적인 성격'이 사라지게 될 미래의 사회 상태에 열광하고 있다. 그러나 이것은 내 귀에는 마치 일체의 유기적 기능이 정지된 하나의 생명을 창조하겠다는 약속과 다름없는 것으로 들린다. 착취란 부패하고 불완전하고 원시적인 사회에만 있는 것이 아니다. 그것은 유기체의 근본적인 기능으로서 살아 있는 것의 **본질**에 속하는 것이다. 그것은 생명의 의지 자체인 본래의 힘에의 의지에서 비롯되는 것이다. 이러한 주장은 이론으로서는 혁신적인 것일지도 모르지만, 실제로는 모든 역사의 **근본적인 사실**을 표현하고 있을 뿐이다. 이러한 사실을 인정할 정도로 우리는 자신에 대해서 솔직해

저야 한다!

260.

이제까지 지상에서 지배해왔고 아직도 여전히 지배하고 있는 많은 세련된 도덕들과 조야한 도덕들을 두루 섭렵한 후, 나는 그것들에서 일정한 특성들이 규칙적으로 함께 반복해서 나타나면서 서로 결부되어 있다는 사실을 깨달았다. 마침내 나는 근본적으로 상이한 두 가지 도덕 유형을 발견하게 되었으며, 그것들 사이의 근본적인 차이를 분명하게 인식하게 되었다. 즉 도덕에는 **주인도덕**과 **노예도덕**이 있는 것이다. 그리고 이러한 사실에 바로 덧붙여서 말할 것은, 모든 고도의 복합적인 문화에서는 이 두 도덕을 서로 매개하려는 시도가 보이며 또한 보다 자주 양자가 혼합되어 있고 서로를 오해하고 있다는 것이다. 그뿐 아니라 때로는 양자가 완강히 병존하고 있으며, 심지어는 한 사람 속에, 하나의 영혼 속에 완강히 병존하기도 한다.[2] 이 두 가지 유형의 도덕 개념 중 하나는 자신이 피지배 종족과 다르다는 데서 기쁨을 느꼈던 지배 종족에서 발생했으며, 다른 하나는 피지배 종족, 모든 종류의 노예들과 예속

---

2) 노예도덕에 속하는 민주주의적 가치관이 지배하는 오늘날에도 시저나 나폴레옹과 같이 반민주주의적인 정치가가 위대한 인간으로 칭송받고 있는 것을 생각해볼 수 있다.

된 자들 사이에서 발생했다. 전자의 경우, 즉 '선'이 무엇인지를 규정하는 자들이 지배자들일 경우, [지배자들의] 우월함과 [지배자들과 피지배자들 사이의] 위계질서를 규정하는 것은 [지배자들의] 영혼이 자신에 대해서 긍지를 느끼는 고양된 상태다. 고귀한 인간들은 이렇게 자신에 대해서 긍지를 느끼는 고양된 상태와는 정반대의 것을 나타내는 인간들에 대해서 자신들을 구별하면서 그들을 경멸한다. 이 첫 번째 유형의 도덕에서는 '탁월함(gut)'과 '저열함(schlecht)'이 서로 대립하는 것으로 간주되며, 이러한 대립은 대체로 '고귀함'과 '비천함'의 대립을 의미한다. 이에 반해 선(gut)과 악(böse)의 대립은 다른 기원을 갖는다. 고귀한 인간들은 겁 많은 인간, 불안해하는 인간, 소심한 인간, 눈앞의 이익에만 급급하는 인간, 편협하고 의심 많은 인간, 비굴한 인간, 학대를 감수하는 개 같은 인간, 거지 같은 아첨꾼, 그리고 무엇보다도 거짓말쟁이를 경멸한다. 평민들은 거짓말쟁이라는 것이 모든 귀족의 근본신조다. 고대 그리스에서 귀족들은 자신들을 '우리 진실된 자들'이라고 불렀다. 어디에서든 도덕적인 가치 표시가 먼저 인간에게 붙여지고 나중에 비로소 파생된 방식으로 **행위**에 붙여졌다는 것은 분명하다. 따라서 도덕에 대한 역사가가 "왜 동정하는 행위가 찬양받게 되었는가?"와 같은 물음에서 출발한다면 이는 큰 잘못이다. 고귀한 종류의 인간은 자신을 가치를 규정하는 자라고 느끼기 때문에 타인에게 인정받는 것을 필요로 하지 않는다. 그는 "나에게 해로운 것은 그 자체로 해롭다"고 판단하면서 자신을 사물들에게 처음으로 가치를 부여하는 자로서 인식한다. 그는 **가치를 창조하는 자**인 것이다. 그는 자신에게 속하는 것을 존중한다. 그러한 도덕은 자기에 대한 찬미다. 충만한 느낌, 넘쳐흐르려고 하는 힘의 느낌, 고도의 긴장에서 오는 행복감, 베풀어주고 싶어 하는 풍요로움의 느낌이 그런 도덕의 전경(前景)에 드러나 있다. 고귀한 인간도 불행한 자를 돕지만, 동정에서가 아니라—또는 거의 아니라—넘쳐나는 힘에서 비롯된 충동에서 돕는다. 고귀한 인간은 자신 안에 존재하는 강력한 자를 존중하는바, 이 강력한 자란 자신을 제어할 힘을 가지고 있으며, 말하고 침묵하는 법을 알고 있고, 자기 자신을 엄격하고 혹독하게 다루는 데서 기쁨을 느끼며, 엄격하고 혹독한 모든 것을 존경하는 자다. 고대 스칸디나비아 전설에는 "보탄(Wotan) 신은 내 가슴속에 냉혹한 마음을 심어놓았다"는 말이 있지만, 이 말이야말로 자긍심에 가득 찬 바이킹의 영혼에서 우러난 것으로서 적절한 시적인 표현이다. 그러한 종류의 인간은 자신이 동정하는 인간이 아니라는 점에서 긍지를 느낀다. 따라서 이 전설의 영웅은 "젊어서 이미 굳센 마음을 갖지 못한 자는 평생 동안 굳세지 못할 것이다"라는 경고의 말을 덧붙인다. 이렇게 생각하는 고귀하고 용감한 자들은 동정이나 타인을 위한 행위 또는 무사무욕(無私無慾, Selbstlosigkeit)[3]을 도덕적인 것의 특성으로 보는 저 도덕[노예도덕]을 가장 낯선 것으로 느낀다. 자기 자신에 대한 믿음과 긍지, '무사무욕'에 대한 근본적인 적개심과 경멸은 공감과 '온정'에 대한 가벼운 멸시와 경계와 마찬가지로 고귀한 도덕에 속한다. 강한 자들은 존경할 줄 아는 사람이며, 이것이 그들의 재능이고 그들만이 할 수 있는 독창적인 것이다. 나이 든 사람과 전통에 대한 깊은 존경—모든 법은 이 이중의 외경에 기반을 두고 있다—그리고 조상에게는 잘해야 하지만 후손에게는 잘못해도 좋다는 신념과 견해는 강자의 도덕이 갖는 전형적인 특성이다. 반대로 '현대적 이념'의 인간들은 거의 본능적으로 '진보'와 '미래'를 믿으면서 나이 든 사람에 대한 존경심을 갈수록 잃어가고 있는바, 이러한 사실만으로도 이미 이러한 '이념'의 비천한 기원이 충분히 드러난다. 그러나 지배자의 도덕은 그 원칙의 엄격함으로 인해 현대적인 취향에는 가장 낯설고 고통스럽게 받아들여진다. 그 원칙이란 오직 자신과 동등한 사람들에 대해서만 의무를 지니며, 하층민이나 낯선 자들에 대해서는 자신이 좋다고 생각하는 대로 혹은 '마음 내키는 대로' 행동해도 되고, 어떤 경우에서든 '선악에 구애받지 않고' 행동해도 된다는 것이다. 여기

---

3) 니체는 무사무욕의 이타심에 반대하면서 다음과 같은 종류의 이기심은 건강한 인간이 되기 위해서 필요하다고 보았다.

"이기심이란 '우리'와 같은 인간에게 다른 인간들은 당연히 복종해야 하고 자신을 바쳐야만 한다는 저 확고한 믿음을 가리킨다." 이 책 265절.

에 연민이나 그것과 유사한 것들이 속할 수 있다.[4] 쉽게 은혜를 잊지 않고 쉽게 복수를 단념하지 않는―이 두 가지는 동등한 자들 서로에 대해서만 해당된다―능력과 또한 반드시 그래야 한다는 의무감, 정교한 보복, 고상한 우정 개념,[5] 적[6]을 갖지 않을 수 없는 필연성(말하자면 시기심, 호전성, 오만함과 같은 정념들의 배출구로서, 또한 [적과] 근본적으로 좋은 친구가 될 수 있기 위해서), 이 모든 것이 고귀한 도덕의 전형적인 특징이다. 이 도덕은 앞에서 암시한 것처럼 '현대적 이념들'의 도덕이 아니기 때문에 오늘날에는 그것을 실제 그대로 느끼기 어려우며 발굴하고 규명하기도 어렵다. 두 번째 유형의 도덕인 **노예도덕**은 다른 성격을 가지고 있다. 학대받고 억압받고 고통당하고 자유롭지 못하며 자신에 대해서 확신을 갖지 못하고 피로에 지친 자들이 도덕을 운위한다고 가정해보자. 그들의

---

4) 니체는 『안티크리스트』 57절에서 이렇게 말하고 있다.

"예외적인 인간이 범용한 자들을 자기 혹은 자기와 동등한 자들보다 더 부드럽게 다룬다면 그것은 단순히 마음에서 우러나온 예의만이 아니다. ―그것은 바로 그의 의무인 것이다."

5) 여기서 니체는 우정이란 말을 아리스토텔레스적인 의미로 사용하고 있다. 아리스토텔레스는 인간만이 우정을 가질 수 있다고 보았다. 이 경우 우정은 서로가 완전한 존재가 되도록 독려하는 것을 가리킨다. 신은 이미 완전한 존재이기에 우정을 필요로 하지 않으며, 동물은 완전성에 대한 개념을 갖지 못하기 때문에 동물에게는 우정이 존재할 수 없다.

6) 여기서 적은 자신이 뛰어넘고 싶어 하는, 자신보다 우월한 인간을 의미한다.

도덕적 가치판단의 공통점은 무엇일까? 그것에서는 아마도 인간의 상황 전체에 대한 염세주의적인 의혹이 표현되고 있을 것이며 인간과 그의 상황에 대한 유죄 선고가 표명되고 있을 것이다. 노예의 눈은 강자의 덕을 호의적으로 보지 않는다. 그는 회의하고 불신하며, 강자가 존중하는 모든 '선'을 교활한 방식으로 불신한다. 그는 강자들의 행복은 진정한 행복이 아니라고 자신을 설득하고 싶어 한다. 반면에 고통받는 자들의 생존을 조금이라도 편하게 해주는 특성들이 부각되고 각광을 받게 된다. 따라서 여기서 존중되는 것은 연민, 호의적이고 도움을 주는 손길, 온정, 인내심, 근면성, 겸손, 친절함이다. 왜냐하면 이런 것들은 생존의 압박을 견뎌나가는 데 유용한 특성이자 거의 유일한 수단이기 때문이다. 노예도덕은 본질적으로 유용성의[공리주의적인] 도덕이다. 바로 여기에 저 유명한 '선'과 '악'이라는 대립 개념의 기원이 있다. 노예에게는 권력, 위협적인 것, 공포를 느끼게 하는 것, 세련된 것, 무시할 수 없는 강력한 힘 등이 모두 악한 것으로 느껴진다. 따라서 노예도덕에 따르면 '악한' 인간이란 공포를 불러일으키는 인간이다. 이에 반해 주인도덕에서는 공포를 불러일으키거나 불러일으키려는 사람이 바로 '훌륭한' 인간인 반면에 '저열한' 인간은 경멸을 불러일으키는 인간이다. 노예도덕의 논리적 귀결에 따라 이러한 도덕이 말하는 '선한 자들'에게 경멸을 받을 만한 점[7]이 존재할 경우에—그러한 경멸이 가벼운 것이고 호의적일지라도—주인도덕과의 대립은 절정에 달하게 된다. 왜냐하면 노예적인 사고방식에서 선한 인간이란 위험하지 않은 인간이어야 하기 때문이다. 그는 선량하고 속기 쉬우며 약간 우둔하고, 노예도덕이 우세한 곳에서는 어디서든 '선'이라는 용어와 '우둔함'이라는 용어의 의미가 서로 접근하는 경향이 보인다. 주인도덕과 노예도덕 사이의 마지막 근본적인 차이는 다음과 같다. **자유를 향한 갈망,**[8] 행복에 대한 본능적 추구, 자유에 대한 민감함은 필연적으로 노예도덕과 노예의 덕성에 속한다. 반면에 섬세하고 열정적으로 경외하고 헌신하는 것이 귀족적인 사고방식과 평가방식의 한결같은 징후다. 이러한 사실로부터 **열정으로서의 사랑**—이것은 우리 유럽의 특성이다—이 왜 항상 귀족적인 기원을 가질 수밖에 없는지가 곧바로 분명해진다. 잘 알려져 있는 것처럼 그것을 낳았던 사람들은 프로방스의 기사 시인들, 저 화려하고 독창적인 '즐거운 지식(gai saber)'[9]의 기사들이다. 유럽은 많은 것을, 거의 자기 자신을 그들에게 빚지고 있다.

261.

고귀한 인간이 아마도 가장 이해하기 어려운 것 중 하나가 허영

---

7) 우리도 통상적으로 '저 사람은 너무 착해'라든지 '너무 호인'이라고 말할 때는 그 사람을 다루기 쉬운 만만한 사람으로 보면서 약간의 경멸감을 표현하고 있다.

8) 여기서 자유는 자신을 통제하지 못하고 멋대로 하고 싶어 하는 태도를 가리킨다.

9) 이 용어는 원래 중세 음유시인들의 시를 지칭하는 것이었다.

심일 것이다. 다른 종류의 인간이라면 그것을 두 손으로 꼭 붙잡으려고 하겠지만 그는 떨쳐버리고 싶을 것이다. 고귀한 인간에게는, 자기 스스로도 자신을 훌륭한 인간으로 생각하지 않을 정도로 좋은 평판을 들을 만한 '자격'을 갖지도 않는 자가 [사람들 사이에] 자신에 대한 좋은 평판을 조성하려고 하면서 급기야는 자신이 만들어낸 이러한 좋은 평판을 **믿어버리는** 인간을 떠올리는 것조차 어렵게 느껴진다. 그에게는 그런 일은 반쯤은 고상한 취미와 자존심을 결여하고 있는 것으로 느껴지고 반쯤은 너무나 기괴하고 불합리한 것으로 느껴져서, 그는 허영심을 기꺼이 비정상적인 것으로서 간주하고 싶어 하며 그것이 화제가 되는 대부분의 경우에도 그런 것이 있을 수 있다는 사실을 의심할 것이다. 예를 들어 그는 이렇게 말할 것이다. "나는 나의 가치에 대해서 잘못 평가하고 있을지도 모른다. 그럼에도 불구하고 나는 나의 가치를 내가 평가한 대로 다른 사람들이 인정해주기를 요구한다. 그러나 이것은 결코 허영심이 아니다(오히려 자부심이거나 대개의 경우 '겸손'이나 '겸양'이라고도 불리는 것이다)." 또한 그는 이렇게 말할 것이다. "나는 다른 사람들이 나를 좋게 평할 때 여러 가지 이유로 기쁨을 느낄 수 있다. 이는 아마도 내가 그들을 존경하고 사랑하며 그들이 느끼는 모든 기쁨은 동시에 나의 기쁨이고, 나에 대한 그들의 호평은 내가 훌륭한 사람이라는 나의 믿음을 뒷받침하고 강화하기 때문이다. 그리고 내가 나에 대한 그들의 호평에 동의하지 않더라도 그러한 호평은 나에게 유익하거나 유익할 수 있기 때문이다. 그러나 이 모든 것은 허영심이 아니다." 고귀한 인간은 특히 역사에 입각하여 반드시 다음과 같은 사실을 명심해야 한다. 즉 아득한 옛날부터 어떠한 형태로든 예속되어 있던 사회층에 속한 평민들은 **타인들[주인들]이 평가하는 대로 존재하는** 인간에 불과했다는 사실을. 그리고 스스로 가치를 정립할 줄 몰랐으며 그들의 주인이 자신에게 부여하는 것 이외의 어떤 다른 가치도 자신에게 부여하지 못했다는 사실을(가치를 창조하는 것은 본래 **주인의 권리**였다). 오늘날에도 일반인들이 항상 자신에 대한 세상의 평가를 **기대하면서** 그것에 본능적으로 굴복하는 것은 하나의 거대한 격세유전의 결과[10]로 보아도 좋을 것이다. 그런데 그들은 '좋은' 평판에만 굴복하는 것이 아니라 악평이나 부당한 평가에도 굴복한다(예를 들어 신앙심이 깊은 여인들이 고해신부가 내리는, 그리고 신앙심 깊은 그리스도 교인이 교회가 내리는 자신에 대한 좋은 평가나 혹평의 대부분에 굴복한다는 사실을 생각해보라). 사실 이제, 사회 전반에 걸쳐 민주화가(이것의 원인인 주인과 노예의 통혼이) 서서히 진행됨에 따라서 자기 자신에게 가치를 부여하고 자신을 '훌륭한 인간으로 평가하려는' 본질적으로 고귀하고 희귀한 충

---

10) 고대사회에서 대부분의 인간들은 노예였고 귀족은 소수에 지나지 않았다. 따라서 오늘날 일반인들이 자신에 대한 세상의 평판에 전전긍긍하는 것은 오랜 세월에 걸쳐서 유전되어온 노예근성의 결과라는 것.

동은 갈수록 고무되고 넓게 확산되어갈 것이다. 그러나 이러한 충동보다 더 오래되고 더 광범위하게 퍼져 있고 더 철저하게 체화되어 있는 성향이 이러한 충동이 확산되는 것을 항상 방해하고 있다. '허영심'이란 현상에서는 이러한 성향이 최근의 성향을 지배하게 된다. 허영심에 사로잡힌 인간은 자신에게 들려오는 자신에 대한 모든 좋은 평판에는 기뻐하며(그것이 자신에게 유익한지, 참인지는 전혀 문제시하지 않으면서) 또한 자신에 대한 모든 나쁜 평판에는 괴로워한다. 그는 자신에게서 터져 나오는 저 가장 오래된 복종의 본능에 따라서 이 두 평판에 굴복하며 자신이 그것들에 예속되어 있다고 느낀다. 자신에 대해 좋은 평가를 내리도록 다른 사람들을 **유혹하게 만드는** 것은 바로 허영심에 사로잡혀 있는 인간의 피 속에 남아 있는 '노예'이며—예를 들어 오늘날에도 여성의 내부에는 아직까지도 얼마나 많은 '노예'가 남아 있는가!—노예적인 교활함의 잔재다. 그러고서는 [자신에 대한 좋은 평판을] 자신이 불러일으킨 것이 아닌 것처럼 즉각 이러한 평판 앞에 무릎을 꿇는 사람도 노예다. 다시 한 번 말하지만 허영심은 격세유전적인 현상이다.

262.

하나의 종이 나타나고 하나의 유형이 확립되고 강화되는 것은 본질적으로 변하지 않는 **불리한** 조건들과 오랜 세월에 걸쳐서 투쟁하는 것을 통해서다. 반면에, 영양을 과잉으로 공급받고 일반적으로 지나친 보호와 배려를 받은 종들은 얼마 지나지 않아 가장 현저한 방식으로 유형의 변질을 초래하기 쉽고 기형적인 것과 기괴한 것들(기괴한 악덕들조차 포함하여)을 낳기 쉽다는 사실을 우리는 사육자들의 경험을 통해서 알고 있다. 그런데 예를 들어 고대 그리스의 폴리스 혹은 베니스와 같은 귀족주의적 공동체를 한 번 살펴보라. 그것들은 의도적이든 비의도적이든 간에 **훈육**을 목적으로 하여 설립된 것들이다. 거기에서는 자신들의 종이 지배하기를 원하는 사람들이 서로에 대해서 강한 결속감과 신뢰감을 갖고 있었다. 이는 대부분의 경우 그들이 지배적인 지위를 차지**해야만** 하는 **상황**에 처해 있었고 그렇지 않으면 가공할 만한 방식으로 멸종될 수 있는 위험에 처해 있었기 때문이다. 여기에서는 변종을 초래하기 쉬운 저 호의나 영양 과잉, 지나친 보호와 같은 것은 존재하지 않았다. 이러한 종족은 이웃 종족이나 반란을 일으키거나 반란을 꾀하려는 피지배자와의 끊임없는 투쟁에서 가혹하고 획일적이며 단순한 삶의 형식에 의해서 지배적인 지위를 차지할 수 있고 지속적인 존립을 확보할 수 있는 종족이 되어야만 했다. 그러한 종족은 자신이 모든 신과 모든 인간의 방해에도 불구하고 존속하고 있고 항상 승리를 거두어왔던 것이, 자신이 갖는 어떠한 특성들 때문인지를 숱한 경험을 통해서 배웠다. 이러한 특성들을 그들은 덕이라고 불렀으며 이러한 덕만을 육성했다. 그들은 이러한 덕을 엄혹하게 육성했으며 또한 정녕 엄혹함만을 원했다. 모든 귀족주의적 도덕은 청소년의 교육, 여성에 대한 처우, 결혼 풍습, 노소(老少) 관계, 형법(변종들만을 [처벌] 대상으로 하는)에 있어서 가혹했다. 그들은 가혹함 자체를 덕에 포함시켰으며 그것을 '정의'라고 불렀다. 소수의 매우 강한 특성을 가진 유형, 엄격하고 전투적이며 침묵할 줄 알고 속을 드러내지 않으며 말수가 적은 인간 종족(그러면서도 사회의 매력과 뉘앙스에 대해서 극히 섬세한 감각을 갖고 있는)이 이러한 방식으로 세대의 변화에 영향을 받지 않고 확립되는 것이다. 앞에서 말한 것처럼, 항상 동일하게 존재해온 **불리한** 조건들과의 끊임없는 투쟁에 의해서 하나의 유형은 확고하게 되고 강하게 되는 것이다. 그러나 결국 언젠가는 상황이 좋아지고 팽팽했던 긴장도 느슨해지게 된다. 아마도 이웃에는 더 이상 적대국이 존재하지 않게 될 것이고 생활 물품은 물론이고 심지어 향락 수단마저도 넘칠 정도로 존재하게 될 것이다. 이와 함께 일거에 서로 간의 결속이 무너지고 과거의 엄격했던 훈육의 고삐도 풀어진다. 그러한 훈육은 이미 더 이상 생존을 위해 필수적인 조건으로 느껴지지 않게 된다. 그것이 존속한다고 해도 그것은 단지 **사치**의 한 형식이나 고풍스런 **취미**에 그치는 것이 될 것이다. (좀 더 고상하고 섬세하고 희귀한 것으로) 변질된 형태나 퇴화된 형태 혹은 기형과 같은 무수한 변종들이 갑자기 화려하게 등장하게 된다. 개인들은 감히 개별적으로 존재하려고 하고 자신을 부각시키려고 한다. 이러한 역사의 전환기에서 우리는 원시림 속에서 나무들이 나란히 그리고 종종 얼기설기 뒤엉킨 채로 화려하고 다채롭게 성장하고 상승하려고 하는 것처럼 사람들이 서로를 내세우는 모습을 보게 된다. '태양과 빛'을 확보하기 위해서 서로 싸우고, 종래의 도덕이 가하는 제한이나 제약, 보호 조치를 완전히 무시하면서 거칠게 서로 대립하는 이기주의가 폭발적으로 난무하게 됨으로써, 다른 것보다 더 성장하고 상승하려는 경쟁이 일종의 **열대적인** 템포로 치열하게 전개되고 무서운 파멸과 자멸을 빚게 되는 것을 우리는 목격하게 된다. 그처럼 거대한 힘을 쌓으면서 위태로운 지경에 이르기까지 활을 당겼던 것은 종래의 도덕 자체였다. 이제 그것은 '낡은' 것이 되고 말았다. 보다 커지고 다양해지고 포괄적으로 된 삶이 낡은 도덕을 넘어서는 위험스럽고 섬뜩한 지점에 이르게 되었다. 여기에서 스스로 자신의 삶에 법을 부여하고 자기 보존과 자기 고양, 자기 구원을 위한 고유한 기술과 교활한 지혜를 개발하지 않으면 안 되는 '개인'이 출현하게 된다. 전적으로 새로운 목표들과 새로운 수단들이 생기게 되고 공통된 정식(定式)은 더 이상 존재하지 않으며 사람들 사이에는 서로에 대한 오해와 경멸이 지배하게 되고, 타락과 부패와 최고의 욕망들이 끔찍할 정도로 서로 얽혀 있으며 선과 악의 온갖 풍요로운 원천으로부터 종족의 천재가 넘쳐 난다. 아직 다 바닥을 알 수 없을 정도로 극심하고 지칠 줄 모르는 초기의 퇴폐 상태를 특징짓는 새로운 매력과 신비로 가득 차며, 봄과 가을이 동시에 공존하는 재앙이 일어난다. 이와 함께 도덕의 어머니인 위험이, 커다란 위험이 다시 나타나는데, 이번에는 개인과 그의 이웃과 친구, 그가 사는 골목, 그의 아이, 그의 마음, 그의 가장 사적이고 가장 은밀한 소망과 의지 속에서 나타나게 된다. 이러한 시대의 도덕철학자들은 무엇을 설교해야만 할까? 예리한 관찰자이며 방관자인 그들은 종말이 빠르게 다가오고 있다는 사실을, 자신들 주위의 모든 것이 부패해 가고 또한 부패시키고 있으며 내일모레가 되면 치유할 수 없을 정도로 **범용한** 인간 유형을 제외하고는 아무것도 남지 않으리라는 사실을 발견하게 된다. 범용한 인간들만이 존속할 수 있고 자신을 번식시킬 수 있을 것이다. 그들이야말로 미래의 인간들이며 유일하게 살아남는 자들이다. 이제 "그들처럼 돼라! 범용하게 돼라!"는 가르침만이 여전히 의미를 갖고 사람들이 귀를 기울이는 유일한 도덕이 된다. 그러나 이러한 범용의 도덕에 대해 설교하는 것은 쉬운 일이 아니다! 결국 범용의 도덕은 자신의 정체가 무엇인지, 자신이 원하는 것이 무엇인지를 결코 고백해서는 안 된다. 따라서 그것은 절도와 품위, 의무와 이웃사랑을 설교해야만 한다. 그것은 **자신의** 아이러니를 감추는 것에 어려움을 갖게 될 것이다!

263.
사람들의 등급을 알아차릴 수 있는 **본능**이야말로 그러한 본능을 갖는 사람이 이미 **높은 등급**의 사람이라는 것을 가장 잘 보여주는 것이다. 또한 경외할 만한 것들을 접하면서 **즐거움**을 느낄 수 있는 능력을 기준으로 하여 우리는 어떤 사람이 고귀한 혈통과 자질을 갖고 있는지를 충분히 가늠할 수 있다. 제일급의 것이면서도 자신을 특별히 부각시키지도 않고 별로 눈에 뜨이지도 않으며 고의적으로 자신을 감추고 변장한 채로, 마치 살아 있는 시금석처럼 자신의 길을 가는 어떤 것이 있다고 해보자. 그러한 것이 경솔하고 거친 취급을 막아줄 수 있는 두려움을 자아내는 권위에 의해서 아직 보호받지 않은 상태로 자신 앞을 지나갈 때, 그것을 어떻게 대하느냐에 따라서 한 사람의 영혼이 얼마나 섬세하고 품위 있고 고귀한 것인지가 결정된다. 영혼을 탐구하는 일을 과제로 하면서 그 일을 행하는 사람이라면 어떤 영혼의 궁극적 가치와 그것이 속하는 부동의 타고난 등급을 정하기 위해서 여러 가지 형태로 이러한 시험방식을 이용할 것이다. 그는 그 영혼을 그것이 갖는 **경외의 본능**을 기준으로 하여 시험할 것이다. 차이는 증오를 낳는다.[11] 많은 인간에게서 볼 수 있는 현상이지만, 성스러운 기물(器物)이나 일반의 접근이 금해진 성궤에서 나온 귀중한 물건이나 위대한 운명의 표식을 갖는 책이 그들의 눈앞에 놓일 때 그들 속의 비천함이 갑자기 더러운 흙탕물처럼 튀어 오른다. 이와는 반대로 자신도 모르게 침묵을 지키고 시선을 멈추며 모든 거동을 삼가는 영혼이 있다. 이는 그 영혼이 가장 경외할 만한 것이 가까이에 있다는 것을 느끼고 있다는

---

11) 우리와 본성적으로 다른 것을 우리는 증오한다는 것.

것을 말해준다. 이제까지 유럽에서는 전반적으로 성서에 대한 외경심이 유지되어왔는데, 이것이야말로 유럽인들을 세련된 예의범절을 지키는 사람들로 훈육하는 데 가장 큰 기여를 했다. 이 점에서 유럽은 그리스도교의 덕을 입었다. 그렇게 심오하고 궁극적인 의의를 가진 책들을 보호하기 위해서는 외적인 권위에 의한 전제(專制)가 필요하다. 그 경우에만 그 책들의 내용을 완전히 규명하고 해명하는 데 필요한 수천 년의 시간을 확보할 수 있기 때문이다. 아무것이나 함부로 만져서는 안 된다는 저 느낌, 그 앞에서 신발을 벗어야 하고 불결한 손을 가까이해서는 안 되는 신성한 것들이 있다는 저 느낌을 만일 대중에게(모든 종류의 천박하고 경박한 인간들에게) 마침내 가르칠 수 있다면, 그것만으로도 이미 많은 것이 성취된 셈이다. 이것으로 그들은 인간성에서 거의 최고의 경지에까지 상승한 것이다. 반면에 소위 교육받은 인간들과 '현대적인 이념들'을 신봉하는 자들이 부끄러운 줄 모르고 자신들의 손과 눈으로 방자하게 아무것이나 손대고 만져보고 핥아보고 쓸어보는 것보다 더 역겨운 것은 없다. 그리고 오늘날 우리는 신문을 읽는 정신적인 창녀 같은 인간들, 즉 교육받은 인간들보다는 차라리 민중, 그것도 하층 민중, 특히 무엇보다도 농민들 가운데서 **상대적으로** 더 고귀한 취미와 조심스러워하는 외경심을 발견할 수 있다.

264.

자신의 조상들이 가장 즐겨 행했고 또한 가장 지속적으로 행했던 것을 한 인간의 영혼에서 완전히 씻어버릴 수는 없다. 예를 들어 그의 조상들은 열심히 저축하면서 책상과 금고에만 매달려 있었고 소박하고 시민적인 욕망과 소박한 미덕을 가지고 있었던 사람이었을지도 모른다. 또는 그들은 밤낮으로 명령을 내리기만 하면서 살았고 격렬한 쾌락을 탐닉했을 뿐 아니라 보다 엄격한 의무와 책임을 짊어지는 것을 좋아했을지도 모른다. 또는 그들은 [세속과의] 어떠한 타협도 부끄럽게 생각하는 섬세하면서도 가차 없는 양심을 소유했기에 오로지 자신의 신앙과 '신'만을 위해서 살기 위해서 결국은 가문과 재산상의 오랜 특권을 단번에 포기했을지도 모른다. 그러나 한 인간이 자신의 부모와 조상들의 특성과 취향을 자신의 몸속에 지니고 있지 않다는 것은 불가능하다. 겉으로는 아무런 관련이 없어 보일지도 모르지만 말이다. 그것은 혈통의 문제다. 만일 우리가 어떤 부모에 대해서 몇 가지를 알고 있다면 그들의 자식이 어떤 사람인지를 충분히 추측할 수 있다. 역겨울 정도의 무절제, 음험한 시기심, 항상 자신만이 옳다고 생각하는 어리석은 고집—이 세 가지는 함께 어떤 시대에서든 항상 천민적인 인간의 전형적인 특성이었지만—, 이것들은 나쁜 피와 마찬가지로 자식에게도 반드시 유전된다.[12] 사람들이 최상의 교육을 받고 최상의 교양을 쌓는다고 하더라도 그러한 유전적 특성을 제거할 수는 없고 기껏해야 숨길 수 있을 뿐이다. 오늘날의 교육과 교양도 다른 무엇을 목표할 수 있겠는가! 극히 민중적인, 다시 말해 천민적인 우리 시대에 '교육'과 '교양'은 본질적으로 속이는 기술일 수밖에 없으며, [보다 구체적으로 말해서] 몸과 영혼 속에 깃든 혈통과 유전되어 온 천민근성을 숨기는 기술일 수밖에 없다. 오늘날 무엇보다도 진실할 것을 설교하고 자신의 제자들에게 끊임없이 "진실하라! 자연스럽게 행동해라! 있는 그대로 자신을 드러내라!"라고 호소하는 교육자가 있다면, 그렇게 유덕하고 순진하기 짝이 없는 멍청이도 얼마 지나지 않아 본성을 제거하려고 호라티우스[13]의 갈퀴를 들게 될 것이다. 그러나 과연 본성을 제거할 수 있을까? '천민근성'은 항상 되돌아오는 법인데.

265.

순진한 사람들의 귀에는 불쾌하게 들리겠지만 이기심은 고귀한 혼의 본질에 속한다고 감히 말하고 싶다. 이 경우 내가 염두에 두

---

12) 니체는 획득 형질이 유전된다는 라마르크의 이론을 받아들였다. 다윈에 따르면 진화는 돌연변이로 인해 우연히 환경에 잘 적응하는 형질을 갖고 태어난 개체가 살아남고 이러한 개체의 형질이 유전됨으로써 일어난다. 이에 반해 라마르크는 환경에 잘 적응하려는 노력에 의해서 획득된 성질이 유전됨으로써 진화가 일어난다고 보았다.

13) Horaz, *Epistles.* I, 10, 24. "갈퀴로 아무리 본성을 끌어내려고 애써도 결국 그것은 언제나 제자리로 돌아오고 만다."

고 있는 이기심이란 '우리'와 같은 인간에게 다른 인간들은 당연히 복종해야 하고 자신을 바쳐야만 한다는 저 확고한 믿음을 가리킨다. 고귀한 영혼은 자신의 이기심을 아무런 의문도 없이 당연한 것으로 받아들이면서, 자신의 이기심에 냉혹함과 억지와 자의가 개재해 있을 수 있다고 전혀 느끼지 않고 오히려 그것이 사물의 근본 법칙에 근거하고 있다고 여긴다. 그러한 이기심에 굳이 이름을 붙이라고 한다면 고귀한 영혼은 '그것은 정의 자체다'라고 말할 것이다. 처음에는 주저하겠지만 어떤 특정한 상황에서 그는 자신과 동등한 자격을 가진 사람이 있다는 사실을 인정한다. 이러한 지위의 문제가 일단 확실하게 매듭지어지면, 그는 그들과 교제하면서 자신이 자신에 대해서 표하는 예의와 섬세한 외경심을 자신과 동등하고 동등한 자격을 갖는 사람들에게도 표한다. 이것은 마치 모든 별이 천체의 메커니즘을 이미 처음부터 잘 알고 있는 것처럼 그러한 메커니즘에 따라 움직이는 것과 유사하다. 동등한 자들과 교제할 때 그가 보여주는 이러한 섬세함과 자기 제한은 그의 이기심의 또 다른 측면에 지나지 않는다. 이 점에서 보면 모든 별은 이기주의자다. 고귀한 영혼은 자신과 동등한 자들과 교제하고 자신과 동등한 권리를 그들에게 인정하면서 스스로를 존중하는 셈이다. 이렇게 명예와 권리를 서로 인정하는 것이 모든 교제의 본질이며 또한 사물의 자연스런 상태에 속한다는 사실을 그는 의심하지 않는다. 고귀한 영혼은 자신의 근저에 존재하는 정열적이고 민감한 보복의 본능에 따라 자신이 받은 만큼 되돌려준다. 동등한 자들 사이에서는 '은혜'라는 개념이 어떠한 의미도 향기도 갖지 못한다.[14] 위에서 내려주는 선물을 기꺼이 받아들이면서 은혜의 단비라도 되는 것처럼 허겁지겁 받아 마시는 종류의 사람도 있을 수 있다. 그러나 고귀한 영혼은 그러한 것에 익숙하지 않으며 그럴 만한 소질도 타고나지 못했다. 그의 이기심이 그런 것들을 허락하지 않는다. 고귀한 인간은 대체로 '위'를 올려다보는 것을 좋아하지 않으며, 다만 느긋하게 똑바로 앞을 바라보거나 내려다볼 뿐이다. 그는 자신이 **높은 곳에 있음을 알고 있다.**

---

14) 고귀한 인간은 남에게 도움을 받거나 은혜를 받기보다는 베푸는 것을 좋아한다. 베푸는 행위는 자신의 우월한 힘을 느끼게 하는 반면에, 도움을 받는 것은 자신의 무력함을 방증하는 것이기 때문이다. 이런 의미에서 '은혜'는 고귀한 인간들 사이에서는 성립하기 어려운 것이다. 고귀한 자가 갖는 이러한 태도 역시 아리스토텔레스가 '긍지를 갖는 인간'의 특성 중 하나로 언급하고 있는 것이다. 아리스토텔레스는 이렇게 말하고 있다.

"그는 다른 사람들에게 은혜를 베푸는 것을 좋아하며 그 자신이 은혜를 입을 때는 수치스럽게 생각한다. 왜냐하면 은혜를 베푼다는 것은 우월한 인간에 적합한 것이며 은혜를 받는 것은 열등한 인간에 적합한 것이기 때문이다. 그가 은혜를 받을 때 그는 더욱 많은 것을 가지고 보답한다. 이를 통해서 원래 은혜를 베푼 사람이 오히려 은혜를 더 많이 받은 것이 되고 그에게 빚을 진 셈이 되기 때문이다. 긍지에 찬 인간은 자신은 전혀 또는 거의 남의 도움을 청하지 않으면서도 기꺼이 다른 사람들을 돕는다." 아리스토텔레스, 『니코마쿠스 윤리학』, 1123b-5a, 여기서는 Reclam판, *Nikomachische Ethik*을 참고했다.

266.

"사람들은 자기 자신에 집착하지 않는 사람만을 진심으로 존경할 수 있다." 괴테가 고문관 슐로서에게.[15]

267.

중국에는 어머니들이 아이들에게 가르치는 격언이 하나 있다. 소심(小心, siao-sin), 즉 "마음을 작게 가져라!"가 그것이다.[16] 이것

---

15) 언뜻 보기에 이 절은 앞 절과 모순되는 것 같다. 앞에서는 고귀한 영혼의 이기심을 긍정적으로 평가하는 것에 반해 이 절에서는 자기 자신에 대한 이기적인 집착을 비판하고 있다. 그러나 니체 역시 자기의 이익만을 챙기는 속물적인 이기주의는 혐오스런 것으로 보고 있다. 고귀한 영혼은 자신과 동등한 자들이라고 생각하는 자들을 존중하며 이들을 위해서 자신을 희생할 수 있다. 이에 반해 이 절에서 이야기하는 이기주의자는 자신의 이익만을 챙기는 속물적인 이기주의자라고 할 수 있다. Johann Friedrich Heinrich Schlosser(1780–1851)는 괴테와 친분이 있었던 법률가, 황제의 고문관이었다.

16) 현대 중국어에서는 "조심해라!"로 번역된다. 비슷한 의미로 우리말에도 "모난 돌이 정 맞는다"는 말이 있다. 니체는 '두드러지지 말고 안전하게 살라'는 것이 현대인들을 지배하는 모토라고 본다. 니체가 염두에 두고 있는 소심한 인간이 무엇인지를 우리는 『차라투스트라는 이렇게 말했다』의 말세인에 대한 서술에서 분명한 형태로 볼 수 있다.

"대지는 이제 작아져 버렸다. 그리고 그 위에 모든 것을 작게 만든 마지막 인간이 뛰며 돌아다닌다. […] 노동은 하나의 즐거움이기 때문에 인간은 여전히 일한다. 그렇지만 인간은 그 즐거움이 너무나 고통스러운 것이 되지 않도록 주의한다. 이제 인간은 가난하게 되지도 않고 풍요롭게도 되지 않는다. 어느 쪽이든 너무나 힘을 쏟아야 하는 것이다. 누가 지금도 여전히 지배하기를 원하겠

은 말기에 이른 문명에서 보이는 전형적인 경향이다. 나는 고대 그리스인이 오늘날의 유럽인들을 본다면 무엇보다도 자기 왜소화 경향을 간취해내리라는 사실을 의심하지 않는다. 이것만으로도 이미 우리는 '그리스인들의 취미에 거슬리는' 존재인 것이다.

268.

비속함이란 결국 무엇인가? 말이란 개념을 표현하는 음향기호다. 그러나 개념은 자주 반복되고 서로 함께 일어나는 감각들, 즉 어떤 감각군(感覺群)에 대한 다소간 분명한 심상(心象)기호다. 사람들이 서로를 이해하기 위해서는 동일한 언어를 사용하는 것만으로는 충분하지 않으며, 동일한 종류의 내적 체험을 동일한 말로 표현해야 하고 궁극적으로는 동일한 체험을 **공유해야만** 한다. 이 때문에 동일한 민족에 속하는 사람들은 그 민족의 말을 할 줄 아는 외국인들보다도 서로를 잘 이해할 수 있다. 또는 '서로를' 이해할 수 있는 사람들, 즉 하나의 민족이 **생겨나려면**, 사람들은 오랜 동안 (기후, 토양, 위험, 욕구, 노동방식이) 서로 유사한 조건 아래서 함께 살아야 한다. 모든 영혼에서 동일한 빈도로 자주 반복되는 체험은 보

는가? 누가 복종하겠는가? 양쪽 모두 너무나 많은 힘을 소모했다. 목자는 없고 군중만 있구나! 모든 사람은 동일한 것을 원한다. 모든 사람은 동일하다. 다르게 느끼는 사람은 자발적으로 정신병원으로 간다."

다 드물게 나타나는 체험에 대해서 우위를 차지해왔다. 그렇게 반복되는 체험들을 기반으로 하여 사람들은 서로를 곧바로 이해할 수 있게 되며, 그러한 체험의 축적에 비례해서 갈수록 더 신속하게 서로를 이해할 수 있게 된다. 언어의 역사는 단축의 역사다. 이렇게 이해가 신속해짐에 따라서 사람들은 갈수록 더욱더 긴밀히 결합하게 된다. 위험이 증대될수록 행동방침에 대해서 사람들이 신속하게 합의해야 할 필요성도 더욱 커지게 된다. 위험한 상황에서 서로를 오해하지 않는 것, 이것이야말로 사람들의 관계에서 필수불가결한 것이다. 이러한 사실은 모든 우정이나 사랑에도 적용된다. 두 사람이 동일한 말을 사용하면서도 그 말과 관련해서 서로가 달리 느끼고 생각하고 추측하고 바라고 두려워하고 있다는 사실이 밝혀지게 되자마자 우정과 사랑은 지속될 수 없게 된다(쇼펜하우어가 말하는 '종족의 수호신'[17]이 아니라 '영원한 오해'에 대한 두려움이야말로 남녀가 감정과 관능에 자극되어 지나치게 성급하게 결합하지 못하도록 막아주는 자비로운 수호신이다). 어떤 영혼에서 어떤 감각군이 가장 빨리 깨어나고 발언권을 갖고 명령을 내리는지가 그 영혼이 지향하는 가치들의 전체적인 위계질서를 결정하며 그 영혼의 재산목

---

17) 쇼펜하우어는 자신들보다 나은 2세를 낳고 싶어 하는 무의식적인 욕망으로 인해 남녀는 자신이 결혼할 상대를 까다롭게 고른다고 본다. 이 점에서 그는 자신들보다 나은 2세를 낳고 싶어 하는 무의식적인 욕망을 종족의 수호신이라고 부르고 있다.

록을 결정한다. 한 인간이 내리는 가치평가는 그의 영혼이 갖는 **구조**의 일부를 드러내주며 그 영혼이 무엇을 자신의 삶의 조건과 자신의 참된 곤경으로 보는지를 드러내준다. 유사한 기호로 유사한 욕구와 체험을 전달할 수 있었던 사람들은 옛날부터 동일한 곤경에 의해서 서로 가깝게 된 사람들이다. 이러한 사실로부터 우리는 전체적으로 다음과 같은 결론을 내릴 수 있다. 쉽게 **전달될 수 있는** 곤경, 즉 궁극적으로 단지 평균적이고 **비속한** 체험이 지금까지 인간을 지배해온 모든 힘 중에서도 가장 강력한 힘이었음에 틀림없다는 것이다. 보다 유사하고 보다 평범한 인간들은 언제나 유리한 입장에 있었으며 지금도 여전히 그렇다. 그러나 보다 더 선택된 인간이나 보다 더 섬세하고 희귀한 자, 이해받기 힘든 자들은 고립되기 쉽고 또한 서로 고립되어 있어서 불의의 사고를 당하기 쉬웠으며 그 수가 늘어나기도 어려웠다. 이 자연스런, 너무나 자연스런 유사화 과정, 유사하고 범용하고 평균적이며 무리동물과 같은 것으로—비속한 것으로!—인간이 전락하는 것을 막기 위해서는 엄청난 노력이 필요하다.

269.

필연적으로 심리학자가 될 수밖에 없는 타고난 심리학자요 영혼의 해명자인 어떤 심리학자가 보다 비범한 인간이나 사례를 연구할수록 동정심으로 가득 차서 질식하게 될 위험성은 커지게 된다.

그는 다른 사람들 이상으로 냉혹해야 하고 명랑해야 한다. 이는 보다 높고 특이한 종류의 인간들이 타락하고 몰락하는 것은 일반적인 법칙이라고 할 수 있기 때문이다. 이러한 법칙이 예외 없이 관철되는 것을 눈앞에서 목격하는 것은 끔찍한 일이다. 보다 높은 인간이 겪는 이러한 몰락과 전체적인 내적인 '절망', 모든 의미에서 [구원하기에는] '너무 늦었다!'는 끊임없는 비탄을 전 역사에 걸쳐서 처음에 한 번 발견하고 나서는 거의 항상 되풀이해서 발견하게 되면서 심리학자는 격심한 고통을 겪게 된다. 그 결과 그는 아마도 언젠가는 그런 발견을 할 수밖에 없는 자신의 운명에 분노하고 저항하게 되면서 자기를 파괴하려고 하고 스스로 '타락'의 길을 걷게 될지도 모른다. 우리는 거의 모든 심리학자에게서 평범하고 사회에 잘 순응하는 사람들과 사귀고 싶어 하면서 그러한 교제에서 기쁨을 느끼는 경향을 볼 수 있다. 그러한 경향은 자신의 타고난 운명에 대해서 등을 돌리는 것이다. 그러한 경향에서, 그가 항상 치료를 필요로 하며 자신이 지닌 통찰력과 재능과 자신의 '작업'이 자신의 양심에 지우는 모든 부담으로부터 도피하고 싶어 하며 그 모든 것을 잊고 싶어 한다는 사실이 드러난다. 자신의 기억을 두려워한다는 것이 그의 특성이다. 다른 사람들의 판단에 대해서 그는 아마도 침묵으로 대응할 것이다. 다른 사람들이 그가 이미 그 정체를 잘 알고 있는 사람을 존경하고 찬미하고 사랑하고 미화할 때 그는 굳은 얼굴로 듣기만 할 것이다. 그렇지 않으면 그는 피상적인 견해에 동의하는 척하면서 자신의 침묵을 숨길 것이다. 그가 처한 상황의 역설이 가장 끔찍할 정도에 이르는 것은 그가 최대의 경멸과 함께 최대의 동정을 느꼈던 바로 그 사람들에게 대중이나 교육받은 자들이나 열광자들이 최대의 존경을 바친다는 것이다. 이들은 자신이 존경을 바치는 '위대한 인물들'과 비범한 인물들을 조국과 대지와 인간의 존엄성과 자기 자신을 축복하고 존경할 수 있는 근거로 삼으면서 청년들이 그들을 본받도록 교육한다. 이제까지 모든 위대한 인물을 둘러싸고 항상 동일한 일이 행해졌다. 즉 대중은 하나의 신을 숭배했지만 그 '신'은 단지 한 마리 가련한 희생양에 불과했던 것이다![18] 성공이야말로 항상 인간을 가장 크게 기만하는 자였다. 그리고 '업적' 자체만이 성공인 것이다.[19] 위대한 정치가, 정복자, 발견자는 참모습을 알아볼 수 없을 정도로 그들이 창조한 것들에 의해 [그의 실상과는] 다르게 꾸며진다. '업적', 즉 예술가나 철학자의 업적이야말로 사람들로 하여금 그것을 창조했거나 창조

---

18) 사람들은 이른바 위대한 인간을 보면서 그러한 인간을 낳은 조국과 산하에 대해서 자부심을 느끼는 동시에, 자신이 그러한 위대한 인간과 동일한 인간이라는 점에서 인간의 존엄성과 자신에 대한 자부심을 느낀다는 말이다. 사람들은 위대한 인물을 신처럼 존경하지만, 사실 이 위대한 인물은 사람들이 살아갈 힘을 얻기 위해서 조작해낸 존재라는 점에서 희생양이다.

19) 사람들은 위대한 정치가의 업적이나 위대한 예술가나 철학자의 작품을 보면서 그 사람들도 위대한 존재일 것이라고 착각한다. 이 점에서 업적이나 작품은 사람들을 가장 크게 기만하는 자라는 것이다.

했다고 여겨지는 인물을 꾸며내게 하는 것이다. 존경받는 '위대한 인물'이란 나중에 만들어진 졸렬하고 조악한 허구에 불과하다. 역사적으로 가치 있는 것들의 세계에서는 위조가 지배한다. 예를 들어 바이런, 뮈세,[20] 포,[21] 레오파르디,[22] 클라이스트,[23] 고골리[24] 같은 위대한 시인들은 찰나적이고 열광적이며 호색(好色)했고 철이 없었으며, 의심하고 신뢰하는 데 있어서 경솔하고 충동적이었다. 그들은 지금도 그러하고 아마도 그럴 수밖에 없다. 그들의 영혼은 보통 감추어야 할 어떤 결함을 가지고 있으며, 때로는 작품을 통해서 내면의 상처에 보복하려고 하고, 때로는 드높이 비상함으로써 너무나 강한 기억에서 도피하려고 하며, 때로는 진흙탕에서 뒹

---

20) Louis-Charles-Alfred de Musset(1810-1857)는 프랑스의 낭만주의 시인. 1833년에 조르주 상드와 사랑에 빠졌지만 종내에는 사랑에 실패했으며, 그 체험을 바탕으로 걸작으로 인정받는 연작시 『밤』을 발표했다. 30세 이후 창작력이 쇠퇴하면서 고독과 슬픔 속에서 지냈다.

21) Edgar Allan Poe(1809-1849)는 미국의 시인이자 소설가. 도박에 빠져 대학을 중퇴했고 술로 인해 직장에서 해고되기도 했다.

22) Giacomo Leopardi(1798-1837)는 이탈리아의 시인이자 철학자. 지나친 공부로 한쪽 눈을 실명하고 뇌척수 이상으로 평생 고생했다.

23) Bernd Heinrich Wilhelm von Kleist(1777-1811)는 독일의 극작가이자 소설가. 일찍 부모를 여의고 고난에 찬 짧은 인생을 살았다. 궁핍에 시달리고 당시의 정치적 상황에 대해 절망하면서 불치병을 앓고 있던 유부녀와 함께 권총 자살을 했다.

24) Nikolay Gogol(1809-1852)은 러시아의 소설가이자 극작가로서 말년에 광신적인 사제의 영향을 받아 작품을 태워버리고 반미치광이가 되어 죽었다.

굴 뿐 아니라 그것을 즐기기까지 하며, 늘 언저리를 떠도는 도깨비 불처럼 되어 자신을 별로 **착각하게 만들며**—이 경우 사람들은 그들을 이상주의자라고 부른다—때로는 오랜 자기혐오와 반복해서 나타나는 자기 불신의 망령과 싸운다. 이러한 자기 불신의 망령은 그들로 하여금 추위를 느끼게 하고 영광을 갈구하게 만들며, 그들에게 도취되어 아첨하는 자들이 주는 '자신에 대한 신뢰'를 허겁지겁 받아먹게 만든다. 이러한 위대한 예술가와 보다 높은 인간들은 그들의 정체를 간파한 자에게 얼마나 큰 고문인가! 이러한 인간들이 매우 용이하게 여성에게서 극히 헌신적인 무한한 **동정**을 받으리라는 것은 충분히 이해할 수 있다. 여성은 고통에 대해서 투시력을 가지고 있지만 유감스럽게도 자신의 힘이 도저히 미치지 않는데도 도우려고 한다. 대중, 특히 이러한 위대한 예술가와 보다 높은 인간들을 숭배하는 대중은 [여성이 이들에 대해서 갖는] 그러한 동정을 이해하지 못하고 그것에 대해서 호기심에 차서 제멋대로의 해석을 내린다. 여성은 자신의 동정이 해낼 수 있는 힘에 대해서 착각하기 쉽다. 여성은 사랑의 힘이면 **안 되는 것이 없다**고 믿는다. 그것은 여성만이 갖는 특유의 믿음이다. 그러나 사람들의 마음을 꿰뚫어보는 자는 최고의 가장 깊은 사랑이라도 얼마나 빈약하고 어리석은지, 얼마나 무력하고 교만하며 잘못을 저지르는지 그리고 구원하는 것이 되기보다는 파괴하는 것이 되기가 얼마나 더 쉬운지를 잘 알고 있을 것이다! 예수의 생애에 관한 성스러운 우화와 허구의 이

면에는 **사랑의 본질에 대한** 인식에서 비롯된 가장 고통스러운 순교
의 사례 하나가 숨겨져 있다. 그러한 순교란 어떠한 인간의 사랑에
도 결코 만족한 적이 없었던 가장 순진하고 가장 사랑을 갈구했던
한 인간의 순교다. 그는 그에 대한 사랑을 거부한 사람들에게 무섭
게 분노하면서 가혹하면서도 광적으로 사람들에게 오직 사랑과 사
랑해줄 것을 **요구했다.** 이것은 어떠한 사랑에도 만족하지 못했고
충족감을 느끼지 못했던 가련한 한 인간에 대한 이야기다. 그는 그
를 사랑하려고 하지 **않았던** 사람들을 처넣을 지옥을 고안해내야만
했다. 그는 결국 인간의 사랑의 한계를 알게 되면서 사랑 그 자체
이고 완전한 사랑의 **능력을** 갖는 신을 고안해내야만 했다. 그러한
신은 인간의 사랑이 너무나 보잘것없고 너무나 우매하기 때문에
인간의 사랑을 가엾게 여기는 신이다. 그렇게 느끼고 그와 같이 사
랑에 대한 깨달음에 도달한 자라면 죽음을 희구하게 **된다.** 그러나 왜
그렇게 고통스런 일들에 매달리는가? 그럴 필요가 없다면 말이다.

270.

깊은 고뇌를 겪은 모든 인간은 정신적인 긍지와 역겨움을 갖는
다. 인간은 **얼마나** 깊이 고뇌할 수 있는가에 따라 등급이 정해진다.
깊은 고뇌를 겪은 인간은 자신이 겪은 고뇌 덕분에 가장 영리하고
현명한 인간들보다 더 **많은** 것을 알고 있으며, "다른 사람들이 전혀
알지 못하는" 멀고도 무서운 많은 세계에 대해서 잘 알고 있고 자

신은 한때 그것들에 '거주한' 적이 있었다는 전율할 만한 확신을 갖고 있다. 그는 그러한 확신에 철저하게 차 있다. 이렇게 무언(無言)의 정신적 자부심과 긍지를 갖고 고뇌하는 자 그리고 인식의 선민의식을 갖는 자, '정통한 자', 희생자라고 할 수 있는 자는 주제넘은 간섭이나 동정으로부터 그리고 자신만큼 고통을 겪지 않은 사람들로부터 자신을 보호하기 위해서 모든 종류의 변장이 필요하다는 사실을 깨닫게 된다. 깊은 고뇌는 인간을 고귀하게 만든다. 그것은 그것을 겪은 인간을 다른 인간들로부터 분리한다. 이러한 변장 형식들 중에서 가장 세련된 것들의 하나가 에피쿠로스주의다. 그것은 고통을 가볍게 받아들이면서 슬프고 심각한 모든 것에 저항하는 허세적이고 대담한 취미의 일종이다. 명랑하다고 오해받기 위해서 명랑함을 가장하는 '명랑한 인간들'이 있다. 그들은 오해받고 싶어 한다. 학문을 하는 것이 명랑한 사람으로 보이게 하기 때문에, 그리고 학문적인 인간이란 피상적인 인간이라는 것을 의미하기에 학문을 이용하는 '학문적인 인간들'이 있다. 그들은 사람들로 하여금 자신에 대해서 그릇된 추측을 하도록 유도하고 싶어 한다. 긍지를 지니고 있지만 치유 불가능할 정도로 상처를 입은 마음의 소유자라는 사실을 숨기고 부인하고 싶어 하는 자유롭고 대담한 정신들이 있다. 그리고 때로는 어리석음조차도 불행하면서도 너무나 확실한 인식을 가리는 가면이 된다. 이로부터 따라 나오는 것은 '가면'에 대해 외경심을 보이면서 잘못된 자리에서 심리학적인 분

석을 행하거나 호기심을 발동시키지 않는 것이 보다 섬세한 인간
의 특성이라는 사실이다.

271.

두 인간을 가장 깊이 분리시키는 것은 청결(淸潔)에 대한 상이한
감각과 그 정도의 차이다. 서로가 서로에 대해서 아무리 정중하고
도움이 된다 한들 그리고 서로에 대해서 아무리 호의를 갖는다 한
들 무슨 소용이 있겠는가. 결국 '서로의 냄새를 견딜 수 없다!'는 사
실에는 변함이 없는 것이다. 청결에 대한 최고의 본능은 그것의 소
유자를 성자처럼 가장 예외적이면서도 가장 위험한 고독 속으로
몰아넣는다. 왜냐하면 바로 이러한 고독이야말로 성스러운 것이
며, 청결에 대한 본능을 최고도로 정신화한 것이기 때문이다. 목
욕을 하면서 형언할 수 없는 충만한 행복감을 느끼고 영혼을 끊임
없이 밤에서 아침으로, 음울함과 비탄에서 밝고 찬란하며 깊고 세
련된 상태로 몰아가는 열정과 갈망을 갖는 것, 이러한 성향이야말
로 탁월한 인간을 **특징짓는** 고귀한 성향이며 그러한 성향의 소유자
를 다른 인간들로부터 **구분 짓는** 것이다. 성자의 동정은 인간적인
것, 너무나 인간적인 것의 **더러움**에 대한 동정이다. 그리고 그가 이
러한 동정까지도 불순하고 더러운 것으로 느끼는가 여부에 따라서
다시 등급과 높이의 차이가 생기게 된다.

272.

고귀함의 표시. 우리 자신을 위한 의무를 모든 사람을 위한 의무로 격하시키려 하지 않는 것, 자신의 책임을 다른 사람에게 떠넘기려 하거나 다른 사람과 분담하려고 하지 않는 것, 자신의 특권과 그것의 행사를 의무로 생각하는 것.

273.

위대한 존재가 되려고 노력하는 인간은 그러한 노력의 과정에서 만나는 모든 사람을 수단이나 장애물 내지 방해물 또는 일시적인 휴식처로 간주한다. 그러한 인간의 특성인 동료 인간에 대한 드높은 자애는 그가 자신이 도달하려고 했던 정상(頂上)에 존재하면서 지배적인 지위를 점하게 될 때에야 비로소 가능하다. 그때까지 그는 초조해 하고 자신이 항상 희극적인 존재가 될 수밖에 없다는 사실을 의식하게 된다. 이는 전쟁마저도 하나의 희극이며 모든 수단이 목적을 숨기듯이 목적을 숨기기 때문이다. 그렇게 초조해 하고 자신이 항상 희극적인 존재가 될 수밖에 없다는 사실을 의식하면서, 그는 남들과의 모든 교제를 망쳐버린다. 이러한 유형의 인간은 고독이 무엇인지를 잘 알고 있으며 고독이 얼마나 유독(有毒)한 것인지도 잘 알고 있다.

274.

기다리는 자의 문제. 어떤 문제를 해결할 수 있는 잠재력을 갖는 보다 높은 인간이 적절한 때에 [자신의 잠재력을 실현할 수 있는] 행동을 하려면, 다시 말해 그러한 잠재력이 '분출하려면', 행운과 아울러 미리 예측할 수 없는 많은 요인들이 필요하다고 사람들은 말하곤 한다. 그러나 그러한 행운과 미리 예측할 수 없는 많은 우연은 보통은 일어나지 않는다. 지상의 모든 구석에는 자신들이 얼마나 기다려야 하는지를 거의 알지 못하고 자신들이 헛되게 기다리고 있다는 사실은 더욱더 알지 못하면서 기다리는 자들이 앉아 있다. 어쩌다 그들을 부르는 소리가 들릴 때가 있지만, 다시 말해 행동을 '허락하는' 저 우연이 찾아올 때가 있지만 그것은 너무 늦게 찾아온다. 그때 그들은 조용히 앉아 있느라 행동을 위해서 필요한 젊음과 힘을 이미 다 소진해버린 것이다. 많은 사람이 [행동을 위해서] 벌떡 일어섰을 때는 사지가 마비되어 있고 정신이 이미 너무 무거워져 제대로 움직일 수 없다는 사실을 깨닫고 질겁하게 된다! 이때 그들은 '너무 늦었다'고 혼잣말을 하면서 자신을 믿지 못하게 되고 이윽고 영구히 쓸모없는 인간이 되어버린다. 천재의 영역에서 '손이 없는 라파엘'[25]이라는 말은 가장 넓은 의미로 이해될 때 예외가 아

---

25) 레싱의 *Emilia Galotti*, Act I, Scene 4에 나오는 다음 구절에서 빌려온 것이다.

니라 오히려 통례가 아닐까? 아마도 천재는 결코 그렇게 드문 존재는 아닐 것이다. 그러나 카이로스, '올바른' 때를 마음대로 지배하고 우연의 머리채를 휘어잡기 위해서 필요한 오백 개의 손은 드물다.

275.

다른 사람의 고귀한 점을 보지 **않으려는** 사람은 다른 사람의 천박하고 표면적인 점은 그만큼 더 예리하게 포착한다. 그리고 그것으로 자기 자신의 정체를 폭로한다.

276.

어떠한 종류의 상해와 손상을 입더라도 저급하고 조야한 영혼이 고귀한 영혼보다 더 유리하다. 후자가 겪는 위험이 더 클 수밖에 없으며, 더 나아가 그들의 생존조건은 더 복잡할 수밖에 없기 때문에 재난을 당하고 파멸할 가능성은 엄청나게 크다. 도마뱀의 경

"왕자님, 만일 라파엘이 불행하게도 손이 없는 인간으로 태어났더라면 그는 결코 미술의 위대한 천재가 되지 못했을 것이라고 생각하지 않으십니까?"

니체의 글에서 '손 없는 라파엘'이란 말은 예술적 재능은 정신적인 것이기에 실제적인 기회에 의존하는 것은 아니지만 작품을 통해서 재능을 현실화하는 것은 실제적인 기회에 의존한다는 사실을 시사한다.

우에 손가락이 잘려나가도 다시 자라지만 인간의 경우에는 그렇지 않다.

277.

이제 지겹다! 또 그 옛날이야기인가? 자신의 집을 다 지었을 때, 사람들은 그것을 짓기 시작하기 전에 꼭 **알아두었어야 했을** 것을 다 짓고 난 다음에야 알게 되었음을 문득 깨닫게 된다. 영원히 계속되는 '너무 늦었다!'는 탄식! **끝마친** 모든 것에 대해 느끼는 우울!

278.

방랑자여, 그대는 누구인가? 나는 그대가 아무런 비웃음도 사랑도 없이 헤아릴 수 없는 눈빛을 하고 그대의 길을 가는 것을 바라본다. 모든 심연에서 만족을 느끼지 못하고 다시 밝은 빛으로 되돌아온 측심연(測深鉛)[26]—그것은 심연에서 무엇을 구했을까?—처럼 축축이 젖은 채 슬픈 모습으로, 탄식하지 않는 가슴과 역겨움을 감춘 입술과 서서히 무엇인가를 붙잡으려고 하는 손으로 걸어가고 있는 것을. 그대는 누구인가? 그대는 무엇을 했는가? 여기서 쉬어라. 이곳은 모든 사람을 환대하는 곳이다. 기력을 회복하라! 그대가 누구든 상관없다. 지금 그대는 무엇을 원하는가? 회복을 위해

---

26) 바다의 깊이를 재는 데 쓰는 기구로 납덩이가 굵은 줄 끝에 매달려 있다.

서 그대에게 필요한 것은 무엇인가? 말만 하라. 내가 가지고 있는 것을 그대에게 주리라! "회복? 회복이라고요? 그대 호기심 많은 자여, 그대는 무슨 말을 하는 것이오? 주시려거든 부디 ···." 뭔데? 무엇을 바라는지 말해보라! "또 하나의 가면! 두 번째 가면을 주시 오!"[27]

279.

깊은 슬픔을 지닌 인간은 행복할 때 자신의 정체를 드러낸다. 그들은 질투 때문에 마치 행복을 짓눌러 죽이고 질식시켜서 죽이고 싶은 것처럼 행복을 붙잡는 경향이 있다. 아아, 그들은 행복이 그들에게서 달아나 버릴 것이라는 사실을 잘 알고 있다.

280.

"글렀다! 글렀다! 왜 저러지? 그가 뒤로 물러서고 있잖아?" 그건 그렇다! 그러나 그대들이 그렇게 탄식할 때 그대들은 그를 제대로 이해하지 못한 것이다. 그는 위대한 도약을 하려는 모든 사람과 마찬가지로 뒤로 물러서고 있는 것이다.

---

27) 고통과 고난에도 불구하고 자신의 길을 걷는 자는 다른 사람의 회복이나 위로를 바라지 않고 오히려 자신의 지쳐 있는 상태를 가릴 수 있는 가면을 바란다는 것. 이 책 30, 40, 289, 290절 참고.

281.

사람들이 내 말을 믿어줄까? 그러나 나는 사람들이 내 말을 믿어줄 것을 요구하고 싶다. 나는 항상 내가 어떤 존재인지에 대해서 거의 생각한 적이 없다. 생각을 했어도 극히 드문 경우에만 마지못해서 했을 뿐이고 항상 [나 자신을 인식한다는] 이 문제에 대해서 아무런 기쁨도 느끼지 못했다. 나는 항상 '나'로부터 벗어나고 싶어 했으며 항상 [나 자신을 인식하려는 시도의] 성과에 대한 아무런 믿음도 없었다. 자기 인식의 **가능성**에 대한 억제할 수 없는 불신 때문에 나는 이론가들이 인정하는 '직접적인 인식'이란 개념에서조차 형용모순을 느끼는 지경에까지 이르렀다.[28] 이러한 모든 사실이 내가 나에 대해서 알고 있는 가장 확실한 것이다. 내 안에는 나 자신에 대해서 어떤 확정적인 것을 **믿는** 것에 대한 혐오 같은 것이 있음에 틀림없다. 내 안에는 혹시 하나의 수수께끼가 숨어 있는 것 아닐까? 아마도 그럴 것이다. 그러나 다행히도 그것은 내가 풀어야 할 수수께끼는 아니다. 혹시 그것은 내가 속하는 종의 정체를 드러내는 것 아닐까? 그러나 그것은 나와는 상관없다. 그 점을 나는 다행으로 생각한다.

---

28) 이 책 16절을 참조할 것.

282.

"그런데 너에게 무슨 일이 일어났는가?" "나도 모르겠다. 아마도 내 식탁 위를 새의 마녀 하르피아들(Harpyien)이 날아다니는 것 같아"라고 그는 주저하며 말했다. 오늘날 때때로, 온화하고 절도가 있으며 앞에 나서기를 수줍어하는 사람이 갑자기 격노에 사로잡혀서 접시를 때려 부수고 식탁을 뒤집어엎고 소리를 지르고 미쳐 날뛰면서 모든 사람에게 모욕을 주는 일이 일어난다. 그러다가는 결국 수치심에 사로잡혀 자신에 대해서 분노하면서 자리를 뜬다. 어디로? 무엇을 하러? 혼자서 굶어죽으려고? 기억에 짓눌려 질식하려고? 고귀하고 까다로운 영혼의 욕망을 가지고 있기에 자신을 위한 식탁과 식사가 마련된 것을 본 적이 드문 사람이라면 언제나 그런 위험에 빠질 가능성이 클 것이다. 그러나 오늘날 그런 위험성은 훨씬 더 커졌다. 그가 한솥밥을 먹고 싶어 하지 않는 소란스런 천민의 시대에 내던져져, 그는 굶주림과 갈증 때문에 쓰러지기 쉬우며 마침내는 음식에 '손을 댄다'고 해도 갑작스러운 구토로 인해 몰락할 수 있다. 우리 모두는 아마도 우리에게 맞지 않는 식탁에 앉아왔는지도 모른다. 우리 가운데 가장 정신적인 자, 즉 가장 까다로운 입맛을 가진 자는 우리의 음식과 자신이 식사를 함께하는 사람들에 대한 갑작스런 통찰과 환멸로 인해 생기는 저 위험스러운 소화불량, 즉 **식후의 구토증세**를 잘 알고 있다.

283.

칭찬을 할 때 항상 단지 자신의 맘에 들지 않는 것만을 칭찬하는 사람이라면, 세련되면서도 고귀한 자기 통제의 능력을 지닌 사람이다. 자신의 마음에 드는 것만을 칭찬하는 경우에는 결국 자기 자신을 칭찬하는 것이 되며 이는 좋은 취미에 거슬리는 것이 된다. 물론 이러한 종류의 자기 통제는 끊임없이 **오해를 불러일으키는** 은근한 원인이 된다. 취미와 도덕에서의 이러한 진정한 사치를 누리려면 우둔한 정신을 지닌 인간들 가운데서 살아서는 안 되고, 오히려 오해와 실수까지도 그것들이 세련된 것이라면 기쁨을 느끼는 인간들 가운데서 살아야 한다. 그렇지 않으면 값비싼 대가를 치러야만 할 것이다! "그는 나를 칭찬한다. **따라서** 그는 나를 옳다고 생각한다." 이러한 어리석은 추론은 우리 은둔자의 삶의 절반을 망쳐 버린다. 왜냐하면 그러한 추론 때문에 우리는 멍청이들을 우리의 이웃과 친구로 삼게 될 것이니 말이다.

284.

광대하면서도 의연한 평정 속에서 살 것, 항상 초연하게 살 것. 자신의 감정과 찬성하거나 반대하는 생각을 자기 마음대로 갖거나 갖지 않고, 잠시 동안 그것들과 마음 편히 어울릴 것, 말을 타듯, 때로는 당나귀를 타듯 그것들 위에 **올라 탈** 것. 우리는 그것들의 불꽃과 마찬가지로 그것들의 어리석음도 이용할 줄 알아야 하는 것이다. 삼백 개의 표정을 짓고 검은 안경까지 쓸 것. 왜냐하면 어느 누구도 우리의 눈 속을, 더구나 '마음속'을 보아서는 안 되는 경우가 있기 때문이다. 예의라는 저 교활하고 명랑한 공손함을 동반자로 삼을 것. 용기와 통찰과 공감과 고독이라는 네 가지 덕의 주인으로 항상 존재하는 것, 왜냐하면 고독은 인간과 인간 사이의—사회에서의—모든 접촉에는 불가피하게 더러움이 개재될 수밖에 없다는 사실을 헤아리고 있는 성향이자 충동, 즉 청결함을 향한 숭고한 성향이자 충동으로서의 덕이기 때문이다. 모든 공동체는 어떤 식으로든, 어떤 곳에서든, 어떤 때든 사람들을 '천박하게' 만든다.

285.

가장 위대한 사건과 사상—그러나 가장 위대한 사상이야말로 가장 위대한 사건이다—은 가장 뒤늦게 이해된다. 그러한 사건이 일어나는 시대에 사는 사람들은 그러한 사건들을 **체험하지** 못한다. 그들은 그러한 사건들을 스쳐 지나갈 뿐이다. 가장 위대한 사건들과 관련해서는 별들의 세계에서 일어나는 것과 같은 일이 일어난다. 가장 멀리 떨어져 있는 별들에서 나오는 빛이 인간에게 가장 늦게 도착한다. 그것이 도착하기 전까지 인간은 그 별들이 그곳에 존재한다는 사실을 **부정한다.** "하나의 정신이 이해되기 위해서는 얼마나 많은 세기가 필요한가?" 이것 역시 하나의 척도가 된다. 그 것을 척도로 하여 우리는 정신과 별에 필요한 등급과 각 등급에 합당한 예우(禮遇)를 정한다.

286.

"여기에서는 전망이 활짝 열려 있고 정신은 고양된다."[29] 그러나 높은 곳에 올라가 있고 활짝 트인 전망을 앞에 두고서도 아래만 보는 정반대되는 유형의 인간도 있다.

287.

고귀함이란 무엇인가? '고귀함'이란 용어는 오늘날 우리에게 무엇을 의미하는가? 이제 막 시작되고 있는 천민 지배라는 이 무겁게 드리워진 하늘 아래에서, 다시 말해 모든 것을 불투명하게 만들고 납빛이 되게 하는 하늘 아래에서 고귀한 인간은 무엇에 의해서 드러나고 인식될 수 있는가? 어떤 인간이 고귀한 인간임을 증명하는 것은 행위가 아니다. 행위는 항상 여러 가지로 해석될 수 있는 것이며 측량하기 어려운 것이다. 그렇다고 해서 '작품'이 어떤 인간이 고귀한 인간임을 증명하는 것은 아니다. 오늘날 예술가들과 학자들이 자신의 작품을 통해서 자신이 얼마나 고귀한 것에 대한 갈망에 의해서 내몰리고 있는지를 드러내는 예는 적지 않다. 그러나 고귀한 것에 대한 이러한 욕구는 고귀한 영혼 자체의 욕구와는 근

---

29) Goethe, *Faust II*, 11989–11990행.

본적으로 다르며, 오히려 고귀한 영혼의 결여를 보여주는 웅변적
이고 위험스런 징표이다. 고귀한 인간임을 결정해주고 등급을 확
정해주는 것은 작품이 아니라—해묵은 종교 용어를 새롭고 보다
깊은 의미로 다시 받아들인다면—신앙이다. 즉 고귀한 영혼이 자
기 자신에 대해서 갖는 어떤 근본적인 확신이며, 구할 수도 없고
발견할 수도 없으며 아마 잃어버릴 수도 없는 어떤 것이다. **고귀한
영혼은 자신에 대해 외경심을 갖고 있다.**[30]

288.

필연적으로 정신을 지닐 수밖에 없는 인간이 있다. 그들은 등을
돌리고 자신의 정체를 폭로하는 눈을 손으로 가려보지만(마치 손은

---

30) 아리스토텔레스는 『니코마쿠스 윤리학』에서 이렇게 말하고 있다.

"'긍지에 찬 인간'은 자신이 고귀하고 탁월한 가치를 갖는 인간이라고 생각하는
사람이며 사실 그렇게 고귀한 가치를 갖는 인간이다. 이에 대해서 고귀한 가
치도 없으면서 자신이 그러한 가치를 갖는다고 생각하는 사람은 교만한 사람
이며, 자신이 실제로 갖는 가치보다 자신이 더 작은 가치를 갖는다고 생각하는
사람은 비굴한 사람이다."(1123b)

"훌륭한 인간은 스스로를 사랑해야만 한다. 그럴 경우 그는 고상하게 행동하게
될 것이고, 따라서 자기 자신과 아울러 자신의 동료들에게 이로운 존재가 될
것이다. 그러나 악한 인간은 자기를 사랑해서는 안 된다. 왜냐하면 그렇게 될
경우 그는 자신의 천한 열정을 따르게 될 것이고, 따라서 자기 자신과 이웃에
해를 끼치는 존재가 될 테니까."(1169a)

자신의 정체를 드러내지 않는 것인 것처럼!) 결국은 항상 그들이 무엇인가를 감추고 있음이, 즉 정신을 감추고 있음이 드러난다. 최소한 가능한 한 오랫동안 사람들을 속이고 자신을 실제보다 더 어리석게 보이게 할 수 있는—이것은 일상적인 삶에서 우산만큼 필요한 것이다—가장 교묘한 방법 중 하나는 **열광**이다. 열광에 속하는 것을 덧붙여 말하자면 덕을 예로 들 수 있다. 왜냐하면 이러한 사실을 알고 있었음에 분명한 갈리아니[31]가 말한 것처럼 덕은 열광이기 때문이다.

289.

우리는 은둔자의 글에서 항상 황야의 메아리와 고독이 속삭이는 소리와 같은 것을 듣게 되며, 경계하면서 주위를 살펴보는 고독한 몸짓 같은 것을 보게 된다. 그의 가장 힘찬 말에서, 심지어 그의 외침에서까지도 보다 위험한 새로운 종류의 침묵, 비밀스런 침묵이 울려온다. 밤낮으로 끊임없이 자신의 영혼과 홀로 은밀히 다투고 대화하면서 함께 앉아 있던 자, 자신의 동굴—그것은 미궁(迷宮)일 수 있지만 또한 금(金)구덩이일 수도 있다—속에서 동굴의 곰이 되거나 보물을 캐내는 자가 되거나 혹은 보물을 지키는 자이자 용이 되어버린 자의 개념들 자체가 결국은 특유의 어스름 빛을 띠고 심

---

31) Galiani, *Lettres Madame d'Epinay*, 2, 276쪽.

연의 냄새와 함께 곰팡이 냄새를 풍기며 그 곁을 지나가는 모든 사람에게 찬 기운을 내뿜는, 무어라 표현할 수 없고 불쾌한 어떤 것을 포함하고 있다. 이러한 은둔자는 일찍이 어떠한 철학자도—모든 철학자가 언제나 처음에는 은둔자였다고 가정할 경우—자신의 고유하고 최종적인 생각을 책에서 표현하지 않았다고 믿는다. 책을 쓰는 것은 자신이 마음속에 품고 있는 생각을 감추기 위해서가 아닌가? 아니, 그는 철학자가 도대체 '최종적이고 고유한' 생각을 가질 수 있는지, 철학자에게는 모든 동굴 뒤에 보다 깊은 동굴이 있고, 표면적인 세계를 넘어서 보다 광대하고 낯설고 풍요로운 세계가 있으며, 모든 근거의 배후와 '근거를 마련하려는 모든 노력'의 근저에 심연이 있고 더 나아가 마땅히 있어야만 하는 것은 아닌가라고 의심할 것이다. 모든 철학은 표면의 철학이라는 것이 은둔자의 판단이다. "그가 여기에 멈춰 서서 뒤를 바라보고 주위를 살펴보고, 여기에서 더 이상 깊이 파고 들어가지 않고 삽을 내던져 버리는 것에는 어딘지 고의적인 냄새가 풍긴다. 그것에는 의심스러운 점이 있다." 모든 철학은 다른 철학을 숨기고 있으며 모든 의견은 은신처고 모든 말은 가면이다.

290.

심오한 사상가라면 누구나 오해되기보다는 이해되는 것을 더 두려워한다. 오해받는 것으로 인해 그가 괴로워할 경우 이는 아마도 그의 허영심 때문일 것이다. 그러나 이해받는 것으로 인해 그가 괴로워할 경우 이는 그의 동정심 때문이다. 그의 동정심은 항상 이렇게 말한다. "아아, 그대들은 왜 나처럼 어렵게 살려고 하는가?"

291.

다양한 모습을 취하면서 기만적이고 기교적이고 불투명한 동물이자, 힘 때문이라기보다는 간교함과 영리함 때문에 다른 동물들에게 두려운 동물인 인간은 자신의 영혼을 단순한 것으로 즐기기 위해서 양심의 만족이라는 것을 고안해내었다. 모든 도덕은 오랜 기간에 걸친 대담한 기만이며 이러한 기만 덕분에 인간은 자신의 영혼을 보면서 그것을 즐길 수 있게 되었다. 이러한 관점에서 볼 때 사람들이 보통 생각하는 것보다 더 많은 것이 '예술'의 범주 속에 속한다고 할 수 있다.

292.

철학자란 끊임없이 특이한 일들을 체험하고 보고 듣고 의심하고 희망하고 꿈꾸는 인간이다. 그는 자신의 고유한 사상이 외부로부터나 위나 아래로부터 도래한 것처럼 그것에 의해 충격을 받는다. 그의 고유한 사상은 그에게만 일어나는 사건이자 번갯불과 같은 것이다. 그는 아마도 새로운 번개를 잉태하고 있는 폭풍우다. 그는 그 주위에서 항상 천둥소리와 으르렁거리는 소리가 울리고, 여기저기 터지고 갈라지며, 섬뜩한 일들이 일어나는 불길한 존재다. 철학자, 아아, 종종 자신으로부터 달아나고 자신에 대해서 두려움을 갖지만 너무나 호기심이 강해서 항상 다시 자신에게 되돌아오는 존재.

293.

"이것은 내 마음에 든다. 나는 그것을 내 것으로 만들고 그것을 보호하고 다른 사람들로부터 지킬 것이다"라고 말하는 사람, 일을 주도하고 결단한 것을 관철하고 하나의 사상에 충실하고 여성을 휘어잡고 주제넘은 자를 벌하고 제압할 수 있는 사람. 자신의 분노와 검을 지니고 있으며 약한 자, 고통으로 괴로워하는 자, 억압받는 자, 그리고 동물조차도 기꺼이 따르고 싶어 하는 자, 요컨대 천성적으로 **지배자**인 사람, 그런 사람이 동정을 한다면 그러한 동정이야말로 가치가 있는 것이다! 그러나 고통으로 괴로워하는 자의 동정은 아무런 쓸모가 없다! 또는 심지어 동정을 설교하기까지 하는 자들의 동정이란 더욱더 쓸모가 없다! 오늘날 거의 유럽 전역에서 우리는 고통에 대한 병적인 민감성과 예민함을, 역겨울 정도로 무절제한 비탄을, 종교와 철학적인 허튼소리로 자신을 보다 고상한 것으로 꾸미고 싶어 하는 나약함을 볼 수 있다. 오늘날 유럽에서는 고통으로 괴로워하는 것에 대한 공식적인 경배가 행해지고 있는 것이다. 내 생각에 그러한 광신자들의 집단들 속에서 가장 먼저 눈에 뜨이는 것은 '동정'이라고 불리는 것의 **유약함**이다. 우리는 가장 새로운 종류의 이 악취미를 강력하면서도 철저하게 금해야만 한다. 마지막으로 내가 원하는 것은 사람들이 그러한 악취미에 반해서 gai saber—독일인들이 알아들을 수 있도록 표현한다면 'fröhliche Wissenschaft[즐거운 지식]'—라는 훌륭한 부적을 가슴과 목에 거는 것이다.

294.

올림포스적인 악덕. 진정한 영국인답게 홉스는 "웃음은 인간 본성의 고약한 결점이니 사색하는 인간이라면 누구나 극복하려고 노력해야 할 것이다"[32]라고 말하면서 사색하는 모든 인간으로 하여

---

32) 홉스는 *Human Nature*(1640) IX장. 13에서 웃음에 대해 이렇게 말하고 있다.

"사람들, 특히 자신이 매사를 잘 처리함으로써 박수갈채를 받아보았으면 하고 갈망하는 사람들은 종종 스스로가 기대했던 것 이상의 일을 해냈을 때 웃음을 짓는다. 또한 그들은 자기 자신의 익살에 웃음을 터뜨린다. 이런 경우에는 자신이 어떤 능력을 가졌다는 순간적인 생각에서 웃음이라는 열정이 터져 나와 웃음을 짓는 것임이 분명하다. 사람들은 타인의 약점을 보면서도 웃는데 그들은 타인과의 비교를 통해 자신의 능력을 확인한다. 사람들은 또한 익살 때문에 웃는데 그것은 항시 세련된 방식으로 제3자의 어리석음을 드러내고 밝혀주는 일종의 재치인 것이다. 이 경우에도 역시 우리 자신이 우월하고 뛰어나다는 생각이 스쳐감으로써 웃음의 열정이 터져 나온다. … 누군가가 우리 자신을 희롱의 대상으로 삼을 때 우리는 결코 웃지 않으며 우리와 아주 친한 친구의 경우에도 마찬가지인데 그것은 그의 불명예가 곧 우리 자신의 불명예도 되기 때

문이다. 그러므로 다음과 같은 결론을 내릴 수 있다. 즉 웃음의 열정이란 타인의 결점이나 과거에 우리 자신이 지녔던 결점 등을 현재의 우리와 비교함으로써 우리 자신이 우월하다는 순간적인 생각을 갖게 되는 데서 비롯되는 순간적인 자부심에 다름 아니다. 왜냐하면 인간은 자신이 과거에 지녔던 어리석음으로 인해 웃을 수도 있기 때문이다. … 그러나 타인의 결점을 자신의 승리감을 만끽하기 위한 도구로 생각한다는 것은 헛된 허영심이며 아무짝에도 쓸모없는 사고방식이다."

또한 홉스는 『리바이어던 Leviathan』(1651), 1부, 6장, 27쪽에서 이렇게 말하고 있다.

"그들이 지닌 가장 일반적인 특징은 자신이 거의 아무런 능력도 가지고 있지 못함을 자각하고 있다는 점이다. 그들은 자신감을 갖기 위해서 부득불 타인의 결점을 찾으려 들 수밖에 없다. 따라서 타인의 결점을 보고 웃음을 터뜨리는 것은 그들의 무기력함의 증거가 된다. 따라서 위대한 인간에 합당한 행동은 타인을 경멸받는 상태로부터 벗어나게 해주는 것이며, 위대한 인간은 가장 능력 있는 자와 자신을 비교하는 경우를 제외하고는 남과 자신을 비교하려 들지 않는 것이다."

그리고 홉스는 「The Answer of Mr. Hobbes to Sir William Davenant's Preface before Gonfibert」(Paris, Jan. 10, 1650; reprinted in *The English Works of Thomas Hobbes*, vol. IV, 1840)에서 이렇게 말하고 있다.

"원대한 구상에 몰두하기 마련인 위대한 인간은 한가하게 웃고 있을 만한 여유가 없다. 또한 그는 자기 자신의 능력과 미덕을 관조하는 것만으로 만족한다. 따라서 그들은 모든 인간이 웃을 때 흔히 그러하듯 자기 자신에 만족하기 위해 자신과 비교할 타인의 결점과 약점을 찾을 필요가 없다."

니체는 웃음과 관련하여 『차라투스트라는 이렇게 말했다』에서 이렇게 말하고

금 웃음을 좋지 않게 받아들이게 하려고 했다. 그에 반하여 나는 철학자들의 등급―황금의 웃음을 웃을 수 있는 최상층의 철학자들에 이르기까지의―을 그들의 웃음의 등급에 따라서 매길 수 있다고 생각한다. 여러 추론에 의해서 나는 신들도 철학을 한다고 믿고 있는데, 만일 그것이 사실이라면 그들 역시 모든 엄숙한 것을 희생해서라도 초인적이고 새로운 방식으로 웃을 줄 안다는 사실은 확실하다. 신들은 조소하는 것을 즐긴다. 그들은 성스러운 행위를 할

있다.

> "그는 아직 웃음과 아름다움을 배우지 못했다. 이 침울한 사냥꾼은 인식의 숲에서 돌아왔다. … 그러나 나는 이렇게 팽팽히 긴장된 영혼을 좋아하지 않는다. … 그의 지식은 아직 미소하는 법을 배우지 못했다. … 우아함은 위대한 영혼의 소유자가 지닌 너그러움의 일부를 이룬다."(『거룩한 자들에 관하여』)

> "이제까지 지상에 있었던 최대의 죄는 무엇이었을까? 그것은 '여기서 웃는 자에게 화 있을진저'라고 말했던 그 사람의 말이 아니었을까? … 그는 충분히 사랑하지 않았다. 만일 그렇지 않았다면 그는 웃는 우리까지도 사랑했을 것이다. 그러나 그는 우리를 증오했고 비웃었다. 그는 우리가 울부짖으며 이를 갈리라고 단언했다. … 나는 웃음을 성스러운 것이라고 선언한다. 그대 고귀한 자들이여 웃는 법을 배우라!"(『보다 높은 인간에 관하여』 16절)

> 이상 홉스와 니체로부터의 인용은 『선악을 넘어서』(김훈 옮김, 청하), 236쪽 이하 각주에서 재인용한 것이다(번역을 약간 수정했다). 김훈의 번역은 발터 카우프만(Walter Kaufmann)의 영역본에 의거한 것이며 이 각주는 카우프만에 의한 것이다.

때조차도 웃음을 그칠 수 없는 것 같다.

295.

저 위대한 은둔자가 갖고 있는 심정의 수호신, 유혹하는 신, 인간의 양심을 사로잡는 타고난 유혹자, 그의 소리는 모든 영혼의 지하세계에까지 내려가는 법을 알고 있으며, 그가 던지는 말 한마디, 눈길 하나에도 유혹하려는 마음과 저의가 숨겨져 있다. 그는 자신을 나타내는 데 절묘한 신기(神技)를 가지고 있지만 자신을 있는 그대로 나타내는 것이 아니라 자신을 따르는 사람들에게 오히려 하나의 강제로서, 즉 그에게 더욱더 가깝게 다가오도록 몰아대고 그를 더욱더 기꺼이 그리고 철저하게 따르게 하는 강제로서 나타난다. 이 심정의 수호신은 소란스럽고 자만하는 자들을 모두 침묵시키면서 경청하게 만들고 거친 영혼을 순화시키고 그러한 영혼으로 하여금 새로운 갈망—거울처럼 조용히 누워서 깊은 하늘을 자신 위에 비추고 싶어 하는 갈망—을 맛보게 한다. 심정의 수호신은 우둔하고 성급한 손을 자제하게 하면서 보다 우아하게 붙잡는 법을 가르친다. 그는 흐리고 두꺼운 얼음 밑에서 감추어지고 망각된 보물, 즉 선의와 달콤한 정신성의 물방울을 찾아내면서 오랜 동안 진흙과 모래 더미의 감옥 속에 파묻혀 있었던 황금의 모든 낱알을 찾아내는 수맥 지팡이다.[33] 이 심정의 수호신과 접한 모든 사람은 보다 풍요롭게 되어 떠나게 되지만, 이는 은총을 받거나 놀라운 충격

을 받아서가 아니며 미지의 재물로 인해 행복해지거나 압도당해서
도 아니다. 그보다는 오히려 스스로 풍요로워지고, 자신에 대해서
전보다 더 새로워지고, 깨어져 열리고, 얼음을 녹이는 따뜻한 바
람에 의해 부풀려지고 숨겨진 것이 드러나게 되며, 아마도 보다 더
불안정해지고 부드러워지고 깨지기 쉽고 부서진 것이 되지만, 그
러나 아직 이름도 갖지 못한 희망으로 가득 차게 되며 새로운 의지
와 조류로 가득 차고 새로운 불만과 역류로 가득 차게 된다. 그런
데 내가 무엇을 하고 있는가, 나의 친구들이여. 나는 누구에 대해
서 그대들에게 말하고 있는가? 나는 그대들에게 한 번도 그의 이
름을 말하지 않았다는 사실까지 잊어버렸는가? 그러나 그대들은
이런 식으로 찬양받고 싶어 하는 이 불가사의한 정신과 신이 누군
지를 이미 짐작했을 것이다. 어렸을 때부터 항상 어디에도 정주하
지 않고 도상(途上)에 있었고 낯선 고장에 살았던 사람이면 누구나
경험하는 것처럼 나 역시 기묘하고 상당히 위험한 수많은 정신들
과 부딪혀왔다. 무엇보다도 내가 방금 이야기했던 그 정신과는 항
상 거듭해서 부딪혀왔다. 이 정신은 다름 아닌 **디오니소스** 신이다.
그대들도 알다시피 일찍이 내가 극히 은밀한 경외심과 함께 나의
처녀작[34]을 바쳤던 저 위대한 수수께끼의 신, 유혹자인 신이 바로

---

33) 여기서 수맥 지팡이로 번역한 Wünschelruthe는 수맥을 찾는 데 사용되는 두
   갈래로 나누어진 나뭇가지인데, 수맥이나 광맥이 아래에 있으면 흔들린다.

그다. 내 생각에 나는 그에게 **희생**을 바친 최후의 인간인 것 같다. 왜냐하면 내가 그 당시에 했던 일을 그 어느 누구도 이해하지 못했기 때문이다. 이미 앞에서 말한 것처럼 그동안 나는 입에서 입으로 전해진 이 신의 철학에 대해서 많은 것을, 너무나 많은 것을 배웠다. 디오니소스 신의 최후의 제자이자 전수자인 나는 마침내 그대들, 나의 친구들에게―나에게 허락되어 있는 한―이 철학을 조금이라도 맛보게 하는 일을 시작해도 좋을 것이다. 당연한 일이지만 이 일은 반쯤 낮은 목소리로 하는 것이 좋을 것이다. 왜냐하면 이 경우 문제가 되고 있는 것은 은밀하고 새롭고 낯설고 기이하고 섬뜩한 것이기 때문이다. 디오니소스가 철학자이며, 따라서 신들조차 철학한다는 것만 해도 이미 나에게는 적잖이 위험한 이야기로 들리며, 아마도 무엇보다 철학자들 사이에서는 불신을 일으킬 수 있는 새로운 이야기로 들린다. 나의 친구인 그대들이라면 이 이야기가 너무 늦지 않게 제때에 전해지기만 한다면 이것에 반감을 갖지는 않으리라. 왜냐하면 사람들이 나에게 폭로한 것처럼 그대들은 오늘날 신과 신들을 마지못해 믿고 있기 때문이다. 아마도 나는

---

34) 『비극의 탄생』을 가리킨다. 『비극의 탄생』에서 디오니소스는 열광적인 도취를 상징하면서 균형과 절도를 상징하는 아폴론과 대립되는 것으로 파악되고 있다. 그러나 후기 니체에서 디오니소스는 아폴론과 대립되는 것이 아니라 현세에서의 삶을 긍정하면서 아폴론적인 형상을 통해서 자신을 표현하는 힘에의 의지를 가리키는 것으로 파악되고 있다.

타성에 젖어 있는 그대들의 완고한 귀에 항상 유쾌하게 들리는 것을 말하는 것에 그치기보다는 좀 더 자유롭게 내 이야기를 밀고 나아가야 할 것 같다. 앞에서 언급된 신은 확실히 이런 대화를 할 때 더 멀리 나아가 있었고 훨씬 더 멀리 나아가 있었으며 항상 나보다 몇 발자국 앞서 있었다. 만일 인간의 풍습에 따라서 그에게 아름답고 화려한 장식적인 명칭이나 갖가지 미덕을 갖춘 자라는 수식과 명칭을 붙이는 것이 허용된다면, 나는 탐구자나 발견자로서 그가 갖는 용기와 그의 대담한 성실성과 진실성 그리고 지혜에 대한 사랑에 무수한 찬미를 바쳤을 것이다. 그러나 이 신에게는 그러한 모든 장엄한 허섭스레기와 장식은 아무런 쓸모도 없다. 그는 이렇게 말할 것이다. "그런 것은 너와 너의 동료들 그리고 그것을 필요로 하는 그 밖의 사람들에게나 써라! 나는 내 적나라한 모습을 감출 아무런 이유도 없으니까!" 사람들은 이런 종류의 신과 철학자들에게는 아마도 수치심이 결여되어 있을 것이라고 추측한다. 따라서 그 신은 면전에 있었던 아리아드네를 암시하면서 일찍이 이렇게 말한 적이 있다. "경우에 따라 나는 인간을 사랑한다. 나에게 인간은 지상에서 그와 비할 바가 없는 유쾌하고 용감하고 창의적인 동물이다. 이 동물은 어떠한 미궁 속에서도 자신이 나아가야 할 올바른 길을 찾아낸다. 나는 그에게 호감을 갖고 있다. 나는 종종 어떻게 하면 인간을 더 앞으로 나아가게 만들고 그를 보다 강하고 보다 악하며 보다 깊이 있게 만들 것인지를 숙고한다." "보다 강하고 보다 악하며 보다 깊이 있게라고?" 나는 질겁하면서 물어보았다. 그는 다시 한 번 말했다. "그렇다. 보다 강하고 보다 악하며 보다 깊이 있게 그리고 또한 보다 아름답게." 그렇게 말하고는 유혹자인 신은 마치 그가 매혹적인 찬사라도 말한 것처럼 온화한 미소를 지었다. 여기에서 우리가 동시에 알 수 있는 것은, 이 신에게는 수치심만이 결여되어 있는 것이 아니라, 신들도 모두 몇 가지 점에서는 우리 인간들에게서 배울 수도 있다고 추측할 수 있는 충분한 근거들이 있다는 것이다. 우리 인간들은 보다 인간적인 것이다.

296.

아, 그대들, 내가 기록하고 그린 사상들이여, 그대들은 무엇인가! 그대들이 그렇게 다채롭고 싱싱하고 악의적이고 가시가 잔뜩 돋아 있고 은밀한 향취를 뿜어내어 나로 하여금 재채기를 하게 하고 웃음을 터뜨리게 만들었던 것은 그리 오래된 일은 아니다. 그런데 지금은? 그들은 이미 참신함을 잃어버렸고 그대들 가운데 몇몇은 두렵게도 진리가 되려고 하고 있다. 그대들은 이미 불멸의 것으로 보이고 감동스러울 정도로 성실한 것으로 보이고 지루한 것으로 보인다! 이전에는 사정이 달랐을까? 중국 붓을 사용하는 관리처럼 기록될 수 있는 사물들을 영원한 것으로 만드는 우리들, 이런 우리들이 모사할 수 있는 것은 무엇인가? 아아, 항상 막 시들어가려 하고 향기를 잃어버리기 시작하는 것뿐이다! 아, 언제나 힘을 다 써버려서 소멸되어가는 폭풍우와 누렇게 퇴색한 감정들뿐이다! 아, 항상 날다가 지쳐서 길을 잘못 든 새, 그리하여 이제는 **우리** 손으로 붙잡을 수 있게 된 새들뿐이다! 우리는 살날이 얼마 남지 않았고 피로에 쩌들고 녹초가 되어버린 사물들만을 영원한 것으로 만든다! 내가 기록하고 그린 그대 사상들이여, 내가 많은 색깔과 다양한 터치와 50가지의 황색, 갈색, 녹색, 적색으로 그려낸 것은 그대들의 오후에 지나지 않는다. 그러나 내가 그려낸 것들로부터 어느 누구도 그대들이 아침에 어떤 모습을 했는지를 알아낼 수는 없다. 나의 고독에서 갑작스럽게 나타난 불꽃과 기적이여, 나의 오래고도 사랑스런 **나쁜** 사상들이여!

높은 산에서
— 후곡(後曲)

오, 생의 정오여! 축제의 시간이여!
오, 여름의 정원이여!
초조해 하면서도 행복하고 기대에 찬 마음으로 서서 살피면서
밤낮으로 나는 친구들을 기다린다.
친구들이여, 그대들은 어디에 있는가? 오라! 때가 되었다!

오늘 잿빛의 빙하가 장미로 치장한 것은
그대들을 위한 것이 아니었던가?
시냇물은 그대들을 찾고,
바람도 구름도 오늘은 그리워하며 몰려들다가
아득하게 높은 곳에서 그대들을 찾기 위해서
더 높이 창공으로 치솟아 오른다.

가장 높은 곳에 그대들을 위한 식탁이 마련되었다.

그 누가 별들 가까이에 살고 있는가?

그 누가 무섭고 아득한 심연 가까이에 살고 있는가?

나의 왕국보다 더 멀리 뻗어나간 왕국이 어디 있겠는가?

그리고 나의 꿀을 그 누가 맛보았겠는가?

와주었구나, 친구들이여!

아아, 그런데 그대들이 찾았던 사람은 내가 아닌가?

그대들은 머뭇거리며 놀라워하는구나. 아아 그대들이 차라리 분노하는 것이 낫겠다!

내가 그렇게 변했는가? 손도, 걸음걸이도, 얼굴도 변했는가?

친구들이여 그대들이 보기에는 지금의 나는 내가 아니란 말인가?

나는 다른 사람이 되었는가? 나 자신에게도 낯설게 되었는가?

나 자신이 싸움꾼이 되어버렸는가?

너무나 자주 자신을 억압하고 자신의 힘에 거역하려 애쓰고

자신의 승리에 상처받고 저지당한 싸움꾼이?

내가 찾던 곳은 칼날 같은 바람이 부는 곳이었던가?

나는 인간도 신도 저주도 기도도 잊은 채,

아무도 살지 않고 북극곰만 사는 극지에서

사는 법을 배웠다.

나는 빙하 위를 방황하는 유령이 되었는가?

나의 오랜 친구들이여! 보라! 이제 그대들은

사랑과 공포로 가득 차 창백하게 바라보는구나!

아니다, 떠나라! 분노하지 말고! 여기는 그대들이 살 수 없는 곳
이다.

얼음과 바위로 뒤덮인 아득히 먼 나라의 이곳.

이곳에 살려면 사냥꾼이 되어야 하고 영양(羚羊)처럼 되어야 한
다.

나는 사악한 사냥꾼이 되었다!

보라, 내 활이 얼마나 팽팽하게 당겨졌는지!

가장 강한 자만이 이렇게 팽팽하게 당길 수 있다.

아, 슬프다! 어떠한 화살도 내 화살만큼 위험하지 않다.

여기서 떠나라! 그대들의 안전을 위해!

그대들은 발길을 돌리는가? 오 마음이여, 잘도 견디어냈구나.

그대의 희망은 아직 강하게 남아 있다.

새로운 친구들에게 그대의 문을 활짝 열어두어라!
옛 친구들은 떠나게 하라! 기억도 씻어버려라!
그대는 한때 젊었지만 지금은 훨씬 더 젊다!

지난날 우리를 묶어주었던 희망의 끈.
한때 사랑이 거기에 적어놓은 글씨, 퇴색해버린 글씨를
누가 읽을까?
그것은 손대기도 **역겨울 만큼** 퇴색하고 그을린
양피지 같다.

그들[옛 친구들]은 이제 더 이상 친구가 아니다. 그들을 무어라고
부를까?
단지 친구의 유령일 뿐!
이것이 밤마다 내 마음의 창문을 두드리고
나를 보며 말한다. "우리는 친구였지?"
오, 한때는 장미처럼 향기를 풍겼던 시들어버린 말이여!

오, 청춘의 그리움으로 인해 나는 착각했다 !
내가 그리워했던 사람들,
형제처럼 되었다고 생각했던 사람들은,
나이가 들면서 내게서 떠나갔다.

오직 변하는 자만이 나의 형제로 머문다.

오, 생의 정오! 제2의 청춘이여!
오, 여름의 정원이여!
초조해 하면서도 행복하고 기대에 찬 마음으로 서서 살피면서
밤낮으로 나는 친구들을 기다린다.
새로운 친구들이여! 오라! 때가 왔다! 때가 온 것이다!

이제 노래는 끝났다. 그리움의 감미로운 외침도
입속에서 사라졌다.
마법의 장난으로 제때에 친구가 왔다.
그는 정오의 친구다. 아니다! 그가 누구인지를 묻지 말라.
정오에 하나는 둘이 되었다.

이제 우리는 우리의 승리를 확신하며
축제 중의 축제를 벌인다.
차라투스트라의 친구가 왔다. 손님 중의 손님이!
이제 세계는 웃고 끔찍한 커튼은 찢기고,
빛과 어둠을 위한 결혼식이 시작되었다.

옮긴이 해제

I. 『선악의 저편』은 어떤 책인가?

『선악의 저편』은 1886년에 출간되었다. 이 책에는 '미래 철학의 서곡'이라는 부제가 붙어 있다. 제목과 부제가 시사하듯이 니체는 이 책에서 선악 이분법에 사로잡혀 있는 전통적인 철학을 넘어서 새로운 미래 철학을 개척하고 있다.

니체는 서양의 예술과 철학 그리고 종교 등 서양인들의 사고와 행동을 규정하고 있는 문화는 형이상학적·인간학적·윤리학적 이원론에 근거하고 있다고 본다. 형이상학적 이원론은 세계를 영원불변의 초감성적인 실재 세계와 끊임없이 생성 소멸하는 감성적인 현상 세계를 구별하거나, 초감성적인 근원적인 일자와 감성적인 다양한 개체들을 구별한다. 인간학적 이원론은 인간의 영혼을 보편적인 선을 지향하는 순수정신과 이기적이고 저열한 본능적인 욕망으로 나눈다. 윤리학적 이원론은 선과 악을 서로 절대적으로 대립하는 것으로 본다.

그런데 형이상학적 이원론은 생성 변화하는 현실에 대한 염증과 그러한 세계로부터의 도피를 유발하면서 현실에 대한 염세주의적인 태도를 조장한다. 인간학적 이원론은 인간의 자연스런 욕망을 죄악시하면서 인간에게 죄의식을 불어넣음으로써 스스로를 학대하게 하는 병적인 태도를 조장한다. 윤리학적 이원론은 고통과 고난을 악으로 간주하고 고통과 고난을 제거하는 것을 선으로 간주함으로써 고통과 고난을 두려워하는 연약한 태도를 조장한다.

니체는 형이상학적 이원론 대신에 생성 소멸하는 세계만을 실재 세계로 인정하는 일원론의 입장을 취한다. 이와 함께 그는 인간의 소망과는 상관없이 생성 소멸하면서 인간에게 기쁨과 아울러 고통을 선사하는 이 세계를 흔연히 긍정하는 생명력으로 충일한 정신을 육성하려고 한다.

니체는 또한 인간의 사고와 행동이 자신을 강화하고 고양하고 싶어 하는 힘에의 의지라는 본능적 의지에 의해서 규정된다고 보는 인간학적 일원론의 입장을 취한다. 이와 함께 그는 인간이 죄의식에 사로잡혀 자신을 비하하면서 학대할 것이 아니라 자신의 힘을 건강한 방식으로 강화하고 고양시킬 것을 촉구한다. 모든 욕망에서 벗어난 이른바 순수정신에 의해서 성욕이나 지배욕 그리고 승부욕과 같은 자연스런 욕망을 억압할 것이 아니라 그러한 욕망들을 절도 있게 발현함으로써 건강한 삶을 누려야 한다는 것이다.

마지막으로 니체는 선악을 서로 대립하는 것으로 보는 전통적인 선악 개념에 대해서 선은 악을 필요로 한다고 본다. 전통적인 선악 개념에서는 고통과 고난을 제거되어야 할 악으로 간주하면서 고통과 고난을 제거하는 것을 선으로 간주한다. 이에 반해 니체는 고통과 고난을 우리 자신을 강화하고 고양시킬 수 있는 계기가 될 수 있다고 본다.

따라서 니체는 다른 인간들에 대한 동정심에 넘쳐서 그 사람들을 고통과 고난에서 구해주는 사람을 선인으로 보지 않고 오히려 마음이 약한 사람들로 본다. 이러한 사람들은 고통받는 타인의 모습을 보면서 자기도 그런 고통을 받으면 얼마나 힘들까를 생각한다. 이런 의미에서 고통받는 사람에 대한 연민은 사실은 자기연민이다. 다른 사람이 겪고 있는 고통을 과거에 겪었거나 혹은 미래에 겪게 될 자기 자신에 대해서 연민을 느끼는 것이다.

나약한 자들이 타인에 대해서 느끼는 동정을 느낄 경우 그들은 타인을 불쌍하게 보면서 사실은 타인을 자신과 마찬가지로 나약한 존재로 보고 있다. 그러나 나약한 자들이 동정을 느끼는 상대방은 실은 큰 고통을 느끼지 않을 수도 있으며 또한 큰 고통을 겪고 있더라도 그것을 스스로 충분히 이겨나갈 힘을 가지고 있을 수 있다. 이런 의미에서 니체는 동정의 도덕의 근저에는 인간을 나약한 존재로 보는 인간의 자기멸시가 깃들어 있다고 본다.

　나약한 자들이 쉽게 고통을 느끼면서 자신과 타인에게 동정을 느끼는 것과 달리 강한 자들은 고통을 쉽게 느끼지 못한다. 강한 자들은 타인의 고통을 보면서도 그 사람이 자신과 마찬가지로 고통을 크게 느끼지 않을 것이며 또한 그것을 스스로의 힘으로 충분히 극복할 수 있다고 생각한다. 바로 이 점이 강한 자가 타인들에 대해서 동정심을 갖기 어려운 이유다. 니체는 유럽에 동정의 도덕이 확산되고 있는 것은 결국 사람들이 유약해졌기 때문이라고 생각한다.

　인간이 자신을 강화하고 고양시키기 위해서는 고통스런 자기극복 과정이 필요하다. 위대한 예술적 창조도 단순히 자유분방한 상상력에서 행해지는 것이 아니라 개념적으로 정식화할 수 없는 수천 가지 법칙에 따름으로써, 다시 말해 자기 자신에 대해서 강력한 폭압을 가함으로써 가능하게 된다. 이렇게 고통을 인간이 고양되고 강화되기 위해서 필요한 것으로 보기 때문에 니체는 천국과 같은 피안이나 '최대 다수의 행복'이 구현된 사회나 공산주의와 같은 미래의 유토피아처럼 고통은 없고 즐거움만이 존재하는 세상을 구현하려고 하는 모든 사상을 비판한다. 그렇다고 해서 니체가 다른 사람을 전혀 도울 필요가 없다고 생각하는 냉혈한은 아니다. 니체는 다른 사람을 돕되 그 사람이 고통과 고난마저도 자기 강화의 계기로 흔쾌하게 긍정할 정도의 강한 인간으로 성장하도록 도울 것을 요구할 뿐이다.

『선악의 저편』은 이와 같이 서양의 전통문화를 규정해온 모든 종류의 이원론적인 사고방식을 비판함으로써 유럽의 병든 문화를 극복하고 건강한 문화를 구축하려는 혁명적인 책이다. 니체는 이 책에서 자신이 시도하는 문화혁명을 1888년에 출간된 『도덕의 계보』와 1888년에 쓰인 『우상의 황혼』과 『안티크리스트』에서 계속 이어서 추진하고 있다.

『선악의 저편』이라는 책이 가지고 있는 이러한 혁명적인 성격과 예리하면서도 정치한 논리 때문에 이 책은 철학을 비롯한 인문학뿐 아니라 사회과학 그리고 문학을 비롯한 예술에서도 지속적으로 큰 영향을 끼쳐왔다. 그 결과 이 책은 니체의 저작들 중에서 『차라투스트라는 이렇게 말했다』 못지않게 고전으로서의 지위를 차지하고 있다.

여기서는 독자들이 『선악의 저편』을 읽는 데 도움이 될 수 있도록 『선악의 저편』의 핵심 내용을 최대한 평이하게 소개할 것이다.

2. 『선악의 저편』 해설

1) 이원론적인 독단론으로서의 서양 형이상학

니체는 전통적인 서양 형이상학을 독단론으로 규정한다. 이러한 독단론은 이른바 영원불변의 일자나 초감각적인 세계를 참되고 근원적인 실재로 내세우면서, 감각이 제시하는 다양성과 생성의 세계를 가상으로 간주하거나 파생적인 것으로 간주한다. 감각적으로 지각되고 생성 소멸하는 현상계와 순수한 이성에 의해서 파악되는 영원불변의 이데아 세계를 구분하는 플라톤의 이원론이야말로 이러한 독단론의 대표적인 형태라고 할 수 있다.

플라톤의 이러한 독단론은 서양 형이상학의 전체 행로를 규정했다. 플라톤의 이원론은 스피노자에서 보이는, 우리가 지각하는 자연을 산출하는 힘으로서의 능산적 자연 내지 자기 원인으로서의 신과 산출된 자연으로서의 현상계의 구별, 칸트에서 보이는 물자체로서의 예지계와 현상계의 구별, 헤겔에서 보이는 궁극적인 실재로서의 절대정신과 절대정신의 전개로서의 현상계의 구별에서 형태를 바꿔가며 나타나고 있다.

언뜻 보기에 스피노자나 헤겔은 능산적인 자연이나 절대정신으로서의 신이 생성 소멸하는 개체들을 통해서 자신을 전개하기 때문에 스피노자나 헤겔의 철학은 이원론이 아니라 일원론으로 보인다. 그러나 니체는 스피노자나 헤겔도 생성 소멸하는 개체들의 이면에 능산적 자연이라는 이름으로든 절대정신이라는 이름으로든 영원한 일자로서의 신과 같은 것을 상정하면서 이원론에 빠지고 있다고 본다. 또한 니체는 신과 영혼과 같은 초감성적인 존재를 이론적으로 파악하려고 하는 전통 형이상학을 독단론으로서 비판한 칸트의 철학마저도 현상계를 넘어선 예지계를 상정하고 있다는 점에서 독단론의 대열에 포함시키고 있다. 이 점에서 니체 철학은 그 어떠한 철학보다도 철저하게 이원론을 비판하고 있다고 할 수 있다.

니체는 이러한 독단론은 장엄한 체계로 사람들을 압도하지만, '인간적인 너무나 인간적인' 소망에서 비롯된 것이라고 본다. 이러한 소망이란 안락함만을 추구하면서 모든 종류의 고난이나 고통이 사라진 세계를 희구하는 것을 가리킨다. 전통 형이상학이 말하는 영원불변한 근원적인 실재나 물자체로서의 세계와 같은 것들도, 인간의 소망과는 상관없이 생성 변화하는 현실 세계를 감당하기 어려워하는 나약하기 그지없는 인간들의 소망이 만들어낸 환상에 불과하다. 이들 나약한 인간은 인간의 뜻과는 상관없이 생성 소멸하는 삶의 현실에 노출되는 것을 마치 '불에 데는' 것처럼 두려워한다. 따라서 이들은 신이나 이데아와 같이 감성적인 것이 섞이지 않은 '영원불변의 순수한 존재들'을 고안하여 그것들에 의지함으로써 위안을 얻으려 한다.

독단론은 점성술과 마찬가지로 2000년에 걸쳐서 사람들에게 영원불변의 실재를 인식할 수 있게 해주겠다는 헛된 약속으로 사람들을 현혹했을 뿐이다. 독단론이라는 거대하고 위압적인 구축물을 만드는 데 많은 노력과 돈 그리고 재능이 소모되었지만 그것은 진실을 파악하기는커녕 진실을 왜곡시켰다. 이러한 독단론에 대립되는 철학으로서 니체는 생성 변화하는 세계만을 실재 세계라고 보았던 헤라클레이토스나 근대 경험론을 들고 있다.

2) '순수정신'과 '선 자체'라는 개념에 대한 비판

가장 심각한 오류를 범하고 있는 독단론적 개념으로서 니체는 플라톤이 날조한 '순수정신' 및 '선 자체'라는 개념을 들고 있다. '순수정신'이란 어떠한 사적인 관점에도 사로잡히지 않고 이른바 실재 자체를 통찰할 수 있는 보편적인 정신을 가리키며, '선 자체'는 어떠한 악에도 물들지 않는 순수한 선을 가리킨다. 플라톤은 순수정신이 있다고 보며 인간은 이러한 순수정신으로 존재할 경우에만 선 자체를 구현할 수 있다고 주장한다.

그러나 순수정신이란 개념에 대해서 니체는 '관점주의'를 주창한다. 우리는 항상 세계를 특정한 관점에서, 즉 우리 자신이나 우리가 속한 집단의 유지와 고양을 목표로 하는 관점에서 본다는 것이다. 니체는 이런 관점주의가 생의 근본적인 조건이라고 주장하면서, 이른바 보편타당한 관점인 순수정신의 입장이 있을 수 있다는 사실을 부정한다. 더 나아가 니체는 이러한 보편타당한 관점을 주장하는 자는 자신과 자신이 속하는 집단이 참으로 무엇을 필요로 하는지를 모를 정도로 정신이 병든 자로 본다.

독단론적 철학은 진리 자체가 있다고 생각하면서 진리 자체를 추구해왔다. 그러나 진리를 파악했다고 자처하는 모든 독단론적인 철학도 실은 세계에 대한 하나의 관점적인 해석에 불과하다. 그것을 규정하는 관점은 삶에 지치고 병든 자들의 관점이다. 독단론적인 철학은 이런 자들이 자신들의 소망과는 상관없이 생성 소멸하는 세계에서 자신들을 유지하기 위한 관점에서 세계를 해석한 것에 불과하다. 삶에 지치고 병든 자들은 현실의 삶을 가상으로 간주하고 고통과 고난이 사라진 영원한 세계를 참된 세계로 간주하면서 살아갈 힘을 얻는 것이다.

전통 형이상학은 세계를 감성적인 현상계와 초감성적인 실재계로 나누는 것과 마찬가지로 거짓과 진리, 이기심과 선한 마음, 욕정과 지혜가 완전히 분리되고 있다고 본다. 그러나 니체는 이러한 이원론은 하나의 편견에 불과하다고 본다. 이원론적인 대립을 이루는 것처럼 보이는 것들은 사실 서로 긴밀하게 얽혀 있다. 예를 들어 니체는 플라톤의 철학도 플라톤이 아름다운 청년들에게 품었던 욕정의 산물이라고 본다. 남자들 간의 동성애가 용인되어 있었던 그리스 사회에서 플라톤은 변증법이라는 새로운 논법으로 자신을 매력적으로 보이게 함으로써 청년들의 호감과 관심을 얻으려고 했다는 것이다. 니체는 또한 프랑스의 고상한 문학에도 여성들의 관심을 끌려는 성적인 동기가 이면에서 크게 작용하고 있다고 본다. 이 점에서 니체는 지혜와 욕정은 서로 분리되지 않는다고 본다.

이와 함께 니체는 아름다움이 아무런 사심도 없는 순수관조에서 드러나고 순수관조의 상태에서만 예술이 가능하다고 보는 칸트와 쇼펜하우어의 미학도 순수정신과 욕망을 분리하는 이원론적 편견에 입각해 있다고 본다. 예술은 생명의 활동이 정지된 순수관조의 상태에서가 아니라 오히려 생명력이 고양되는 도취의 상태에서 비롯된다.

그러나 니체의 이러한 주장이 진실과 성실, 사심 없는 행위와 같은 덕들의 가치를 부인하는 것으로 오해되어서는 안 된다. 그는 이러한 덕들은 집단을 유지하기 위해서 필요한 덕목들이라고 본다. 이원론적 철학은 그러한 덕들이 그 자체로서 순수한 가치를 갖는다고 보지만, 니체는 그러한 덕들은 한 집단이 자신을 유지하기 위해서 구성원들에게 요구하는 덕일 뿐이라고 본다.

니체는 살아 있는 모든 것의 관계는 투쟁관계라고 보았다. 이러한 투쟁은 많은 경우 집단들 사이에서 이루어지는데, 이러한 투쟁에서 승리하기 위해서는 집단 내 구성원들 내에서의 협력, 사심 없는 희생과 같은 덕이 필요하다. 따라서 전통적인 이원론이 그 자체로 순수한 가치를 갖는다고 보는 덕들도 사실은 하나의 집단이 자신의 유지와 강화를 위해서 필요로 하는 것들이다. 그러한 덕들에는 결국 하나의 집단이 다른 집단에 대해서 우위를 차지하려는 욕망이 깃들어 있다.

이런 맥락에서 니체는 데카르트의 철학이 추구했던 '직접적인 확실성(unmittelbare Gewissheit)'이란 개념도 비판한다. 인식은 현실을 그대로 반영하는 것이 아니라 힘에의 의지를 유지하고 강화하는 관점에서 현실을 해석하는 것이기 때문에 그것은 항상 현실에 대한 위조 내지 변조(Fälschung)를 수반한다. 따라서 직접적인 확실성이라든지 절대적인 인식이라든지 물자체라는 개념은 모두 잘못된 개념이다.

데카르트는 '나는 생각한다, 고로 존재한다'는 명제를 직접적인 확실성을 갖는 것으로 보았다. 데카르트는 이른바 유명한 방법적 회의를 통해서 우리가 자명하다고 생각하는 모든 것을 의심한다. 심지어 데카르트는 2+2=4라는 사실도 의심한다. 원래는 2+2=5인데 전능한 악마가 있어서 우리로 하여금 2+2=4라고 믿게 만들 수 있다는 것이다. 이런 식으로 의심하자면, 우리가 의심하지 못할 것은 아무것도 없다. 그러나 모든 것을 의심하더라도 의심하는 내가 있다는 사실을 의심할 수 없다. 그 모든 것을 의심하기 위해서는 의심하는 내가 있어야 하기 때문이다. 이런 의미에서 데카르트는 의심하는 나, 즉 생각하는 나의 존재는 의심할 수 없다고 본다.

그러나 니체는 '나는 생각한다, 고로 존재한다'는 명제도 직접적인 확실성을 갖는다고 할 수 없다고 본다. 데카르트는 사고가 무엇이고 내가 무엇인지를 직접적으로 확실하게 알고 있다고 생각한다. 그러나 사고가 무엇인지, 내가 무엇인지는 그렇게 직접적으로 확실한 것은 아니다. 데카르트는 '나'라는 주체가 사고를 한다고 생각하지만 니체는 우리의 생각은 사실은 제멋대로 일어났다가 사라지곤 한다고 본다. 따라서 니체는 '나는 생각한다(Ich denke)'는 명제가 아니라 비인칭 주어를 지닌 명제 '생각이 난다(es denkt)'는 명제가 타당하다고 본다.

우리의 생각은 이성적 자아가 주체적으로 형성하는 것이 아니라 각자에게 존재하는 힘에의 의지의 상태에서 비롯된다. 힘에의 의지가 병들어 있으면 이원론적인 형이상학이나 기독교처럼 병든 생각이 나타나고, 힘에의 의지가 건강하면 그리스 신화와 같이 생성변화하는 현실을 긍정하는 건강한 생각이 나타난다.

또한 니체는 우리의 사고는 자유로운 이성적 주체의 산물이 아니라 언어구조에 의해서 크게 제약되어 있다고 본다. '나'라는 사유의 주체가 있다고 보는 데카르트의 사상만 하더라도 사실은 주어와 술어로 이루어져 있는 인도유럽어의 언어구조에 의해서 제약되어 있다. 데카르트뿐 아니라 전통적으로 서양에서는 언어의 주어에 해당하는 단일한 실체로서의 고정불변의 통일적 영혼이 있다고 믿어왔으며 이러한 영혼으로부터 모든 생각과 행동이 비롯된다고 믿어왔다. 그러나 이러한 단일한 실체로서의 영혼이라는 개념은 허구에 불과하며 '나'라는 개념은 생각에 의해 만들어진 파생물에 불과하다. 영혼은 사실은 복수의 다양한 충동과 본능으로 이루어져 있다. 이른바 '단일한 영혼'이란 이러한 다양한 충동과 본능 중에서 어느 한 충동이나 본능이 다른 것들을 제압하고 통일을 이룬 상태에 불과할 뿐이다.

니체는 우랄알타이어는 주어 개념이 약하기 때문에 우랄알타이어를 사용하는 사람들은 인도유럽어족과는 다른 사고구조를 가지고 있을 것이라고 본다. 이와 관련하여 니체는 감각자료를 관념의 기원으로 삼는 경험론도 비판한다. 우리의 의식은 로크가 말하는 것처럼 백지 상태가 아니라 그것에는 언어에 의해서 규정되는 집단적 사유구조가 자리 잡고 있다는 것이다.

3) 이성과 본능적 욕망의 이원론에 대한 비판

전통적인 형이상학은 본능을 인간을 악으로 유혹하는 저열한 것으로 간주하면서 이성을 통해서 통제되어야 한다고 주장했다. 그러나 니체는 본능에서 벗어난 순수한 이성에 의해서 행해지는 것처럼 보이는 철학적 사고도 사실은 각 철학자의 본능에서 비롯된다고 본다. 건강한 본능에서 비롯되면서 사람들을 건강하게 만드는 철학이 있을 수 있는 반면에, 병든 본능에서 비롯되면서 사람들을 병들게 하는 철학이 있을 수 있다.

니체는 본능이라는 용어를 엄격하게 하나의 의미만을 갖는 것으로 사용하지 않고 유연하게 사용하고 있지만, 본능이란 것으로 니체는 무엇보다도 힘에의 의지를 가리킨다. 니체는 자신을 강화하고 고양시키면서 자신의 힘을 느끼고 싶어 하는 것이야말로 인간뿐 아니라 모든 생명체의 가장 근본적인 본능이라고 보고 있다. 다윈이나 쇼펜하우어가 자기보존을 향한 의지를 인간뿐 아니라 모든 생명체를 규정하는 가장 근본적인 본능으로 본 반면에, 니체는 힘에의 의지를 가장 근본적인 본능으로 보는 것이다.

하나의 세계관으로서 철학은 자신이 파악한 세계와 삶의 모습을 보편적인 진리라고 주장하면서, 인간뿐 아니라 자연조차도 그러한 모습으로 존재하기를 강요하는 힘에의 의지의 표현이다. 전통적인 형이상학은 생성 변화하는 현실을 가상으로 봄으로써 현실을 압도하려는 의지의 표현이다. 그러나 그것은 이렇게 현실에 대해서 적대적인 태도를 취함으로써 현실의 일부인 인간 자신의 자기분열을 초래한다. 이른바 하나의 인간 내부에서 이성은 자신의 자연스런 본능적 욕망을 억압하면서 자신이 힘을 갖게 되었다고 착각하게 되는 것이다.

니체는 성욕이든 명예욕이든 승부욕이든 전통 형이상학이 이기적이고 저열한 것으로 간주했던 모든 욕망을 인간의 자연스런 욕망으로 간주한다. 그러나 전통 형이상학은 플라톤에서 보는 것처럼 사람들에게 이데아를 인식하는 순수한 정신으로 존재할 것을 요구하며, 스피노자나 헤겔에서 보는 것처럼 세계를 산출하는 신적인 힘으로서의 능산적 자연이나 절대정신의 관점에서 세계를 인식할 것을 요구한다. 또한 전통 형이상학은 칸트에서 보는 것처럼 순수한 도덕적 양심으로 존재할 것을 주장하면서 인간의 자연스런 욕망들을 억압할 것을 요구한다.

니체는 정치보다도 철학이나 종교에서 더 강한 힘에의 의지가 작용하고 있다고 본다. 병적인 힘에의 의지에서 비롯된 기독교가 2000여 년에 걸쳐서 서구문명을 지배한 것처럼, 니체는 정치가들이나 재력가들보다도 종교인들과 철학자들 그리고 예술가들이야말로 힘에의 의지를 가장 강력하게 구현하고 있는 자들이라고 본다.

인간의 의식적인 사고는 그것의 이면에 존재하는 본능에서 비롯된다. 따라서 철학자들이 자신들의 이론을 '냉정하고 순수하며 초연한' 진리로 주장하는 것은 정직하지 못하다. 어떠한 철학도 그 철학을 주창하는 사람의 본능에서 비롯되는 것이기에 보편적 진리가 아니라 그 철학자의 자기 고백일 뿐이다. 예를 들어 쇼펜하우어의 염세주의 철학이나 피안을 희구하는 플라톤적·기독교적 이원론은 그것들이 아무리 정교한 이론적 형태를 갖추더라도 세계에 대한 객관적인 파악이라기보다는 힘에의 의지로서의 본능이 병들게 되어 삶에 지치고 피로하게 된 자의 자기 고백에 불과하다.

물론 니체는 학문들 중에는 개인의 인격적 성향이 반영되는 학문과 그렇지 않은 학문이 있다고 보았다. 수학이나 개별 과학과 같은 학문에는 학자 개인의 성향이 반영되지 않는다. 이에 반해 철학은 다른 학문들과는 달리 세계를 전체로서 파악하려고 하는 학문이기 때문에 철학자 개인의 성향이 반영되어 있다. 인간은 세계를 객관적으로 파악할 수도 평가할 수도 없다. 세계를 객관적으로 파악하기 위해서는 그것을 우리 앞에 대상화시켜야 하지만, 인간은 인간 자신마저도 포함하는 세계 안에 포함되어 있기에 그러한 대상화는 불가능하다. 따라서 세계 전체에 대한 판단은 아무리 그럴 듯한 학문적인 형태를 띠더라도 결국은 개인의 본능적 성향과 상태를 반영하는 것에 불과하다.

4) 영혼과 신 개념의 재해석

근대 자연과학의 대두와 함께 영혼이나 신과 같은 전통 형이상학의 개념들은 터무니없는 허구로 간주되고 있다. 물론 니체도 근대 자연과학이나 경험론 그리고 원자론적 기계론과 마찬가지로 전통 형이상학의 영혼 개념과 신 개념을 배격한다. 그러나 니체는 그러한 개념들 자체가 폐기되어서는 안 된다고 주장한다. 그 개념들은 사람들에게 삶의 의미와 방향을 부여해온 개념들이다. 이에 반해 근대 자연과학이나 그것의 근저에 존재하는 원자론적 기계론은 사람들의 삶에 의미와 방향을 제공할 수 없다.

따라서 니체는 영혼이나 신과 같은 개념들을 폐기해야 할 것이 아니라 재해석해야 한다고 본다. 니체는 영혼에 대한 전통적인 이론을 영혼의 원자론이라고 부르면서 그것이 불변하는 단일한 실체로서의 영혼을 상정하는 오류를 범하고 있다고 비판한다. 영혼은 불멸이 아니라 사멸하며, 단일한 실체가 아니라 위계질서를 갖는 다양한 충동과 본능의 복합체로 해석되어야 한다는 것이다.

니체는 의지 역시 매우 복합적인 것으로 보고 있다. 그것에는 정념, 생각, 정동이 뒤섞여 있다. 우리의 영혼은 여러 의지의 복합체다. 따라서 특정한 의지가 행위로 이어질 때, 그 의지의 명령에 복종하는 다른 영혼들이 있게 된다. 즉 우리는 명령하는 동시에 복종하는 것이다. 따라서 우리가 말하는 의지의 자유라는 것도 자유로운 실체가 먼저 있고 그것이 자발적으로 자신의 의지를 발동하는 것이 아니다. 만약 자아에 통일성이 있다면, 이것은 다양한 충동과 욕망들을 조직하고 그것들에 통일성을 부여하는 활동 자체에서 찾아야 한다. 이러한 활동이 비로소 자아에 통일성을 부여하며 자아의 정체성을 형성한다. 활동하는 자아는 기존의 자신을 재해석하면서 끊임없이 자신을 창조한다.

니체는 신 개념 역시 우리를 허약하고 병들게 만드는 기독교의 신이 아니라 우리를 건강하고 강인하게 만드는 신으로 재해석되어야 한다고 보면서, 디오니소스 신이라는 새로운 신을 제시하고 있다. 이 경우 디오니소스 신은 아무런 의도도 목적도 없이 창조와 파괴를 반복하는 이 세계가 갖는 생명력을 의미한다. 니체는 우리 인간이 디오니소스 신의 충일한 생명력을 구현하면서 그 어떠한 고난과 고통에도 불구하고 생을 흔쾌하게 긍정할 것을 요구한다. 니체는 있는 그대로의 세계, 즉 고통과 고난을 수반하면서 생성 소멸하는 세계를 긍정하는 그러한 인간이야말로 가장 생명력이 넘치는 인간이라고 보며 디오니소스적인 신성을 구현한 인간으로 본다. 이러한 인간은 피안을 희구하지 않고 자신의 운명을 사랑하는 자이며, 자신이 겪어온 삶이 그 삶이 포함하는 그 모든 고통과 고난에도 불구하고 무한히 반복되어도 긍정하는 인간이다.

이렇게 영혼이나 신 개념을 폐기하는 것이 아니라 재해석할 것을 주장하고 있다는 점에서, 니체는 자신과 마찬가지로 감성적인 현실만을 유일한 현실로 인정하는 흄과 같은 근대의 경험론자들이나 유물론자들과도 근본적으로 입장을 달리한다. 니체는 과거에 사람들에게 살아갈 힘을 부여했던 개념들, 즉 불멸의 영혼이나 신과 같은 개념들을 폐기하는 것이 아니라 새롭게 해석할 때 우리는 보다 명랑하면서도 건강하게 살아갈 수 있다고 보는 것이다.

이와 함께 니체는 물리적인 세계가 기계적인 법칙을 따르는 원자로 이루어져 있다고 보는 당시의 물리학도 비판한다. 니체는 근대 자연과학이나 원자론적 기계론이 실재 자체를 반영한다고 보지 않는다. 앞에서 이미 언급했듯이 근대 자연과학이나 원자론적 기계론이 실재 자체의 반영이라면 사람들은 삶에는 아무런 의미도 가치도 없다고 생각하는 허무주의에 빠질 수밖에 없다. 니체는 물리적인 것은 유기체로 나타나기 이전의 보다 원초적인 본능적 생명, 즉 생명의 원형이라고 보며, 이 점에서 물리적인 것도 힘에의 의지의 한 형태라고 본다. 니체는 기계적인 현상으로 보이는 것조차도 사실은 힘에의 의지의 작용에 의한 것으로 보아야 한다고 말한다. 이와 함께 니체는 우리의 생명 전체를 힘에의 의지의 전개로 설명하고자 하며, 생식과 영양 섭취를 비롯한 모든 유기체적 기능, 더 나아가 일체의 작용하는 힘을 힘에의 의지로 환원한다.

5) 고귀한 자와 범용한 자

니체는 선과 악에 대한 두 가지의 상반되는 해석 방향이 존재한다고 보면서 그것을 주인도덕과 노예도덕이라고 부르고 있다. 주인도덕은 나폴레옹, 시저 같은 인물들을 탁월한 인간들로 보는 반면에, 노예도덕은 이들을 전쟁을 일으켜서 무고한 사람들을 죽게만든 악인들로 본다. 주인도덕에서 선과 악은 고귀함과 저열함을 의미하는 것에 반해, 노예도덕에서 선은 약한 자들에게 친절하고 이들을 돕는 것을 의미하며 악은 약한 자들을 지배하고 억압하는 것을 의미한다.

언뜻 보기에는 노예도덕이야말로 가장 인도주의적인 도덕인 것 같지만, 니체는 노예도덕에는 노예들의 이해관심이 작용하고 있다고 본다. 이는 노예도덕이 지배하게 되면, 사람들은 약하고 무능한 자들을 돕는 데 서로 앞장설 것이고 그 결과 연약하고 무능한 자들이 득을 볼 것이기 때문이다. 그러나 니체는 약한 자들이 다른 사람들을 지배하거나 억압하지 못하는 것은 이들이 선하기 때문이 아니라 사실은 나약하고 무력하기 때문이라고 본다. 이들도 만약 힘을 갖는다면 자신들이 비난하는 강한 자들보다도 훨씬 더 잔인하게 다른 사람들을 지배하고 억압하려 할 수 있다. 이런 의미에서 니체는 노예도덕은 사실은 겁 많고 소심한 인간들이 '우리가 선한 존재다!'라고 가장하는 위선적인 도덕이라고 말하고 있다.

노예도덕과 주인도덕의 근본적인 차이는 '자유'에 대한 해석에도 존재한다. 노예도덕에서 자유는 '구속에서 벗어나 제멋대로 하고 싶어 하는 것'을 의미한다. 이에 반해 주인도덕에서 자유는 자신을 극복하고 통제할 수 있는 능력을 의미한다. 고귀한 자들은 자기 자신에 대해서 엄격하고 가혹하며 그렇게 자신을 통제할 수 있다는 데 대해 강한 긍지를 갖고 있다. 이 경우 니체가 말하는 긍지는 아리스토텔레스가 말하는 긍지와 유사하다. 아리스토텔레스에게 긍지는 탁월하지도 않으면서 탁월한 척하는 '교만'과 탁월하지만 책임지는 것을 두려워하면서 소극적인 태도를 취하는 '비굴함' 사이의 중용이다. 긍지를 갖는 인간은 자신의 탁월함을 자각하면서 누구나 할 수 있는 사소한 일에는 나서지 않지만 극히 소수만이 할 수 있는 어려운 일에는 책임을 지고 나서는 사람이다.

이들 고귀한 자는 자신에게는 엄격하되 범용한 보통 사람들에 대해서는 자신에 대해서 자신이 요구하는 것과 같은 엄격함을 요구하지 않는다. 그는 강한 자에게 당당하고 약한 자에게 부드럽다. 이는 강한 자에게 아부하고 약한 자를 함부로 대하는 것은 비겁한 일이기 때문이다. 고귀한 자들은 쉽게 은혜를 잊지 않으며, 자신이 받은 것보다 훨씬 많은 것으로 보답한다. 이는 베푸는 것을 통해서 자신의 우월한 힘을 느낄 수 있기 때문이다. 그러나 그들은 또한 쉽게 보복을 단념하지도 않는다. 왜냐하면 상대방이 용서를 구하지 않는데도 보복하지 않는 것은 비겁한 일이기 때문이다. 그러나 상대방이 용서를 빌면 그는 기꺼이 관용을 베풀며, 또한 상대방이 자신보다 우월하고 고귀한 자라면 적이라도 존경해 마지않는다.

고귀한 자들은 자기 자신에 대한 긍지를 갖기 때문에, 타인들이 자신을 어떻게 평가할 것이냐에 대해서 신경 쓰지 않으며 그것에 휘둘리지 않는다. 이에 반해 저열한 자들은 다른 사람들의 호의적인 평가에 연연하며 그러한 평가로 자신을 규정한다. 니체는 이렇게 타인들로부터 호의적인 평가만을 듣고자 하는 심리는 우리에게 존재하는 노예근성의 발로로 보고 있다. 옛날의 노예들은 자신을 독자적으로 평가할 권리를 갖지 못하고 주인들만이 그들을 평가할 권리를 갖는다고 보았다. 따라서 이들은 주인들이 호의적으로 평가하면 기뻐했고 그렇지 않으면 의기소침하게 되었다. 인간들 중 대다수가 노예였으므로, 우리 대다수에게도 노예의 피가 흐르고 있다. 우리에게 존재하는 허영심, 어떻게 해서든 타인들로부터 호의적인 평가를 얻고 싶어 하는 경향은 우리에게 유전된 노예 근성이 나타난 것이다.

역사적으로 볼 때 항상 소수의 지배자와 다수의 피지배자가 있었기 때문에 다수의 인간에게는 복종하는 무리본능이 존재한다. 무리 속에서 살아온 사람들은 대부분 복종에 익숙해지며 자신이 복종하고 싶은 우상을 찾는다. 근대에 와서는 이러한 경향이 지배적인 것이 되면서 명령하는 자 혹은 독립적인 인간은 사라지고 있다.

니체는 정신적으로 탁월한 고귀한 자들에 의해 인간이라는 종이 향상되어왔다고 본다. 이들은 사람들의 존경을 받을 목적으로 행동하는 것이 아니라 자신의 넘치는 생명력을 그대로 분출할 뿐이다. 이와 관련해 니체는 자기를 부정하는 이타주의적 도덕을 병적인 것으로 본다. 니체는 이른바 사심 없는 비이기적인 행위는 없다고 본다. 흔히 비이기적이라고 칭송받는 정신적으로 탁월한 고귀한 자들의 행위는 실제로는 자신의 생명력을 분출하는 자기실현의 행위일 뿐이다. 다만 그것은 그것의 결과로 많은 사람이 덕을 보게 되기 때문에 이타적 행위로 보일 뿐이다.

물론 니체는 고귀한 자들의 이기심을 일반적 의미의 탐욕스런 이기주의와 구분한다. 고귀한 자들의 이기심은 탐욕스럽게 남의 재물을 빼앗는 종류의 이기심이 아니라, 자신에 대해 강한 긍지를 가지면서 타인들이 자신에게 복종하는 것을 당연시하는 것을 의미한다. 이는 고귀한 인간은 타인들에게서 복종하고 싶어 하는 마음을 불러일으킬 만한 능력과 자질이 있기 때문이다.

니체는 무리 본능을 지닌 인간들과 독립적인 인간들이 결혼을 통해서 뒤섞이게 되면서 서로 전적으로 다른 상반되는 가치들, 즉 저열한 가치들과 고귀한 가치들이 인간 안에 함께 유전된다고 본다. 가치들 사이의 이러한 갈등과 모순을 긍정적으로 승화시킬 때 등장하는 위대한 인물이 시저와 알키비아데스, 프리드리히 2세라면, 그러한 모순을 병적으로 해결한 대표적인 인간이 아우구스티누스와 같은 종교적 인간들이다. 아우구스티누스와 같은 인간은 자신의 자연스런 충동과 힘에의 의지를 발산하지 못하고 신이라는 가공적인 존재의 품 안에서 영원한 휴식 상태에 있기를 갈망한다.

6) 광신적인 철학적 교리와 종교에 대한 비판

고대 그리스인들의 종교에는 감사의 태도, 삶을 부정하지 않고 긍정하는 태도가 녹아 있었다. 그러나 나중에 천민적인 인간들이 그리스를 지배하면서 생성 소멸하는 현실세계에 대한 불안과 두려움 그리고 피안에 대한 희구가 만연하게 되면서 플라톤식의 이원론적인 형이상학이 탄생하게 되었다. 이원론적인 형이상학과 기독교는 생성 변화하는 현실에 대한 불안과 두려움에서 탄생했기 때문에 자신의 이론과 교리에 대해서 독선적으로 집착한다. 그것들은 자신의 이론이나 교리만이 절대적인 진리라고 보면서 다른 이론이나 교리를 배척하는 것이다.

이와 관련하여 니체는 정신적으로 건강하고 고귀한 인간이 갖는 중요한 특성들 중의 하나를 어떠한 교리나 이론에도 얽매이지 않는 독립성에서 찾는다. 기독교를 믿는 노예계급이 로마의 귀족에 대해서 반란을 일으킨 것은 이들이 이교(異敎)를 믿었기 때문이 아니라, 광신적인 기독교에 대해서 이들이 보였던 냉소적 무관심과 종교적 관용, 신앙으로부터 자유로운 계몽적인 태도 때문이었다. 이에 반해 노예계급은 절대적이고 무조건적 진리를 바란다.

니체는 동일한 기독교 신앙이라도 로마의 귀족이 보였던 자유로운 태도에 얼마나 영향을 받느냐에 따라서 다른 양상을 보인다고 본다. 남유럽인들은 로마의 종교적 · 철학적 여러 유파 간의 논쟁, 회의주의와 자유정신의 토양 속에서 자라왔다. 따라서 그들의 기독교 신앙은 독일인을 비롯한 북유럽인들의 광신적이고 배타적인 기독교 신앙과는 근본적으로 다른 성격을 갖는다. 북유럽인들의 기독교 신앙은 정신이 자신의 독립적인 사고능력에 대해서 갖는 긍지를 죄악이라고 단정하면서 기독교를 노예적으로 신봉할 것을 요구한다.

니체는 인간을 명령하고 지배할 운명을 타고난 건강하고 고귀한 자들과 그렇지 않은 범용한 자들로 나눈다. 명령하고 지배할 운명을 타고난 자들은 종교를 믿지는 않더라도 사람들을 교화하고 교육하기 위해 종교를 이용할 수 있다. 이와 관련하여 니체는 교육을 길러내는 것(Zuchtung)과 길들이는 것(Zähmung)으로 구별한다. 길러내는 것은 어떤 사람이 자신의 잠재력을 구현하도록 돕는 것이고, 길들이는 것은 동물원에서 맹수를 길들이듯이 어떤 사람의 잠재력을 억압하는 것이다. 니체는 지금까지 기독교가 건강하고 고귀한 인간들을 천민적인 인간으로 길들여왔다고 보면서, 범용한 인간들이야말로 길들여져야 할 대상으로 간주한다.

명령하고 지배할 운명을 타고난 건강한 자들에게 종교는 범용한 인간들의 저항을 억누르고 효과적으로 지배하기 위한 수단에 지나지 않는다. 종교는 범용한 인간들에게 자신의 위치와 처지에 대해 자족하게 하며 그들의 복종을 정당화시켜주고 그들의 모든 범용함과 비천함 그리고 그들의 짐승에 가까운 정신적 가난을 호도하고 미화하고 정당화해준다. 종교는 인도의 브라만교에서 보듯이 피지배계급으로 하여금 자신의 고통을 전생에 쌓은 업의 결과로 기꺼이 받아들이게 하거나 기독교에서 보듯이 천국으로 가기 위해서 기꺼이 감수해야 하는 것으로 받아들이게 한다. 그러나 종교가 고귀하고 건강한 자들의 지배 수단이 되지 않고 독자적인 길을 걷기를 고집할 때, 다시 말해 그것이 수단이 아니라 스스로 궁극적인 목적이 되려고 할 때 그것은 고귀하고 건강한 자들마저 병들게 한다.

종교는 피지배자를 길들이기 위한 수단이기도 하지만 또한 피지배자의 일부에게 장차 지배하고 복종하는 일에 대비할 수 있도록 교육과 기회를 제공하기도 한다. 이에 해당하는 부류의 사람들은 서민계급에서 지배계급으로 상승하는 사람들이다. 이 경우 종교는 평민층의 사람들 중 뛰어난 자가 지배자가 될 수 있도록 교육한다. 이러한 교육에서는 자기극복의 연마가 중요한 요소를 차지한다. 이는 자기를 극복할 줄 아는 자만이 타인들을 지배할 수 있기 때문이다.

지배할 운명을 타고난 고귀한 자들은 구체적인 정치는 왕들에게 맡기고 자신들은 그 사회가 지향해야 할 가치와 방향을 제시한다. 그러나 보다 고귀한 유형의 인간일수록 비정상적인 인간으로 취급되기가 쉽다. 니체는 소수의 천재일수록 살아남기가 힘들고 범용한 인간일수록 생존에 유리하다고 생각하였다. 따라서 그는 고귀한 유형의 인간은 지금까지의 역사에서는 우연히 출현했지만 앞으로는 그러한 인간을 계획적으로 길러내야 한다고 주장하였다. 니체는 다수의 생존이 아니라 천재들의 산출이 역사의 목표라고 본다.

7) 실험으로서의 철학

니체는 다가오는 새로운 유형의 철학자들, 즉 미래의 철학자들을 '실험자들(Versucher)'이라 명명한다. 독일어 'versuchen'은 '실험하다'는 의미와 아울러 '유혹하다'라는 이중의 의미를 갖고 있다. 새로운 유형의 철학자들은 전통적인 가치를 넘어서는 새로운 가치를 '실험하는' 자들인 동시에 사람들로 하여금 전통적인 가치에서 이탈하도록 '유혹하는' 자들이기도 하다.

니체는 이 미래의 철학자들이 주장하는 진리가 모든 사람에게 통용되는 진리일 경우에는 그들은 자신들의 긍지가 손상당한다고 느낄 것이라고 말한다. 니체가 보기에 인간에게는 고귀한 인간들과 저열한 인간들 사이의 위계가 존재하며, 이들 계층 각각에게 타당한 진리와 선은 서로 다르다. 니체는 위대한 것, 심오한 것, 미묘하고 섬세한 것, 귀한 것은 모든 사람을 위한 것이 아니라 특정한 종류의 인간을 위한 것이라고 본다. 동일한 것이라도 높은 수준의 인간에게는 유익한 것이 되지만 범용한 인간에게는 독이 될 수 있으며, 범용한 인간에게 미덕인 것이 높은 수준의 인간에게는 악덕일 수 있다. 예를 들어 동일한 고통이라도 고귀한 인간에게는 그를 강화하는 발판으로 작용할 수 있는 반면에, 범용한 인간에게는 그를 파괴하는 것이 될 수 있다.

니체는 미래의 철학자들의 '자유정신'이 자유주의자들이나 평등주의자들의 자유정신과 혼동되어서는 안 된다고 본다. 특히 니체는 평등주의자들이 인간의 모든 불행과 실패의 원인을 낡은 사회 형태의 탓으로 돌리면서 고통이 완전히 극복된 사회를 지향하는 점을 비판하고 있다. 니체는 고통을 인간의 성장에 필수적인 요소라고 본다.

이 책은 대우재단의 지원을 받아 연구 및 출간되었습니다.

박찬국

서울대학교 철학과 교수.

서울대학교 철학과를 졸업하고 동 대학원에서 석사학위를, 독일 뷔르츠부르크 대학교에서 철학 박사학위를 받았다. 니체와 하이데거의 철학을 비롯한 실존철학이 주요 연구 분야이며, 최근에는 불교와 서양철학 비교를 중요한 연구과제 중 하나로 삼고 있다. 2011년에 『원효와 하이데거의 비교연구』로 제5회 '청송학술상', 2014년에 『니체와 불교』로 제5회 '원효학술상', 2015년에 『내재적 목적론』으로 제6회 운제철학상, 2016년에 논문 「유식불교의 삼성설과 하이데거의 실존방식 분석의 비교」로 제6회 반야학술상을 받았으며, 『초인수업』은 중국어로 번역되어 대만과 홍콩 및 마카오에서 출간되었다. 저서로는 위의 책들 외에 『그대 자신이 되어라 — 해체와 창조의 철학자 니체』, 『들길의 사상가, 하이데거』, 『하이데거는 나치였는가』, 『하이데거의 《존재와 시간》 강독』, 『니체와 하이데거』 등이 있고, 주요 역서로는 『니체 I, II』, 『근본개념들』, 『아침놀』, 『비극의 탄생』, 『안티크리스트』, 『우상의 황혼』, 『선악의 저편』, 『도덕의 계보』, 『상징형식의 철학 I, II, III』 등 다수가 있다.

선악의 저편

·····································

대우고전총서 046

1판 1쇄 펴냄 | 2018년 11월 27일
1판 9쇄 펴냄 | 2024년 10월 4일

지은이 | 프리드리히 니체
옮긴이 | 박찬국
펴낸이 | 김정호
책임편집 | 이하심

펴낸곳 | 아카넷
출판등록 | 2000년 1월 24일(제406-2000-000012호)
주소 | 10881 경기도 파주시 회동길 445-3
전화 | 031-955-9510(편집) · 031-955-9514(주문) | 팩스 031-955-9519
www.acanet.co.kr

ⓒ 박찬국, 2018

Printed in Paju, Korea

ISBN 978-89-5733-611-3 94160
ISBN 978-89-89103-56-1 (세트)